문화콘텐츠산업의
이해

문화콘텐츠산업의 이해

고정민 지음

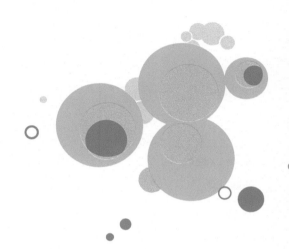

문화콘텐츠산업의
이해

1쇄 발행 2024년 6월 21일

지은이 고정민
펴낸이 조일동
펴낸곳 드레북스

출판등록 제2024-000094호
주소 경기도 부천시 소향로143, 918호(중동, 필레오트윈파크1)
전화 032-323-0554
팩스 032-323-0552
이메일 drebooks@naver.com

인쇄 프린탑
배본 최강물류

ISBN 979-11-93946-14-5 93320

인격적으로 점잖은 무게 '드레'
드레북스는 가치를 존중하고 책의 품격을 생각합니다

머리말

문화콘텐츠산업을 강의하면서 늘 느끼던 것이 있다. 문화콘텐츠산업에 대해 전반적으로 이해할 수 있는 책이 있었으면 하는 것이었다. 그래서 책을 쓰고자 작정하고 오랫동안 고민하다가 집필을 하기 시작했으나 너무 방대한 내용이라서 쉽게 정리되지 않았다. 또 산업환경이 급격히 변화하는 문화콘텐츠산업의 경우에는 집필 시간이 길어지면 업데이트할 게 많다. 계속 수정과 보완을 해야 한다. 이러한 과정을 거쳐 드디어 책이 나오게 되었다.

저자 본인은 삼성경제연구소, 삼성영상사업단, 홍익대학교 등 1980년대 말부터 오랫동안 문화콘텐츠산업과 관련된 연구와 강의 그리고 현업에서의 사업 경력을 가지고 있다. 또한 문화콘텐츠와 연관된 분야에서 수십 년간 연구과제와 컨설팅의 경험도 가지고 있다. 이러한 연구와 경험을 바탕으로 문화콘텐츠산업을 통괄하는 이론과 내용을 담고자 노력했고, 가급적 최근의 트렌드를 담아내고자 했다.

이 책은 총 11장으로 되어 있는데, 제1장은 문화콘텐츠 산업의 전체를 볼 수 있는 개요로 되어 있고 이후 각 장별로 영화산업, 음악산업, 방송산업, 게임산업, 공연산업, 출판산업, 만화산업, 애니메이션산업, 캐릭터산업, 미술산업으로 구성되어 있다. 이 중에서 영화산업, 음악산업, 방송산업, 게임산업, 공연산업은 중요한 산업이고 다른 부문을 포괄하는 산업의 성격을 가지므로 분량이 많고, 출판산업, 만화산업, 애니메이션산업, 캐릭터산업, 미술산업은 상대적으로 적은 분량으로 되어 있다. 많은 산업을 하나의 책에 담다 보니 전체 페이지가 많아 무겁지만 그만큼 지식도 많이 축적될 것으로 생각하여 위안으로 삼는다.

제1장 개요에서는 개론, 현황, 이슈 및 트렌드, 연관 분야를 정리했는데, 특히 여기에서 문화콘텐츠산업의 연관 분야까지 다루어 융합화되는 산업의 최근 트렌드에 맞추고자 했다. 각 장의 내용은 각 산업별로 가능한 한 산업의 개요, 시장 현황, 업계 동향, 이슈 및 트렌드의 순으로 정리했다. 산업의 이해를 위해 정의, 특성, 가치사슬, 역사 등을 공통적으로 언급하고 시장의 현황을 알기 위해 국내외 시장 통계를 정리했다. 업계 현황의 경우에 통계와 업계 전략 사례 등을 제시하여 구체적인 특정 업체의 전략까지 보여주었다. 이슈 및 트렌드는 최근 변화하는 산업의 현실이나 이슈, 그리고 그 산업에서 알아야 할 분야나 개념을 정리한 것으로 보면 될 것이다.

산업과 관련된 책을 쓴다는 것은 매우 어렵다. 왜냐하면 시시각각 변화하는 현실을 담아야 하므로 시간이 지나가면 과거의 내용은 쓸모가 없게 되는 경우가 많기 때문이다. 따라서 변화하는 트렌드를 반영하기 위해 개정판을 자주 내야 하는 압박감을 가지고 이 책을 만들었다.

이 책은 문화콘텐츠산업을 공부하는 학생이나 정부기관, 기업에서 근무하는 사람들에게 유용하리라 본다. 물론 기존의 책들도 나와 있으나 전체를 섭렵하고 각 분야별로 같은 형식과 내용으로 되어 있는 책은 찾아보기 힘들다. 방대한 내용을 소화하고 있어, 이 분야에 관심을 가지고 있는 사람들에게, 그리고 입문하고자 하는 사람들에게 도움이 될 것으로 본다.

끝으로 이 책을 집필하는 데 많은 도움을 준 홍익대학교 문화예술경영학과 박사과정 정유나에게 무한한 감사를 드리고 홍익대학교에서 저의 수업을 들으면서 직간접으로 도와주었던 학생들에게도 감사를 드린다.

고정민

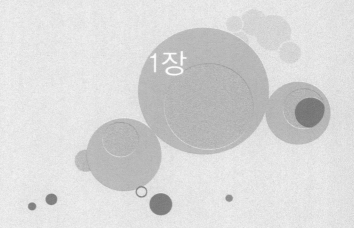

개요

1. 산업의 개념 및 분류

산업의 개념

산업이란 무엇인가? 우리는 산업이라는 말을 많이 쓰지만 정확하게 의미를 모르고 사용하는 경우가 많다. 사실 명확하게 정의하기 어려운 개념이기도 하다. 일반적으로 산업은 생산에 초점을 맞추어 설명한다. 이때 산업이라는 용어는 모든 물적 재화 및 서비스 생산 활동 전반으로 정의된다. 또한 산업은 전체 산업을 구성하는 각 부문, 즉 자동차산업, 전자산업, 금융산업 등업종을 지칭하는 말로도 사용된다. 산업이 발전한 국가에서 생산활동은 주로 기업에서 일어난다. 따라서 산업의 정의도 기업과 연관시켜 설명하는데, 같은 종류의 제품 또는 서비스를 공급하는 기업군, 즉 복수의 기업이 존재하고 있는 경우, 이들이 서로 경쟁관계에 있는 동일한 분야를 산업이라 하기도 한다.[1]

---

1) 두산백과.

따라서 산업에 대한 분석은 먼저 전체 구조를 알아보는 가치사슬분석, 생산의 결과로 나타나는 시장규모와 성장률 등 각 제품 및 시장의 동향에 대한 시장분석, 업체들의 분포와 생산활동과 전략 등을 분석하는 업계분석, 기술의 변화에 따라 제품 및 생산을 분석하는 기술분석, 시장과 업계에 영향을 주는 정부의 정책분석 등의 내용이 있다. 이처럼 특정 산업을 분석하기 위해서는 전체 구조를 알 수 있는 가치사슬분석, 시장분석, 업체분석, 기술분석, 정책분석 등이 다루어져야 한다.

산업은 1차산업, 2차산업, 3차산업 등 크게 세 부문으로 분류되고 있다. 1차산업은 농수산업, 2차산업은 제조업, 3차산업은 서비스업으로 구성되어 있다. 점차 3차산업인 서비스산업의 비중이 크고 2차산업인 제조업에서조차도 서비스의 역할이 증대되면서 산업구조 논의에서 3차산업의 중요성이 크게 부각되고 있다. 경제가 발전할수록, 선진국에 진입할수록 서비스 부문의 비중이 높아지는 이른바 산업구조의 고도화가 일반적인 현상으로 자리를 잡고 있다.[2]

서비스산업

경제가 발달할수록 서비스산업의 비중이 높아진다. 미국, 영국, 프랑스 등

---

2) 산업화(industrialization)는 산업과 구분이 되어야 한다. 산업이란 영리를 목적으로 하는 사업이 증가하는 것, 일련의 작업내용이 구조화된 생산체제로 바뀌는 것, 가내수공업 등이 체계화된 생산체제로 변화하는 것 등으로 체계화된 생산구조로 변화하는 것을 말하기도 하고, 생산활동의 분업화와 기계화로 2차·3차 산업의 비율이 높아지는 현상과 그에 따른 사회, 문화구조의 변화까지 말하기도 한다. 산업화의 특징으로는 과학기술의 진보와 생산성 향상, 노동윤리의 확립, 각 직업의 전문화, 노동자들의 획일적 작업, 계층구조의 피라미드화, 농촌인구의 빠른 도시 유입, 핵가족의 일반화, 소비형태의 획일화와 소비수준의 향상 등을 들 수 있다.

은 전체 국가총생산에서 차지하는 서비스업의 비중이 약 76%로서 매우 높다. 반면 일본이나 독일은 선진국이면서 제조업의 비중이 비교적 높고, 서비스업은 미국 등에 비해 낮은 약 70% 수준에 머물러 있다. 앞으로 경제가 글로벌화, 개방화되면서 서비스화는 더욱 진전될 것이다. 우리나라는 서비스업의 비중이 약 60%에 머물고 있고, 제조업의 비중이 높은 편이다. 우리나라도 비즈니스 서비스, 금융, 유통 등 서비스 분야에서의 개방이 가속화되고, 개방과 경쟁으로 인해 서비스 부문의 경쟁력이 향상될 뿐만 아니라 서비스 교역이 전체 교역에서 차지하는 비중도 점진적으로 확대될 것이다.

일반적으로 보면 서비스는 무형성(intangibility), 소멸성(perishability), 이질성(heterogeneity), 비분리성(inseparability) 등의 특성이 있다.[3] 첫째, 형태가 없어 만질 수 없으며, 구매하기 전에는 감지할 수가 없고, 산출물도 무형적인 경우가 많다. 이런 이유로 소비자들은 서비스 기업이 제공하는 서비스 상품이 거의 비슷하다고 느낀다. 이처럼 서비스는 차별화가 매우 힘들어 경쟁자와 약간의 차이만 있어도 제공업자는 경쟁상의 우위를 쉽게 차지할 수가 있다.

서비스는 추상적이고 무형적이므로 사전에 보여줄 수가 없다. 따라서 서비스는 광고에서도 서비스 자체를 강조하지 못하고 서비스의 사용 결과로 얻는 편익을 강조한다. 또한 소비자가 구매하기 전에는 객관적으로 서비스를 평가하기가 곤란하다. 이와 같은 이유로 소비자는 사용해보지 않은 서비스에 대한 위험을 인식하고 이를 줄이기 위해 적극적으로 정보탐색을 한다. 즉 소비자는 서비스 기업의 평판, 종업원의 태도, 물리적 환경, 구전 등에

---

3) 고정민(2009), 〈서비스산업의 유형화와 발전방향〉, 삼성경제연구소.

크게 의존한다. 따라서 서비스 질에 대해 충분한 정보와 경험을 가진 사람들의 추천이 중요하다. 병원이나 여행업의 경우 의사나 여행사 직원이 큰 영향을 미치는 이유가 그것이다.

둘째, 소멸성이다. 이는 무형성과 밀접한 관련이 있는 것이다. 서비스로부터 나온 편익은 그 서비스의 창출 혹은 수행으로부터 나오는데, 산출과 동시에 소멸해버리고 만다. 이런 이유로 서비스는 물적 유통이 없고 유통경로도 매우 짧다. 따라서 서비스는 제품처럼 성수기와 비성수기에서 발생하는 수요변동을 완충시킬 재고가 불가능하다. 또한 서비스 생산 과정에서 어느 한 부분이 없거나 제대로 돌아가지 않아 균형을 잃어도 여유시설 능력은 쓸모가 없어진다.

셋째, 이질성은 서비스 산출의 질이 다양하다는 것을 의미하는데, 이는 세 가지 이유 때문이다. ① 서비스 조직 간에도 서비스 수행의 질이 차이가 나기 때문이다. 대학이나 병원이 다 똑같은 서비스를 산출하는 것이 아니다. ② 같은 서비스 조직이라 해도 서비스는 서비스 수행자에 따라 달라진다. 레지던트보다는 정규의사가 더 경험과 기술이 많을 것이고, 유능한 베테랑 조종사가 더 나은 운항을 할 것이다. ③ 같은 서비스 수행자라 해도 경우에 따라 상이한 서비스 질을 산출할 것이다. 이런 이유로 서비스 기업은 서비스 수행의 질을 표준화하거나 품질관리가 힘들다.

넷째, 비분리성이다. 서비스는 생산과 소비가 동시에 이루어진다. 제조업 제품은 생산된 제품을 소비자가 구매해 소비하지만, 서비스는 구매 혹은 계약을 체결한 다음 생산과 소비가 동시에 일어난다. 이런 동시성은 생산자와 판매자가 동일체임을 의미하고 대부분 직접 경로만을 가능하게 만든다. 이런 특성 때문에 서비스 창출 현장에서의 행동이 고객의 구매 의사 결정에 큰 영향을 미친다.

　서비스산업의 특성은 서비스산업 전부에 적용되지 못하고 예외가 다수 존재한다. 문화콘텐츠산업은 서비스산업에 속하지만, 일반적인 서비스산업의 특성이 적용되기도 하고 그렇지 않기도 하다. 콘텐츠산업의 종류에 따라 특성이 달라질 수 있다는 것이다. 예를 들어 극장에서 공연하는 뮤지컬이 경우, 무대에서 공연하고 소멸하지만 이를 녹화해 반복적으로 보여준다면 소멸성의 특징이 적용되기 어렵다. 영화나 음악의 경우, 생산과 소비가 동시에 일어나지 않아 비분리성의 특성이 적용되지 않는다. 서비스산업의 유형이 많아 서비스산업의 일반적인 특성이 적용되지 않는 경우가 많은 것처럼 콘텐츠산업의 유형도 많아 서비스산업의 일반적인 특성이 적용되지 않는 경우가 있다.

2. 문화콘텐츠산업의 정의 및 범위

문화콘텐츠산업의 정의

　문화콘텐츠산업은 문화, 콘텐츠, 산업이라는 용어가 합쳐진 것이다. 여기에서 문화[4]는 정의하기 어려운 개념이지만, 일반적으로 세 가지 의미로 사

---

4) 문화와 문명을 혼동해서는 안 되는데, 문화는 정신적 발전 상태를, 문명은 물질적 발전 상태를 지칭하는 말로 쓰인다.

용된다. 첫째, 특정 사람들의 삶의 방식이란 개념이다. 예를 들어 기업문화, 인디언문화 등의 경우처럼 특정 사람들이 공통적으로 가지고 있는 행동과 습관, 서로에 대한 태도, 도덕적, 종교적 신념 등을 말한다. 둘째, 문화예술로서의 개념이다. 특정 사람들이나 그룹의 전통 및 삶의 방식을 묘사하고 보여주며 공연하는 예술을 지칭한다. 예를 들어 문학, 예술, 음악, 무용, 연극 등을 말한다. 셋째, 재배, 경작, 배양과 같은 '기르다' 라는 원어에서 나오는 의미이다. 이런 의미는 농업이나 생물학에서 주로 사용된다. 문화콘텐츠산업을 정의할 때 이 셋 중에서 적절하게 적용될 수 있는 의미는 둘째 개념의 문화예술이라 할 수 있다. 즉 문화콘텐츠산업은 문화의 개념 중에 '문화예술' 의 의미로 사용된다고 볼 수 있다.

이제 콘텐츠의 정의에 대해서 알아보자. 콘텐츠라는 말은 내용물이라는 의미를 가진 용어로, 영어를 그대로 차용한 단어이다. 요즘에는 콘텐츠라는 말이 다양하게 사용된다.[5] 콘텐츠란 오프라인이나 온라인 등 유통 채널을 통해 전달되는 내용물을 의미한다. 문화콘텐츠는 문화적 요소를 가진 소리, 영상, 문자의 조합으로 이루어진 내용물이라고 할 수 있다.

문화콘텐츠산업에서 정부가 하는 행위나 이익을 전제로 하지 않는 활동은 제외하는 것이 타당하다. 즉 공공기관에서의 서비스나 순수예술은 산업적인 영역이 아니므로 제외된다. 박물관, 도서관 등 문화부의 행정서비스는 공공의 영역에 속하고, 미술, 공예 등은 순수예술 영역이므로 콘텐츠산업의 통계에서 제외된다. 그러나 경우에 따라 이익을 목적으로 기업이 순수문화예술 영역에서 활동할 경우, 산업에 포함시켜 문화예술산업으로 분류할 수도

---

5) 교육콘텐츠, 전시콘텐츠 등 다양하게 사용되는데, 여기에서 콘텐츠는 전시 및 교육에서 전시 내용(전시물)이나 교육 내용(교육프로그램)을 의미한다.

있다. 결국, 문화산업의 일환으로서 문화예술산업이란 이익을 목적으로 예술작품의 창작, 유통과 관련된 모든 산업활동을 말한다. 다시 말하면 문화예술산업은 이익을 목적으로 하는 예술기업, 예술단체, 예술가들이 창작, 유통하는 활동이라 할 수 있고, 예술에 초점을 맞추어 정의하면 예술적 특성을 가진 산업이라고도 할 수 있다.

요약하면, 문화콘텐츠산업이란 행위적 측면에서 보면 문화적 요소를 가진 콘텐츠를 생산하고 공급하는 모든 활동을 말하고, 가치사슬적인 측면에서 보면 문자, 소리, 영상으로 구성된, 문화적인 요소를 가진 내용물을 제작, 유통하는 산업이라 할 수 있다. 문화콘텐츠산업은 문화산업, 콘텐츠산업과 같은 의미로 사용된다.

문화콘텐츠산업의 분류

문화콘텐츠산업은 산업의 특수성을 고려해, 통계청에서 표준산업분류 외에 문화콘텐츠산업 특수분류 기준으로 통계를 매년 집계하고 있다.[6] 콘텐츠산업 특수분류에는 대분류 12개, 중분류 51개, 소분류 131로 세분화되어 있다. 대분류 12개에는 출판, 만화, 음악, 게임, 영화, 애니메이션, 방송, 광고, 캐릭터, 지식정보, 콘텐츠솔루션, 공연 등이 포함되어 있다. 여기에서 공연산업은 공연시설업과 공연단체업으로 구분되어 있으나[7] 음악산업에도 음악

---

6) 표준산업분류는 경제활동 전반을 망라한 포괄성으로 인해 콘텐츠산업 분야를 구체적으로 식별하는 데 한계점을 가지고 있다.

7) 예술경영지원센터는 공연실태조사를 통해 공공영역과 민간영역의 통계를 집계하고 있다.

공연업으로 공연산업이 포함되어 있어서, 공연산업 중 음악콘서트 통계는 음악산업의 분류 중에서 음악공연업을 참조하면 될 것이다. 문화콘텐츠산업의 통계는 매년 한국콘텐츠진흥원이 공연을 제외하고 11개 산업을 조사하여 발표하고 있다.

| 콘텐츠산업 부문별 분류 |

대분류	중분류	소분류
출판산업	출판	서적 출판업(종이 출판업)
		교과서 및 학습서적 출판업
		인터넷/모바일/전자출판제작업
		신문발행업
		잡지 및 정기간행물 발행업
		정기 광고 인쇄물 발행업
		기타 인쇄물 출판업
	인쇄업	인쇄업
	출판도소매업	서적 및 잡지류 도매업
		서적 및 잡지류 소매업
		계약 배달 판매업(신문배달 판매)
	온라인출판유통업	인터넷ㆍ모바일/전자출판 서비스업
	출판임대업	서적임대업(만화 제외)
만화산업	만화출판업	만화출판사(만화잡지, 일일만화, 코믹스 등)
		일반 출판사(만화 부문)
	온라인 만화 제작유통업	인터넷/모바일 만화콘텐츠 제작 및 제공(CP)
		인터넷/ 모바일 만화콘텐츠 서비스
	만화책임대업	만화임대(만화방, 만화카페 등)
		서적임대(대여) (만화 부문)
	만화도소매업	만화 서적 및 잡지류 도매
		만화 서적 및 잡지류 소매
음악산업	음악제작업	음악 기획 및 제작업
		음반(음원) 녹음시설 운영업
	음악 및 오디오물 출판업	음악 오디오물 출판업
		기타 오디오물 제작업
	음반복제 및 배급업	음반복제업
		음반배급업
	음반도소매업	음반도매업
		음반 소매업
	온라인 음악유통업	인터넷/모바일 음악 서비스업
		음원대리 중개업
	음악 공연업	음악공연 기획 및 제작업
		기타 음악공연 서비스업
	노래연습장 운영업	노래연습장 운영업
게임산업	게임 제작 및 배급업	게임 제작 및 배급업
	게임 유통업	컴퓨터 게임방 운영업
		전자게임장 운영업

Cultural Contents Industry

대분류	중분류	소분류
영화산업	영화 제작, 지원 및 유통업	영화 기획 및 제작
		영화 수입
		영화제작 지원
		영화 배급
		극장 상영
		영화 홍보 및 마케팅
	디자인온라인유통업	DVD/블루레이 제작 및 유통
		온라인 배달
		온라인 상영
애니메이션 산업	애니메이션 제작업	애니메이션 창작 제작업
		애니메이션 하청 제작업
		온라인(인터넷~모바일) 애니메이션 제작업
	애니메이션 유통 및 배급업	애니메이션 유통, 배급 및 홍보
	온라인 애니메이션 유통업	온라인 애니메이션 서비스업(인터넷, 모바일)
방송산업	지상파 방송	지상파방송 사업자
		지상파 이동멀티미디어 방송 사업자
	유선방송	종합유선방송 사업자
		중계유선방송 사업자
	위성방송	일반 위성방송 사업자
		위성이동멀티미디어방송 사업자
	방송채널사용사업	방송채널사용 사업자
	방송영상물제작업	방송영상독립제작사
	인터넷 영상물 제공업	인터넷프로토콜TV(IPTV)
		IPTV콘텐츠 제공 사업자(CP)
광고산업	광고대행업	종합광고대행
		광고매체대행
	광고제작업	인쇄광고제작업
		영상광고제작업
		광고사진스튜디오
	광고전문 서비스업	브랜드 컨설팅
		마케팅조사
		PR(Public Relations)
		SP(Sales Promotion)
		전시 및 행사대행업
	인쇄업	인쇄
	온라인 광고대행업	온라인종합광고대행
		온라인광고제작대행
		온라인광고매체대행
	옥외광고대행업	옥외종합광고대행
		옥외광고제작대행
캐릭터산업	캐릭터 제작업	캐릭터 개발 및 라이선스업
		캐릭터 상품 제조업
	캐릭터 상품유통업	캐릭터 상품 도매업
		캐릭터 상품 소매업

대분류	중분류	소분류
지식정보산업	e-learning업	e-learning 기획업
		e-learning 인터넷/모바일 서비스업
		인터넷/모바일 e-learning 제작 및 제공업(CP)
		에듀테인먼트 기획 및 제작업
	기타 데이터베이스 및 온라인 정보 제공업	기타 데이터베이스 및 온라인 정보 제공업
	포털 및 기타 인터넷 정보 매개 서비스업	포털 및 기타 인터넷 정보 매체 서비스업
	가상 세계 및 가상현실업	스크린 골프 시스템 기획 및 제작업
		스크린 골프장 운영업
		기타 가상세계 및 가상현실 기획 및 제작업
콘텐츠 솔루션 산업	콘텐츠 솔루션업	저작물
		콘텐츠 보호
		모바일 솔루션
		과금/결제
		콘텐츠관리시스템(CMS)
	컴퓨터그래픽스(CG)제작업	컴퓨터그래픽스(CG)제작업
공연 산업	공연시설업	
	공연단체업	

자료: 문화체육관광부(2019), 2018 콘텐츠산업 통계조사, pp. 18~22.

3. 문화콘텐츠산업의 확장

문화콘텐츠산업의 범위는 일반적으로 앞에서 언급한 12개 업종이다. 그러나 문화콘텐츠산업을 광의로 해석하면 12개 이상이 될 수 있다. 즉, 문화콘텐츠산업을 문화와 연관성을 가지고 있는 관련 산업, 타산업에 속해 있는 분야 중에 문화산업의 특성을 가지는 분야를 포함하면 12개 산업 이상이 될 수 있다.

그중 대표적인 것은 패션과 디자인 분야이다.[8] 디자인산업의 경우 광범위한 영역을 포함하고 있는데, 한국디자인진흥원에서 실시하는 디자인산업 실태조사 자료의 범주에는 제품디자인, 시각디자인, 디지털/멀티미디어 디자인, 공간디자인, 패션/텍스타일디자인, 서비스/경험디자인, 산업공예디자인, 디지털인프라가 포함되어 있다. 이 중 시각디자인, 공간디자인, 산업공예디자인은 문화콘텐츠산업에 포함될 수 있다. 제품디자인, 서비스디자인, 디자인인프라는 콘텐츠와 관련성이 약하므로 제외시켜야 할 것이다. 디지털/멀티미디어 디자인은 게임이나 디지털콘텐츠에, 패션/텍스타일디자인은 패션 분야에 이미 포함되어 있으므로 이를 콘텐츠산업에 포함시키면 이중계산이 될 수 있다.

패션산업의 경우에도 매우 광범위한 분야를 포함하므로 이 중에서 디자이너패션산업은 문화콘텐츠산업에 포함시킬 수 있다. 디자이너패션이란 자신만의 플래그십 콜렉션과 대중적인 디퓨전 라인을 생산하며, 서울패션위크와 같은 국내외 패션쇼나 전시회를 통해 제품을 선보이는 디자이너 중심의 패션 제품이다.

디자인, 패션만이 아니라 문화콘텐츠산업은 그의 활용까지를 고려한다면 그 범위는 매우 넓다. 화장품, 관광, 성형, 휴대폰, 자동차 등 일반 상품에 이르기까지 많은 상품이 문화콘텐츠에 영향을 받아 매출액 증대를 직간접적으로 경험한다. 특히 해외에서의 한류를 통한 영향력이 매우 크다고 할 수 있다.

화장품의 경우, 드라마와 영화 등 문화콘텐츠에서 노출된 스타에 대한 선

---

8) 고정민 외 (2020), 〈콘텐츠산업 경제적 파급효과 분석연구〉, 한국콘텐츠진흥원.

망과 동경이 자연스럽게 화장품의 소비로 연결된다. 해외에서 선망하는 한류 스타를 모방하는 소비에서 시작한 한국 화장품에 대한 소비는 대표적인 한류 연관 산업으로 부상하고 있다. 관광의 경우에도 문화콘텐츠와 연계한 문화관광이 부각되고 있다. 영화 및 드라마의 촬영지는 여행객들이 찾아가는 관광목적지로서의 역할을 하고 있고, 한국 연예인의 콘서트 관람이나 선호하는 연예인과의 만남을 목적으로 해외방문객들이 입국한다.[9][10] 또한 한류를 통해 한국에 대한 이미지가 좋아져서 스마트폰과 같은 일반상품의 수출도 긍정적인 영향을 받는다. 한류의 브랜드 효과는 식품이나 스마트폰과 같은 제조업 뿐 아니라 다양한 서비스업으로도 확장이 가능하다. 한류의 원산지 효과 또는 후광효과를 통해 콘텐츠산업 외에 다른 영역으로 한류의 긍정적인 이미지가 전이되고 있는 것이다.

이외에도 문화콘텐츠는 한국어를 외국에 알리고 한국에 대한 이미지를 제고시키는 역할을 한다. 한국콘텐츠가 해외에서 인기를 끌자 한글을 배우려는 청소년들, 한국 유학생이 증가하는 등 그 무형적인 파급효과가 크다. 해외 시장에 수출된 문화콘텐츠 상품이 우리 문화의 정체성을 대변하고 세계에 한국을 알리는 최대 홍보 수단으로서 그 역할을 할 수 있다. 각종 조사에서 "한류의 영향으로 한국에 대한 호감도가 높아졌다"는 응답자가 많을 정도로 한류의 영향력은 매우 크다.

문화콘텐츠의 확장성은 매우 뛰어나므로 이를 활용해 문화콘텐츠를 통한 우리나라의 일반 산업을 성장시키는 것도 중요하다. 즉 문화의 산업화뿐만 아니라 산업의 문화화도 필요한 것이다. 제조업이나 서비스업에 문화나 문

---

9) 고정민(2012), 〈한류문화와 관광〉, 한국관광정책, 49, 33-40.
10) 조현순(2008), 〈문화관광으로서 한류 관광 지속 방안연구〉, 문명연지, 8(2).

화콘텐츠적인 요소를 활용해 그 산업을 업그레이드할 수 있다. 문화를 포함한 소프트적인 요소가 제품, 산업, 경영, 도시, 국가 등에 활용되는 것을 소프트화라고 하는데, 이런 소프트화를 통해 부가가치를 올리고 경쟁력을 강화시킬 수 있다.[11] 문화콘텐츠가 제품, 산업, 경영, 도시, 국가 등에 활용될 수 있다는 것이다. 이는 문화를 산업화한 문화예술산업이나 콘텐츠산업과는 다르게 산업의 문화화에 해당하는 것으로, 문화를 통해 산업의 부가가치를 높이는 것이다.

4. 문화콘텐츠산업의 유사 개념

영국 DCMS의 창조산업

영국에서는 창조산업(creative industry)이라는 용어로 넓은 의미의 콘텐츠 산업을 정의하고 분류하고 있다. 창조산업은 발표 기관에 따라 다양하게 분류되지만, 영국 DCMS(디지털문화미디어스포츠부)의 분류가 포괄적이어서 가장 많이 사용한다.

---

11) 고정민(2019), 《문화콘텐츠 경영전략》, 커뮤니케이션북스.

자료: 고정민(2019), 《문화콘텐츠 경영전략》, 커뮤니케이션북스.

영국의 DCMS의 창조산업 범위를 보면, 13개 분야 중 방송, 음악, 영화, 게임, 공연, 출판, 광고산업 등은 한국콘텐츠진흥원에서 분류하는 12개 산업에 속하지만, 이외에 미술, 공예, 디자인, 건축, 소프트웨어는 한국콘텐츠진흥원의 분류에 속하지 않는다.

| 창조산업 분류 |

구분	DCMS	NOIE	NAI	UNCTAD
1	광고	광고	건축	창조적 서비스
2	건축	건축	ICT	디자인
3	양방향 오락소프트웨어	소프트웨어	산업디자인	시각적 예술
4	소프트웨어 컴퓨터 서비스	게임	웹디자인	뉴미디어
5	디자인	디자인	R&D	청각예술
6	영화 및 비디오	영화	미술	공연
7	TV 및 라디오	방송	공예	출판/인쇄
8	음악	양방향미디어	패션	전통문화
9	공연예술	음악		문화적 장소
10	출판	출판		
11	미술/골동품			
12	공예			
13	패션			

12) 색칠한 부분이 문화산업.

PWC의 미디어엔터테인먼트 산업

문화콘텐츠산업의 유사 개념 중의 하나로서 업계에서 많이 사용하는 것은 컨설팅 조사기관인 프라이스워터하우스쿠퍼스(PWC)의 미디어엔터테인먼트산업이 있다. PWC가 분류하는 미디어엔터테인먼트산업에는 VR, OTT, 인터넷광고, 전자게임·이스포츠, 인터넷억세스, 극장, OOH, 음악, B2B, 방송광고, 서적, 방송·홈비디오, 신문잡지 등을 포함된다.[13] 이를 하나하나 보면, 먼저 B2B는 비즈니스 정보, 디렉토리 광고, 무역 잡지, 전문 서적 및 무역 박람회로 구성된 B2B 미디어를 포함한다. 비즈니스 정보에는 비즈니스 데이터 및 정보에 대한 지출이 포함되며 재무, 마케팅 및 산업이라는 세 가지 범주로 구성된다. 인터넷액세스(Internet access)는 인터넷액세스에 대한 지출을 의미하며 모바일 인터넷과 고정 광대역 등 두 가지 범주로 구성된다. OOH(Out of Home) 광고시장은 가정용 미디어에 대한 광고주 지출을 의미한다. OTT(Over-the-top)는 넷플릭스를 비롯한 동영상 인터넷 스트리밍 서비스로 억세스되는 영상에 대한 소비자의 지출을 말한다. Virtual Reality(VR)는 머리에 장착하는 기기를 통해 입체적, 가상의 환경 또는 장면을 둘러 볼 수 있으며 선택적으로 움직이고 상호 작용할 수 있는 시스템을 의미한다. 이 부문은 VR 비디오, VR 게임 및 VR 응용 프로그램에 대한 소비자 지출로 구성된다. 이를 한국콘텐츠진흥원의 12개 산업과 비교해보면, 게임, 광고, 방송 등을 다시 세부 분야로 구분한 것이라 할 수 있으나, 정보통신, 기업정보 등은 12개 산업에 속하지 않는다.[14]

---

13) 고정민 외(2020), 〈콘텐츠산업 경제적 파급효과 분석연구〉, 한국콘텐츠진흥원.
14) 고정민 외(2020), 〈콘텐츠산업 경제적 파급효과 분석연구〉, 한국콘텐츠진흥원.

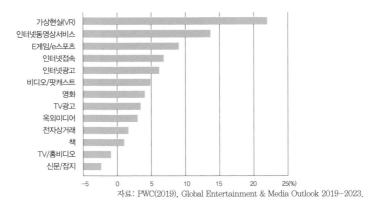

| PWC의 미디어&엔터테인먼트산업의 향후 5년간 연간성장률 전망 |

자료: PWC(2019), Global Entertainment & Media Outlook 2019~2023.

UNCTAD의 창조산업

UNCTAD(국제연합무역개발협의회) 또한 DCMS와 마찬가지로 문화콘텐츠산업을 넓은 개념의 창조산업으로 설명하고 있지만, 그 내용은 큰 차이가 있다.[15] UNCTAD의 창조산업은 공연예술이나 문화축제와 같은 전통적인 지식과 문화적 유산에 뿌리를 둔 활동에서부터 시청각 기재와 뉴미디어와 같은 기술, 서비스를 지향하는 범위까지 포함하고 있고, 다음 그림에서와 같이 9개의 하위 그룹으로 나뉜다.

---

15) 창조산업은 창조경제의 중심에 있고, 현재 세계 무역 시장에서 가장 활발한 영역으로 부각된다고 주장하고 있다.

Cultural Contents Industry

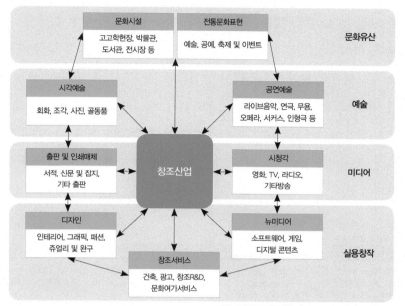

자료: UNCTAD(2010), Creative Economy Report 2010.

UNCTAD의 창조산업은 이처럼 문화예술과 문화산업 전반을 모두 포함하고 있으며, 이를 다시 문화유산, 예술, 미디어, 실용창작의 네 가지 영역으로 분류한다. 첫째, 문화유산은 모든 형태의 예술과 문화창조산업의 근간으로 정의되며, 이 분류의 시작점이라고 할 수 있다. 여기에는 예술, 공예, 축제와 기념행사 등의 전통문화 표현과 고고학 발굴 현장, 박물관, 도서관, 전시장 등의 문화시설이 포함된다. 둘째, 예술은 순수하게 문화와 예술에 기초한 창조산업을 포함한다. 예술작품은 문화유산, 정체성, 상징적 의미 등을 내포한 것으로, 여기에는 회화, 조각, 사진, 골동품 등의 시각예술과 라이브음악, 연극, 춤, 오페라, 서커스, 인형극 등의 공연예술이 포함된다. 셋째, 미디어는 대중과 소통하는 것을 목적으로 하는 창조적 콘텐츠를 생산하는 두 개의 하위 항목을 포함한다. 즉 서적, 인쇄물과 기타 출판물 등의 출판과 인쇄 매체, 영화, 텔레비전, 라디오, 기타 방송 등의 시청각 매체로 분류된다. 마지막으로, 실용창작은 기능 중심의 재화와 서비스를 만들어내는 수요 주도형이고 서비스가 집약된 산업으로 구성된다. 인테리어, 그래픽, 패션, 쥬얼리, 완구 등의 디자인, 소프트웨어, 비디오게임, 디지털화된 창조 콘텐츠 등의 뉴미디어, 건축, 광고, 문화 여가 활동, 창조적 R&D, 디지털과 기타 관련 서비스 등의 창조서비스가 UNCTAD의 창조산업 중 실용창작에 포함되어 있다.

| 창조산업의 세부 구분 |

문화유산	예술	미디어	실용창작
- 전통 문화 표현: 예술, 공예, 축제와 기념행사 - 문화시설: 고고학 발굴 현장, 박물관, 도서관, 전시장 등	- 시각예술: 회화, 조각, 사진, 골동품 등 - 공연예술: 라이브음악, 연극, 춤, 오페라, 서커스, 인형극	- 출판 및 인쇄 매체: 서적, 인쇄물과 기타 출판물 - 시청각 매체: 영화, 텔레비전, 라디오, 기타 방송	- 디자인: 인테리어, 그래픽, 완구 - 뉴미디어: 소프트웨어, 비디오게임, 디지털 콘텐츠 - 창조서비스: 건축, 광고, 문화 여가 활동

자료: UNCTAD(2010), Creative Economy Report 2010, p.8.

WIPO의 저작권 산업

WIPO(세계지적재산권기구)에서는 저작권산업을 창작, 문화 등 저작권에 기반을 둔 산업으로 정의하고, 광범위한 경제적 활동의 기여도를 측정하기 위해서 총 네 분야로 나누고 있다. 즉 저작권과 관련된 산업의 관련 정도(저작권 요소, copyright factor)에 따라 저작권 산업을 핵심저작권산업(core copyright industries), 상호의존저작권산업(interdependent copyright industries), 부분저작권산업(partial copyright industries), 저작권지원산업

(non-dedicated support industries)으로 구분했다.

핵심저작권산업은 작품 및 기타 보호대상물의 창작, 생산, 제조, 공연, 방송, 통신 및 전시 혹은 유통 및 판매에 전적으로 관련된 산업이다. 핵심저작권산업에는 출판·문학, 음악·연극·오페라, 영화·비디오, 라디오·텔레비전, 사진, 소프트웨어·데이터베이스, 시각과 그래픽아트, 광고서비스, 저작권협회가 있다.

상호의존저작권산업은 그 기능이 전적으로 혹은 주로 작품 및 기타 보호대상물의 창조 생산, 사용을 가능하게 하는 기기의 생산, 제조 및 판매에 관련된 산업이다. 상호의존저작권산업에는 통신 및 방송 장비, 제조 및 유통업(가정용 가전제품 및 오락용품을 포함), 컴퓨터 및 관련 기기 제조 및 유통업, 음향기기 및 악기 제조 및 유통업, 사진 및 촬영기 제조 및 유통업, 복사기 제조 및 유통업, 기록매체 제조 및 유통업, 종이 제조 및 유통업 등이 있다.

부분저작권산업은 일부의 활동이 작품 및 기타보호물과 관련된 산업으로, 작품 및 기타 보호대상물의 창조, 생산, 제조, 공연, 방송, 통신, 전시 혹은 유통 및 판매에 관여하는 산업이다. 여기에는 어패럴, 직물, 신발 제조 및 유통업, 보석, 귀금속 제조 및 유통업, 기타 공예품 유통업, 가구 제조 및 유통업, 가정용품, 자기, 유리 제조 및 유통업, 벽지, 카펫 제조 및 유통업, 장난감, 게임용품 제조 및 유통업, 건축, 엔지니어링, 측량서비스업, 생활공간 디자인업, 박물관 외 관련 시설 운영업 등이 있다.

저작권지원산업은 활동의 일부분이 작품 및 기타 보호대상물의 방송, 통신, 판매 및 유통에 기여하는 산업으로, 그 활동이 핵심저작권 산업에 포함되지 않는 산업이다. 여기에는 일반 도소매업, 일반운송업, 통신정보서비스업 등이 있다.

| 저작권산업의 분류체계 |

포괄 영역	정의
핵심저작권산업	작품 및 기타 보호대상물의 창작, 생산, 제조, 공연, 방송, 통신 및 전시, 혹은 유통 및 판매에 전적으로 종사하는 산업
상호의존저작권산업	그 기능이 전적으로 혹은 주로 작품 및 기타 보호대상물의 창조 생산 및 사용을 가능하게 하는 기기의 생산, 제조 및 판매에 종사하는 산업
부분저작권산업	일부의 활동이 작품 및 기타 보호대상물과 관련되어 있는 산업으로서 작품 및 기타 보호대상물의 창조, 생산, 제조, 공연, 방송, 전시 혹은 유통 및 판매에 관여하는 산업
저작권지원산업	내부의 부분적인 활동이 저작권 및 관련물의 방송, 통신, 판매 및 유통에 기여하며 그 활동이 핵심저작권 산업에 해당하지 않는 것

자료: 문화체육관광부(2011), 한국저작권산업 특수분류, p.5.

저작권산업의 개념을 문화콘텐츠산업에 적용해보면, 문화콘텐츠산업 분류에서도 콘텐츠연관서비스산업, 콘텐츠연관제조업 등을 별도로 분류할 수 있다는 점을 시사한다. 콘텐츠연관서비스산업은 테마파크, 관광, 이스포츠, 디자인, 패션 등과 같이 콘텐츠와 관련된 서비스산업이 속할 수 있을 것이다. 콘텐츠연관제조업의 경우 휴대폰, 영상기기, 음향기기, 컴퓨터 등 콘텐츠와 연관된 분야를 대상으로 하지만, 이 경우에도 콘텐츠와 직접적으로 연관된 분야만을 고려해서 문화콘텐츠 연관 산업에 포함시켜야 할 것이다.[16]

---

16) 고정민 외(2020), 〈콘텐츠산업 경제적 파급효과 분석연구〉, 한국콘텐츠진흥원.

5. 문화콘텐츠산업의 중요성

증권회사의 애널리스트들은 한국의 주식시장에서 주목받는 종목 중에 게임, 음악, 엔터테인먼트산업 종목을 많이 추천하고 있다. 주식시장에서 주목받는다는 것은 그만큼 산업적인 측면에서 문화콘텐츠산업이 유망하고 중요하다는 것을 의미한다. 과거와는 다르게 한류에 의해 많은 해외 사람들이 한국을 알고 있고, BTS의 곡이 빌보드 싱글차트100에서 1위를 차지하는 등 경제뿐만 아니라 문화적인 측면에서도 문화콘텐츠산업은 중요해졌다. 여기에서는 이런 문화콘텐츠산업이 왜 중요한지 알아보자.

첫째, 유명한 콘텐츠 작품은 인기와 수익성 면에서 장기적 지속성이 있다. 콘텐츠가 유명 작품의 반열에 오르면 꺼지지 않는 등불처럼 오랜 기간 인기가 유지되어 제작사의 중요한 캐시카우(수익원)가 된다. 일반 제품의 경우 한 제품의 인기가 지속되는 경우가 있지만, 신제품이 개발되거나 소비자의 니즈가 달라지면 다른 신제품에 의해 대체된다. 그러나 세계적인 콘텐츠는 오랫동안 인기를 유지하거나 관련 제품이 개발되어 인기가 연장된다.

1928년에 태어난 미키마우스는 현재도 어린이들에게 인기가 유지되고 있으며, 160여 편의 애니메이션, 30여 권의 책으로 발간되어 연간 6조 원의 매출을 올리고 있다. 또한 어린 시절에 접했던 디즈니 애니메이션은 어린이들에게 오랫동안 미국을 선망의 대상으로 각인시키는 역할을 하고 있고, 해리포터는 1997년에 태어났지만 아직도 영화 등으로 만들어져 지금까지 관련 매출이 300조 원을 넘기고 있다.

미키마우스	해리포터	토이스토리
- 1928년 탄생 - 1600여 편 애니메이션, 30여 권 발간 - 연봉 약 6조 원(라이선싱 + 머천다이징)	- 1997년 탄생 - 총 7권 출간, 총 8편 개봉 - 총 매출액 308조 원 - 영국 경제기여도 연간 약 5조 원	- 1995년 탄생 - 총 3편 개봉 - 스토리텔링 기획만 편당 3~4년 소요 - 평균 매출 5억 불 - 스티브 잡스 1.5조 원 수입

자료: 한국콘텐츠진흥원.

둘째, 콘텐츠산업은 미래 성장동력이라는 점이다. 문화콘텐츠산업은 문화와 오락을 추구하는 미래 소비자의 취향에 적합한 산업으로 향후 성장률도 빠르고 그 시장 규모도 매우 크다. 문화콘텐츠산업이 이와 같이 빠르게 성장하는 것은[17] ① 통신기술과 미디어기술이 발달함에 따라 새로운 플랫폼이 등장하고 이에 따라 관련된 콘텐츠 시장이 탄생하기 때문이다. 예를 들어 OTT가 등장하면서 콘텐츠 수요는 한 단계 점프하고 있다. ② 소비자의 소득이 증가함에 따라 문화에 대한 소비가 증가하기 때문이다. 소득이 증가하면 생필품보다 문화나 여가와 관련된 제품을 더 많이 소비한다. 소득 증가에 따라 국민의 총소비 지출에서 차지하는 문화비 지출이 증가하면서 문화콘텐츠에 대한 수요도 증가하고 있다. ③ 소비자의 여가시간이 증가하면서 문화콘텐츠 소비가 증가하기 때문이다. 우리나라는 주5일제 근무 이후에 2018년에는 주당 법정근로시간을 68시간에서 52시간으로 단축함에 따라 여가시

---

17) 고정민(2019), 《문화콘텐츠 경영전략》, 커뮤니케이션북스.

간의 증가로 인한 콘텐츠 수요의 증가가 예상된다.

셋째, 타분야와의 융합을 통해 수요가 확대된다. 타산업과 문화콘텐츠산업과의 콜라보레이션을 통해 고급화하고 고부가가치화할 수 있고, 새로운 산업을 창출할 수 있다. 예를 들어 국내 인기 애니메이션 〈뽀로로〉는 테마파크를 융합한 뽀로로테마파크로 신규 영역을 창출하고 있다. 미국 아이콘 중 하나인 디즈니는 디즈니의 캐릭터와 애니메이션을 활용해 테마파크를 만들고, 라이선싱을 통해 상품의 홍보수단으로 활용된다.

넷째, 문화콘텐츠산업은 국가브랜드, 소프트파워를 높이는 데 중요한 역할을 한다. 문화콘텐츠는 개인의 감성과 연관되어 있어 좋아하면 점점 거기에 빠져드는 높은 몰입성을 가지고 있다. 더구나 특정 국가의 문화에 빠지면 그 문화를 좋아할 뿐만 아니라 그 국가를 좋아하는 경향이 있다. K-pop을 좋아하는 외국인들은 한국의 문화, 나아가서는 한국을 좋아해 결과적으로 한국의 대외 이미지가 좋아진다. 이처럼 콘텐츠산업의 발전은 국가브랜드와 밀접하게 연결되어 있다. 한류는 친(親)한국 외국인 확대, 한국어 확산, 외국인의 한국 방문 증가, 한국 상품 구매, 나아가서는 한국의 국격 제고의 역할을 한다. 따라서 한국에 대한 높은 문화콘텐츠 선호도는 우리나라의 소프트파워를 향상시키는 데 효과적이다.[18]

다섯째, 청년고용 문제를 해결할 수 있는 적합한 산업이라는 점이다. 온라인 게임업체인 엔씨소프트의 경우 종업원의 대부분이 20~30대인 데 비해 제조업의 전형이라 할 수 있는 현대중공업 종업원의 주요 연령층은 45~50세 이상이다. 최근 청년들은 디지털기기를 통해 콘텐츠를 향유하고 있는 디

---

18) 고정민 외(2019), 〈글로벌 소프트파워 강국 실현〉, 경제 · 인문사회연구회.

지털네이티브 세대로서, 이들은 게임, 모바일콘텐츠 등 콘텐츠산업의 일자리를 선호하기 때문에 콘텐츠산업이야말로 청년실업을 해결할 수 있는 적합한 산업이라 할 수 있다. 문화콘텐츠산업 전체적으로 29세 이하가 전체 종사자 수의 33.0%, 30대 종사자(30~39세)가 전체의 44.9%로 나타나고 있다.[19] 이처럼 40세 이하 청년층이 전체의 77.9%를 차지해 문화예술콘텐츠 전반을 이끌어가는 것이다.

여섯째, 문화콘텐츠는 한국 서비스산업의 수출 모델이 될 수 있다는 점이다. 우리나라 서비스산업은 국민경제에서 차지하는 비중은 매우 큰 데 비해 해외수출 비중은 매우 낮고 경쟁력 있는 글로벌플레이어가 없다. 삼성전자와 같은 해외에서 인지도 높은 국내 서비스기업은 없어서, 향후 서비스산업의 수출과 경쟁력 강화가 절실한 시점이다. 그런데 문화콘텐츠산업은 높은 경쟁력으로 해외에서 큰 인기를 얻어 한류를 탄생시켰고, 게임, 음악 등의 분야에서 유수의 글로벌 콘텐츠를 만들고 기업을 배출했다. 이런 점에서 서비스산업의 해외 진출에 있어서 한류가 모델이 될 수 있다.

6. 문화콘텐츠산업의 특성

문화콘텐츠산업은 서비스산업에 속하지만, 다양한 산업의 집합체이다보

---

19) 한국콘텐츠진흥원 (2019). 2019 콘텐츠산업통계조사보고서.

니 그 특성이 다양하다. 각기 다른 생산 특성, 유통 특성을 가지고 있는가 하면 시설, 인력 등의 측면에서도 다양한 특성을 가진다. 즉 어느 특성은 문화콘텐츠 가치사슬 중의 한 영역에서는 적용되지만 다른 영역에서는 오히려 반대의 특성을 가진다. 이처럼 문화콘텐츠산업의 특성을 일률적으로 설명하기는 어렵지만, 여기에서는 대표적인 주요 특성만을 살펴보고자 한다.[20]

첫째, 문화콘텐츠산업은 모험적(risky) 산업이다. 벤처의 성격, 하이리스크 하이리턴적인 특성을 가지고 있다. 위험성은 높지만 흥행에 성공한 작품은 수익성이 높다. 이런 특성 때문에 소수의 히트 작품이 수익 중의 대부분을 차지해 부익부빈익빈 현상이 뚜렷하게 나타난다. 이는 손익분기점 이후에는 매출이 증가할수록 이익 폭은 더욱 증가하는 특징을 말한다. 음악이나 영화와 같은 문화콘텐츠 상품은 초기에 매몰원가 성격의 대규모 고정비(제작비)가 소요되지만, 일단 제작이 완료된 이후에는 변동비 지출이 거의 없어 손익분기점 이후에 이익률은 높아지는 구조이다. 따라서 문화콘텐츠산업에 투자 시에는 수익성과 위험성을 동시에 고려해 자신의 투자 성향에 맞는 적정한 투자를 해야 한다.

둘째, 문화상품의 교역 시에 문화적 할인(cultural discount)이 발생한다. 문화상품은 언어, 관습, 선호 장르 등의 차이로 인해 다른 문화권에 진입하기가 쉽지 않다. 언어, 관습, 선호 장르의 차이 등을 문화적 장벽이라고 하고 그 크기를 할인율로 나타낸다. 문화적 장벽이 높으면 문화적 할인율이 높고 문화적 장벽이 낮으면 문화적 할인율은 낮다. 장르별로 보면 게임, 애니메이션, 다큐멘터리 등은 문화적 요소가 약해 할인율이 낮고, 드라마, 가요,

---

20) 콘텐츠산업이 특성을 자세히 보기 위해서는 고정민(2019), 《문화콘텐츠산업의 경영전략》 참조.

영화 등은 문화적인 요소가 강해 문화적 할인율이 높은 특성을 가진다.

셋째, 창구효과(window effect)가 발생한다. 창구효과란 하나의 콘텐츠가 다양한 플랫폼에 사용되는 것을 말한다. 영화의 경우 극장 개봉을 거쳐 비디오와 DVD, TV 방송으로 이어지는 윈도를 가지고 있다. 제작사는 각 윈도가 겹치지 않도록 홀드백 기간[21]을 정하고 있는데, 이 기간이 최근에는 잘 지켜지지 않거나 과거에 비해 짧아지고 있다. 홀드백이 짧아지는 것은 와이드릴리즈[22] 방식이 도입되어 장기상영이 어려워졌고, 장기간 윈도에 노출됨으로써 나타나는 불법다운로드 피해를 최소화하기 위한 것이다. 특히 새로운 매체가 등장하고 후속 윈도의 시장이 커지면서 홀드백 기간 단축 현상이 더욱 두드러지고 있다. 즉 비디오나 DVD 시장이 커지면서 극장의 윈도가 짧아지고, 인터넷을 통한 영화 전송이 새로운 윈도로 자리를 잡으면서 인터넷 이전의 윈도들이 영향을 받고 있다. 제작·배급 기업이 전략적으로 윈도를 파괴하는 경우도 있다. OTT나 방송용 영화[23]의 경우 극장이 아닌 방송에서 먼저 선보이거나, 인터넷용 영화는 극장에 상영하지 않고 인터넷에 먼저 노출시키는 경우도 있다.

넷째, 도시형(urban type) 산업이다. 문화와 밀접한 관련을 가지는 문화콘텐츠산업은 문화적 인프라나 문화 소비자가 많은 대도시를 중심으로 발달되었다. 우수한 인력을 필요로 하는 문화콘텐츠산업은 공장이나 넓은 부지보다 우수 인력이 모여 있는 대도시가 입지 조건으로 적합하기 때문이다. 유명

---

21) 홀드백이란 극장 개봉 이후 어느 정도의 배타적 시간을 확보한 뒤 후속 창구에 배포하도록 하는, 일종의 시간 일관성 유지 장치를 의미한다.
22) 와이드릴리즈란 영화가 100개 이상의 많은 스크린에서 동시 개봉하는 것을 말한다.
23) 미국 HBO가 만든 오리지널 영화는 HBO 페이채널에서 가장 먼저 선보이고, 이런 작품이 아카데미상을 수상하기도 한다. 넷플릭스의 경우도 마찬가지이다.

한 문화콘텐츠산업 클러스터가 모두 대도시를 중심으로 형성되어 있는 것도 바로 이런 이유에서이다.

다섯째, 환경 변화가 매우 빠른 산업이다. 문화콘텐츠산업은 디지털, 모바일, 인공지능, 홀로그램, 메타버스 등의 기술 발전과 이에 따른 신규 플랫폼의 등장 등 환경 변화가 매우 빠르다. 가치사슬상으로 보면, 제작에서는 제작 환경의 디지털화, 다양한 플랫폼의 콘텐츠 등장, 유통에서는 기존의 오프라인 유통체계 붕괴와 디지털, 모바일 유통의 부상 등의 변화가 나타나고 있다. 또한 방송통신의 융합, 인공지능의 발전 등으로 새로운 서비스가 등장하는가 하면 SNS를 통한 새로운 유통 및 제작이 나타나고 있다.

여섯째, 플랫폼에 의존하는 산업이다. 문화콘텐츠산업은 항상 플랫폼의 발전에 따라 산업의 흥망이 결정되는 변화를 겪었다. 과거에 라디오부터 시작해서 텔레비전, 게임기, 컴퓨터, 모바일 등의 인프라 디바이스에 따라 콘텐츠산업도 발전했다. 새로운 플랫폼이 탄생하면 그에 따라 새로운 콘텐츠가 발전한다.

1. 발전 역사

해외의 발전 역사

우리 인류는 문자가 만들어지기 훨씬 이전에 그림이나 음악을 통해 의사 전달을 하고 자기표현을 했다. 아직도 그 시대에 새긴 알타미라 동굴벽화와 같은 유적들이 남아 있다. 이와 같이 문화콘텐츠는 선사시대부터 존재했다. 문화콘텐츠는 출판, 영화, 음악, 게임 등 각각의 영역에서 발전해온 결과이기 때문에 각 영역에서의 역사가 바로 문화콘텐츠산업의 역사라고 해도 과언이 아니다.

문화콘텐츠 중에서 비교적 일찍 산업화되어 일반 대중들이 즐겼던 것은 출판이라고 할 수 있다. 중국에서 발명된 종이 기술이 서양에 전파되어 15세기 활판 인쇄술이 보급되고 르네상스 시기에 고전에 대한 욕구가 반영되면서 책의 수량이 폭증하며 지식 보급 또한 빠르게 이루어졌다. 활판 인쇄술에 의한 서적의 대량 생산은 상류층에서만 가지고 있던 지식을 일반 대중에까지 확산시켰다는 점에서 파급력이 매우 컸다.

미술시장의 경우, 고대 국가에서부터 인간 본연의 시각적인 표현의 욕구와 함께 많은 미술가와 건축가들이 활동했다. 현대적 개념의 상업갤러리와 아트딜러들이 등장하기 시작한 것은 18세기 프랑스혁명 때 왕정이 무너지고 부르주아들이 새로운 예술의 수요 계층, 즉 취향 계층으로 등장한 때부터이다. 당시의 아트딜러는 특정 작가의 후원자에 가까웠고, 그들은 작품을 사모으는 컬렉터로 활동했으며, 나중에 미술관이 형성될 때 자신의 컬렉터를 기부함으로써 근대미술의 흐름을 주도했다.

음악의 경우를 보자. 인간이 노래를 부르는 것부터 시작한다면 역사 이전으로 거슬러 올라가야 할 것이다. 고전음악이 중세시대 유럽 귀족을 중심으로 번성했고, 대중음악이 보편화된 곳은 미국이다. 대중음악의 기원은 명확하지 않으나 적어도 현재 존재하는 장르들의 뿌리는 대부분 미국에서 시작되었으며, 영국 음악 역시 미국 못지않게 대중음악의 확산에 큰 역할을 했다. 초기의 대중음악에는 흑인음악인 블루스나 스윙재즈, 틴팬앨리[24] 지역 작곡가들이 상업성을 노리고 유럽 오페레타를 더욱 가볍게 만든 백인음악 스탠다드 팝 등이 있었다. 이 시기를 대표하는 아이콘은 대중음악계 최초의 엔터테이너 프랭크 시나트라이다. 그 뒤에 록 음악이 미국을 비롯해 전 세계 일반적인 장르로 발전했다.

영화는 에디슨이 활동사진을 발명한 이후 무성영화가 만들어지고, 이후에 흑백영화에 이어 컬러영화가 만들어졌다. 영화산업은 많은 자본이 투자되어

---

24) 틴팬앨리(Tin Pan Alley)는 19세기에서 20세기 초까지 미국 대중음악을 장악한 뉴욕시 음악출판업자와 작곡가 집단을 이르는 총칭이다. 맨해튼 플라워 지구의 웨스트 28번가와 5와 6번가 사이의 특정 구역에 붙여진 이름에 유래한다.

야 하므로 미국의 메이저 영화사를 중심으로 발전했다. 그러나 텔레비전이 등장하면서 영화산업이 영향을 받았으나 블록버스터를 중심으로 텔레비전과는 다른 볼거리를 제공하면서 더욱 성장했다. 현재는 극장에서 영화를 상영하는 것 외에 OTT를 통해 영화가 전송되는 안방극장의 형태가 발전되고 있다.

게임산업은 간단한 오락게임에서 시작해 비디오게임이 발전하다가 아타리 쇼크로 인해 미국 주도에서 일본으로 게임의 중심이 전환되었다. 이후에 온라인 게임이 부상하다가 이제는 모바일 게임이 대세가 되었다

방송은 플랫폼 관점에서 살펴보면, 라디오 방송에서부터 시작해서 영상 전송기술의 발전에 힘입어 흑백TV 방송, 컬러TV 방송 등으로 발전해왔다. 방송은 정부의 규제가 강한 분야로서 진입장벽이 존재하고 있으며, 방송의 공공적 특성으로 국영방송과 민영방송으로 나누어 운영된다. 방송 형태도 공중파 방송, 위성방송, 케이블방송이 공존하고 있으며, IPTV가 여기에 가세했다.

지금까지 문화콘텐츠산업의 발전 과정을 개략적으로 보았는데, 콘텐츠산업을 변화시키는 원동력은 기술의 발전과 이에 따른 플랫폼의 변화였다. 영화에서는 흑백에서 컬러로, 디지털 영화, 인터렉티브 영화로 발전하고 있다. 음악도 음반 시대에서 디지털 음원 시대로 발전했고, 출판도 오프라인의 책 시장에서 디지털 출판, e-북 형태로 변화되었다. 기술의 발전으로 진입하는 업체도 다양하게 변화되어왔다. 제작만이 아니라 인터넷이나 모바일 등 유통 채널의 발전으로 다비이스와 통신업체들도 진입했다. 디지털콘텐츠 내에서도 전송 방식이 다운로드에서 이제는 스트리밍으로 변화되어 왔고, 쌍방향의 콘텐츠가 증가하는 추세를 보여주고 있다. 이렇게 변화하는 과정

에 기술 발전과 플랫폼 변화가 큰 영향을 준 것이다.

국내의 발전 역사

일제강점기의 한국의 문화콘텐츠산업은 다른 산업과 마찬가지로 전무하다시피 했다. 당시 책, 영화, 음악, 라디오 방송 등의 상업 활동이 이루어지고 있었으나 규모는 극히 작았다. 1950년대에는 한국전쟁으로 인해 산업의 기반은 무너졌고, 이런 환경 속에서 문화콘텐츠산업이 성장하는 것은 무리였다. 그러다가 1960년대 들어 낮은 인건비로 애니메이션의 하청생산이 활성화되어 1970년대에는 세계 1위의 애니메이션 생산국이 되기도 했다. 영화는 당시 국민의 주요 오락거리 중의 하나가 되었고, 흑백TV가 방송되어 인기를 끌었다.

이처럼 각각의 산업으로 발전해오다가 1990년대 초에 영상소프트산업[25]이라는 용어로 문화콘텐츠산업이 언급되었으며 1990년대 후반에 문화산업이라는 용어가 나타나기 시작했다. 당시 한국의 문화부도 문화산업에 관심을 보여 문화산업과를 만들었다. 1990년대 후반부터 대기업들도 관심을 보여 삼성, 대우, 현대가 이 시장에 진출했다. 특히 삼성영상사업단은 대규모의 투자와 우수한 인력을 바탕으로 영화, 음악, 게임, 방송 등 당시 거의 모든 분야에 진출해 국내 시장에서 압도적인 점유율을 기록했다. 벤처캐피탈, 투자회사, 은행 등에서도 관심을 보여 문화콘텐츠에 대한 투자가 활성화되

---

25) 저자 본인이 1990년대 초에 이 산업을 영상소프트산업으로 명명한 바 있다.

었다.

2000년대 들어 콘텐츠가 디지털화되어 다시 시장이 확대되었고, 2010년 대에는 SNS의 인기와 모바일의 확산으로 콘텐츠산업의 구조적 변화가 나타났다. 국내 문화콘텐츠산업의 역사는 먼저 영화산업이 산업화되었고, 음악산업, 방송산업 등이 이어서 산업화 과정을 거쳐 발전했으며, 이후에 게임산업과 같은 디지털콘텐츠산업의 발전으로 이어졌다.

산업화 과정

문화콘텐츠산업은 과거에 공공적인 측면이나 이익을 목적으로 하지 않는 취미활동으로 인식되거나, 규모가 작아 산업이라고 말할 정도는 아니었으나 점차 대중적인 소비가 증가해 시장이 확대되고 생산이 증가하는 산업화의 과정을 거치면서 성장했다. 산업화 초기 한국의 제작 역량이 부족해 한국 콘텐츠의 경쟁력이 취약했을 때는 외국의 콘텐츠에 의존하지 않을 수 없었는데, 이후에 국내 수요가 증가하고 한국의 문화콘텐츠 제작 역량이 높아지면서 점차 외국 제품을 한국 제품으로 대체하고, 이어서 이를 바탕으로 해외에 진출하는 과정을 거쳐 왔다. 이른바 국산화의 과정을 거쳐 국제화의 단계를 밟은 것이다.

문화콘텐츠산업은 이런 산업화의 과정에서 순환적인 변화 현상이 나타났는데, 첫째, 과거 외국 콘텐츠에서 점차 국산 콘텐츠가 국내 시장을 주도하는 단계로 변화되어 왔다. 둘째, 시장이 확대될 때 킬러콘텐츠의 등장으로 시장이 확대되었다. 셋째, 인프라 구축에 따른 시장 확대로서, 신규 인프라가 구축되면서 시장이 급격하게 확대되었다. 이에 따라 한국 콘텐츠 수요가 확대되고, 좋은 인력이 유입되며, 투자가 확대되어 다시 수요가 확대되는 선순환 과정을 거쳐 발전했다.

| 국내 콘텐츠산업의 선순환 과정 |

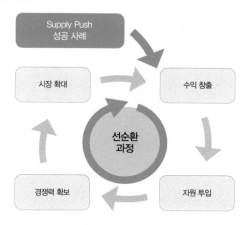

(1) 국산 콘텐츠 주도

국내 콘텐츠산업은 산업화 과정에서 외국 콘텐츠 주도 단계에서 국산콘텐츠 주도 단계로 변화되어 왔다. 산업 초기의 내수시장은 수입 콘텐츠가 주도하다가 점차 국산 콘텐츠 주도로 넘어가고, 그 이후 국산 콘텐츠는 국내에서 축적된 경쟁력을 기반으로 해외로 수출되었다. 한국 제조업의 발전 단계도 마찬가지인데, 섬유, 가전, 반도체 등 국내 주요 산업들은 국내 시장으로는 규모의 경제 달성이 어려워 해외 시장을 공략했다. 국내 시장에서는 한국 콘텐츠산업의 경쟁력이 낮아 해외 콘텐츠에 의해 압도되다가 점차 한국 콘텐츠의 경쟁력이 높아지면서 국산 콘텐츠가 한국의 소비자들에게 주목받기 시작했다. 영화의 경우 한국영화가 1990년대 말부터 인기를 끌기 시작했고, 음악, 캐릭터, 방송 등 많은 콘텐츠 국내 시장에서 국산 콘텐츠의 비중이 높아지기 시작했다.

이와 같이 국내 콘텐츠의 비중이 증가한 것은 국내 콘텐츠의 경쟁력, 즉 상품성 및 완성도가 높아져 소비자의 욕구를 충족시켰기 때문이다. 우리나라 콘텐츠의 경쟁력이 높아진 것은 콘텐츠당 제작비가 많이 투입되었을 뿐만 아니라 해외에서 공부한 많은 우수한 인력이 콘텐츠산업에 투입되면서 국내 콘텐츠의 질이 향상되었기 때문이다. 1980년대 영화나 음악을 공부하기 위해 미국에 갔던 유학생들이 한국에 돌아와 활동했다. 1990년대부터 또한 대기업에서 합리적인 관리 기법과 경영을 배운 인력이 콘텐츠산업에 투입되었다.

이런 과정을 거치면서 국내 콘텐츠 수준이 외국 콘텐츠에 비해 크게 뒤지지 않을 정도로 향상되었기 때문에 한국의 소비자들은 구태여 외국어로 된 콘텐츠를 구입할 필요가 없어진 것이다.

(2) 킬러콘텐츠의 등장

국내 시장에서 국산 콘텐츠의 비중이 높아지는 데에는 어느 한 작품(killer contents)이나 특정 연예인이 결정적인 영향을 끼쳤다. 일반적으로 문화콘텐츠산업은 하나의 콘텐츠 영향력이 매우 큰 산업이다. 하나의 흥행 콘텐츠가 흥행에 실패한 많은 콘텐츠를 보상하고도 남는 산업이 바로 콘텐츠산업이다. 이런 산업은 모형형 산업이라고도 한다.

한국 콘텐츠산업이 발전하는 과정에서도 하나의 킬러콘텐츠가 전체 산업을 발전시키는 데 극적인 역할을 했다. 이런 킬러콘텐츠가 대박을 터트리면서 소비자들에게 한국 콘텐츠의 우수성에 대한 홍보가 되고 잠재적인 소비자들을 한국 콘텐츠를 선호하는 적극적 소비자로 전환시키는 데에도 크게 기여했다.

음악의 경우를 예로 들어보자. 1990년대 초반 서태지와아이들 신드롬이 등장하면서 기존의 장르를 파괴하면서 한국 대중가요의 발전을 도모했다. 영화의 경우에도 강제규 감독의 〈쉬리〉가 성공하면서 국내 영화는 한 단계 도약했다.

(3) 플랫폼의 구축

콘텐츠산업은 항상 콘텐츠를 실어 나를 수 있는 플랫폼의 발전과 동반해 성장했다. 콘텐츠를 유통하는 디바이스, 네트워크, 플랫폼, 미디어 등은 기술 발전과 함께 콘텐츠산업이 발전하는 데 원동력이 되었다.

새로운 플랫폼, 인프라의 구축이나 하드웨어의 보급으로 콘텐츠 시장이 확대되다가 이것이 완료되면 정체하는 변화 과정을 보였다. 새로운 플랫폼의 구축은 편리하고 쾌적한 소비환경을 제공함으로써 과거보다 많은 소비자를 유인한다. 이는 소득 증가에 따라 신속한 전송, 쾌적한 관람 환경, 편리한 예약 시스템 등 소비 행태의 고급화를 추구하는 소비자의 니즈를 충족시켰다. 결국 콘텐츠산업 발달 과정에서 이런 새로운 플랫폼, 인프라 구축을 계기로 콘텐츠 수요가 비약적으로 증가했다.

예를 들어 한국이 게임 강국으로 도약할 수 있었던 것은 초고속 정보통신망이라는 네트워크가 다른 나라에 비해 일찍 구축되었기 때문이다. 한국영화가 빠르게 성장한 것은 멀티플렉스라는 극장 인프라가 보급되었기 때문이다. 이와 같이 인프라와 플랫폼의 구축은 소비자들의 접근성과 소비의 편의성을 높여 수요가 확대되는 결과를 가져왔다.

2. 가치사슬

가치사슬의 개요

산업을 이해할 때 가치사슬은 매우 유용하다. 하나의 산업을 제품 생산 단계부터 소비 단계까지의 과정을 분석하면 산업의 구조와 흐름, 업계의 구조 등을 잘 이해할 수 있다. 여기에서는 가치사슬분석을 위해 먼저 유통 방식에 의한 콘텐츠산업을 분류해본다.

콘텐츠산업은 유통 방식에 따라 통신방송형, 극장형, 휴대형(패키지형) 등으로 구분된다[26]. 통신방송형은 유통 채널이 통신망이나 방송망을 통해 콘텐츠가 전송되는 것을 말하는데, 여기에는 인터넷, 통신 서비스, 방송 서비스 등이 있다. 극장형은 극장이나 공연장 등의 넓은 공간에서 콘텐츠가 상영 또는 공연되는 형태로, 영화와 공연산업이 여기에 속한다. 휴대형은 들고 다닐 수 있는 콘텐츠로서 CD와 같은 음반산업, 게임 패키지와 같은 비디오게임산업, 서적과 같은 출판산업 등이 여기에 속한다.

| 유통 방식에 따른 콘텐츠산업의 유형 |

---

26) 고정민(2019), 《문화콘텐츠 경영전략》, 커뮤니케이션북스.

통신방송형	극장형	휴대형
인터넷 콘텐츠	영화	출판
모바일 콘텐츠	공연	게임 패키지
뉴미디어		음반
공중파		
케이블방송		
위성방송		

자료: 고정민(2019), 《문화콘텐츠 경영전략》, 커뮤니케이션북스.

이와 같은 세 가지 콘텐츠 유형에 따라 가치사슬을 보면, 다시 각각 크게
세 단계로 나뉘어 있다. 첫째, 제작, 둘째, 유통(1차 유통: 수집, 패키징, 배
급, 도매, 2차 유통: 소매, 서비스 제공, 전송), 셋째, 소비이다. 유통은 1차
유통과 2차 유통으로 나누어진다. 가치사슬 단계별로 기업이 위치해 있는
데, 하나의 기업이 하나의 가치사슬 단계 이상, 즉 두세 개의 가치사슬 단계
에 속해 있는 경우도 존재한다.

가치사슬을 단계별로 보면, 제작 단계의 경우 작품을 제작하는 단계로서
기획(preproduction), 제작(production), 후반작업(postproduction)으로 구
성된다. 통신방송형 중에서 공중파 방송의 제작에는 독립프로덕션이나 방송
사가 있고, 케이블방송의 제작에는 독립프로덕션, 영화사, 음악제작사, 케
이블사 등이 존재한다. 극장형의 경우 영화사나 공연기획사가, 휴대형의 경
우에는 음반은 음악제작사, 게임은 게임제작사, 출판은 출판사 등이 가치사
슬상 제작 기능을 담당하고 있다.

1차 유통은 도매에 해당하는 것으로 제작된 콘텐츠를 모아서 소매상에 제공한다. 공중파 방송의 경우 1차 유통은 제작한 프로그램을 전국에 전송하는 공중파 방송사가 담당하고 있다. 케이블방송의 1차 유통은 케이블 PP(program provider: 방송채널사용사업자)로서, 이들 기업은 영화, 음악, 드라마, 스포츠, 교양 등의 프로그램을 구입하거나 직접 제작한 프로그램으로 채널을 구성해 SO(system operator: 종합유선방송사업자) 사업자에게 제공한다. 극장형의 경우 제작한 영화를 극장에 배급하는 배급사들이 여기에 속한다. 현재 우리나라 영화배급사 시장은 CJ ENM, 롯데엔터테엔먼트 등이 있다. 휴대형의 경우 음반도매상, 게임도매상, 서적도매상 등이 1차 유통의 역할을 하고 있다.

2차 유통은 1차 유통에서 받은 콘텐츠를 최종 소비자에게 제공하고 서비스하는 기능을 담당한다. 통신방송형의 경우 2차 유통에는 네트워크를 가진 사업자와 소비자에게 서비스를 제공하는 서비스 제공 사업자가 존재한다. 그러나 무선망을 확보하고 있는 SKT가 IPTV도 동시에 하고 있듯이 하나의 업체가 이 둘의 기능을 동시에 담당하는 경우가 많다. 공중파 방송의 경우에는 공중파 방송사가 소비자에게 자체 제작 혹은 외주 등의 방송프로그램을 제공하고, 케이블방송은 SO가 PP로부터 프로그램을 받아 소비자에게 제공한다. 극장형의 경우 극장주가 배급자로부터 영화를 받아 관객에게 영화를 상영하는 2차 유통의 기능을 담당하고, 휴대형은 오프라인의 소매상들이 2차 유통인 소매유통 기능을 담당한다.

자료: 고정민(2019), 《문화콘텐츠 경영전략》, 커뮤니케이션북스.

문화콘텐츠산업의 생태계

가치사슬을 좀더 확대해서, 상호 인과관계를 포함한 생태계의 관점에서 보면, 가치사슬의 주체에 정부, 소비자, 타산업, 한국경제, 세계경제 주체들이 포함된다. 생태계란 원래 자연계에서 통용되던 말로, 자연의 있는 그대로의 상태를 인식하기 위해 이들 상호 간의 관계를 지닌 생물과 무기적 환경을 하나로 통합해서 보는 관점이다. 자연생태계는 사회, 산업, 경영 등 다양한 영역에서 도입되어 복잡한 현상을 설명할 때 사용된다. 자연생태계에는 먹이사슬(food chain)이 있듯이 산업생태계에는 가치사슬(value chain)이 존재하고, 자연생태계의 일반적인 특성이 산업생태계에도 그대로 적용된다. 또한 예술생태계나 문화콘텐츠 생태계도 자연생태계와 마찬가지로 순환, 진화, 조절 작용을 가지고 있다.

문화콘텐츠산업의 생태계를 좀더 자세히 보면, 기업이 주체가 되어 인력, 기술, 자본을 투입해 문화콘텐츠를 기획하고 제작하며 유통하는 가치사슬의 체계를 이끌어가고 있다. 정부는 콘텐츠산업의 진흥을 위해 기업의 활동을 지원하고 시장의 실패가 일어나는 곳이나 신규 분야에 대한 투자와 지원을 하면서 생태계의 한 축을 이루고 있다. 또한 소비자들은 문화콘텐츠 제품을 소비하면서 미래의 콘텐츠산업의 수요를 이끌고 있다. 기업들은 다시 이런 수요를 예측해 제품을 기획, 제작한다. 문화콘텐츠산업은 자신의 산업만이 아니라 타산업과의 밀접한 관련성을 가지면서 융합하거나 부품이 일부로 사용되기도 한다. 이런 일련의 과정은 국내에서만이 아니라 해외와의 관계를 통해 글로벌경제의 일부를 담당한다.

| 문화콘텐츠산업의 가치사슬 생태계 |

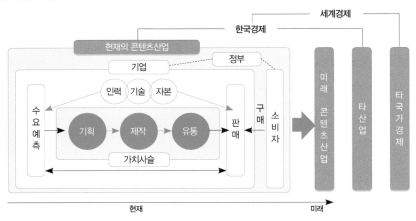

3. 시장

국내 시장

(1) 매출액

우리나라의 콘텐츠산업은 2019년 현재 약 127조 원의 규모를 가지고 있다. 2013년 95조 원의 규모에서 매년 5.9%의 성장률을 보여 2019년에는 127조 원의 매출을 달성했다.

각 분야별로 보면, 먼저 출판은 2019년 21조 원으로 콘텐츠산업 중에서 가장 높은 16.8%의 비중을 차지하고 있으나 시장이 성숙·쇠퇴기에 접어들어 2015년 이후 1.0%의 성장률을 보여주고 있다. 음악산업은 한류의 영향으로 2015년 이후 연평균 8.2%로 비교적 빠르게 성장하고 있고, 콘텐츠에서 차지하는 비중도 점차 높아지는 추세이다. 게임산업은 2000년대 이후 빠르게 성장하면서 콘텐츠산업의 성장을 이끌었으나 중국 등의 부상과 모바일로의 시장전환 과정에서 실기 등으로 인해 하락해 2015년 이후 연평균 9.8%를 실현하고 있다. 캐릭터산업은 최근 온라인 및 모바일 업체에서의 진입으로 시장이 활성화되어 2015년 이후 매년 5.7%의 높은 성장률을 보여주고 있다. 마지막으로 온라인·모바일 시대의 콘텐츠산업 인프라 역할을 하는 지식정보 및 콘텐츠 솔루션산업은 2015년 이후 각각 9.4%, 5.6%로 매년 빠른 성장을 지속하고 있다.

(단위: 백만 원, %)

구분	2015년	2016년	2017년	2018년	2019	비중	전년 대비 증감률	연평균 증감률
출판	20,509,764	20,765,878	20,755,334	20,953,772	21,341,176	16.8	1.8	1.0
만화	919,408	976,257	1,082,228	1,178,613	1,337,248	1.1	13.5	9.8
음악[27]	4,975,196	5,308,240	5,804,307	6,097,913	6,811,818	5.4	11.7	8.2
게임	10,722,284	10,894,508	13,142,272	14,290,224	15,575,034	12.3	9.0	9.8
영화	5,112,219	5,256,081	5,494,670	5,889,832	6,432,393	5.1	9.2	5.9
애니메이션	610,175	676,960	665,462	629,257	640,580	0.5	1.8	1.2
방송	16,462,982	17,331,138	18,043,595	19,276,210	20,843,012	16.4	5.5	6.1
광고	14,439,925	15,795,229	16,413,340	17,211,863	18,133,845	14.3	5.4	5.9
캐릭터	10,080,701	11,066,197	11,922,329	12,207,043	12,566,885	9.9	2.9	5.7
지식정보	12,342,103	13,462,258	15,041,370	16,290,992	17,669,282	13.9	8.5	9.4
콘텐츠솔루션	4,311,563	4,583,549	4,851,561	5,094,916	5,360,990	4.2	5.2	5.6
합계	100,496,320	106,116,295	113,216,468	119,606,635	126,712,264	100.0	5.9	6.0

자료: 문화체육관광부(2021), 2020 콘텐츠산업 통계조사.

　　지역별로 보면 서울이 전체 콘텐츠 매출의 64.1%, 경기도가 21.9%를 차지해 이 두 지역이 전체 콘텐츠 매출의 86%를 점하고 있다. 특히 서울은 모든 분야에서 높은 점유율을 보이고 있으나 게임의 경우에는 경기도와 비슷한 비중을 차지하고 있다. 게임의 경우 경기도 판교에 게임 클러스터가 형성되어 있어 경기도의 비중이 높다.

---

27) 음악산업 통계에는 공연산업이 포함되어 있다.

(단위: 십억 원)

업종 지역		출판	만화	음악	게임	영화	애니메이션	방송	광고	캐릭터	지식정보	콘텐츠솔루션	합계	비중(%)
서울		12,143	719	4,707	3,565	6,167	376	18,020	14,908	5,623	10,894	4,004	81,126	64.1
7개시	부산	513	12	206	315	220	14	254	588	330	239	96	2,789	2.2
	대구	454	17	215	159	172	0.3	153	349	261	199	94	2,071	1.6
	인천	449	20	146	140	165	11	112	93	396	154	64	1,750	1.4
	광주	324	247	290	125	111	25	95	170	96	81	61	1,142	0.9
	대전	270	12	43	86	55	4	104	208	122	549	59	1,512	1.2
	울산	146	4	42	50	53	0.09	82	47	10	148	9	591	0.5
	세종	32	0.3	9	12	–	2	22	10	2	3	–	92	0.1
	소계	2,189	89	691	886	776	57	821	1,466	1,218	1,373	383	9,947	7.9
9개도	경기	5,882	456	945	1,237	7,002	66	1,098	1,268	4,405	4,529	864	27,752	21.9
	강원	74	18	74	74	55	4	125	32	56	82	21	616	0.5
	충북	105	3	36	74	34	0.8	97	61	347	74	47	879	0.7
	충남	191	2	47	89	72	3	78	44	229	95	8	858	0.7
	전북	117	11	47	86	74	1	99	81	115	73	16	721	0.6
	전남	60	2	58	60	55	2	101	29	61	55	0.2	482	0.5
	경북	272	23	80	166	92	0.08	146	71	80	207	2	1,138	0.9
	경남	264	8	112	167	157	2	187	144	365	270	12	1,687	1.3
	제주	45	6	15	27	1,091	1	72	30	67	18	4	1,376	1.1
	소계	7,009	529	1,414	1,981	8,632	80	2,003	1,760	5,726	5,403	974	35,511	28.1
합계		21,341	1,337	6,812	6,432	15,575	513	20,843	18,134	12,567	17,669	5,361	126,585	100.0

자료: 문화체육관광부(2021), 2020 콘텐츠산업 통계조사.

(2) 코로나에 의한 영향

코로나19로 인해 2020년 콘텐츠산업은 크게 영향을 받아 분야마다 명암이 크게 엇갈릴 것으로 보인다. 게임, 애니메이션, 웹툰 등 비대면 유통 콘텐츠의 경우 크게 증가할 것으로 예상되나 공연 등은 감소할 것이다. 전체적으로는 2020년 국내 콘텐츠산업도 매출이 소폭 증가에 그치거나 최대 5%대 감소한 118조1,000억~130조2,000억 원으로 예상된다.[28] 이는 공연, 대중예술, 영상 분야가 코로나19로 정상적 활동을 하지 못한 것이 가장 큰 요인이며 게임이나 웹툰 등 비대면 중심의 콘텐츠가 성장했지만 대면 비중이 큰 공연계, 영화계, 방송계는 부진을 면치 못하고 있다.

---

28) 한국콘텐츠진흥원(2020), '콘텐츠산업 결산과 전망' 세미나.

분야별로 살펴보면, 음악의 경우 온라인 콘서트로 방향을 전환하면서 첨단 정보기술(IT)을 접목한 무대를 선보였을 뿐 아니라 굿즈 판매와도 연계하면서 매출이 올라간 것으로 분석된다. 코로나19 사태로 국내 캐릭터와 애니메이션은 영상 조회수가 급증하며 인기를 끌었다. 〈핑크퐁 아기상어〉는 유튜브에서 높은 조회수를 보였는데, 전 세계적으로 코로나19 여파로 자녀들이 밖에서 뛰어놀 수 없자 어린이용 콘텐츠를 많이 보여준 것이 영향을 미쳤다. 반면 영화는 코로나19로 극장 개봉이 어려워지면서 동영상 스트리밍 서비스(OTT) 등 온라인으로 전환되었고, 이는 극장 매출 감소로 이어졌다.

(3) 수출

콘텐츠산업 수출의 경우, 2015~2019년까지 매년 15.8% 성장하여 매출에 비해 높은 성장률을 보여주고 있다. 특히 게임산업은 전체 콘텐츠산업의 수출 중에서 65.3%를 차지하고 있어, 매우 높은 비중으로 콘텐츠 수출을 견인하고 있다. 2015~2019년 연평균 성장률도 20%로 가장 높은 성장률을 보여주고 있으며, 특히 2017년 수출은 전년 대비 80.7%나 증가하여 비약적 성장을 보여주고 있다. 음악산업의 경우에도 해외에서의 K-pop 인기로 2015~2019년 동안 연평균 18.7%로 높은 성장률을 실현하고 있다. 전체 수출 규모에서 차지하는 비중으로는 게임, 캐릭터, 지식정보, 음악산업이 높고, 만화, 영화, 광고산업은 미미한 것으로 나타나고 있다. 성장률로는 게임, 음악, 만화, 영화산업이 높으며 출판, 광고산업은 마이너스 성장률을 기록하고 있다.

| 콘텐츠산업 수출액 현황(2015~2019년) |

(단위: 천 달러, %)

구분	2015년	2016년	2017년	2018년	2019년	비중	전년대비 증감률	연평균 증감률
출판	222,736	187,388	220,951	248,991	214,732	2.1	-13.8	-0.9
만화	29,354	32,482	35,262	40,501	46,010	0.5	13.6	11.9
음악	381,023	442,566	512,580	564,236	756,198	7.4	34.0	18.7
게임	3,214,627	3,277,346	5,922,998	6,411,491	6,657,777	65.3	3.8	20.0
영화	29,374	43,894	40,726	41,607	37,877	0.4	-9.0	6.6
애니메이션	126,570	135,622	144,870	174,517	194,148	1.9	11.2	11.3
방송	320,434	411,212	362,403	478,447	474,359	4.7	-0.9	10.3
광고	94,508	109,804	93,230	61,293	139,083	1.4	126.9	10.1
캐릭터	551,456	612,842	663,853	745,142	791,338	7.8	6.2	9.4
지식정보	515,703	566,412	616,061	633,878	649,623	6.4	2.5	5.9
콘텐츠솔루션	175,583	188,495	201,508	214,933	227,881	2.2	6.0	6.7
합계	5,661,368	6,008,063	8,814,442	9,615,036	10,189,026	100.0	6.0	15.8

자료: 문화체육관광부(2021), 2020 콘텐츠산업 통계조사.

지역별로 보면 중화권의 비중이 42%로 매우 높고 이어서 일본이 16.8%, 동남아가 14.1%를 차지하고 있다. 중화권이 이렇게 높은 이유는 중국으로의 직접 수출만이 아니라 중국 기업으로의 간접 수출 역시 매우 높기 때문이다. 그러나 사드 등의 여파로 점차 줄어들고 있는 추세이다.

| 콘텐츠산업 지역별 수출액 현황(2019년) |

(단위: 천 달러, %)

구분	중화권	일본	동남아	북미	유럽	기타	합계
출판	24,048	38,495	22,340	81,953	12,244	35,641	214,732
만화	4,920	12,295	9,431	6,001	12,496	867	46,010
음악	117,542	389,484	129,674	80,456	22,488	16,554	756,198
게임	3,663,741	684,948	742,982	607,709	399,499	558,898	6,657,777
영화	12,000	4,711	3,936	4,133	3,762	9,335	37,877
애니메이션	16,543	36,703	3,989	96,523	36,172	4,218	194,148
방송	54,732	91,767	32,468	77,315	1,947	44,057	302,286
캐릭터	172,051	73,974	123,819	183,180	158,618	79,696	791,338
지식정보	56,712	252,520	281,426	31,671	13,087	14,207	649,623
콘텐츠솔루션	30,174	73,837	44,947	25,932	27,805	25,186	227,881
합계	4,152,463	1,658,734	1,395,011	1,194,873	688,118	788,659	9,877,869
비중	42.0	16.8	14.1	12.1	7.0	8.0	100.0

자료: 문화체육관광부(2021), 2020 콘텐츠산업 통계조사.

해외 시장

(1) 시장규모 및 성장률

세계콘텐츠 시장은 2019년 기준 2조4,320억 달러로 2015년 이후 매년 4.17%의 성장률을 보여주고 있다. 지식정보의 비중이 가장 높고 이어서 광고, 방송의 순으로 되어 있다. 국내 시장과 해외 시장의 범위가 다를 수 있으나 한국과 비교해서 방송, 광고의 비중이 높고, 게임의 비중이 낮은 것이 특징이다.

| 세계 콘텐츠 시장 규모 및 전망 |

(단위: 억 달러, %)

구분	2015	2016	2017	2018	2019	2020	2021	2022	2023	2024	2019-24 CAGR
출판	2,918	2,893	2,839	2,798	2,764	2,482	2,530	2,531	2,512	2,494	-2.04
만화	72	78	76	80	90	86	89	89	90	90	-0.02
음악	463	486	514	543	580	408	519	648	671	689	3.51
게임	827	956	1,087	1,201	1,317	1,429	1,548	1,638	1,726	1,815	6.63
영화	387	401	419	435	451	155	276	373	387	399	-2.40
애니메이션	50	68	53	50	83	28	51	69	71	73	-2.50
방송	4,609	4,765	4,826	4,895	4,906	4,622	4,848	5,024	5,124	5,263	1.42
광고	4,708	5,006	5,281	5,696	6,054	5,434	5,802	6,199	6,422	6,635	1.85
지식정보	6,680	7,282	7,910	8,360	8,778	8,646	9,112	9,727	10,201	10,651	3.94
캐릭터/라이선스	2,517	2,629	2,716	2,803	2,928	2,763	2,940	3,126	3,249	3,367	2.83
산술합계	23,232	24,562	25,724	26,861	27,951	26,055	27,715	29,425	30,454	31,476	-
합계	19,576	20,872	22,109	23,244	24,320	22,949	24,420	25,964	26,987	27,966	2.83

자료: 한국콘텐츠진흥원(2021), 2020 해외 콘텐츠시장 동향조사.

(2) 세계시장에서 한국의 위상

한국은 전 세계 콘텐츠 시장 순위에서 2019년 기준 7위를 차지하고 있다. 2019년 한국은 총 GDP 규모가 12위라는 점을 고려해볼 때 여타 산업과 비교해서 우리 콘텐츠산업의 경쟁력이 높고, 시장 수요가 크다고 평가할 수 있다. 미국이 압도적인 위치로 1위를 차지하고 있고, 중국은 규모면에서 일본을 제치고 매우 빠른 성장을 지속하고 있다.

| 국가별 콘텐츠 시장 규모 및 전망 |

(단위: 억 달러, %)

순위	국가명	2015	2016	2017	2018	2019	2020	2021	2022	2023	2024	2019-24 CAGR
1	미국	7,277	7,627	7,931	8,352	8,740	8,098	8,620	9,191	9,514	9,814	2.35
2	중국	2,223	2,625	3,050	3,314	3,508	3,409	3,601	3,825	4,006	4,177	3.56
3	일본	1,694	1,768	1,829	1,886	1,937	1,825	1,913	1,979	2,012	2,045	1.09
4	독일	961	994	1,022	1,046	1,079	991	1,058	1,119	1,157	1,189	1.96
5	영국	864	899	936	987	1,030	961	1,026	1,091	1,140	1,184	2.83
6	프랑스	670	687	703	722	744	681	722	759	776	793	1.29
7	한국	491	513	557	585	613	599	636	668	694	719	3.26
8	캐나다	486	508	529	548	569	537	568	599	619	638	2.30
9	브라질	332	352	384	416	440	411	437	463	482	497	2.47
10	이탈리아	387	401	418	418	420	380	422	458	474	487	3.01
11	호주	310	326	338	352	370	348	374	395	409	422	2.69
12	인도	270	307	317	324	362	367	407	462	517	587	10.14
13	스페인	278	297	312	327	345	327	345	368	384	399	2.91
14	멕시코	203	221	237	256	272	254	271	287	296	304	2.27
15	러시아	88	204	224	241	256	243	270	297	314	330	5.22
16	인도네시아	122	138	156	180	199	200	216	233	245	257	5.29
17	태국	130	139	152	164	175	171	182	193	200	206	3.38
18	대만	144	151	157	157	158	153	158	164	168	173	1.76
19	스웨덴	127	131	137	139	137	125	131	138	142	146	1.32
20	사우디 아라비아	102	110	115	114	120	127	139	153	165	176	7.94

자료: 한국콘텐츠진흥원(2021), 2020 해외콘텐츠시장 동향조사.

시장규모-성장률 분석

여기에서는 시장성장률과 시장규모 두 개의 축으로 한 분석을 통해 분야별 산업의 영역을 구분해보고자 한다. 시장성장률이 높지만 시장규모가 작은 영역을 유망영역, 시장규모가 크고 시장성장률도 높은 영역을 성장영역,

시장규모는 크지만 시장성장률이 낮은 영역을 성숙영역, 시장성장률이 낮고 시장규모도 작은 영역을 정체영역 등 네 개의 영역으로 구분했다. 유망영역은 미래의 시장규모가 커져 성장가능성이 높은 산업을 말하고, 성장영역은 성장률과 시장규모도 커서 현재 콘텐츠산업의 주력 분야로서 시장을 이끌고 있지만 장기적으로는 시장성장률이 낮아질 가능성이 있는 분야이다. 성숙 분야는 시장규모는 크지만 성장률이 낮아 과거에는 주력 분야였지만 현재는 동력이 떨어진 분야라고 볼 수 있다. 마지막으로 정체 분야는 시장성장률이 낮고 시장규모가 작아 향후 시장에서 더욱 위축될 수 있는 영역이라 할 수 있다. 다만 그 산업이 성장초기인 경우에는 성장률이 높아져 유망영역으로 진입할 가능성은 있고, 환경의 변화에 어떻게 적응하느냐에 따라 영역이 바뀔 가능성은 항상 존재한다.

국내 시장을 중심으로 분석한 결과 성숙영역은 광고, 방송, 출판, 성장영역은 캐릭터, 지식정보, 게임, 유망영역에는 솔루션, 만화, 애니메이션, 음악, 쇠퇴영역에는 영화가 포진되어 있음을 알 수 있다. 그러나 코로나19 이후의 변화에 어떻게 적응하느냐에 따라, 어떤 신기술과 플랫폼이 등장하여 상업을 견인할 것인가에 따라 이 영역의 산업은 크게 달라질 것이다.

| 시장규모–성장률 매트릭스 |

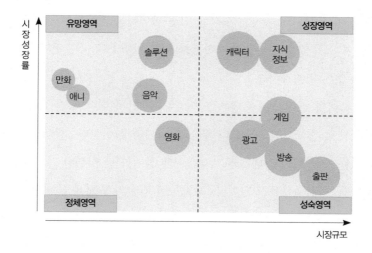

4. 문화콘텐츠 소비자 특성

우리는 거의 매일 콘텐츠를 소비한다. 인터넷을 검색하고, 텔레비전을 보고, 음악을 듣고, 유튜브를 본다. 콘텐츠를 찾아가면서 적극적으로 소비하는 사람이 있는가 하면 그렇지 않고 수동적으로 소비하는 사람도 있다. 적극성 여부에 따라 문화콘텐츠 소비하는 형태에는 참여형과 관람형 두 가지가 있다. 참여형이란 소비자 스스로 콘텐츠에 대한 제작 및 의견개진 등의 형태로 적극적으로 참여하는 경우를 말한다. 관람형은 매체에서 제공하는 콘텐츠를 수동적으로 소비하는 형태이다. 어떤 경우에는 두 유형을 넘나들며 문화콘텐츠를 소비하기도 한다.

소극적 관람형 소비자는 완성되어 유통되는 콘텐츠를 단순하게 소비하는 형태이다. 이 유형의 소비자는 제작에 직접 참여하지 않는다는 점에서 소극적이지만 수요의 많은 부분을 차지하므로 시장에 영향을 미쳐 판매자로서는 무시할 수 없는 소비자이다.

적극적 참여형 소비자는 콘텐츠를 소비한 후 이에 대한 의견을 댓글이나 다양한 형태로 홈페이지, 소셜네트워크에 남기며 참여한다. 제작된 콘텐츠를 소비하는 것을 넘어 콘텐츠의 제작단계에 참여하는, 이른바 프로슈머, 소비자이자 동시에 생산자인 것이다. 정보통신 기술의 발달과 스마트폰의 보편화로 어디에서나 온라인 접속이 가능해지고 소셜미디어와 1인 미디어의 부상으로 누구나 문화콘텐츠를 생산해 보급할 통로를 가질 수 있었다. 스마트폰에 탑재된 동영상 제작 기능, 소셜미디어 등을 통해 제작된 콘텐츠가 스트리밍 기술에 힘입어 활성화된 동영상 유통 플랫폼에서 유통되며 새로운 시장을 형성했다.[29] 동영상 유통 플랫폼은 유튜브와 아프리카TV와 같은 플랫폼뿐 아니라 소셜미디어의 실시간 스트리밍 서비스도 포함된다. 이처럼 신규 미디어의 등장으로 문화콘텐츠 소비자들은 점차 관람형에서 참여형으로 변화하고 있다.

소비자의 활동이 참여형으로 변해가는 경향은 MZ세대의 특성에서 찾을 수 있다. MZ세대는 1980년대 초에서 1990년대 초에 출생한 밀레니얼 세대와 1990년대 중반에서 2000년대 초반에 출생한 Z세대를 통칭하는 것으로, 이들은 원하는 것을 직접 만들고 소비하며 스스로 유행을 만들어낸다. 최근 유행하는 뉴트로 열풍에서 주로 제작된 콘텐츠는 이들의 성장 배경이었던

---

29) 심홍진 (2017), 〈4차 산업혁명 시대, 미디어 콘텐츠의 생존 전략〉, 정보통신정책연구원.

1990년대와 2000년대 음악, 예능, 드라마로 이런 콘텐츠들이 한국형 '콘텐츠 클래식'으로 소비되고 있다.[30] 실제 크라우드 펀딩에 참여하는 소비자도 20~30대는 20%대, 40~50대는 6~8%대로 8090세대가 상대적으로 많다.[31]

5. 업계

현황

문화체육관광부의 콘텐츠산업 조사에 따르면 문화콘텐츠 사업체 수는 2019년 기준 약 10만 개로서 비교적 많은 업체가 이 산업에 속해 있다. 음악업체와 출판업체의 사업체 수가 각각 35,670개와 24,995개로 가장 많고 이어서 게임업체가 이를 잇고 있다.[32]

콘텐츠산업의 종사자 수는 2014년 약 61만6천 명에서 2018년에는 66만 7천 명으로 연평균 2%의 증가율을 보여주고 있다.[33] 매출의 증가율에 비해 종사자수의 증가율이 낮은 것은 매년 노동생산성이 증가하고 있기 때문이

---

30) 한국콘텐츠진흥원(2020). 〈2019년 결산과 2020년 전망 세미나 대한민국콘텐츠산업〉, 한국콘텐츠진흥원 세미나 자료.

31) 트렌드모니터(2019). "투자와 기부활동도 '의미'가 중요한 시대, '가치소비' 경향 속에 관심 증가하는 '크라우드 펀딩'" 트렌드모니터 보고서. trendmonitor.co.kr.

32) 문화체육관광부(2020), 2019 콘텐츠산업 통계조사.

33) 문화체육관광부(2020), 2019 콘텐츠산업 통계조사.

다. 노동집약적 산업인 출판은 종사자수가 가장 많고, 장비나 기술의존형의 산업이 많이 포함된 방송과 광고의 경우 매출액 비중에 비해 종사자수의 비중이 낮다.

문화콘텐츠 사업체 대다수는 1~9인으로 구성된 소규모 업체이다. 만화나 음악은 1~9인 종사자의 비중이 매우 높은 반면, 콘텐츠솔루션, 방송영상독립제작사 등은 50인 이상의 비중이 비교적 높은 편이다. 콘텐츠 제작 기업은 주로 영세기업으로 구성되어 있는 것은 제작 부문은 소규모의 인력과 자본으로 창업할 수 있고, 작업의 성격상 대기업형이 아니라 개개인의 창의성을 중심으로 하는 중소기업형의 특성을 가지기 때문이다. 또한 콘텐츠산업은 프로젝트형 제작시스템으로 창작되는 경우가 많아 제작에 필요한 모든 인력을 자체 소유하기보다는 외부에서 아웃소싱하는 형식으로 되어 있어 대규모의 제작 기업이 필요하지 않다. 유통 분야도 역시 노래방, PC방 등 소수의 인원으로 운영되는 사업체가 많이 포진되어 있다.

주요 기업

문화콘텐츠산업에 사업하는 업체들은 크게 전업형과 종합형 두 가지 종류가 있다. 영화, 게임 등 12개 분야에서 특정 분야만을 전문으로 하는 전업형 기업이 있고, 문화콘텐츠의 많은 분야에 진입하여 사업하는 종합형 기업이 있다. 시장 초기 단계에서는 하나의 회사가 하나의 분야만을 사업하는 전업형으로 존재하다가 사업의 규모가 확대되고 사업간 시너지를 극대화하기 위해 종합형으로 발돋움하기 위해 사업을 다각화하는 경향이 있다.

우리나라에서는 1990년대 중반에는 삼성, 대우, 현대 등이 종합형 콘텐츠 기업을 목표로 외형을 키우고 다각화했으나 IMF 이후 해체되었다. 이후 동양그룹과 CJ그룹 등이 케이블TV, 영화, 극장 등으로 사업을 확장하면서 종합형 기업으로 성장했다. 영화에서 시작한 CJ와 동양그룹은 극장을 포함하여 제작, 음악, 방송, 유통 등에 진출한 바 있다. 그러나 동양그룹은 오리온으로 브랜드로 사업을 하다가 대부분을 매각했고, 현재는 CJ가 한국에서 대표적인 종합형 기업으로 활동하고 있다. CJ는 1995년 드림웍스에 지분참여를 시작으로 영화 배급, 케이블방송, 음악 등으로 다각화하여 콘텐츠 복합기업을 지향하고 있다. 이외에도 롯데엔터테인먼트인, 중앙일보, SM 등 많은 기업이 종합형을 지향하고 있다.

가치사슬상으로 보면 기획 제작업에 진입하고 있는 기업과 유통 분야에 진입한 기업, 그리고 이 두 분야에 모두 진입해 있는 기업으로 나눌 수 있다. 기획·제작업에 종사하고 있는 기업들은 전업형 기업이 많고, 주로 중소기업이다. 반면 유통업에 종사하는 기업은 소규모 PC방, 노래방을 제외하고 콘텐츠를 대규모로 유통하는 업체들로서 규모가 크고 유통 인프라를 소유하고 있는 기업도 많다.

| 국내 기업 현황 |

		분야	기업
종합형		영화, 음악, 공연, 방송	CJ, 롯데, 중앙일보
전업형	영화	제작, 배급, 극장	CJ ENM, 롯데엔터테인먼트, CGV
	음악	제작, 유통	SM, YG, JYP, 하이브
	방송	제작, 공중파·종합채널· 케이블방송·IPTV·OTT	스튜디오드래곤, KBS, MBC, SBS, 종합채널방송사, 케이블방송사 및 채널제공업자
	게임	제작, 퍼블리셔	넥슨, 넷마블, 엔씨소프트, 크래프톤
	공연	제작, 극장	PMC, 오디뮤지컬컴퍼니, 신시컴퍼니, 샤롯데
	출판	제작, 유통	교보문고, 예스24, 문학동네, 교원, 웅진미디어 등

해외의 기업은 미국의 메이저가 대표적으로 수직계열화, 수평계열화를 통해 가치사슬의 거의 모든 분야에 진출해 있다. 최근에는 중국 업체들이 게임 등에서 두각을 나타내고 있고, 세계적인 콘텐츠 유통 기업체들을 인수하는 등 활발하게 사업을 전개하고 있다. 해외 기업들은 새로운 분야에 대한 진출을 위해 업체간 인수합병을 활발히 하여 규모의 경제를 살리기 위한 노력을 강화하고 있다.

세계 콘텐츠시장에서 미국의 주요 기업은 컴캐스트, 월트디즈니, 바이어컴, AT&T, 비방디, 글로브 등이다. 이 기업들은 제작, 네트워크, 케이블, OTT 중에서 한 분야에 특화되어 있기도 하지만 대부분 거의 모든 분야에 진입하여 수직계열화의 효과를 누리고 있다. 분야별로도 영화, 방송, 음악, 디지털콘텐츠 등 많은 분야에 진입하고 있어 수평계열화도 갖추고 있다. 컴캐스트는 영화 부문에서 유니버설, 방송 부문에서 NBC계열을 가지고 있다. 디즈니는 영화 부문에서 월트디즈니, 방송 부문에서 디즈니TV 계열, FOX 계열, ABC 계열, ESPN, 출판 부문에서 마블코믹스, OTT에서 디즈니플러스, 훌루 등 매우 다양해, 세계적 콘텐츠 기업이라 할 수 있다. 바이어컴은 영화 부문에서 파라마운트, 방송 부문에서 CBS계열, 니켈로디언 등이 있다. AT&T는 통신회사이지만, 워너를 합병하여 콘텐츠 대기업으로 올라섰다. 영화 부문에는 워너브러스, 방송 부문으로는 워너, TBS, CNN, HBO 등이 있고, 출판에는 DC코믹스, OTT에는 HBO 맥스 등이 있다.

	Comcast	The Walt Disney Company	ViacomCBS	AT&T	Access Industries	Discovery Inc,	Hasbro
Movie production	Universal Filmed Entertainment Group	Walt Disney Studios, UTV Motion Pictures (India)	Paramount Motion Pictures Group, Miramax (49%)	Warner Bros. Pictures Group, New Line Cinema	AI Film (UK), RatPac–Dune Entertainment (controlling stake), Access Entertainment(US)	Lionsgate Films (3%)	Entertainment One Films
TV production	NBCUniversal Content Studios, Sky Studios, DWA Television	Disney TV Studios, It's a Laugh Productions, Disney TV Animation, FX Productions, Freeform Productions	Paramount TV Studios, Nickelodeon Animation Studio, CBS Films, CBS TV Studios	WB TV Group, WB Animation, WBITVP, Cartoon Network Studios	Amedia (majority stake) (RU)	Discovery Studios, All3Media (50%), Lionsgate Television (3%)	Boulder Media (IE), Entertainment One Television
Broadcast TV network	NBC, Cozi TV, Sky, Telemundo, TeleXitos	ABC, Localish (US); Super RTL (50%), RTL2 (15.75% DE)	CBS, The CW (50%), Decades (JV)	Chilevision, The CW (50%)		Discovery International	
Cable channels	NBCUniversal Cabel, Sky	Disney Channels, UTV net, A&E Networks (50%), Fox Nets Group, Freeform, FX Networks, NatGeo Net (73%)	ViacomCBS Domestic Media Networks, ViacomCBS Networks International	TBS, TNT, TruTV, Cartoon Network, HBO	R.G.E. Group (33%)(IL)	Discovery Networks U.S., Discovery International	Discovery Family (40%)
News, business channels/ operations	NBCUniversal News Group, Sky News	ABC News, ABC News Radio	CBS News, CBSN	CNN, HLN			
National sports networks/ operations	NBC Sports Group, NHL Network(15.6%)	ESPN Inc. (80%)	CBS Sports	Turner Sports, AT&T SportsNet, MLB Network (16%), NBA TV	Sports Channel (IL)	Eurosport (Europe), DSport (India)	
Audion industry	Back Lot Music	ABC Audio, Disney Music Group, Fox Music, Marvel New Media, Radio Disney Networks	Comedy Central Records, Nick Records, CBS Records	WaterTower Music	Warner Music Group		eOne Music
Publishing		Marvel Comics, National Geographic (73%), Disney Publishing Worldwide	Simon & Schuster (Sale pending to Penguin Random House)	DC Comics, MAD Magazine		Golf Digest, Golf World; Motor Trend Group (joint-venture)	
OTT	Peacock, Now TV, Sky Go, Xumo	Disney+ (Hotstar), Hulu, ESPN+, Marvel Unlimited (Comics)	CBS All Access, Pluto TV, BET+, Noggin, Showtime	HBO Max, Boomerang, AT&T TV Now, DC Universe (Comics), Crunchyroll (Sale pending to Sony)	DAZN (85%)	GolfTV	

자료: https://en.wikipedia.org/wiki/Media_conglomerate

미국 외의 업계를 보면, 소니, 베텔스만, 비방디, 글로보 등의 포진되어 있는데 이들도 마찬가지로 수직계열화가 수평계열화를 갖추고 있다. 소니는 일본 기업으로 영화 부문으로는 소니픽쳐스, 방송 부문으로는 소니 방송계열, 음악 부문으로는 소니뮤직 등이 있다. 베텔스만은 독일 기업으로 출판 분야가 강하고 음악으로 BMG를 가지고 있다. 비방디는 프랑스 기업으로 카날플러스 방송, 유니버설뮤직의 음악 부문이 강하다.

| 미국외 콘텐츠 기업 |

	Sony (Japan)	Bertelsmann (Germany)	Vivendi (France)	Liberty Global (UK/US/NL)	Essel Group (India)	CT Corp (Indone)	Televisa (Mexico)	Grupo Globo (Brazil)	ABS-CBN Corporation (Philippines)	The Times Group (India)	PLDT (Philippines)
Movie production	Sony Pictures Motion Picture Group, Sony Pictures Entertainment Japan (Japan)	UFA	Eagle Rock Entertainment (UK), StudioCanal (FR), Polygram (US)	Lionsgate Films (US, 3.5%)	Zee Studios	Transinema Pictures	Videocine	Globo Filmes	Star Cinema, Skylight Films	Mirchi Movies Limited, Junglee Pictures Limited	Cignal Entertainment
TV production	Sony Pictures Television (US), Syco (US & UK)	Fremantle (UK)	Banijay Entertainment, Zodiak Media (26.2%), Endemol, Endemol Shine Group	All3Media (UK, 50%), Lionsgate Television (US, 3.5%)	Essel Vision Productions			Estúdios Globo	ABS-CBN Entertainment, Dreamscape Entertainment, Star Creatives TV	Metropolitan Media Company Limited	
Broadcast TV network	GetTV (US)	Buzzr (US) RTL Group(LU)	Canal+ Group	Telenet (BE, 58%), Ziggo (NL, 50%), ITV plc (UK, minority), Virgin Media Television (IRL)	Zee Media Corporation, Zee Entertainment Enterprises	Trans TV, Trans7	Las Estrellas, Canal 5, Canal 9, FOROtv	Rede Globo, Globosat (Brazil), Globo TV International	ABS-CBN, Kapamilya Channel	Times Global Broadcasting and Zoom Entertainment Network	TV5
Cable channels	Sony Pictures Television Networks					SBS-in (JV)	Televisa Networks		Creative Programs, ABS-CBN Global	Times Music, Movies Now, Romedy Now	Colours, One Screen, PBA Rush, Sari-Sari Channel
News, business channels/operation			CNews		Zee News	CNN Indonesia (JV)		GloboNews	ABS-CBN News, ABS-CBN News Channel, DZMM TeleRadyo	ET Now, Lead India, Mirror Now , Times Now	News5, One News, One Ph
National sports networks/operations	Sony ESPN (India)	Sports Channel (IL)	Canal Sport	Ziggo Sport (NL, 50%)		Golf Channel Indonesia (JV), Golf+	TDN	SporTV	ABS-CBN Sports, ABS-CBN Sports+Action		One Sports, One Sports (TV channel), One Sports+
Audio industry	Sony Music Group (US), EMI Music Publishing (UK, 38%), Sony Music Entertainment Japan (Japan)	BMG	Universal Music Group		Zee Music Company	Trans Talent Management		Som Livre	MOR Philippines, Radyo Patrol, Star Music	Zoom, Radio Mirchi	Radyo5
Publishing		Gruner + Jahr, Penguin Random House (US, UK 53%), Bertelsmann Printing Group	Editis				Editorial Televisa, Intermex	Editora Globo	ABS-CBN Publishing	The Times of India, The Economic Times, Navbharat Times, The Illustrated Weekly of India	The Philippine Star (51%), BusinessWorld (70%)
OTT	FunimationNow	Videoland (Netherlands)			zee	Blim		Globoplay	iWant TFC, Sky On Demand	Gaana.com	Cignal Play

자료: 위키피디아, https://en.wikipedia.org/wiki/Media_conglomerate

기업전략 사례: CJ

1995년 CJ는 드림웍스에 투자하면서부터 문화산업에 진출했다. 1998년에는 국내 최초로 멀티플렉스 영화관 CGV를 개관해 국내 영화산업계에 새로운 영화 관람 문화를 정착시켰다. 최근에는 CJ CGV는 해외 매출이 국내 매출을 추월할 정도로 성장했으나 터키 극장 투자 리스크와 최근 코로나 19로 어려움을 겪고 있다. CJ는 매년 한국영화만 20~40편에 이르는 영화를 배급하는, 국내 최고의 배급사다. 또한 영화, 음악, 오락, 라이프스타일, 다큐, 애니메이션 등 다양한 채널의 프로그램을 자체 전송망을 통해 전송하는 케이블 사업과, 음반 기획 제작, 음원에 대한 투자 및 유통, 매니지먼트 사업, 공연 사업 등을 전개하고 있다. 온라인에서도 영화, 만화, 게임 등의 엔터테인먼트 콘텐츠 서비스를 제공하는 CJ는 인터넷, 모바일 관련 핵심 사업도 지속적으로 펼쳐나가고 있다. 즉 CJ는 케이블방송, 극장 사업, 영화 배급, 공연, 음악, 게임, 디지털콘텐츠 등 거의 모든 분야에 진출하고 있는 복합 콘텐츠 기업이라 할 수 있다.

CJ가 소유하고 있는 문화콘텐츠 분야를 기업군별로 살펴보면, CJ ENM 오쇼핑(방송과 영화, 음악, 공연, 애니메이션, 컨벤션, MCN 콘텐츠, 홈쇼핑), CJ CGV(멀티플렉스), 스튜디오드래곤(드라마 제작) 등으로 구성되어 있다.[34]

---

34) CJ Hello(지역 종합유선방송국, 인터넷)는 LG유플러스에 인수되어 지금은 LG헬로비전으로 변경되었다.

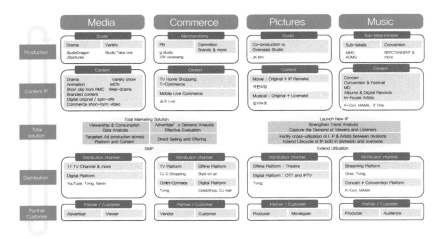

    CJ의 미디어 및 엔터테인먼트 진출 과정은 4단계로 볼 수 있다. 제1단계는 1995년부터 1997년까지 엔터테인먼트 사업 진출 단계로서 이 기간은 저작권 및 콘텐츠 확보 단계라 볼 수 있다. 제2단계에서는 마켓플레이스 구축 단계로서 극장 및 케이블 SO 등 주로 제2유통에 진출했다. 제3단계는 종합 엔터테인먼트 미디어 그룹으로 변신하는 단계로 이 기간에는 인터넷, 공연, 게임, 매니지먼트 사업 등에 진출했다. 제4단계는 해외 시장을 개척하는 글로벌 진출 단계라 할 수 있다. 국내에서는 1위 기업으로 부상했지만 글로벌 기업 차원에서 보면 아직도 미미하여 한류의 붐을 업고 지속적으로 해외 시장 확장을 꾀하고 있다. 그 결과 CJ CGV와 CJ ENM 오쇼핑 부문의 경우 해외 매출 비중이 50%를 넘고 있다.

(단위: 백만 원)

주요사업	2019		2020	
	매출	비중	매출	비중
미디어	1,678,362	44.29%	1,590,692	46.91%
커머스	1,427,262	37.66%	1,478,647	43.60%
영화	349,290	9.22%	141,567	4.17%
음악	334,810	8.83%	180,278	5.32%

자료: CJ ENM(2020), 사업보고서.

CJ는 가치사슬상에서 보면 제작, 1차 유통과 2차 유통 등 모든 분야에 진출하고 있다. 수평계열화와 수직계열화가 갖추어져 있고, 게임과 모바일 등 새로운 분야도 지속적으로 진입하고 있다. CJ의 다각화 전략은 제작과 1차 유통, 2차 유통 간의 긴밀한 네트워크를 통해 시너지를 확보하고 하나의 콘텐츠를 다양하게 활용하려는 목적이다. 합종연횡의 인수합병을 통한 수직적 통합으로 이 모든 분야를 내부화하는 것이 거래 비용과 조정 비용을 줄이고 안정적으로 콘텐츠를 확보하는 중요한 열쇠라고 판단하고 있다. CJ 문화콘텐츠 부문은 수직 및 수평계열화를 통해 사업의 시너지를 높이는 동시에 위험을 경감시켜 안정적인 수익을 실현하기 위한 노력이 이어온 것으로 평가된다.

CJ의 미래 전략은 각 분야에서 가치사슬을 좀더 강화하는 것이다. 먼저 미디어 부문에서 국내 인기 있는 드라마 작가와 프로듀서를 보유하고, 콘텐츠 파워를 활용하여 제품을 해외뿐만 아니라 타 채널에 판매하는 전략이다. 음악의 경우 서브레이블을 통해 인하우스 아티스트와 IP를 확보 확장한다는 계획이다. 영화의 경우에는 재능 있는 인력을 교육하면서, 전체 프로젝트에 관여하여 진행하고, 한국의 콘텐츠로 해외 시장에서의 입지를 강화한다는

전략이다.³⁵⁾

6. 문화기술(culture technology : CT)

개념

문화기술(CT)은 영화, 게임, 애니메이션 등 '문화상품(콘텐츠)' 전반의 창작·기획, 제작·표현, 유통 등에 활용되거나 관련된 서비스에 사용되는 기술을 의미한다.³⁶⁾ 좁은 의미에서 문화기술은 문화산업을 발전시키는 데 필요한 요소로서 문화콘텐츠 기획, 상품화, 미디어 탑재, 전달 등의 가치사슬 과정에 사용되는 기술을 의미하고, 광의적 개념으로는 이공학적 기술뿐만 아니라 인문사회학, 디자인, 예술 분야의 지식과 노하우를 포함한 복합적인 기술을 총칭한다.³⁷⁾ 따라서 문화기술은 콘텐츠산업에서부터 문화예술, 문화재, 스포츠, 저작권, 관광에 이르기까지 문화 영역에서 폭넓게 적용되는 기술을 의미한다.

문화기술은 콘텐츠의 기획부터 소비까지 콘텐츠산업의 전체 가치사슬에

35) CJ ENM, https://www.cjem.net:433/business/
36) 한국능률협회컨설팅(2018), 〈제3차 문화기술 R&D 기본계획 수립 연구〉, 한국콘텐츠진흥원.
37) 김효영, 박진완(2013), 〈문화콘텐츠 특수성을 반영한 문화기술(CT) 분류체계 연구〉, 《한국콘텐츠학회논문지》, 13(5).

걸쳐 영향을 미친다는 측면에서 매우 중요하다.[38] 문화기술은 콘텐츠 기획 및 창작 과정에 관련된 단순한 공학기술력 외에도 상상력과 창의력을 기술과 콘텐츠로 발현하게 만들 만한 인문학적 감성과 접근을 필요로 한다. 제작 과정에서는 고품질 3D영상, 홀로그램 콘텐츠 제작 등 콘텐츠 생산을 위한 문화기술과 생산성 향상을 위한 공정효율화 기술이 활용되고, 유통 과정에서는 새로운 장치(device)와 플랫폼에 호환되는 서비스 기술 등이 필요하다.

문화기술은 문화콘텐츠산업의 가치사슬 전 단계에 걸쳐 부가가치를 발생시키는 역할을 한다. 문화기술은 문화산업의 재화인 콘텐츠상품의 작품화(기획 및 창작), 콘텐츠사업자에 의한 상품화(개발 및 제작), 미디어 탑재(서비스, 네트워크, 솔루션, 소프트웨어, 하드웨어 지원) 및 전달(유통, 마케팅) 등 전체 가치사슬의 각 단계마다 개입해 필요한 지식과 기술을 제공한다.[39]

| CT와 콘텐츠산업의 가치사슬 |

자료: 한국콘텐츠진흥원(2009), 문화기술 연감 재구성.

---

38) 이길행, 최연철(2013), 〈문화기술에서 창조기술로 R&D 확대하기〉, Special Issue, 한국콘텐츠진흥원.
39) 김효영, 박진완(2013), 〈문화콘텐츠 특수성을 반영한 문화기술(CT) 분류체계 연구〉, 《한국콘텐츠학회논문지》, 13(5).

이처럼 문화기술은 문화콘텐츠의 신서비스 개발과 콘텐츠 서비스의 효율적 운영 등 비기술적 지식창출 활동에 해당하는 것[40]으로 지속적인 연구개발을 통해 가치사슬 각 부문에서의 기술융합이 요구된다. 제조업에서의 혁신은 기술적 요소, 서비스업에서의 혁신은 서비스적 요소의 개발이 중요하지만, 융합을 통한 콘텐츠산업에서의 혁신은 감성적, 창의적 요소가 가장 중요하게 작용한다.

문화기술의 활용

'ART' 는 예술과 기술이라는 의미를 동시에 갖고 있다. ART는 일정한 과제를 해결할 수 있는 숙련된 능력 또는 활동으로서의 기술을 의미하기도 하지만 오늘날 미적 의미에서의 예술이라는 뜻과 함께 사용되어 왔다.[41] 그러나 과학기술이 발달한 18세기에 들어 기술과 예술이 별개의 것으로 취급되기 시작했다. 예술은 기술과 분리되어 독자적으로 발전했고, 기술 또한 별개 영역에서 발전해왔다. 그러나 최근 들어 다시 기술과 예술이 융합하고 있다.

예술 중에서도 공연 · 전시는 기술과의 융합이 가장 활발한 분야이다. 최근 공연은 기술의 도움을 받아 연기자가 사람이 아닌 인공적인 가공물이거나, 공연 현장에 관객이 없이 촬영한 영상을 디지털로 소비자에게 전송하고 있다. 또한 전시 분야에서도 다양한 기술을 융합한 미디어아트가 부각되고 있고, 기술 도움으로 정적인 전시에서 역동적인 전시로 바뀌고 있다. 기술은

---

40) 김윤종(2011), 〈문화기술 R&D 동향 및 시사점〉, 한국과학기술기획평가원.
41) 이장우, 고정민, 심상민(2017),〈4차 산업혁명과 콘텐츠산업 경쟁력 제고 전략〉, 한국콘텐츠진흥원.

또한 공연과 전시의 콜라보레이션의 속도를 더욱 빠르게 하고 있다.

기술은 공연·전시뿐만 아니라 문화콘텐츠산업 내 다양한 분야에서 활용되고 있다. AR, VR, MR의 기술이 게임이나 오락 장비 등에서 다양하게 활용되고 있고, 3D프린터 기술은 캐릭터 등을 제작하는 데 사용된다. 드론은 촬영할 때 요긴하게 사용되어 고공에서의 다양한 시각의 영상을 보여줄 수 있다. 홀로그램도 미래 문화예술과 접목될 수 있는 분야로서 공연, 전시, 게임, 화상회의 등 다양한 분야에 활용될 것으로 기대되고 있다. 이외에 최근에 부각되는 문화콘텐츠산업에 중요한 몇 가지 기술 사례를 보자.

블록체인은 쉽게 말해 잘 믿을 수 없는 당사자끼리 서로 완벽하게 신뢰할 수 있게 도와주는 '신뢰를 만드는 프로토콜'이라 할 수 있다. 블록체인 기반 스마트 계약 방식을 활용하면, 수수료 부담 없이 콘텐츠 제작자인 가수와 음원 구매자인 소비자가 서로 안심하고 거래할 수 있다. 블록체인은 콘텐츠생태계 유통구조를 개선하고 저작권을 보호할 수 있는데, 기존 서비스를 해치지 않으면서 새로운 수익구조를 만들어낼 수 있다. 대표적 블록체인 콘텐츠 서비스인 '스팀잇(steemit)'은 생산자가 게시물을 올리면 다른 사용자로부터 투표를 받는다. 투표를 많이 받으면 받을수록 스팀잇에서 사용되는 암호화폐를 보상으로 받는다. 콘텐츠 정보를 블록으로 생산해 관리하면 그 소유와 사용을 증명할 수 있으며 불법복제 및 공유에 대한 기록도 블록체인 위에 저장되기 때문에 콘텐츠 불법복제가 발생할 경우 쉽게 추적할 수 있다.

딥페이크(deepfake)란, 인공지능(AI) 기술인 딥러닝(deep learning)과 '가짜'를 의미하는 단어인 페이크(fake)의 합성어로, 인공지능 기술을 이용하여 진위 여부를 구별하기 어려운 가짜 이미지나 영상물을 의미한다. 할리우드를 비롯한 영상 제작 업계에서는 딥페이크 기술로 특수효과를 만들어내고 있다. 딥페이크 기술이 영상산업에 활용되면서 특수효과, 더빙, 과거 재현 등이 더 쉽고 간편해졌다. 특히 과거를 재현하거나 더 이상 실존하지 않는 인물을 그리고자 할 때 유용하게 활용되고 있다. 넷플릭스는 영화 〈아이리쉬맨〉에서 딥페이크 기술을 활용해 주연 배우의 현재와 과거 모습을 동시에 재현해냈으며 〈로그원: 스타워즈 스토리〉 제작진은 배우와 외형적으로 유사한 대역 배우를 섭외한 후, 모션캡처 기법과 딥페이크 기술을 활용하여 대역 배우의 얼굴에 과거 배우의 얼굴을 합성하는 방식으로 영화를 촬영했다.

이처럼 AI는 모방을 넘어 창조의 시대로 발전하고 있는데, 이는 '생성적 적대 신경망(GAN, Generative Adversarial Network)' 기술에 기반하고 있다. 인간이 정답을 알려주지 않아도 경쟁 과정 속에 스스로 학습한다. 이를 통해 인간 세상에 없는 장면들을 만들어낸다. 예를 들어 오바마 전 대통령의 연설 영상에서 음성을 따서 이 음성에 맞게 입 모양을 내도록 학습시켜 합성해 실제로는 존재하지 않는 영상을 만들어냈다. 이처럼 AI에 의해 소설, 회화, 작곡, 영상 제작 등 문화예술, 콘텐츠 영역은 혁명적인 변화를 맞이할 것이다. 콘텐츠의 제작이 현재는 창의성 있는 작가나 창작자의 몫이지만 향후에는 인공지능이 주도적 역할을 할 가능성이 있다.

| GAN 기술을 활용한 영상 |

Cultural Contents Industry

한 장르의 기술이 다른 장르의 기술과 융합하는 크로스오버도 일어나고 있다. 게임 콘텐츠 제작 도구로 인식되었던 게임엔진은 본래 게임 제작의 효율성을 높이기 위해 개발되었지만, 최근 영화업계와 방송업계 등 다양한 산업 분야로 응용되고 있다. 게임엔진은 영화 〈라이온 킹〉, 〈존 윅 3: 파라벨룸〉, 〈다시 찾은 사랑(원제 Sonder)〉, 〈레디 플레이어 원〉 등 단편 영화부터 판타지 블록버스터 영화에 이르기까지 다양한 장르에 응용되고 있다. 방송업계에서도 게임엔진 기술로 완성도 높은 영상을 제작하고 있고 게임엔진을 활용해 가상 세트장을 구축하고 있다.

제4차 산업혁명과 문화콘텐츠의 미래

제4차 산업혁명은 미래 문화예술의 구조를 변화시킬 수 있는 중요한 변수이다. 흔히 제4차 산업혁명은 IoT, 로봇, 3D프린터, AI, 빅데이터, CPS 등의 기술과, "기술과 기술"간의 융합을 통한 혁명으로 알려져 있는 등 기술적인 요소를 강조된다. 그러나 제4차 산업혁명은 다양한 신기술이 초래하는 패러다임의 변화로 해석할 필요가 있다. 기존과는 다른 모든 분야에서의 새로운 혁명이라는 의미로, 산업경쟁력은 물론 사회구조를 근본적으로 바꾸는 패러다임의 변화를 말한다. 즉 제4차 산업혁명은 로봇, 사물인터넷, 빅데이터, 인공지능, 블록체인 등의 기술 발전에 의해 극단적 자동화, 초연결화, 초효율화, 극단적 양극화 등으로 특징지어지는 획기적 변화를 의미한다.

문화산업 분야에서도 많은 변화가 예상된다. 제4차 산업혁명의 초연결시대에는 콘텐츠와 문화예술이 중심적인 역할을 할 것으로 기대된다. 문화 영역에서 제4차 산업기술을 활용해서 창의적 창작, 유통, 소비를 통해 시장을 확대시킬 것이다. 현재도 로봇이나 인공지능이 창작 영역에서 소설을 쓰거나, 미술작품은 물론 공연작품 등을 만들고 있고, 유통 분야에서도 빅데이터를 활용하여 큐레이션 서비스를 하거나 콘텐츠 유통의 플랫폼이 혁신적, 지능적으로 변화하는 양상을 보여주고 있다. 뿐만 아니라 자율주행차 등이 등장하면서 자동차 안에서 문화예술콘텐츠를 즐기는 시대가 도래할 것으로 예상된다.

사실 제4차 산업의 초연결시대에 중요한 것은 정보와 지식인데, 이는 모두 문화예술콘텐츠와 연관되어 있고, 타 분야에서도 이를 활용할 수 있어야만 초연결이 가능하며 혁신이 일어날 수 있다. 이처럼 제4차 산업혁명의 기술과 시스템들을 통해 문화예술콘텐츠가 유통되기 때문에 그 수요가 과거보다 대폭 증가하고, 여기에 접근하는 소비자도 크게 증가할 것으로 예상되어 제4차 산업혁명은 문화예술산업에 기회로 작용할 수 있을 것이다. 게다가 과거에는 인간이 하던 일을 지능을 가진 기계가 대신하면서 초효율성이 작동하여 인간에게 많은 시간적 여유가 생기는데, 문화예술콘텐츠가 이 여유시간을 채울 수 있을 것이다. 또한 타 산업에 대한 콘텐츠산업의 응용성과 확장성이 진전되어, 문화콘텐츠산업이 침체에 빠져 있는 국가경제에 기여할 수 있을 것이다.[42]

그러나 AI가 학습 알고리즘에 의해 문화예술 작품을 제작하면, 기존의 문화예술콘텐츠 업계와 근로자들은 큰 위협에 직면할 것이다. 인간이 만든 문화예술콘텐츠와 인공지능이 만든 문화예술콘텐츠 간의 구별이 없어진다면

---

42) 이장우, 고정민, 심상민(2017),〈4차 산업혁명과 콘텐츠산업 경쟁력 제고 전략〉, 한국콘텐츠진흥원.

예술가들의 일자리는 크게 위협을 받는 반면, 소프트웨어 프로그래머와 같은 일자리는 새롭게 창출될 것이다. 또한 기술 발전에 따른 예술 플랫폼의 대중화는 예술의 수월성을 침해할 수 있으며 인공지능의 예술이 인간에 의한 예술과 구별이 되지 않는다면 고급(순수) 예술이 더욱 위축될 수 있을 것이다.[43] 또한 제4차 산업의 혁명은 가진 자가 독식하는 콘텐츠산업계의 부익부빈익빈의 결과를 초래할 것이다. 이런 위협요인 중에서도 제4차 산업혁명 기술이 인간을 대체할 경우, 즉 창의성의 영역에 진입하는 경우가 가장 위협적인 요소가 될 것이다. 알파고의 예와 같이 인간의 영역에 도전하는 제4차 산업혁명이 미래에 어떻게 전개될 것이냐에 따라, 그리고 우리의 관리나 통제가 어떻게 진전되느냐에 따라 기회와 위협이 엇갈릴 것이다.

장기적으로 보면, 두 가지 축으로 구성된 네 가지 시나리오를 가정할 수 있을 것이다.[44] 하나의 축은 창의성 측면에서 인간의 창의성을 인공지능이 추월하는 시점에 따른 축이고, 또 하나는 인간이 인공지능의 콘텐츠 관련 활동을 관리할 수 있는 정도에 관한 축이다. 이에 따라 네 가지 영역으로 구분되는데, 첫째 시나리오는 창의성 추월[45] 이전으로 관리 가능한 영역으로 Cosmos(정돈) 영역이다. 이 시나리오는 제4차 산업혁명의 기술이 창의성을 추월하는 특이점(singularity)까지 도달하지 못한 시점으로서 관리 · 통제 가능한 수준의 시나리오를 말한다. SF영화에서 인간과의 관계를 묘사한 'AI' 정도로 볼 수 있을 것이다. 두 번째 시나리오는 창의성 추월점 이전의 관리 불가능한 영역으로서 Chaos(혼돈 상태)의 시나리오이다. 영화 〈엑스마키

---

43) 김선영(2018), 《예술로 읽는 4차 산업혁명》, 별출판사.
44) 고정민, 정유나(2020), 인공지능 발전에 따른 문화예술콘텐츠의 미래 시나리오, 〈디지털복합연구〉, 18(12), p 47~57.
45) 이 축의 중간은 창의성을 가지고 인간을 대체하기 시작하는 점을 말한다.

나〉에서는 인간의 통제를 벗어나 독자적인 행동을 하기 시작하는 단계를 상정할 수 있다. 세 번째 시나리오는 인공지능, 로봇 등의 기술이 특이점을 넘어서고 우리 인간이 이들을 통제 가능한 수준, 즉 인간과 지적 기계의 공존하는 인간 유토피아 시나리오를 생각할 수 있을 것이다. 〈바이센티니얼맨〉은 인간과 로봇의 공존을 묘사한 영화로서 여기에 해당될 수 있을 것이다. 네 번째 시나리오는 인공지능, 로봇 등 제4차 산업혁명 확장 기술들이 창의성 추월점(특이점)을 넘어섰지만 인간이 이를 관리통제하지 못하는 상태인 기계유토피아 시나리오를 상정할 수 있다. 이 경우에는 인간이 지적 기계에 의해 지배당할 수 있고, 인간은 이들에 의해 통제되는 시나리오이다. 〈아이로봇〉이나 〈웨스트월드〉에 나오는 상황을 생각해볼 수 있다.

| 제4차 산업혁명기술 발전과 통제 가능성과의 시나리오 |

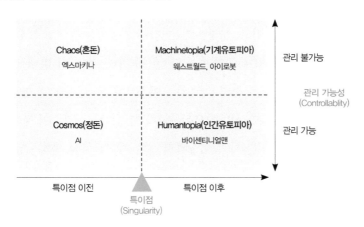

7. 문화콘텐츠 정책

한국 정부는 문화콘텐츠산업을 미래 유망 산업으로 보고, 국가 성장동력 중의 하나로 적극적인 지원을 하고 있다. 우리나라의 문화콘텐츠산업은 1990년대 들어 주목받기 시작해 1999년 '문화산업진흥법'을 제정하면서 산업 발전 초기에 정부 주도로 발전하는 형태를 갖추었다. 국민의정부에서는 문화산업발전 5개년계획을 추진해 문화산업을 21세기 기간산업화하는 계획을 추진해 주목받기 시작했다. 참여정부에서는 10대 성장동력 중에 디지털콘텐츠가 포함되었고, 2004년 6월에는 '문화비전'이라는 정책 지침을 수립했다. 이명박정부에서는 2008년 12월 '문화비전 2008~2012'를 발표했고, 한국 전통문화의 산업화 정책과 문화산업을 통한 국가 브랜드 정책을 추진했다. 박근혜정부 들어 창조경제와 함께 문화콘텐츠산업 육성을 위한 예산을 확대했으며, 문재인정부 들어서는 불공정거래의 근절, 표준계약서의 확충 등 약자에 대한 법제도적 정비를 확고히 했다. 이때 수립된 문화비전 2030에서는 '사람이 있는 문화'를 비전으로 하여 이를 위해 문화가 문화를 넘어 사회 의제를 해결하는 데 적극적으로 대응할 수 있도록 문화의 개념을 확장했으며, 우리 사회가 물질적 성장과 경제적 복지 단계를 지나 내적 성장과 문화 복지를 추구하는 사회로 전환할 수 있는 가치체계를 제시했다. 이와 같이 국민의정부 이후 문화산업에 대한 지원과 법적인 정비는 한국 문화산업 발전에 큰 원동력이 되었다.

이런 정책은 예산에 반영되어 매년 문화예산도 확충해왔다. 문화예산이란 정부 지출 중 문화 부문의 지출로 문화 영역에 소요되는 재원을 의미하며,

일정 기간 동안에 한 국가가 문화 영역에 지출할 목적으로 수립한 수입과 지출의 예정된 계획이라 할 수 있다.[46] 문화부 예산은 2015년 4조9,959억 원, 2018년에는 5조2,578억 원, 2020년에는 6조4,803억 원으로 크게 증가하고 있다. 정부 총예산 대비 비율을 보면, 2015년 1.33%에서 2020년에는 1.26%로 약간 줄고 있다. 이 중에서 콘텐츠 분야는 2019년 기준 14.2%를 차지하고 있고, 2020년에는 실감 콘텐츠, 2021년에는 신한류 확산 등의 사업 확대로 이 분야의 예산이 크게 증액되었다.[47]

| 문화부 예산 추이 |

(단위: 억 원)

연도	예산	국가예산에서의 비중
2015	49,959	1.63
2016	54,948	1.72
2017	56,971	1.72
2018	52,578	1.51
2019	59,233	1.54
2020	64,803	1.57

자료: 문화체육관광부 예산자료, https://www.mcst.go.kr/kor/s_data/budget/budgetList.jsp

우리나라는 문화콘텐츠산업을 진흥하고 지원하는 정책을 추진하기 위한 법체계를 갖추고 있다. 문화산업 분야에만 20여 개 이상의 법이 있다. 각 분야별로 진흥법이 있는가 하면 문화콘텐츠 전체에 영향을 미치는 저작권, 콘텐츠산업진흥법, 문화산업진흥기본법 등도 존재한다. 또한 법 중에는 산업진흥이 아닌 규제법도 존재하고 국민들의 문화 향유와 관련된 법에 산업과 관련된 내용이 포함되는 경우가 있다. 또한 문화산업과 관련된 법과 그렇지 않은 법을 구분하기 어려운 면도 있다.

---

46) 김세훈, 이종열, 손경년(2003), 〈주요 외국의 문화예산 비교연구〉, 한국문화관광연구원.
47) 사회보장위원회, 사회보장통계(https://www.ssc.go.kr/stats/infoStats/stats010100.tiles).

Cultural Contents Industry

법	분야	목적
문화산업진흥기본법	문화콘텐츠 산업 전체	문화산업의 지원 및 육성에 필요한 사항을 정하여 문화산업 발전의 기반을 조성하고 경쟁력을 강화
콘텐츠산업진흥법	문화콘텐츠 산업 전체	콘텐츠산업의 진흥에 필요한 사항을 정함으로써 콘텐츠산업의 기반을 조성하고 그 경쟁력을 강화
지역문화진흥법	문화콘텐츠 산업 전체	지역문화진흥에 필요한 사항을 정하여 지역 간의 문화 격차를 해소하고 지역별로 특색 있는 고유의 문화를 발전
저작권법	문화콘텐츠 산업 전체	저작자의 권리와 이에 인접하는 권리를 보호하고 저작물의 공정한 이용을 도모
인쇄문화산업진흥법	인쇄출판	인쇄에 관한 사항 및 인쇄문화산업의 지원·육성에 관하여 필요한 사항을 규정
출판문화산업진흥법	인쇄출판	출판에 관한 사항 및 출판문화산업의 지원·육성과 간행물의 심의 및 건전한 유통질서의 확립에 필요한 사항을 규정
영화 및 비디오물의 진흥에 관한 법률	영화	영화 및 비디오물의 질적 향상을 도모하고 영상문화 및 영상산업의 진흥을 촉진
영상진흥기본법	영화, 방송	영상문화의 창달과 영상산업의 진흥을 위한 시책의 기본이 되는 사항
음악산업진흥에 관한 법률	음악	음악산업의 진흥에 필요한 사항을 정하여 관련 산업의 발전을 촉진
대중문화예술산업발전법	음악, 공연	대중문화예술산업의 기반을 조성하고 관련 사업자, 대중문화예술인 등에 관한 사항
애니메이션산업 진흥에 관한 법률	애니메이션	애니메이션산업 육성·지원에 필요한 사항을 정하여 애니메이션산업 발전의 기반을 조성하고 경쟁력을 강화
방송법	방송	방송의 자유와 독립을 보장하고 방송의 공적 책임을 높임으로써 시청자의 권익보호와 민주적 여론형성 및 국민문화의 향상을 도모하고 방송의 발전과 공공복리의 증진
방송통신발전기본법	방송	방송과 통신이 융합되는 새로운 커뮤니케이션 환경에 대응하여 방송통신의 공익성·공공성을 보장하고, 방송통신의 진흥 및 방송통신의 기술기준·재난관리 등에 관한 사항
게임산업진흥에 관한 법률	게임	게임산업의 기반을 조성하고 게임물의 이용에 관한 사항을 정하여 게임산업의 진흥 및 국민의 건전한 게임문화를 확립
인터넷 멀티미디어 방송사업법	방송	방송과 통신이 융합되어 가는 환경에서 인터넷 멀티미디어 등을 이용한 방송사업의 운영을 적정
공연법	공연	예술의 자유를 보장함과 아울러 건전한 공연활동의 진흥을 위하여 공연에 관한 사항

　　다른 국가에서도 문화콘텐츠산업에 대한 정책을 강화하고 있다. 일반적으로 산업정책은 정부의 개입을 축소하고 민간의 역할을 강화하는 추세로 발전하면서 점차 그 중요성이 약화되어 왔다. 그러나 문화콘텐츠 정책에서는 역주행이 나타나고 있다. 영국의 창조산업 육성정책, 일본의 쿨재팬 전략,

중국의 문화창의산업 육성정책 등 정부주도적인 문화산업 진흥정책이 활성화되고 있다. 이처럼 정부정책을 강화하고 있는 것은 콘텐츠산업은 자국 문화정체성과 연관되어 있고 성장동력 중의 하나로 부상하고 있으며, 디지털 스마트 시대의 핵심적 역할을 하기 때문이다.

| 각국의 문화콘텐츠산업 정책 |

영국의 창조산업 정책	일본의 쿨재팬 전략	중국의 문화창의산업 정책
'Creative Britain(2008)' 이라는 창조산업의 기반 강화를 위한 포괄적인 전략을 제시	'Cool Japan(2010)' 전략을 통해 창조산업을 본격적으로 육성하는 방침을 제시	문화강국 달성 및 국가 소프트파워 육성을 위해 중국문화산업 진흥계획(2009), 국가 애니메이션발전계획(2012) 등 주요 정책을 수립

자료: 중앙일보.

1. OTT 서비스의 확산

OTT(Over The Top)는 셋탑박스 없이 인터넷망에서 다양한 기기에 직접 영상을 전송하는 서비스를 말한다. 우리가 흔히 알고 있는 넷플릭스, 디즈니 플러스, 훌루, 웨이브, 티빙 등을 말한다. OTT는 크게 유료와 무료로 나누어진다. 유료에는 SVOD(Subscription VOD), TVOD(Transaction VOD), EST(Electronic Sell Through)가 있다.[48] SVOD는 비디오스트리밍으로 매월, 매년 일정 비용을 내고 가입한 뒤, 추가비용 없이 플랫폼 내 영상물을 이용하는 가입형 VOD이다. TVOD는 페이퍼뷰(PPV)로서 건당 결제로 영상물을 이용하는 거래형 VOD를 말한다. 또한 EST는 시청회수 제한이 없는 영구구매 방식의 VOD 다운로드 서비스이다. 무료서비스에는 광고수익 기반의 AVOD(Advertising VOD)와 플랫폼가입자 기반의 가입자 확보가 목적인 FVOD(Free VOD)가 있다.

---

48) 문화체육관광부(2018), 내부자료.

SVOD에는 넷플릭스, 디즈니플러스, 훌루와 같은 기업이 있고, TVOD에는 IPTV나 유료케이블방송에서 제공하는 VOD가 있으며, EST에는 VOD 다운로드 서비스 등이 있다. 유튜브, 페이스북 등 우리가 알고 있는 많은 SNS 서비스가 제공하는 VOD가 무료 OTT에 속한다.

현재 애플리케이션(App)이나 웹사이트를 통해 가입자 기반 스트리밍 비디오 콘텐츠를 제공하는 SVOD OTT 사업자는 넷플릭스(Netflix), 아마존 비디오(Amazon Video), 훌루(Hulu), 유튜브 프리미엄(Youtube Premium), HBO 맥스(HBO Max), 슬링 TV(Sling TV), 디렉TV 나우(DirecTV Now)가 대표적이다.

글로벌 OTT시장은 넷플릭스와 아마존 비디오의 2강 체제였으나 2019년 하반기부터 본격적으로 자본력과 브랜드를 가진 대형 사업자들이 OTT시장에 진입하면서 새로운 경쟁구도를 만들어가고 있다. 디즈니플러스는 디즈니와 마블 등의 영화 및 드라마의 경쟁력을 가지고 시장에서 점유율을 높이고 있고, 애플플러스는 브랜드를 강점으로 가입자들을 모으면서 오리지널 콘텐츠에 초점을 맞추고 있다. HBO는 워너브라더스, HBO 방송 등 자사브랜드의 경쟁력 높은 콘텐츠를 가지고 시장에서 경쟁하고 있다.

| OTT 시장 상위 사업자 가입자 수 |

(단위: 백만 명)

	넷플릭스	아마존 프라임	디즈니 플러스	훌루	HBO Max
구독자수	204	150	95	39	38
기준	2021 1월	2021 1월	2021 Q1	2020년	2021 1월

자료: Business of Apps(2021), https://www.businessofapps.com/data/netflix-statistics/

넷플릭스와 디즈니, 유튜브의 특징을 보면, 넷플릭스와 디즈니는 유료가입자 모델이지만 유튜브는 광고 무료 모델이다. 넷플릭스는 디즈니 등 영상

제작업체들이 넷플릭스에 작품 공급을 중단하고 스스로 OTT 서비스를 시작하자, 자신이 직접 제작하는 오리지널콘텐츠에 역점을 두고 있다.

| Disney+, Netflix, YouTube의 특징 요약 |

	Disney+	Netflix	YouTube
이용자/ 구독자 수	7,330만 명 (2020년 추산)	2억 366만 명 (2020년 추산)	20억 명 이상 (접속자 기준)
비즈니스 모델	SVOD	SVOD	SVOD (YouTube Premium)+AVOD
월 이용요금	7달러	9~16달러	무료 (YouTube Premium: 12달러)
콘텐츠 보유량	영화: 600개 이상 TV프로그램: 7,500개 이상	영화: 4,000개 이상 TV 에피소드 편수: 47,000편 이상	1분마다 500시간 분량의 콘텐츠가 게재 되고 있음
콘텐츠	〈Hawkeye〉, 〈Star Wars: The Rise of Skywalker〉, 〈Forky Ask A Question〉	〈Dark〉, 〈Cofession Killer〉, 〈The House of Cards〉	이용자 자체 제작 콘텐츠, YouTube Originals 콘텐츠

자료: Business of Apps(2021), https://www.businessofapps.com/data/netflix-statistics/
Youtube, https://www.youtube.com/intl/ko/about/press/

넷플릭스는 한국 오리지널콘텐츠 제작에도 많은 관심을 가지고 있는데, 한국의 제작능력과 더불어 한국의 콘텐츠가 한류로 인해 아시아 시장에서 많은 팬을 확보하고 있기 때문이다. 2017년 600억 원을 투자해 봉준호 감독의 영화 〈옥자〉를 제작한 데 이어 2019~2020년에는 〈킹덤〉(200억 원), 〈스위트홈〉(300억 원) 등 대작도 잇달아 제작했다. 세계적인 인기작도 나오고 있는데 〈사랑의 불시착〉은 2020년 일본 넷플릭스에서 1위를 차지했고, 〈킹덤〉은 미국, 유럽 등에서 K좀비 열풍을 일으켰다.

국내 유료 OTT서비스 업체에는 웨이브, 왓챠, 티빙 등이 있다. SK브로드밴드와 지상파 3사가 합작하여 만든 웨이브는 지상파 콘텐츠를 가지고 있다는 장점이 있고, 2011년 설립된 국내 스타트업 왓챠서비스는 상대적 열세에 있지만 자금 유치를 통해 콘텐츠 경쟁력을 키우겠다는 전략이다. 티빙은 CJ ENM에서 운영하는 OTT이지만 CJ ENM-JTBC 합작 OTT가 만들어지면

채널 수가 더욱 증가할 가능성이 있다.

미국의 OTT 비디오 시청자 수는 총 1억8,340만 명으로 집계되었고, 2020년에는 코로나19 팬데믹으로 가입자 수가 크게 늘어 2억750만 명에 이를 것으로 예측된다. 미국의 페이TV는 급격히 감소하는 반면, 스트리밍으로 서비스되는 OTT로 갈아타는 코드커팅(cord cutting)으로 가입자 수가 크게 증가하고 있다. 그러나 최근 들어 미국 등에서는 가입자 수가 감소하는 경향을 나타내고 있어, 향후 추이가 주목된다.

| 2021년 2월 국내 OTT 서비스 현황[49] |

서비스	웨이브	티빙	왓챠	넷플릭스
콘텐츠 특징	지상파 콘텐츠 실시간 방송	CJ, JTBC 등 종편 콘텐츠	영화 중심의 사용자 취향 기반 큐레이션	해외 드라마, 오리지널 콘텐츠 최대 보유
가입자 수	약 395만 명	약 265만 명	약 139만 명	약 1,001만 명
콘텐츠 저장	O *개수제한	X	O	O
실시간 스트리밍	O	O	X	X
자막 및 더빙 설정 변경	X	X	O *일부 제공	O
월 구독료	7,900~13,900원	5,900~15,900원	7,900~12,900원	9,500~14,500원

2. 콘텐츠업계의 인수합병과 전략적 제휴

콘텐츠 업계는 기술 변화 속도가 빠르고 규모의 경제가 작동하여 이에 적

---

49) 한국경제(2021), 국내 OTT 시장 넷플릭스가 독주…월 사용자수 1000만 돌파, https://www.hankyung.com/it/article/202103152862Y

극적으로 대응하기 위해 전략적 인수합병을 활발하게 전개하고 있다. 인수합병은 자신이 부족한 분야를 채울 수 있고 새로운 기술 분야에 진입할 수 있는 이점이 있으며, 같은 분야라 하더라도 규모의 경제가 작용하는 장점이 있다.

월트디즈니사는 2019년 3월 19일 713억 달러(약 80조5,620억 원)에 루퍼트 머독의 21세기폭스 엔터테인먼트를 인수하는 계약을 마무리했다. 이 인수를 통해 디즈니는 21세기폭스의 〈아바타〉, 〈엑스맨〉, 〈아이스 에이지〉, 〈심슨가족〉 등의 판권을 확보했다. OTT서비스에서도 협력이 가능해졌다. 2016년에는 미국 통신사 AT&T는 약 93조 원에 이르는 약 850억 달러를 투자해 타임워너를 인수하며 CNN, 워너브라더스, HBO 등을 확보했다. 이처럼 해외콘텐츠 분야에서 콘텐츠업체와 콘텐츠업체, 그리고 통신업체와 콘텐츠업체 간에 인수합병이 자주 일어난다.

| 문화콘텐츠산업에서의 인수합병 |

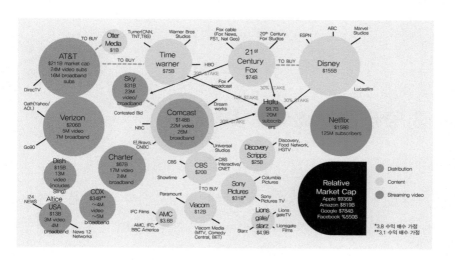

국내에서도 넷플릭스, 유튜브 등 OTT와 새로운 동영상 플랫폼이 미디어 시장을 잠식해나가며 영향력을 확대해감에 따라 지상파 방송사는 통신사와 합작하고 유료방송채널사는 종합편성채널사와 합작을 추진하고 있다. 지상파 방송사 OTT 서비스 푹(POOQ)과 SK브로드밴드의 OTT 서비스 '옥수수(oksusu)'를 완전히 통합해 '웨이브(wavve)'라는 서비스를 론칭했다. CJ ENM과 JTBC도 합작법인을 설립하고 CJ ENM의 OTT 서비스인 '티빙(TVING)'을 기반으로 통합서비스를 계획하고 있다.

플랫폼회사의 콘텐츠 진입도 활발하다. 2016년 1월 로엔엔터테인먼트 인수를 통해 설립한 카카오M은 2017년 숏폼 영상을 서비스하는 크리스피스튜디오를 설립하고 같은 해 드라마 제작사 메가몬스터를 인수하며 종합 콘텐츠 기업으로서의 변화를 예고했다. 2019년에는 그 범위를 영화와 매니지먼트로 확장하여 BH엔터테인먼트, 제이와이드컴퍼니, 숲엔터테인먼트, 어썸이엔티 등의 매니지먼트 회사를 인수하는 한편 9월에는 영화제작사인 영화사월광과 사나이픽쳐스의 지분을 인수했다.

3. 중국 콘텐츠산업 부상

중국은 풍부한 인구와 경제성장을 바탕으로 향후 세계 최대의 문화콘텐츠산업 시장으로 부상할 것이다. 중국 콘텐츠시장은 2019년 기준 3,508억 달러 규모로 미국 다음으로 큰 매출 규모를 보이고 있다. 특히 음악, 게임 등이 높은 성장률을 보이고 있다. 인구, 정부지원정책, 산업의 특성, 기반구축 정도 등으로 미뤄 보아 중국의 문화콘텐츠산업은 향후에도 크게 성장할 것으로 보인다.

영화의 경우 빠른 성장으로 이미 미국시장 규모를 뛰어넘었으며 중국 정부의 쿼터제에 따라 중국 자국 작품들이 흥행 순위 상위권에 위치해 있다. 영화 내용에 대한 강력한 규제가 존재하는 등 중국 정부 정책에 따라 큰 영향을 받고는 있으나 중국 영화시장은 지속적인 성장세를 보일 것으로 전망되고 있다. 인당 가처분소득 상승, 소비세대의 전환, 모바일 인터넷의 빠른 발전과 산업정책 지원 등은 향후 중국 콘텐츠산업의 빠른 발전을 뒷받침하는 핵심 요소로 자리 잡고 있다. 중국 콘텐츠시장은 2019년부터 2024년까지 연평균 3.56%의 성장률을 보이며 2024년 4,177억 달러 규모까지 성장할 것으로 전망된다.

| 중국 콘텐츠시장 규모 및 전망 2015-2024 |

(단위: 백만 달러, %)

구분	2015	2016	2017	2018	2019p	2020	2021	2022	2023	2024	2019-24 CAGR
출판	35,072	35,649	35,371	35,359	35,360	32,042	33,639	33,812	33,703	33,560	-1.04
만화	814	877	828	886	977	880	938	935	932	927	-1.04
음악	429	536	685	1,014	1,273	1,438	1,745	1,832	1,949	2,023	9.70
게임	15,161	19,159	23,638	25,887	28,938	31,801	34,394	36,301	38,074	39,768	6.56
영화	6,907	7,309	8,908	9,707	10,316	2,263	5,485	7,540	7,797	8,061	-4.81
애니메이션	715	1,200	815	679	1,910	419	1,016	1,396	1,444	1,492	-4.81
방송	32,344	35,239	38,665	40,578	41,182	39,840	42,160	45,664	48,805	51,708	4.66
광고	57,131	64,801	72,455	83,519	93,215	87,798	92,800	102,693	109,794	116,383	4.54
지식정보	94,489	117,808	141,905	151,562	155,451	157,352	162,384	168,434	173,764	179,193	2.88
캐릭터/라이센스	7,605	8,072	8,910	9,514	10,432	10,138	10,710	11,376	11,916	12,423	3.56
산술합계	250,668	290,649	332,181	358,706	379,053	363,971	385,272	409,984	428,174	445,538	3.28
합계	222,265	262,508	305,005	331,409	350,776	340,900	360,127	382,517	400,565	417,730	3.56

자료: 한국콘텐츠진흥원(2021), 2020 해외콘텐츠시장 동향조사.

중국 콘텐츠 시장 성장의 특징은 온라인이 크게 발전했다는 것이다. 문화 콘텐츠의 유통에서 인터넷 포털의 역할이 매우 중요한 역할을 하고 있고, 여기에 세 고 있다. 이들은 중국을 기반으로 하고 있어 글로벌 영향력에서는 한계를 가지고 있고, 세계 각국의 견제도 받고 있으나, 중국시장을 기반으로 한 경제 규모를 배경으로 세계적인 플레이어로 발돋움하고 있다. 불법복제가 시장의 발목을 잡고 있었으나 최근에는 중국 정부의 저작권 관리가 강화되고 있다.

중국은 휴대폰을 통한 동영상 시청이 매우 활발한 국가이다. 틱톡(더우인)은 중국 바이트댄스가 운영하는 쇼트클립 영상 플랫폼으로 젊은 소비자를 중심으로 폭발적으로 늘어나는 서비스이다. 15초 분량의 짧은 동영상을 찍어 자유롭게 공유할 수 있는데, 150여 개국에서 75개 언어로 서비스되어 세계 가입자는 10억 명을 넘어섰다. 쇼트클립은 제품의 광고 등 마케팅을 위한 플랫폼으로 자리 잡고 있다.

| 쇼트클립 사용자 분석 |

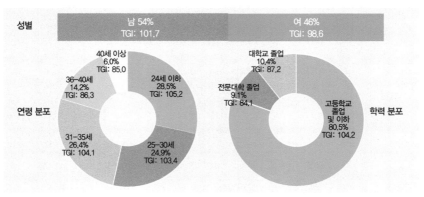

자료: 한국콘텐츠진흥원(2020), 중국콘텐츠산업동향 2020-2.

향후 소비의 증가, 인터넷의 빠른 발전, 자본의 유입 등으로 중국 콘텐츠산업의 사용자 폭도 확대될 것이다. 콘텐츠산업은 젊은 세대의 주 관심 분야가 될 것이기 때문에 확대되는 소비자를 확보하기 위한 콘텐츠업체들의 경쟁이 갈수록 치열해질 것이다. 대형 인터넷 기업들은 자신의 자원 및 자본 우위를 무기로 하여 콘텐츠산업에 진출하고 우수한 IP 자원을 확보하기 위해 많은 투자를 할 것이다.

4. 신한류의 확산

한류는 '외국인들이 한국 대중문화 및 순수문화를 좋아함으로써 나타나는 사회문화경제적 현상'이라 할 수 있다.[50] 과거 한류는 동남아와 중국 중심이었지만 2010년대 K-pop 유행 이후에는 그 범위를 넓혔다. 분야로 보면 대중문화가 중심이지만 순수문화예술도 포함되어 있으며, 한식, 한글 등 한류와 연관된 부문으로 확산되고 있다. 한류 열풍은 이제 K-pop을 넘어 음식·주거양식·언어 등으로 확산되어, 한류3.0[51]이란 새로운 흐름이 형성되고 있다.

한류가 위기에 봉착할 때마다 킬러콘텐츠는 구원군으로 등장했다. 1990년

---

50) 고정민(2016), 《한류와 경영》, 푸른길.

51) 한류3.0은 한류가 문화콘텐츠 외에 한글, 한식, 전통문화 등 한국문화와 연관된 분야로 확장되는 시기를 말한다.

대 중반부터 시작된 한류 1기 이후 2000년대 초 한류의 지속성에 대한 우려를 〈겨울연가〉와 〈대장금〉이 불식시켰고, 2000년대 말 다시 위기가 찾아왔을 때 K-pop이 등장했다.

2010년대 말에는 K-pop 가수의 인기가 여전하고 인기 드라마도 등장했지만 한류침체의 위기감이 다시 부각된 시기였다. 그러나 BTS가 혜성처럼 나타나 한류의 불을 지폈다. BTS는 중소 제작사였던 빅히트엔터테인먼트사가 양성한 아이돌 가수 그룹으로 해외에서 큰 인기를 끈 그룹이고, 《타임》지 커버에도 나오는 등 한류를 글로벌 문화로 이끈 주역이라 할 수 있다. BTS는 빌보드 앨범차트에서 여러 번 1위에 올라 세계적인 가수 대열에 올라섰다. 〈LOVE YOURSELF 轉 Tear〉로 2018년 5월 빌보드 200에서 1위를 차지한 데 이어 〈LOVE YOURSELF 結 ANSWER〉가 빌보드 200에 다시 1위, 그리고 2020년 〈맵 오브 더 솔: 7〉으로 빌보드 200에서 1위를 차지했다. 2020년 8월에는 〈다이너마이트〉가 빌보드 핫100 싱글에서 1위를 차지했다. 특히 2021년 BTS의 〈버터〉는 무려 7주간 빌보드 싱글 차트 1위를 차지하여 세계를 놀라게 했다.

또 하나의 성과라 할 수 있는 것은 영화에서의 한류 부상이다. 봉준호 감독의 〈기생충〉은 감독상, 작품상, 각본상, 국제영화상 등 미국 외의 영화가 진입하기 어려운 아카데미상에서 네 개 부문 수상을 했다. 이는 한국영화의 우수성을 전 세계에 과시한 것으로, 전 세계 영화인들에게 한국의 영화 제작 역량과 한국영화의 상업적 성과 가능성을 보여준 것이다.

5. 메타버스

메타버스(metaberse)란 가상·초월(meta)과 세계·우주(universe)가 합쳐
진 용어이다. 메타버스는 1992년 닐 스티븐슨의 소설 《스노우 크래쉬》에 처
음 등장하는 개념이다. 이 아이디어를 받아 2003년 세컨드라이프라는 가상
현실 온라인 서비스가 도입되었다. 그러나 기술적 한계로 인해 큰 인기를 얻
지 못하고 사라졌다. 15년이 지나 코로나19에 따른 비대면 시대에 접어들면
서 실내에서의 생활이 일상화되자 다시 메타버스가 화려한 모습으로 선보이
면서 인기를 끌었다.

처음에는 포트나이트와 같은 게임에서 시작해 가상 게임공간에서의 VR,
AR과 같은 가상세계에서의 게임을 즐기는 공간으로 활용된다. 처음에서 게
임으로 시작되었지만, 이제는 다양한 용도로 활용된다. 일상생활과 레저활
동을 메타버스에서 할 수 있도록 다양한 공간이 제공되어 있다. 학교 졸업
식을 메타버스를 통해 진행하는 등 가상공간에서의 이벤트를 진행하기도 하
고, 가상회의, 교육, 마케팅과 쇼핑, 의료 등 전산업과 일상생활의 다양한
영역에서 현실세계와 가상세계의 경계를 소멸시키고 있다. 예를 들어 기업
들은 메타버스를 통해 고객과 소통하고 고객 경험을 향상시키기 위하여 노
력하고 있다. 고객과의 소통 측면에서 메타버스는 전통 미디어와 일부 온라
인 미디어의 일방적 소통의 한계를 극복하고 몰입형 광고와 오가닉 마케팅
을 위한 기회를 제공할 수 있기 때문이다. 가상공간 안에서 연예인들은 팬들
과 스타의 소통을 가능하게 했다.

현재까지는 메타버스의 주요 수요층은 초등학생과 같은 10대와 MZ세대

가 대다수이다. 이들 세대는 게임을 즐겨하고 인터넷에 익숙하기 때문인데, 점차 기업의 활용이 증가되면 수요층은 상향될 가능성도 있다. 글로벌 회계·컨설팅 그룹인 프라이스워터하우스쿠퍼스(PWC)는 메타버스의 기술적 근간을 형성하는 XR 시장이 2025년 537조 원에서 2030년 1,700조 원으로 성장할 것으로 내다보았다.

메타버스에 진입하고 있는 기업은 게임, 플랫폼업체 등 다양하다. 에픽게임즈의 포트나이트는 메타버스로의 진화 가능성이 보이는 게임이다. 에픽게임즈는 포트나이트에는 모든 IP가 공존하고 모든 종류의 경험을 누릴 수 있는 공간으로 단순히 게임이 아니라 무엇이든 가상의 공간에서 할 수 있는 메타버스라고 말하고 있다.

미국의 로블록스는 3D 아바타를 통해 가상의 세계를 서핑할 수 있는 플랫폼을 제공하여 10대의 학생들이 주로 사용하고 있다. 다른 사람이 만든 게임을 즐기며 경제활동을 하고 함께 어울릴 수 있는 서비스로 2021년 초 1억 5,000만 명의 이용자들이 로블록스의 메타버스를 즐기고 있다.

한국에는 네이버 자회사인 네이버제트가 운영하는 제페토가 있다. 출시 초기에는 아바타를 생성해 옷을 입히는 인형놀이 앱 수준이었으나 한강공원, 학교, K팝 연습실 등에서 아바타끼리 친구를 맺고 동영상을 공유하는 등 다양한 활동이 이루어지고 있다. 제페토는 강점인 아바타 덕에 구찌가 구찌빌라를 짓고 신상품을 선보이는 등 기업들이 찾는 마케팅 장터가 되었다. 나이키와 함께 내놓은 운동화 아이템은 500만 개 넘게 팔렸다. 블랙핑크는 코로나19 사태 장기화로 대면 팬 사인회를 열 수 없게 되자 제페토에서 가상 팬 사인회를 열기도 했다. 제페토 사용자는 90%가 외국인으로 165개국 2억 명에 이른다.

모바일 앱에서 가상자산을 구매하고 싶다면 반드시 앱마켓 사업자의 인앱 결제(In-app) 시스템을 이용해야 한다. 제페토에서 가상화폐인 '젬'과 '코인'을 결제하거나, 팬 플랫폼인 유니버스 · 위버스에서 각각 유료 멤버십과 동영상 콘텐츠를 구매할 때 모두 구글 인앱 결제 시스템을 거쳐야 한다.[52] 앞으로는 A메타버스에서 번 가상자산을 달러 등 법정화폐로 바꾸거나, A메타버스에서 쓰던 가상자산을 B메타버스에서도 동일한 가치로 쓰려면 가상자산거래소가 필요할 것이다. 또한 향후에는 메타버스에서 카드나 현금으로 결제하는 시스템도 등장할 것이다. 메타버스의 온라인에서 특정 상품을 사면 오프라인에서 배송될 수 있는 온라인상거래 형태가 이루어질 수도 있다. 또한 블록체인 기술을 기반으로 원본 증명 등 다양하게 활용할 수 있는 NFT(Non-Fungible Token, 대체 불가능한 토큰) 시장에 국내 블록체인 기업 진출이 이어지면서 NFT가 메타버스 시대를 여는 중요한 도구가 될 것이다. 디지털 예술품 거래 등에선 저작권 문제를 먼저 해결해야 하는 만큼 게임 등 메타버스 공간의 거래를 기록하는 데 먼저 쓰일 것이다.[53]

| 제페토에서의 블랙핑크 뮤직비디오 |

---

52) 머니투데이(2021), 메타버스서 구찌백 사면 구글만 웃는다...왜?
53) 오피니언 뉴스(2021), 예술품거래에서 게임머니까지..NFT는 메타버스 여는 열쇠.

1. 저작권

저작권의 개념

저작권(copyright)은 문학 · 학술 또는 예술의 범위에 속하는 창작물에 대하여 창작자가 취득하는 권리를 말한다. 이런 저작권은 창작자 사후 70년간 존속된다. 저작인접권(neighbouring right)은 실연자가 실연을 할 때, 음반 제작자가 음을 맨 처음 유형물에 고정한 때, 방송사업자가 방송을 한 때에 각각 취득하는 권리를 말한다. 저작권이라는 용어는 협의로는 저작재산권만을 의미하고, 광의로는 저작재산권과 저작인격권을 포함하는 개념이다. 저작재산권[54]은 저작물을 재산처럼 사용하는 권리로 복제권, 공연권, 공중송신권, 전시권, 배포권, 대여권, 2차적저작물작성권 등이 이에 속한다.[55] 저작인격권은 저작물을 공중에 공개할 것인지 결정할 권리(공표권), 저작물에

---

54) 저작재산권은 경제적 가치가 있는 이익의 향수를 내용으로 하는 권리이다.
55) 국가법령센터(http://www.law.go.kr/lsInfoP.do?lsiSeq=211523&efYd=20200527#0000)

이름을 표기할 권리(성명표시권), 저작물의 내용이나 형식의 동일성을 유지할 권리(동일성유지권)가 포함된다.

저작권을 더 넓은 개념으로 보면, 저작재산권, 저작인격권뿐만 아니라 저작인접권과 출판권 등 저작권법에 규정되어 있는 모든 권리를 포함할 수 있다. 여기에서 저작인접권은 실연자의 권리, 음반제작자의 권리, 방송사업자의 권리 등으로 구성된다. 실연자는 그의 실연을 녹음 또는 녹화하거나 사진으로 촬영할 권리를 가지고, 음반제작자는 음반을 복제 · 배포할 권리를 가진다. 방송사업자는 그의 방송을 녹음 · 녹화 · 사진 등의 방법으로 복제하거나 동시중계방송할 권리를 가진다.

저작권은 저작자에게 부여되는 독점적이고 배타적인 권리로서 저작물을 사용하려면 원칙적으로 저작권자에게 이용허락을 받아야 한다. 그러나 일일이 저작권자를 확인하여 허락을 받기는 쉽지 않다. 저작자의 입장에서도 저작물을 이용하려는 자와 접촉하여 이용허락 계약을 체결하고 관리하기 쉽지 않을 뿐만 아니라 자신의 저작권이 침해당하고 있다고 하더라도 권리구제를 위해 소요되는 비용 등의 문제 때문에 권리를 포기하는 경우가 발생한다. 위와 같은 이유로 '저작권법'에서는 저작권신탁업자가 저작권자의 권리를 신탁받아 관리하거나 저작권 대리중개업자가 저작물의 이용에 관한 권리를 대리 또는 중개하여 저작권자에게는 자신의 저작물의 이용을 일일이 허락하는 번거로움을 덜어 주는 동시에, 이용자에게는 그 저작물의 이용 허락을 용이하게 받을 수 있도록 하는 저작권위탁관리 제도를 두고 있다.[56]

'저작권신탁관리업'은 저작재산권자, 배타적발행권자, 출판권자, 저작인

---

56) 한국저작권위원회, 저작권 상담-유형별 상담사례 참조.

접권자 또는 데이터베이스제작자의 권리를 가진 자를 위해 그 권리를 신탁받아 이를 관리하는 업을 말하며, 저작물 등의 이용과 관련하여 포괄적으로 대리하는 경우를 포함한다.[57] '저작권대리중개업'이란 저작재산권자, 배타적발행권자, 출판권자, 저작인접권자 또는 데이터베이스제작자의 권리를 가진 자를 위해 그 권리의 이용에 관한 대리 또는 중개를 하는 업을 말한다.[58] 국내 저작권 신탁단체는 한국음악저작권협회를 비롯하여 아래 표와 같다.

| 국내 저작권 신탁단체 |

영역	단체명	주요 관리대상
음악	한국음악저작권협회 함께하는음악저작인협회	음악저작물의 공연권, 방송권, 복제권, 전송권
	한국음악실연자엽합회(구.한국예술실연단체연합회 ← 구.한국실연자단체연합회)	음악실연자의 저작인접권
	한국음반산업협회(구.한국음원제작자협회)	온라인상 음반콘텐츠 저작인접권
어문	한국문예학술저작권협회	어문저작물 복제권, 배포권, 전송권, 2차 저작물방송권
	한국방송작가협회	방송 대본의 방송권, 복제권, 배포권, 전송권, 2차적 저작물작성권 관리
	한국복제전송저작권협회(구.한국복사전송권협회)	복사 전송권
	한국시나리오작가협회	영화 등 시나리오 저작권
영상	한국방송실연자협회	탤런트, 성우 등 실연자의 저작인접권
	한국영화배급협회(구.한국영상산업협회)	영화 콘텐츠 비디오, DVD 등의 공연권
	한국영화제작가협회	영화 콘텐츠 복제, 전송권
공공 및 언론	한국언론진흥재단	뉴스 저작권
	한국문화정보원(구.한국콘텐츠진흥원)	공공 디지털 문화 콘텐츠 저작권

저작권과 문화콘텐츠산업의 관계

문화콘텐츠와 저작권은 상호 불가분의 관계에 있다. 문화콘텐츠의 창작활

---

57) 저작권법 제2조 제26호.
58) 저작권법 제2조 제27호

동의 결과가 바로 저작권이라 할 수 있으며 이 저작권을 복제하여 저장하거나 상영, 방송, 전시 등을 통해서 다양한 상품을 만들어 시장에 내놓으면 소비자들이 이를 소비하는 것이다. 음악 스트리밍을 듣는다고 하자. 가수와 작사가, 작곡자 등이 모여서 하나의 음악을 만들면 저작권이 탄생한다. 그러면 이 음원을 가지고 사업을 하는 멜론 등 음악 서비스업체들은 신탁단체를 통해 가수, 작사가, 작곡자에게 저작권료를 지불한다.

우리나라에서 저작권에 관심을 가지기 시작한 것은 불법복제 때문이다. 과거에는 CD, 극장과 같은 극장형, 휴대형의 유통 채널을 가지고 있었던 문화콘텐츠는 불법복제의 문제가 심각하지는 않았다. 그러나 디지털콘텐츠로 변화하면서 방송통신형의 콘텐츠가 유통의 중심으로 되자 불법복제가 심각한 문제로 대두되었다. 디지털콘텐츠는 매우 짧은 시간에 싼 비용으로 작품의 아무런 질적 손상 없이 쉽게 복제가 가능하기 때문이다.

저작권은 문화콘텐츠 부문에서 창조자산이라 할 수 있다. 그러나 이런 창조자산이 보호되지 않고 무단 복제되거나 침해를 당한다면 창의성의 가치는 소멸되고 창작자, 즉 저작권자들의 창작의욕은 위축된다. 콘텐츠생태계가 선순환되기 위해서는 창작자들이 노력해서 만든 저작권이 제대로 시장에서 평가받고 보상받을 수 있는 시스템이 정착되어야 한다. 저작권 보호를 통해 창작자들이 의욕을 가지고 창작활동을 하고, 정상적인 가격에 의해 거래가 이루어져 창작에 대한 인센티브가 제공되어야만 많은 창작물이 만들어져 국가 전체적으로 풍부한 창조자산이 축적되고, 이런 창조자산을 소재로 하여 제2의 창작물이 만들어질 수 있다.

한편 저작권의 자유 이용에 대한 주장도 있다. 일반적으로 저작권에 대한 비용을 지불해야만 콘텐츠를 사용할 수 있지만, 자유 이용은 콘텐츠를 무료로 사용하는 것을 말한다. 저작권의 자유 이용을 주장하는 사람들은 모든 프로그램이나 정보가 소수에게 독점되어선 안 되며, 자유롭게 공유되어야 한다고 말한다. 저작권으로 설정된 정보의 독점을 거부하고 정보를 공유하는 저작권 공유는 일정한 조건하에서 적절하게 저작물이 이용된 경우에는 그 책임성을 면제해주는 것이다. 즉 공정이용(fair use, 공정사용)이란 기본적으로 저작권으로 보호되는 저작물을 저작권자의 허가를 구하지 않고 제한적으로 이용할 수 있도록 허용한 것이다.

우리나라 저작권법에서도 국가 또는 지방자치단체가 업무상 작성해 공표한 저작물이나 계약에 따라 저작재산권의 전부를 보유한 저작물은 허락 없이 이용할 수 있다. 학교 교육 목적이나 시사보도 목적 등에서도 일정한 조건하에 저작권물을 자유 이용할 수 있다. CCL(creative common license)도 일정한 조건 하에 저작물을 공유할 수 있는 시스템으로, 소비자는 CCL 표시가 있는 저작물을 일정한 조건 하에서 언제든 사용할 수 있다.

2. 지역 문화콘텐츠산업

개념 이해

최근 지역에서도 콘텐츠산업에 관심이 많다. 지역콘텐츠산업에 대한 정부의 지원금도 증가했고, 지역에서의 콘텐츠 성공 사례도 나오고 있다. 지역의 문화콘텐츠산업과 연관하여 알아두어야 할 창조도시, 문화도시, 문화산업클러스터 등 많은 유사한 개념들이 있다.

먼저 창조도시와 문화산업클러스터의 차이부터 살펴보자. 클러스터[59]는 기업을 우선시하는 관점이다. 즉 한 지역에 기업이 모여야만 취업을 위해 인력이 이 지역에 모인다는 것이다. 이에 비해 창조도시는 도시가 창조적인 문화를 가지고 창조계급이 모이고 이런 창조인력을 활용하기 위해 기업이 입지한다는 개념으로서, 클러스터와는 시각이 다르다. 창조도시는 창조계급이 많은 곳에 이런 인력을 활용하기 위하여 기업이 집적된다는 도시공간의 사회자본 이론을 기반으로 하는 한편 문화산업클러스터는 문화산업이 집적화되어 시너지를 발휘하고 구성요소 간 네트워킹이 활성화되면, 일자리가 창출되어 인력이 모이고 도시가 발전한다는 산업클러스터 이론에 배경을 두고 있다.[60]

문화도시라는 개념은 유럽 등에서 사용하고 있고[61], 우리나라에서도 다양한 의미로 사용되고 있으나, 정형화된 정의는 찾기 어렵다. 최근 문체부에서 문화도시를 지정하고 지원하는 정책사업으로 문화도시가 있다. 문체부에서 추진하는 문화도시 사업은 법정문화도시라고도 한다. 문체부에서 추진하는 문화도시[62]는 지역 고유의 문화적 자산을 활용하여 도시브랜드를 창출하고 지역사회·경제 활성화를 모색하는 것을 목적으로 하고 있다. 이는 지역

---

59) 클러스터란 관련 기업과 기관, 지원서비스 기업들이 모여 네트워크를 통한 상호작용으로 시너지를 발휘하는 일정지역이라고 정의되고 있다. 즉 관련 기업과 부품산업, 교육기관, 인력, 정부지원기관, 연구기관 등이 한 곳에 집적되어 있는 것을 말한다.

60) 고정민(2013), 〈지역균형발전시대, 창조도시와 클러스터 전략(Special Issue)〉, 한국콘텐츠진흥원.

61) 유럽 문화수도 사업(1985~), 아메리카 문화수도(2000~).

62) 문화체육관광부(2020), 2020년 문화도시 추진 가이드라인.

문화진흥법 제정(2014년)으로 문화도시 지정근거가 마련됨에 따라 지속가능한 지역발전 전략으로 추진되는 것이다. 이 문화도시 사업은 역사전통, 예술, 문화산업, 사회문화 중심형 및 지역 자율형으로 다섯 개의 유형을 구분하고 지원하고 있다. 이 유형들 중에 문화산업 유형이 있어 문화도시 사업도 지역의 문화콘텐츠산업과 연관성이 있다고 하겠다.

지역과 문화콘텐츠산업의 관계

(1) 수도권 중심으로 발전

문화콘텐츠는 도시형 산업이다. 따라서 지역이라 하더라도 대도시가 아니면 콘텐츠산업이 발전하기 어렵다. 실제 통계에서도 문화콘텐츠산업의 매출액은 서울이 64.8%(2018년 기준), 경기도를 포함한 수도권 지역에서의 비중이 86%로 매우 높다. 이런 현상은 한국만이 아니다. 콘텐츠산업은 미국의 할리우드와 뉴욕, 일본의 도쿄 등 대도시를 중심으로 발달했다.

그 이유는 첫째, 양과 질적인 면에서 두터운 소비자층이 존재하기 때문이다. 대도시에는 항상 새로운 수요와 이에 대응하는 콘텐츠가 생성될 수 있는 다이내미즘이 존재한다. 따라서 대도시에서는 콘텐츠산업 경제 규모의 달성이 가능하다. 둘째, 최신의 정보 접근성이 좋기 때문이다. 대도시는 새로운 유행정보의 접근성이 높고 콘텐츠의 유통 채널인 미디어산업이 대도시에 입지하고 있다. 셋째, 연관 산업이 대도시에 집중되어 있기 때문이다. 대도시에는 콘텐츠산업과 연관성이 높은 IT기업과 플랫폼기업이 존재하여 콘텐츠와의 협력이 용이하다. 한국적인 특수성으로서 높은 교육열로 자녀교육 목적으로 대도시에 입주하고자 하는 수요가 많다. 파이낸싱, 홍보기업 등 마케팅, 투자기관도 주로 대도시에 입지해 있다. 넷째, 대도시에는 콘텐츠 제작을 위한 많은 인력과 장비가 존재하기 때문에 자연히 대도시에 콘텐츠산업이 몰린다. 콘텐츠 생산은 프로젝트형 제작시스템의 구조로 콘텐츠의 완성을 위해 제작자, 감독, 촬영기사, 작곡가, 연기자와 같은 많은 이질적인 성격의 사람들이 일시적으로 모여 프로젝트를 수행하다가 콘텐츠의 완성과 함께 흩어지는 구조로 되어 있는데, 대도시가 이런 점에서 콘텐츠를 제작하기에 유리하다.

(2) 지역콘텐츠산업의 발전 가능성

지역의 문화산업은 일단 콘텐츠 기업이 많지 않고 기업의 매출액도 적다. 대기업이 주로 서울이나 수도권에 포진되어 있고, 연관 산업도 발전하지 못했다. 지역을 기반으로 하는 수요가 적어 기업이 창업하거나 지역으로의 기업 유입이 활발하지 못하기 때문에 기업의 수가 부족하고 따라서 지역에서의 콘텐츠 제작이 부진한 것이다.

그러나 정부의 지원과 지자체의 문화콘텐츠산업 육성정책으로 지역에서도 콘텐츠산업의 발전 가능성을 보여주고 있다. 게다가 지역의 문화소비 잠재력과 문화 욕구가 증가하고 있어 문화의 지역화 현상이 확대되고 있다. 현재 많은 지역에서 게임, VR/AR 등 미래성장산업에 대한 관심을 가지고 있고, 기업 성공 사례도 나오고 있다.

예를 들어 포코팡은 부산에 입지한 소규모 개발사 트리노드의 퍼즐게임으로 라인을 통해 해외 시장에 선 출시된 후 빅히트를 기록하고 카카오톡에 입점하여 국내 시장에서도 히트한 바 있다. 포코팡은 게임 개발도 서울에서 해야 성공할 수 있다는 업계의 편견을 깬 대표적인 사례 중의 하나이다. 춘천의 구름빵 사례도 있다. 〈구름빵〉은 강원정보문화진흥원과 춘천의 애니메이션기업인 디피에스(DPS), 중국 카룽사가 공동제작한 애니메이션으로, 2004년 단행본으로 나온 어린이 그림책 《구름빵》이 50만 부가 팔리며 TV애니메이션, 뮤지컬 등 2차 콘텐츠로 가공되어 새로운 가치를 창출했다. 이외에도 대구에서 게임산업, 부천에서의 웹툰, 만화 등 지역마다 특색 있는 콘텐츠를 육성하여 성공 사례들이 나오고 있다.

이처럼 지역의 콘텐츠산업의 발전 가능성을 보여주는 것은 통신 및 교통 인프라 발달도 한몫을 했다. 인터넷 등 통신네트워크의 발전으로 지역에서도 문화콘텐츠산업의 발전이 가능해진 것이다. 통신네트워크를 통해 지역에서 개발된 콘텐츠의 전송 및 유통이 가능해지면서 '거리의 소멸'이 일어나고, 일인사업자, 소규모 창업자 등이 온라인을 통해 전국 대상 콘텐츠사업을 추진할 수 있었다. 사이버상에서 지역 기반의 콘텐츠 프리랜서도 증가하고, 앱스토어를 통해 판매하는 콘텐츠도 지역의 영향을 크게 받지 않는다.

더구나 콘텐츠 관련 기관이 지역으로 이전하면서 지역 콘텐츠산업이 발전하고 있다. 영화진흥위원회, 영상물등급위원회와 같은 기관의 부산 입주로 부산 콘텐츠산업이 탄력을 받고 있다. 광주, 나주에서도 한국콘텐츠진흥원 등이 이전하고 아시아문화전당에서 추진하는 다양한 사업은 이 지역에 콘텐츠 기업이 입지하는 데 긍정적인 영향을 주고 있다.

각 지역에 콘텐츠산업을 육성하기 위한 지자체별 기관도 존재한다. 현재 지역거점 기관으로는 부산정보산업진흥원, 대구디지털산업진흥원, 인천테크노파크, 울산정보산업진흥원, 경기콘텐츠진흥원, 광주정보문화산업진흥원, 충남문화산업진흥원, 대전정보문화산업진흥원, 전라북도문화콘텐츠산업진흥원, 전남정보문화산업진흥원, 강원문화재단, 경상북도콘텐츠진흥원, 경남문화예술진흥원, 세종시문화재단, 제주영상문화산업진흥원, 충북지식산업진흥원 등 매우 많다. 뿐만 아니라 지역별로 글로벌게임센터, 콘텐츠 코리아랩, 웹툰센터, 스토리텔링제작소, 지역발전소 등등 관련 기관이 있다.

(3) 지역 콘텐츠 발전의 파급효과

지역의 콘텐츠산업이 발전하면 많은 부수효과가 있다. 먼저, 그 지역이 클러스터화되면 이곳을 방문하여 콘텐츠를 즐기고자 하는 관광객들이 증가함으로써 나타나는 관광 효과가 있다. 이를 통해 지역에서의 소비가 증가하고 콘텐츠 생산을 통해서 지역경제가 활성화된다. 또한 콘텐츠 기업이 입주하면서 창의인력이 유입되는 효과가 있다. 이는 낙후된 지역을 재생하는 데 지역의 콘텐츠산업이 기여하고, 지역의 이미지 제고에 큰 역할을 하며, 이런 결과로서 지역주민의 삶의 질이 향상된다.

| 지역 콘텐츠산업의 파급효과 |

효과	내용	사례
관광객 유치	클러스터가 관광지화하면서 관광객 유치 영화 및 드라마 촬영지 (스튜디오)관광지화 한류관광객이 해외에서 유입	부산, 웰링턴 할리우드, 앙굴렘
콘텐츠 소비 유발	관광과 연계한 캐릭터 상품 , 기념품 등의 소비 클러스터에 유통부문이 동시 입지하여 소비 유발	브로드웨이
창의인력의 유입	콘텐츠업에 종사하는 창의 인력이 유입 창의 인력은 타산업의 창의성 제고에 기여	실리콘앨리 도쿄
낙후된 도시의 재생	낙후된 도시의 재생 일환으로 클러스터가 개발되어 문화도시, 창조도시로 발전	셰필드 빌바오
지역의 이미지 제고	지역이 문화라는 고급이미지로 포장되어 지역의 브랜드 이미지 증가	할리우드 부천
지역주민 삶의질 향상	클러스터가 지역민에게 문화향유기회를 제공	

3. 플랫폼

플랫폼의 정의

플랫폼은 기초가 되는 단단한 틀이라는 의미이다.[63] 기차의 플랫폼은 승강장으로서 기차를 타는 받침이고, 자동차 플랫폼은 자동차 차체를 의미한다. 이런 플랫폼의 개념은 정보통신이 발전하면서 다양한 의미로 사용되고 있다. ICT 기술이 발전하면서 다양한 기기와 네트워크가 등장하고 이들이 콘텐츠의 미디어나 유통 채널의 역할을 했다. 즉 정보통신시대의 플랫폼이란 콘텐츠나 소프트웨어를 전송이나 유통하는 데 근간이 되는 틀을 의미한다.[64]

ICT와 관련된 넓은 의미의 플랫폼은 하드웨어, 소프트웨어, 서비스 등 크게 세 가지로 나누어진다. 첫째, 하드웨어의 경우, IBM의 메인프레임에서 PC까지 다양하나 주로 디바이스(단말기)를 의미한다. 기능이나 콘텐츠의 종류에 따라 개별로 존재하던 디바이스들이 이제는 통합 및 융합되는 방향으로 발전하고 있다. 1세대 디바이스는 단순 연결 위주의 형태로 PC, 노트북, 유선전화기 등이 있고, 2세대 디바이스는 서비스에 대한 위치 제약을 극복하는 방향으로 PDA, 피처폰, 스마트폰, 태블릿 등이 있으며, 3세대 디바이스는 다수의 디바이스와 주변이 상호 연동으로 통합되는 방향으로 웨어러블 디바이스, IoT디바이스 등이 있다. 둘째, 소프트웨어 플랫폼은 일반적으

---

63) 네이버백과.
64) 고정민 외(2020), 〈한류경제효과〉, 국제문화교류진흥원.

로 컴퓨터 기본소프트웨어, 즉 윈도체계, iOS, 안드로이드 등 OS(Operating System)를 의미한다. 이런 기본소프트는 몇 개 업체가 과점하고 있고, 콘텐츠와 관련이 적은 전문적인 영역인 데다가 소비자들이 특정 디바이스를 채택하면 기본 소프트웨어는 이미 그 안에 내재되어 있다. 이런 기본소프트웨어는 좁은 의미의 플랫폼이라 할 수 있다. 셋째, 서비스로서 주로 응용소프트웨어에 해당하고, 자체적인 생태계를 가지면서 플랫폼화된 서비스를 말한다. 응용소프트웨어의 경우 온라인, 모바일 시대에 각광을 받고 있는 SNS, 앱스토어 등이 있다. 예를 들어 페이스북, 아마존, 인스타그램, 유튜브 등은 많은 사람들이 사용하는 응용소프트웨어이다.

| 플랫폼의 종류 |

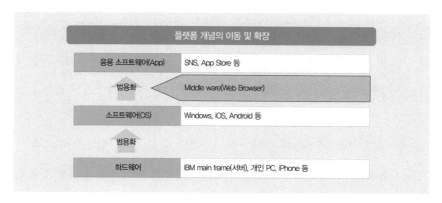

플랫폼과 문화콘텐츠와의 관계

온라인화뿐만 아니라 모바일화의 진전으로 플랫폼에서 중요해지고 있는 것은 모바일과 온라인과 관련된 디바이스(앞의 분류상 하드웨어)와 응용소프트웨어이다.

디바이스 플랫폼은 콘텐츠산업의 유통통로 역할을 하기 때문에 콘텐츠산업에 매우 중요하다. 디바이스 플랫폼의 확장에 따라 그 플랫폼에 사용되는 콘텐츠산업의 수요가 결정될 수 있기 때문이다. 예를 들어 스마트폰이 보급되면서 모바일콘텐츠 시장이 크게 확대되었다. 게임의 경우에도 플랫폼의 변화에 따라 게임의 주도권이 변화되어 왔다. 과거 핀볼에서 아케이드 게임으로 변화되면서 아케이드 게임이 시장을 주도하다가 전용게임기 콘솔이 등장하면서 비디오게임이 주도했다. 이어서 PC의 보급으로 온라인게임이 그 뒤를 잇고 다시 스마트폰이 보급되면서 모바일게임이 시장을 주도한 것이다. 이처럼 과거에 존재하지 않았던 새로운 플랫폼들이 등장하여 기존의 플랫폼을 대체하거나 독자적 플랫폼으로 자리 잡고 있고, OTT, AI 등의 새로운 서비스가 도입되면서 하드웨어의 뉴플랫폼도 등장하고 있다. 주목할 것은 새로운 플랫폼이 등장하면 반드시 콘텐츠가 탑재되어, 플랫폼을 확산시키는 데 콘텐츠가 중요한 역할을 한다는 것이다. 이처럼 플랫폼과 콘텐츠는 상호작용을 하면서 시장을 이끌어 왔다.

응용소프트웨어 플랫폼에는 앱스토어, SNS 등이 있다. 앱스토어는 콘텐츠를 자유롭게 사고파는 장터라 할 수 있다. 애플이 아이폰을 출시하면서 앱스토어라는 이름으로 아이폰 응용프로그램 판매서비스를 시작한 이후 구글, 마이크로소프트 등이 여기에 가세했다. 모바일 앱이 각광을 받은 것은 스마트폰의 빠른 보급에 기인하기도 하지만 개인이 콘텐츠를 개발하여 판매하는 개방형이라는 점이다. 즉 개인 개발자가 앱스토어에 등록하면 되고, 소비자는 이 앱을 선택하여 다운로드하면 되는 것이다.

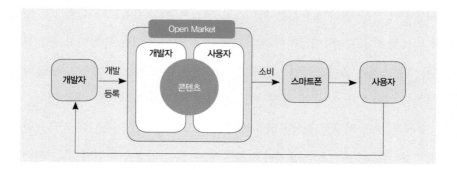

SNS는 온라인 소셜네트워크를 기본으로 하는 것으로 인터넷을 매개로 형성된 사람들 간의 관계를 의미한다.[65] SNS는 웹에 기반을 둔 특정한 시스템 내에서 공개 혹은 반공개적으로 개인의 프로필을 만들도록 제공하며, 서로 접속하고 있는 다른 사용자들의 목록을 보여주고, 시스템 안에서 다른 사람들을 관찰할 수 있도록 도와주는 웹 서비스이다.[66] 여기에는 페이스북, 트위터, 인스타그램, 유튜브, 핀터레스트, 링크드인 등이 있으며, 다양하고 새로운 형태가 계속 등장하고 있다. 페이스북이나 트위터 등은 텍스트 중심의 소셜미디어이고, 블로그, 싸이월드, 미투데이 등은 홈피형으로서 텍스트뿐만 아니라 사진과 동영상을 중심으로 한 소셜미디어이다.

SNS는 콘텐츠 소비의 새로운 패러다임을 보여준다. 온라인상의 커뮤니티를 구축하고 이들과 함께 콘텐츠를 통해 교류하면서 자신이 직접 콘텐츠를

---

65) Wellman. B, J Salaff, D, Dimitrova, L. Gulla & C. Haythomthwaite(1996), "Computer Networks as Socail Networks: Collaborative Work, Telework and Virtual Community", *Annual Review of Socialogy*, 22.

66) Boyd, M. & Ellison, B.(2007), Social Network Sites: Definition, History, and Scholarship, *Journal of Computer-Mediated Communication*, 13(1).

생성하거나 타인의 콘텐츠를 실어 나르는 일이 일상화되고 있다. 즉 수많은 사람들이 가장 많이 사용하는 페이스북이나 트위터, 유튜브와 같은 1인 소셜네트워크서비스를 이용하여 실시간에 많은 양의 정보를 습득하고 공유한다. 페이스북은 스마트폰이 보급되며 나타난 소셜네트워크서비스로 친구 및 가족과 연락하기, 사진 및 동영상 공유, 게임, 메신저 기능 등을 제공한다.

유튜브는 전 지구적 영상콘텐츠 제공 서비스인 동시에 이용자의 적극적인 참여로 새로운 콘텐츠가 생겨나고 확산될 수 있는 환경을 마련해 주는 최대 규모의 온라인 플랫폼이다. 2019년 현재 유튜브는 90여 개 국가에서 서비스를 실시하고 있으며 기술적 발전과 함께 콘텐츠 제공의 다양화를 위해서 주요 미디어 회사와의 협약을 맺으며 서비스를 확대하고 있다.

4. 창의성

창의성의 정의

현재 창의성의 개념에 대한 통일된 합의가 이루어져 있지 않으나 사전적 의미의 창의성(creative personality)은 새로운 착상이나 의견을 생각해내는 능력을 말한다. 기본적으로 창의성의 개념은 '새로운' 혹은 '혁신적'인 의미를 포함하는 것이다. 학문적으로 창의성에 대한 정의는 학자에 따라 약간씩 다르다. 미국심리학회 회장이었던 길포드는 창의성을 사회와 문화에 가치를 부여할 수 있는 물건을 만들어 내거나 문제를 해결하기 위해 적절한 아이디어를 창출하는 것뿐만 아니라 그런 능력을 기초로 하는 사고로 정의하고 있다.[67]

창의성은 과학적 창의성과 예술적 창의성으로 나눌 수 있다.[68] 예술의 맥락에서 요구되는 창의성의 핵심은 주로 확산적 사고이고 과학의 맥락에서 요구되는 창의성의 핵심은 수렴적 사고라 말하고 있다. 확산적 사고는 폭넓은 생각의 범위를 만들어내고, 수렴적 사고는 가능한 해법 중 가장 유용하고도 적절한 것을 가려내는 데 사용된다. 이는 곧 창의가 구현되는 분야에는 과학기술과 문화예술 두 가지가 있다는 사실을 시사해주는 것이라 하겠다. 즉 창의성에는 수렴적 사고를 중심으로 하는 과학기술적인 창의성과 확산적 창의성을 중심으로 하는 문화예술적 창의성 두 가지가 있다.

| 예술적 창의성과 과학적 창의성 |

	과학적 창의성 수렴적 사고	예술적 창의성 확산적 사고
특성	– 기호적 사고, 분석적 사고, 추론적 사고, 종합적 사고, 대안적 사고 – 가능한 가장 훌륭한 접근을 추구하고 단지 합리적인 대안만 고려 – 대안적 방법들을 찾는다 할지라도 합리성의 틀 안에서 논리적인 절차를 순차 적으로 진행 – 논리에 의해 움직일 방향이 규정된 경우에만 움직임 – 의식적, 논리적, 질서 강조	– 비논리적 상상적 사고 – 가능한 많은 대안들을 창안하려 노력하지만 꼭 합리적일 필요는 없음 – 우연성의 개입을 환영하며 비약을 허용 – 영감이나 육감의 인도 하에 방향 자체를 산출하기 위해 움직임 – 무의식적, 비약적, 무질서를 강조

자료: 고정민(2013), 문화예술 및 콘텐츠산업에서의 창의성 유형 및 사례.

---

67) Guilford, J. P.(1950), *Fundamental statistics in psychology and education*, McGraw-Hill Book.
68) 고정민(2013), 〈문화예술 및 콘텐츠산업에서의 창의성 유형 및 사례〉, 《문화경제연구》, 16(3).

창의성과 문화콘텐츠와의 관계

(1) 기획 과정에서의 창의성

콘텐츠 기획 단계에서 창작자는 초기 아이디어를 생성하고 이를 발전시키기 위해 창의성이 요구된다. 콘텐츠산업에서 창의성은 다양하고 광범위한 콘텐츠를 기획 및 제작하는 데 있어서 재미 요소와 독창성을 발현할 수 있는 능력으로 시장성, 대중성, 보편성, 세계성의 기준에 부합할 수 있는 콘텐츠 창작 및 기획 능력을 의미한다.

콘텐츠의 기획 과정은 창조의 주체가 아이디어를 입력(Input)하고 가공하며(process) 최종적으로 출력(output)하는 세 가지 공정 단계를 거친다. 창의적 읽기(creative reading)로서 개인이나 조직 단위에서 어떤 대상을 관찰하고 분석, 연구, 조사, 학습, 토의하는 모든 관련 활동을 뜻한다. 창의적으로 생각하기(creative thinking)는 개인 차원에서는 지속적인 관심을 바탕으로 하는 연상, 상상, 추론, 직관, 통찰 등의 활동을 기반으로 하고 조직 단위에서 브레인스토밍, 브레인라이팅 등과 같은 다양한 커뮤니케이션 방법을 통해 구체적인 콘텐츠의 콘셉트를 디자인하고 이미지를 세팅하는 활동 단계이다. 창의적 글쓰기(creative writing)는 콘텐츠 기획과 개발에 돌입하기 위한 전초 활동으로서 모든 종류의 원작이나 원형, 즉 스토리보드, 기록물, 소설, 만화, 시나리오, 대본, 큐시트(광고 등), 이미지텔링 등 콘텐츠에 대한 직접적인 디자인은 물론이고 관련한 사업계획서, 기획안, 마케팅이나 사업 관련 전략프로그램의 명문화와 같은 경영 관리 및 비즈니스 지원활동의 실행을 모두 포괄한다.

input	process	Output	
창의적인 읽기	**창의적으로 생각하기**	**창의적인 글쓰기**	
관찰, 분석, 연구, 조사, 학습, 토의 등	컨셉디자인	기획안 / 스토리보드 / 큐시트	콘텐츠
	이미지세팅	이미지텔링 / 사업계획서 / 전략 프로그램	
		기록(일지 등) / 원작(소설, 만화 등) / 시나리오, 대본	

(2) 제작 과정에서의 창의성

제작 단계에서는 만드는 과정에서 창의성이 발휘된다. 아이디어를 구체화하여 작품으로 만들고 부족한 부분을 보완하며, 문제 발생시 문제를 해결하는 과정에 창의성이 개입된다. 제작 단계에서는 창의성이 극대화될 수 있도록 다양한 배경의 구성원을 선발하고, 창의력을 요구하는 문제를 명확히 규명한다. 집단구성원 간의 효과적 상호작용을 통해 다양한 대안이 제시되고 그 대안들이 좀더 분명한 아이디어로 숙성시킨 후 이중 최선의 선택을 하는 과정이다.[69]

제작에서의 창의성 확보를 위해 팀 작업과 집단창작의 과정도 필요하다. 콘텐츠산업의 대표적인 분야인 영화, 게임, 방송콘텐츠의 제작에는 적게는 수 명, 많게는 수십에서 수백 명의 협업으로 이루어진다. 많은 콘텐츠산업은 프로젝트형 제작 과정을 거치는데, 팀들이 서로 협업하고 조정하는 데에서도 창의성이 실현된다. 결국 콘텐츠의 제작 과정은 창조적 사고 과정과 창조적 산물을 생산하는 창조 집약적 분야라 할 수 있다.

---

69) 고정민(2013), 〈문화예술 및 콘텐츠산업에서의 창의성 유형 및 사례〉, 《문화경제연구》, 16(3).

(3) 소비 과정에서의 창의성

콘텐츠의 소비 과정에서 콘텐츠의 감상 및 평가를 통해 창의성이 발휘된다. 소비자가 콘텐츠를 소비하기 전에 창작자와 제작 · 기획자가 완성된 콘텐츠를 소비하는 과정을 거치는데, 창작자와 제작 · 기획자는 콘텐츠 제작 후 감상 및 평가 과정을 통해 콘텐츠의 완성도를 높인다. 초기 콘텐츠의 제작 목표와 방향을 잘 구현하고 있는지 감상을 통해 이를 평가하는 과정에서 또한 대중적 가치가 반영되었는지를 판단하기 위해 분석적 · 종합적 사고력을 발휘한다. 즉 종합적인 사고력을 통해 콘텐츠의 각 구성 요소를 해석함으로써 콘텐츠의 스토리 및 메시지를 이해한다.

감상하는 소비자로서는 다양한 미디어를 통해 시청각적 감각을 자극하여 소비자에게 전달되는 콘텐츠를 이해하기 위해 수렴적인 사고력과 동일한 개념이나 사물을 속성이나 요소로 분해하여 이해하기 위해 분석력이 필요하며, 어떤 사실이나 상황의 옳고 그름을 가려내기 위한 비판력이 요구된다. 마지막으로 체험, 감상, 소통을 통하여 나열되거나 대립 개념이나 내용을 하나의 의미로 정립시키는 종합적 사고력이 필요하다.

5. 스토리텔링

스토리텔링의 정의

스토리(Story)는 '이야기'라는 우리말의 영어적 표현으로서 아주 오래전부터 인류가 사용해왔고, 지금도 사용하고 있는 소통과 전달, 기록의 내용이자 기술이다. 인류는 역사적 사실이나 단순한 기록을 기법을 가미하여 이야기로 만들어 사람들에게 전달하거나 기록으로 남겼고, 이후 보다 효과적인 이야기의 기록과 전달을 위해 만들어낸 이야기 기법을 통해 사실의 기록이 아닌 '인위적인 이야기'를 만들어내기 시작했다.[70]

스토리텔링이란 '스토리(story)'와 '텔링(telling)'의 합성어로, 알리고자 하는 바를 재미있고, 생생한 이야기로 설득력 있게 전달하는 것을 말한다. 스토리텔링의 사전적 의미는 '이야기를 들려주는 활동, 이야기가 담화로 변화는 과정 즉, 이야기하기 또는 이야기 전하기'이다.[71] 스토리텔링은 원래 문학용어로서 이야기를 들려주는 것 혹은 구전을 말하는 것으로 어떤 사건과 사물에 대한 물리적 속성이나 사실에 대한 보도(report)가 아닌 사물이나 인물이 가져다주는 개인적 의미로서의 이야기를 지어서 다양한 형식으로 말하는 것이다.

쉽게 설명하기 위해 스토리텔링과 단순한 이야기와 차이점은 무엇인지 알아보자. 예를 들어 한 사람이 태어나 죽을 때까지 이야기를 시간순으로 작성한 전기와 스토리텔링을 가미한 영화는 차이가 있다. 전기의 첫 내용은 부모와 태어난 해에 대해서 적을 것이지만 영화는 첫 장면이 관객의 관심을 끄는 장면으로부터 시작할 것이다. 이로부터 여러 가지 갈등, 반전 등의 플롯을 가지고 이야기가 전개될 것이다. 이것이 단순한 이야기와 스토리텔링의 차이점이라 말할 수 있다.

따라서 스토리텔링에는 기본적으로 갖추어야 할 조건이 있다. 먼저, 스토

---

70) 한국콘텐츠진흥원(2014). 이야기 산업 실태조사.
71) 조각현(2012), 〈스토리텔링기법을 활용한 광고에 관한 연구〉, 《커뮤니케이션디자인학연구》, 39.

리텔링에는 명확한 메시지가 있어야 한다. 스토리텔링은 단순한 잡담이 아닌 참여하는 사람들이 특정한 경험을 할 수 있도록 유도하고 그들에게 어떤 의도하는 바를 전달할 수 있는 메시지(message)가 있어야 한다. 또한 목적을 달성하기 위해 맞서 싸우고 경쟁하고 고민하는 요소, 즉 갈등(conflict)이 있어야 하고, 스토리 속에서 갈등을 이끌어가는 등장인물(character)이 있어야 한다. 스토리텔링에서 또한 중요한 것으로 스토리의 흐름(plot)이 있어야 하는데, 스토리의 도입과 배경을 갖추면서 시작되다가 갈등이 빚어지고 이 갈등이 점차 고조되어가며, 결국 이 갈등이 해소되는 구조를 가지고 있어야 한다.

스토리텔링의 기저에는 서사(敍事, narrative)가 자리 잡고 있다. 소설은 물론 영화, 오페라 등 스토리가 존재하는 모든 이야기는 서사적 구조를 가지고 있다. 서사학(敍事學, narratology)에서 스토리를 주요 대상으로 다루면서 학문체계가 수립되어 있다. 서사학에서 서사(敍事, Narrative)를 스토리(story)와 담화(discourse)로 나누어 설명한다. 스토리를 서사의 내용이라 할 때, 담화는 서사의 표현, 즉 스토리를 구현하기 위한 시점이나 해설 등의 내적 형식(form)을 일컫기도 한다.[72]

서사적 스토리텔링 외에도 디지털기술이 가미된 디지털스토리텔링도 있다. 디지털스토리텔링은 디지털기술을 환경으로 삼거나 표현 수단으로 활용하여 이루어지는 스토리텔링으로 게임, 모바일, 인터렉티브드라마, 웹광고, 인터렉티브소설 등에 사용된다.

---

72) 김광욱(2008), 《스토리텔링의 개념》, 겨레어문학, 41.

스토리텔링과 문화콘텐츠산업의 관계

스토리텔링은 이야기 산업과도 연관되어 있다. 이야기를 산업화한 영역이 이야기산업이다. 이야기산업의 범위는 이야기가 활용되는 산업 분야와 이야기 활용의 비중 등을 고려하여 다섯 가지로 분류될 수 있다.[73]

| 이야기산업의 범위 |

이야기 산업	
범위	**분야**
기초 **이야기 산업 분야**	이야기 자체, 출판원고, 만화원고, 시나리오, 희곡, 극본 등
콘텐츠-핵심 **이야기 산업 분야**	출판, 만화, 영화, 애니메이션, 방송, 공연
콘텐츠-활용 **이야기 산업 분야**	음악, 게임, 캐릭터, 광고
일반-핵심 **이야기 산업 분야**	관광, 축제/이벤트/전시, 교육 강연
일반-활용 **이야기 산업 분야**	산업의 마케팅 영역

첫째, 기초 이야기산업 분야로서 출판원고, 시나리오, 희곡 등 이야기 창작자들에 의해 만들어진 이야기 그 자체가 하나의 '상품'으로 유·무형의 형태를 가지고 독자적으로 유통 및 소비되는 분야이다. 둘째, 콘텐츠-핵심 이야기산업 분야는 출판, 만화, 영화, 애니메이션, 방송, 공연 등 이야기가 콘텐츠의 창작에 핵심적인 요소로 기능하는 산업 분야를 말한다. 셋째, 콘텐츠-활용 이야기산업 분야는 음악, 게임, 캐릭터, 광고산업 등 이야기가 콘

---

73) 한국콘텐츠진흥원(2014). 이야기산업 실태조사.

텐츠 창작의 한 요소이나 창작과정에서 부분적 혹은 선택적으로 활용되는 산업 분야이고, 넷째, 일반—핵심 이야기산업 분야는 스토리텔링 기법을 적용한 관광산업 영역과 축제·이벤트·전시 영역, 그리고 이야기 기법을 적용한 교육·강연산업 등 이야기가 콘텐츠산업이 아닌 타 분야의 중요한 요소로 활용되는 산업분야이다. 마지막으로 일반—활용 이야기산업 분야는 상품 마케팅이나 기업 브랜드 및 이미지 마케팅 등 이야기가 콘텐츠산업 이외의 영역에서 상품 기획 및 제작에 부분적 혹은 선택적으로 활용되는 산업 분야를 말한다.

이와 같이 콘텐츠에서 스토리텔링은 매우 중요한 역할을 하면서 그 의미도 확대되고 있다. 과거에는 구성이나, 주제, 이야기 등으로 부르던 용어가 콘텐츠의 가치와 중요성이 높아지면서 스토리텔링이라는 용어로 대체되고 있다. 영화는 촬영 과정을 통해 스토리텔링을 완성하고, 뉴미디어 매체를 기반으로 한 게임은 공간을 탐험하면서 이야기를 만들어나가는 형태의 스토리텔링을 구사한다.

뿐만 아니라 문학에 기초한 스토리 영역과 시각적 표현의 그래픽 디자인의 영역, 그리고 이를 디지털 미디어에서 작동하게끔 구현해내는 프로그래밍 영역까지 디지털스토리텔링의 영역은 융합적이고 통합적인 측면으로 확장되었다.[74] 스토리텔링은 정보의 통합성(integration), 네트워크(network), 쌍방향성(interactivity)이라는 디지털 매체의 특성을 수용함으로써 디지털 스토리텔링으로 발전했다. 기존의 서사가 내용적 차원의 이야기나 그것을 형상화하는 담론 등의 텍스트 구조 등에 중심을 두고 있었다면, 이를 토대로

---

74) 박기수 외(2012), 〈문화콘텐츠 스토리텔링의 현황과 전망〉, 《인문콘텐츠》, 27.

스토리의 상호작용성을 강화하고, 네트워크성이나 복합성(통합성) 등 디지털 매체환경을 적극 반영한 디지털스토리텔링의 개념으로 확장되고 있다.[75]

특히 요즘에는 하나의 스토리가 다양한 채널로 유통되어 시너지를 창출하는 형태인 '트랜스미디어 스토리텔링(transmedia storytelling)'이 주목받고 있다.[76] 트랜스미디어 스토리텔링은 하나의 이야기가 다양한 미디어를 통해 새롭게 재구성되는 것으로 동일한 내용이 여러 매체를 통해 반복, 재생산되는 OSMU와는 다르다. 롤프 얀센은 "인류의 미래는 정보화 사회의 태양이 지고, 이야기가 중심이 되는 드림 소사이어티(dream society)가 이끌어 갈 것"이라고 '스토리의 시대'를 이미 예견한 바 있다.[77] 이제 스토리텔링은 콘텐츠산업의 영역을 넘어 정치·경제·사회 등 모든 영역으로 급속하게 확산되고, 특히 경제적 측면에서 기업의 마케팅 수단으로 크게 각광받고 있다.

6. 문화콘텐츠와 기획

기획이란

기획이라는 말은 어떤 일을 하기에 앞서 미리 사고하고 계획하는 것을 의

---

75) 박기수(2009), 〈문화콘텐츠 스토리텔링의 창의성 구현 전략 시론〉, 《디지털스토리텔링 연구》, 4.

76) Jenkins, H.(2006), *Convergence Culture: Where Old and New Media Collide*, NYU Press.

77) Jensen, R.(2001), *The Dream Society*, McGraw Hill Education.

미한다. 기업에서의 기획이라는 말은 넓은 의미에서 사업계획을 의미한다. 사업계획이란 기업활동을 전개하기 전 향후 일정 기간 경영활동의 구체적인 방향 설정과 청사진을 제공하기 위한 일련의 프로세스이다.[78] 사업계획이 수립되면 상사 보고, 투자 제안, 창업 계획 등 다양한 용도로 사업계획서를 작성한다. 사업계획서는 기업이 영위하고자 하는 특정 사업의 내용과 목표에 대해 타당성과 전망을 객관적이며 계량적으로 분석하고 이의 성공적인 달성을 위해 동원해야 할 여러 가지 경영자원의 조달 계획과 일정 계획을 제시한 사업설계도이다. 사업계획서에는 창업을 위한 사업계획서, 신규 사업을 위한 사업계획서, 사업 확장을 위한 사업계획서, 외국인 투자 유치를 위한 사업계획서, 기술 도입을 위한 사업계획서, M&A를 위한 사업계획서 등 매우 다양하다. 따라서 정형화된 사업계획이 있을 수 없다.

사업계획서에는 일반적으로 총괄요약문, 목차, 회사 소개와 조직, 회사의 미션, 회사의 과거 역사, 회사의 현재 상태(SWOT분석), 회사의 미래목표(strategy), 주요 경영자, 산업분석, 마케팅 계획, 재무계획, 기술 및 연구개발, 생산과 시설계획, 경영과 소유인력 계획 등이 포함된다.

| 사업계획서 주요 내용 |

1. 일반 현황	창업자(대표자) 현황	회사의 일반 현황	
2. 계획사업의 개요	개발동기	사업내용	생산제품의 특성
	기대효과		
3. 시장현황	동종업계 현황	시장의 규모와 전망	시장 점유율과 경쟁 관계
	계획제품의 침투 가능성		
4. 판매계획	판매전략 및 판매형태	가격정책	A/S 계획
	국내 판매계획	수출계획	

---

78) 남영호, 진현식(2019), 《사업계획 이론과 실제》, 세명회관.

5. 생산계획	제조공정도	자체 생산 계획	외주 생산계획
6. 설비 투자계획	적정 규모의 제조 및 검사 설비		구입처, 수량, 가격
7. 인원 및 조직계획	업무 흐름별 조직 체계도	직무별, 직위별 소요인원	
8. 원·부자재 조달계획	국내 조달 계획	수입자재 조달계획	
9. 재무계획	추정 대차대조표	추정손익계산서	현금흐름
	비용─매출─이익 분석		
10. 자금계획	총 소요자금 내역	조달계획 또는 차입계획	차입금 상환계획
11. 사업추진 일정계획	사업추진에 따른 일정 검토		일자별 주요상황 확인
12. 부속자료	인건비 명세서	감가상각비 명세서	제조원가 명세서
	경연진 이력서	제품 설명서	특허권 내용
	제공가능 담보물 제공	설비구입 견적서	

자료: 남영호, 진현식(2019), 《사업계획 이론과 실제》, 세명회관.

문화콘텐츠 기획

사업계획의 하나로서 콘텐츠(혹은 문화예술)기획은 콘텐츠를 개발하고 판매하기 위한 계획을 말하는 것이다. 회사의 사업계획은 경영전략과 연관된 기업 단위의 사업과 관련이 있지만 콘텐츠 기획은 콘텐츠 프로젝트와 관련된 기획으로서 그 범위가 프로젝트에 한정되는 경우가 많다. 협의의 문화콘텐츠 기획은 문화콘텐츠 제작을 위한 스토리텔링, 메뉴설계, 스토리보드 작성 등 제작 이전의 콘셉트 개발이 중심이다. 이때 문화콘텐츠 기획에 담아야 할 내용은 기획 의도, 콘셉트 설정, 유사 콘텐츠 분석, 장르 선택, 기획 포인트, 시놉시스, 스토리 구조 분석, 캐스팅 등이라 할 수 있다. 광의의 콘텐츠 기획은 시장분석, 사용자 요구수렴, 수익성 분석, 제작 과정 시 발생 수 있는 문제 사전 제거 등과 같은 콘텐츠 개발 과정의 변수를 고려하여 사전에 계획하는 것을 말한다. 일반적으로는 광의의 콘텐츠 기획을 콘텐츠 기획이라고 부른다.

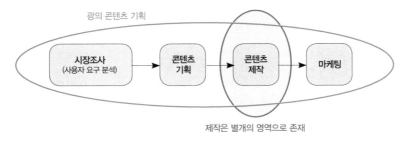

기획 시 고려해야할 최소한의 원칙에는 6W3H가 있다. 6W는 Why(목적),
Who(주체), Where(촬영 지역), Whom(기획 대상), What(내용), When(일
정 계획)이고, 3H는 How(방법), How long(기간), How much(비용)로서
6W3H가 기획 단계에서 기본적으로 고려해야 할 요소이다. 이를 방송프로
그램 기획을 예로 들면, Why(목적)는 어떤 목적의 콘텐츠를 개발할 것인
지 즉, TV 방송용인지 IPTV용인지 혹은 지상파 방송용인지 유료방송용인
지 등을 결정해야 한다. Who(주체)는 누가 제작에 투입될 것인가를 고려하
는 것으로 연출자, 작가, 연기자, 스태프 등 제작의 주체들을 결정해야 함을
의미한다. Where(촬영 지역)은 각각의 내용을 어느 장소에서 촬영할 것인가
를 의미한다. 스튜디오인지 야외인지, 국내인지 해외인지, 혹은 특정한 도
시 및 지역 등을 고려해야 한다. Whom(기획 대상)은 어떤 대상을 타깃으로
만들 것인가를 결정하는 것으로 가령 드라마의 경우 어떤 시청층을 타깃으
로 설정할 것인가를 고려해야 함을 의미한다. 타깃을 결정할 때에는 틈새시
장을 선정하는 것이 유리하게 작용할 것이다. What(내용)은 어떤 내용으로
구성할 것인가를 결정하는 것으로 창작 소재와 아이디어를 바탕으로 콘셉트
를 설정해야 한다. When(일정 계획: 시기)은 언제 프로그램을 유통시킬 것

인가 즉, 언제 편성하는 것이 좋을지 고려하는 것이다. 가령 주요 소재나 콘셉트가 계절에 영향이 있다면 적절한 방영 시기를 심사숙고해 결정해야 한다. 한편 How(방법)는 어떤 장비와 기술을 이용하여 어떻게 표현할 것인가, 즉 구성과 제작방법의 문제를 결정하는 것이다. How long(기간)은 각각의 내용에 대해 구체적인 제작기간을 고려하는 것을 의미한다. How much(비용)는 프로그램 제작에 소요되는 비용이 구체적으로 얼마인지 예산을 고려해야 함을 뜻하는 것이다. 이 외에도 대중성 및 시청자 흡인력, 타 방송사의 경쟁 프로그램, 방송이 지니는 기본적인 철학인 공공성과 공익성(특히 지상파 편성을 고려할 때)의 고려, 방송심의 및 법률적 저촉 여부, 저작권에 관련된 사항 등을 고려하여 기획을 해야 한다.[79]

기획을 하기 위해서는 기획서를 작성한다. 기획서는 앞에서 설명한 것처럼 용도에 따라 다양하게 작성될 수 있으나 일반적으로 제작을 위한 기획서를 만들 때는 회사 소개, 목적, 기획 방향, 기획 내용, 수행 계획, 기대 효과 등이 포함된다.[80] 기획 내용에는 콘텐츠, 기술, 마케팅 등이 포함되고, 수행 계획에는 일정, 예산, 인력 등이 포함된다. 그러나 내부 보고용으로 만들 때는 회사 소개 등은 필요가 없을 것이다. 그러므로 용도에 맞추어 적정하게 기획서를 만드는 것이 필요하다. 기획의 범위도 기획서 내용에 영향을 줄 것이다. 콘텐츠 기획은 하나의 프로젝트 기획으로서 제작 기획을 말하는 경우도 있다. 제작기획서라면 제작과 관련된 자세한 내용만을 포함시켜도 될 것이다.

---

79) 김영순(2010), 《문화산업과 문화콘텐츠》, 북코리아. 박원달(2006), 《프로듀서는 기획으로 말한다》, 컴북스.
80) 문화콘텐츠 기획서와 관련된 내용은 고정민 《문화콘텐츠 경영전략》, '프로세스 혁신'을 보면 좋을 것이다.

| 콘텐츠 기획서의 내용 |

자료: 한국콘텐츠진흥원.

공연의 예를 들어보자. 공연을 제작하려고 계획할 때, 아이템을 발의하고, 기본 기획조사, 제작 실무협의, 프리프로덕션, 포로덕션, 공연 실연, 평가/조사 및 공연 재설정의 단계를 거친다. 각 단계별 일정과 예산, 인력 배치, 마케팅 등을 구체적으로 계획하는 것이다. 이를 기획서에 담아낸다면 이것이 공연기획서가 될 것이다.

| 공연 제작 기획 단계 |

ITEM 발의	기본 기획조사	제작 실무 협의	Pre-Production	Production	Performance	평가/조사 및 공연재설정
아이템 발의	배경설명	제작규모 발의	연출팀 구성	2차 대본 진행	공연장 섭외 완료	공연 평가
일반 시장 분석	공연 정보 수정	제작규모 협의	제작팀 구성	연출/제작/전략/재무팀 구성 완료	조명 진행	공연 재설정
시장 분석	타 공연 검토 및 분석	제작진 협의	전략재무팀 구성	무대 진행	의상 진행	마케팅 분석
기획자 발의	(초기) 시나리오 분석	투자제안/결정	세부시장조사	공연팀 섭외 및 캐스팅	스태프	이익 배분
기획팀 분석	실제작 협의안	캠프 가동	아이템 논의 및 집약	파트별 컨셉 설정	실공연	계산서 발행
제작자 발의			컨셉 설정	콘티 작성		
			세부 공연 형식 및 내용 설정	메인 무대 스케치		
			구성/인물 설정	공략장면 스케치		
			시놉시스 구성/검토	마스터 플랜		
			아이템 논의 및 집약	파트 플랜		
				제작 예산 및 마케팅 플랜		

7. 문화콘텐츠 마케팅

마케팅의 정의

미국마케팅협회(American Marketing Assodiation: AMA)의 정의를 따르면 "마케팅이란 개인 및 조직의 목표를 충족시키는 교환을 창출하기 위해 아이디어, 재화, 용역의 개념, 가격, 촉진 및 유통을 계획하고 수행하는 과정을 말한다."[81] 마케팅전략 수립 과정은 일반적으로 환경분석, STP과정, 그리고 4P전략으로 되어 있다. 먼저 환경분석은 자사가 처한 환경을 이해하고 상황을 철저히 분석하여 전략적 대안을 마련하는 것이다. 환경분석이 끝나면 이를 토대로 STP(Segmentation-Targeting-Positioning)를 설정해야 한다. 다양한 방법으로 획득한 고객 관련 데이터를 분석하여 공통적인 특성을 갖는 여러 개의 집단으로 나누는 고객 세분화(segmentation)를 하고, 고객 및 시장 세분화가 완료되면 이어서 목표시장(targeting)을 선정해야 한다. 몇 개의 세분시장에 진출할 것인지, 어떤 세분시장에 중점적으로 공략할 것인지를 결정해야 한다. 세분시장에 대한 목표가 결정되었다면 다음은 그 세분시장에서 어떤 위치를 확보할 것인가를 포지셔닝 (positioning)해야 한다. 시장에서의 위치(position)란 구매자가 경쟁 제품이나 서비스와 비교하여 당해 제품 또는 서비스의 중요한 속성에 대해 마음속에 생각하는 위치를 말한다. STP가 결정되면 실행 전략에 들어가야 하는데, 이 단계는 전통적으로

---

81) AMA, https://www.ama.org/the-definition-of-marketing-what-is-marketing/

4P를 중심으로 전개되어 왔다. 제품(product), 가격(price), 유통(place), 촉진(promotion)의 4P를 마케팅 전략의 핵심 요소로 규정하고, 이들의 조합(mix)을 통해 최상의 마케팅 효과를 얻고자 하는 단계이다. 즉 어떤 제품을, 어느 가격으로, 어떤 유통 채널을 통해, 어떤 광고 및 홍보 전략으로 마케팅할 것인지를 결정해야 한다.

| 마케팅전략 수립체계 |

문화콘텐츠와 마케팅

콘텐츠와 마케팅은 주로 두 가지로 해석될 수 있다. 첫째는 콘텐츠 기업에서 행하는 마케팅, 둘째는 콘텐츠를 통한 마케팅활동이다.

(1) 콘텐츠 기업의 마케팅 전략

콘텐츠 기업의 마케팅 전략은 앞에서 설명한 환경분석, STP, 4P 등의 일반적인 마케팅전략이 그대로 적용된다. 따라서 문화콘텐츠 마케팅에 대해서 자세히 배우기 위해서는 마케팅 원론이나 문화마케팅 등의 책을 보면 좋을 것이다.

다만 콘텐츠산업의 특성에 맞는 특정한 마케팅 상의 전략은 필요할 것으로 보인다. 몇 가지 예를 들어보자. 첫째, 구전마케팅이다. 문화콘텐츠 소비는 구전에 의해 영향을 많이 받으니 구전마케팅이 타산업보다도 더 필요하다. 구전마케팅이란 전염성이 강한 입소문을 무기로 해서 사전에 특별한 홍보나 광고 없이도 상품의 홍보 효과를 높이는 것이다. 구전마케팅은 인터넷이 나온 이후에는 더욱 영향력이 높아졌는데, 문화콘텐츠가 경험재이다 보니 인터넷의 평점이나 추천에 의존하여 소비하는 경향이 높기 때문이다.

둘째, 큐레이션 마케팅이다. 기업들은 이용자가 원하는 최적의 콘텐츠를 수집해 제공하는 콘텐츠 마이닝, 즉 '큐레이션' 전략을 모색하고 있다. 큐레이션(Curation)이란 콘텐츠를 개별적으로 평가하고 문맥, 최근 사건, 브랜드, 정서 등을 기초로 콘텐츠의 가중치를 결정하는 등 기계적인 검색으로 걸러서 제공하는 것 이상의 콘텐츠 수집과 제공을 의미한다. 콘텐츠 큐레이션은 다른 어떤 마케팅 전략에 비해 상대적으로 낮은 비용과 강력한 가치를 제공할 수 있다는 강점을 보유하고 있다. 개인 필터링에 기반을 둔 신뢰성 높은 콘텐츠가 유통되면서 기업은 소비자의 신뢰와 공감 확보가 가능하여 기업 홍보에도 유용하다.

| 큐레이션 프로세스 |

셋째, PPL(products in placement) 형식의 광고전략이다. 방송, 영화 등에서의 간접 노출광고를 말한다. 특정 기업의 협찬을 대가로 영화나 드라마에서 해당 기업의 상품이나 브랜드 이미지를 소도구로 끼워 넣는 광고기법을 말한다. 기업 측에서는 화면 속에 자사의 상품을 배치, 관객(소비자)들의 무의식 속에 상품 이미지를 심어 관객들에게 거부감을 주지 않으면서 상품을 자연스럽게 인지시킬 수 있고, 영화사나 방송사에서는 제작비를 충당할 수 있다는 장점이 있다. 문화콘텐츠 기업이 자신의 작품을 활용하기 위해 사용하는 경우도 있지만, 일반 기업이 문화콘텐츠 작품을 통해 자신의 제품을 노출시키는 광고가 일반적이다.

(2) 문화콘텐츠를 통한 마케팅

문화콘텐츠를 통한 마케팅은 영화 및 음악, 스타, 기타 콘텐츠를 마케팅활동에 접목하여 브랜드 인지도와 긍정적 이미지 형성을 추구하는 것으로 감성적 마케팅 전략의 일환이다. 즉 콘텐츠를 활용함으로써 제품의 부가가치를 높이고 이윤을 극대화하기 위한 기업의 마케팅전략 가운데 하나로 기업은 유명한 예술가나 그들의 작품을 활용하여 자사 제품이나 브랜드 이미지를 고급화하는 감동 마케팅 전략이다.[82] 여기에는 여러 가지 종류가 있다.

첫째, 기업의 직접적인 문화예술콘텐츠 활동을 통한 마케팅으로, 기업의 문화콘텐츠 관련 인프라 구축, 콘텐츠전시, 콘텐츠상 제정 등을 모두 포함하는 활동이다. 예를 들어 아모레퍼시픽이 미술전시를 직접 수행하여 기업의 이미지를 높이는 것이다.

둘째, 콘텐츠 작품을 통한 마케팅활동으로, 콘텐츠 작품을 광고, 제품 등 다양한 분야에 활용하여 마케팅을 하는 것이다. 예를 들어 미술작품의 본래 이미지나 유사 이미지를 제품이나 광고에 사용하는 것인데, 작품이 본래 가지고 있는 가치와 인지도를 제품에 가져오는 것인 만큼 인지도가 높은 작품이 주로 사용된다.

셋째, 스타마케팅이다. 스타마케팅이란 스포츠 · 방송 · 영화 등 대중적 인지도가 높은 스타를 내세워 기업이나 제품의 이미지를 높이는 마케팅전략으로 문화예술상품의 흥행 불확실성을 제거해 줄 수 있는 장점이 있다. 문화콘텐츠는 스타와 밀접하므로 스타마케팅이 일반화되어 있다. 스타가 출연한 영화, 공연 등에 대하여 소비자들은 긍정적인 반응을 보이며 스타가 직 · 간접적으로 매출에도 영향을 미친다. 인지도와 친숙함과 같은 자산을 가진 스타는 하나의 브랜드로서 영화나 공연 등 문화상품의 품질에 영향을 미칠 수 있는 신호 중 하나이다.

---

82) 서울문화재단(2011), 《문화서울》, 55.

넷째, 콜라보레이션은 기업의 이미지 차원에서 작가를 후원해주는 것이 아닌 아티스트가 가진 창의성과 상상력 등을 아티스트의 브랜드가치로 인정하여 아티스트와의 파트너십을 구축하는 것이다. 여기에는 아티스트의 크리에이티브를 통한 브랜드이미지 제고와 브랜드리뉴얼, 브랜드 확장 등이 이루어지고, 단순히 물건을 파는 공간이 아닌 고객과 만나는 경험을 디자인하는 공간으로서의 매장 인테리어에도 활용된다. 기업 입장에서는 아티스트와의 협업을 통해 아티스트가 기업의 파트너가 되어 제품 개발에 직접 참여하여 제품을 창조하는 방법으로 브랜드의 가치를 높이고 기업이 원하는 이미지를 얻을 수 있다는 장점이 있다.[83]

다섯째, 기업의 메세나 활동으로서, 기업이 공식적으로 문화예술 부문을 지원하여 장기적으로 기업의 이미지 제고에 활용하는 마케팅이다. 미국의 카네기홀, 록펠러재단 등이 일찍부터 메세나를 전개했으며 우리나라의 기업 메세나는 1970년대 문화예술을 포함하는 공익 부문에 대한 기부의 개념으로 시작되었으나 현재는 적극적인 투자 관점의 문화마케팅으로 지원 개념이 변화되고 있는 추세이다.

---

83) 박정희(2020), 〈브랜드인지도 향상을 위한 아트마케팅 현황연구〉, 《한국과학예술포럼》, 7.

2장

영화산업

1. 정의 및 특성

영화는 예술인가 상품인가? 영화는 자본주의 시대 출현한 가장 대표적인 매체이고 오락이고 문화이면서 예술이고 상품이다. 영화는 기존에 존재했던 문학, 음악, 연극, 사진 등을 종합한 종합예술이고, 특정 작가의 자기표현 수단이기도 하며 한 시대 공동체의 감수성과 언어, 생활양식 등을 공유할 수 있는 문화이다. 그러나 상품으로서 영화는 카메라와 영사기를 비롯한 기계장치에 의하여 재현되는 새로운 유형의 소비재이기도 하다. 즉 영화는 예술이면서 상품인 것이다.

우리가 다루고자 하는 것은 예술작품으로서의 영화가 아니라 산업(상품)으로서의 영화다. 영화라는 상품의 제작, 배급, 상영과 관련된 모든 산업을 영화산업이라고 한다. 영화비디오법에 따르면 영화산업은 영화의 제작 · 활용 · 유통 · 보급 · 수출 · 수입 등에 관련된 산업으로 정의하고 있다.[1] 한국

---

[1] 영화 및 비디오물의 진흥에 관한 법률 제2조.

콘텐츠진흥원에서는 영화산업을 영화제작, 지원 및 유통업과 디지털온라인 유통업으로 나누고 있다. 세부 분류는 본 저서 개요 부분을 참고하면 된다. 통계청 한국표준산업분류에 따라 분류하면 대분류로는 출판, 영상, 방송통신 및 정보서비스업, 중분류로는 영상·오디오 기록물 제작 및 배급업, 그리고 소분류로는 영화, 비디오물, 방송프로그램 제작 및 배급업이 포함되어 있다.[2] 소분류 항목인 영화, 비디오물, 방송프로그램 제작 및 배급업을 세분류하면 영화·비디오물 및 방송프로그램의 제작업, 제작 관련 서비스업, 배급업, 상영업으로 구분된다.

| 한국표준산업분류상의 영화산업 구분 |

대분류	중분류	소분류	세분류
출판, 영상, 방송통신 및 정보서비스업	영상·오디오 기록물 제작 및 배급업 (59)	영화, 비디오물, 방송프로그램 제작 및 배급업	영화, 비디오물 및 방송프로그램 제작업
			영화, 비디오물 및 방송프로그램 제작관련 서비스업
			영화, 비디오물 및 방송프로그램 배급업
			영화 및 비디오물 상영업

영화산업의 특성을 몇 가지 측면에서 보고자 한다[3]. 먼저 상품으로서의 특성으로는 첫째, 정보재[4]적 특성을 들 수 있다. 영화 상품은 눈에 보이는 물건이 아니라 매체 속에 담긴 정보의 성격을 갖는 것으로 서비스산업의 일반적인 특성 중의 하나이다. 둘째, 경험재[5]적 특성이다. 영화는 관람이라는 소비행위를 통하여 직접 경험하지 않고서는 가치와 효용을 알 수 없다. 소비자

---

2) 통계청 한국표준산업분류에서는 영화라는 단일 상품보다는 포괄적인 영상(영화 및 비디오물) 상품의 개념으로 접근하고 있다.

3) 공정거래위원회(2017), 〈영화산업 시장분석〉.

4) 정보경제에서 정보란 '디지털화될 수 있는 모든 것'이라고 정의될 수 있는데 책, 데이터베이스, 음악, 영화 등이 정보재의 대표적인 예로 들 수 있다.

5) 재화를 직접 구매하여 써보지 않으면 특성과 가치를 알 수 없는 재화를 말한다.

가 영화 티켓을 구매했으나 상영관에 입장하여 영화를 보고 만족하지 못하는 경우가 발생할 수 있는데, 이런 불확실성을 해소하기 위해 소비자들은 인터넷 등의 정보를 통해 합리적인 소비를 위하여 노력한다. 셋째, 공공재적 특성이다. 공공재는 비경합성, 비배제성 등 두 가지 특성이 있다. 비경합성이란 영화를 한 사람이 소비한다고 해서 다른 사람의 이용 가능한 소비량이 줄어들지 않는다는 것을 말하며, 비배제성은 영화가 일단 공급이 되면 공급에 기여하지 않은 소비자가 소비를 하려 할 때 이 소비자를 배제할 수 없는 특징이다.

산업적 특성으로는 첫째, 영화산업은 고위험-고수익 산업이다. 영화 흥행은 예측하기 어려우며, 대규모 자본이 장기간 투자되는 반면 영화 흥행성공률의 경우 한국 영화계는 20% 내외 수준으로 투자회수율이 낮다. 그러나 영화 흥행에 성공할 경우 규모의 경제로 인한 평균비용의 절감, 짧은 기간에 초기 투자비용의 회수뿐만 아니라 수익 창출이 가능하고 후속 시장을 통해 추가적으로 수익을 확보할 수 있다. 둘째, 영화산업은 창구효과를 가지고 있다. 한 편의 영화가 박스오피스 개봉 외에 부가시장으로서 다양한 창구를 통해 추가적인 가치를 발생시킬 수 있으며, 영화 부가시장 플랫폼으로는 IPTV, 케이블TV, 온라인 다운로드, 셀스루(블루레이, DVD 등) 등이 있다. 셋째, OSMU(one-source multi-use) 특성도 가지고 있다. 영화라는 하나의 상품을 영화 이외의 드라마, 캐릭터 상품, 게임 등 파생상품으로 활용되어 영화의 상품성을 기초로 다양한 측면에서 가치 확대를 통한 이익 창출이 가능하다. 넷째, 네트워크 외부성을 꼽을 수 있다. 영화의 경험재적 속성상 SNS나 입소문 등을 통해 많은 관객을 끌어모으는 효과가 강하게 나타난다. 이런 특성은 형성된 네트워크의 규모가 크면 클수록 더 많은 소비자를 끌어들일 수 있으며, 이를 통해 효용의 크기가 더욱 커진다. 다섯째, 규모의 경제이다. 영화는 초기에 상품으로 만드는 데 드는 단점이 있지만 고정비용 (fixed cost)인 제작비가 많이 드는 반면 완성된 형태의 영화가 만들어지고 난 이후 유통과 소비를 위한 재생산에 드는 변동비용(variable cost)은 매우 작다. 따라서 흥행에 성공하면 많은 수익이 보장된다.

2. 구조 및 가치사슬

가치사슬 구조

영화산업의 가치사슬은 크게 제작, 배급, 상영으로 되어 있다. 영화를 생산하는 제작 단계, 생산된 영화를 유통하는 배급 단계, 영화를 판매하는 상영 단계 등 세 가지의 가치사슬(밸류체인)을 가지고 있다. 가치사슬을 좀더 확장해서 보면, 투자 → 제작 → 배급 → 상영 → 부가시장에 이르는 수직적인 가치사슬로 연결되어 있으며, 단계별 시장은 별개의 특성을 가지면서 서로 상 · 하방 시장에 밀접한 영향을 미치는 구조이다.

투자	제작	배급	상영	부가시장
투자배급사 투자조합 창투자 은행 개인	제작사 제작지원 및 후반작업업체 (촬영, 조명, 스턴트, CG)	투자배급사 (대기업) 해외직배사 중소 배급사	멀티플렉스 (대기업계열) 일반 상영관	IPTV 케이블 인터넷 VOD 인터넷 VOD DVD 지상파

투자 시장의 경우, 영화제작에 필요한 자본을 조달하는 시장으로 투자자들은 보통 기획 개발 단계에 있는 영화에 대하여 투자 여부를 결정하며, 영화제작에 직접 투자하는 메인투자와 간접 투자하는 부분투자로 구분된다.

제작 시장은 영화가 기획·개발·제작을 거쳐 완성되는 과정으로 영화의 기획·개발과 제작을 담당하는 제작사가 핵심 구성원이며, 제작사 이외에도 촬영, 조명, 미술, 스턴트, 특수촬영 등을 담당하는 다양한 분야의 제작지원 업체와 편집, 컴퓨터그래픽(CG) 등이 포함된다. 제작 과정은 프리프로덕션–프로덕션–포스트프로덕션(후반작업)의 세 부문으로 구성된다. 사전제작 단계는 영화의 제작을 준비하는 단계로, 이 기간에는 투자비를 조성하고 시나리오를 기획하며, 배우와 감독 캐스팅 등이 이루어진다. 제작 단계는 실제로 영화를 촬영하는 단계인데, 실내 스튜디오와 실외 세트장 촬영, 로케이션 촬영 등으로 구성된다. 마지막으로 후반작업은 촬영된 필름의 현상에서부터 극장에서 상영될 최종 결과물이 만들어질 때까지의 전 과정을 의미한다.

이어서 배급 시장은 제작된 영화의 유통을 담당하는 일종의 도매시장으로 배급사는 완성된 영화의 배급권을 확보하여 영화상영관과의 계약을 통해 영화 콘텐츠를 공급하는 역할을 담당한다. 배급사는 자신들이 확보한 영화의 상품가치에 따라 교섭력을 확보하여 상영 시기, 스크린수, 상영일수 등을 상영관과 협의 후 결정하며, 영화의 수익을 극대화하기 위해 홍보·마케팅, 광고, 시사회 등의 다양한 프로모션을 진행한다.

상영 시장은 상영관을 중심으로 형성된 시장이다. 제작된 영화의 최초 소비와 매출이 일어나는 소매시장(2차 유통)으로 상영관은 대규모의 투자설비를 통해 영화 상영 시설을 구축하여 관객들을 유인하고, 관객들은 입장료를 지불하고 영화를 소비한다. 상영관 이외에 디지털 온라인 시장, 즉 부가시장이 존재하는데, 영화가 영화관에서 상영이 종료된 이후(또는 상영과 동시, 상영 종료 즉시) 일정 기간의 유예기간(hold-back)을 거쳐 2차적으로 소비되는 시장으로 유통 플랫폼으로는 IPTV, 케이블TV, 인터넷 VOD, DVD, 지상파TV 등이 있다. 요즘에는 넷플릭스로 대표되는 OTT(Over The Top) 사업자들이 자체적으로 영화를 제작하여 방송하거나 영화관과 동시에 개봉을 시도하면서 홀드백 기간이 무색해지고 있다.

영화 수익 배분 구조

영화산업은 타 산업과 달리 제조자인 제작사가 자신의 작품(상품)에 대하여 일정한 대가를 받고 판매하는 것이 아니라 영화 상영 기간 동안 총 입장료 수입을 상영관과 일정 비율로 분배하고 비용을 역으로 정산하는 방식을 채택하고 있다.[6]

---

6) 공정거래위원회(2017), 〈영화산업 시장분석〉.

이를 상세히 설명하면, 관객들의 영화 관람으로 발생된 입장 수익에서 영화발전기금(3%)과 부가가치세(10%)를 제외한 금액(순입장료)을 기준으로 상영사업자와 배급사 간, 배급사와 제작사 간, 제작사와 투자사 간 단계적으로 일정 비율로 배분하고 것이다.[7] 상영사업자와 배급사의 관계를 보면, 입장 수익에 대한 배분비율은 통상적으로 한국 영화는 서울 지역에서 영화관이 45%, 배급사가 55%[8]이며 외국 영화는 영화관이 40%, 배급사가 60%를 배분받는 구조[9]였으나 최근 들어 서울 지역에 한정하여 영화관이 45%, 배급사가 55%의 배분율로 바뀌는 추세이다.

입장료 정산 시기는 통상적으로 월별정산을 원칙으로 한국 영화는 상영 종영일로부터 30일 이내, 외국 영화는 45일 이내에 상영관이 배급사에 지급한다. 배급사는 분배받은 입장 수익에서 배급수수료 10%를 공제한 잔여 금액을 메인투자사에 지급하면 투자자와 제작사 간 정산 과정을 진행한다. 메인투자사는 영화제작에 소요된 총제작비를 공제한 후 발생한 수익을 다양한 투자자와 제작사에 배분하며 이 비율은 통상적으로 투자사 60%, 제작사 40%이나 계약 조건에 따라 변동하는 경우도 있다.

---

7) 영화진흥위원회 통합전산망에 집계되는 입장수익은 판매된 티켓가격의 총합인 매출총액이며 실제로 배급사에 배분되는 금액은 부가세와 영화발전기금이 공제된 순입장료를 배분하게 된다.

8) 1993년에 한국 영화를 상영하기 위해 극장에 유리한 5:5로 조정한 이후 계속 이어져오다 2013년부터 CGV(13.7월)와 롯데시네마(13.9월)의 서울 직영점에서 현재와 같은 비율(45:55)로 조정했으나, 이들 상영관의 서울 지역 위탁점, 지방의 직영점 및 위탁점, 메가박스 전체 상영관은 현재도 50:50의 부율을 적용하고 있다.

9) 외화의 경우 직배사 배급이 시작되던 당시 절대적인 수입 편수가 적고 흥행성이 한국 영화 대비 높았기 때문에 경쟁에 의해 한국 영화보다 다소 높게 부율이 책정되었다.

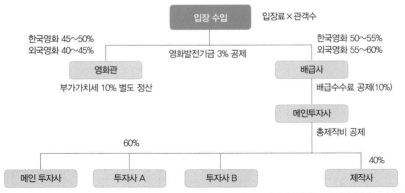

| 영화관람료 수익 배분 구조 |

입장 수입   입장료×관객수

영화발전기금 3% 공제

한국영화 45~50%
외국영화 40~45%

영화관

부가가치세 10% 별도 정산

한국영화 50~55%
외국영화 55~60%

배급사

배급수수료 공제(10%)

메인투자사

총제작비 공제

60%

메인 투자사   투자사 A   투자사 B

40%

제작사

자료: 공정거래위원회(2017), 〈영화산업 시장분석〉.

영화 수익 배분의 기초가 되는 영화 관람료는 신고제로 운영되며, 원칙적
으로 영화 상영업자가 자율적인 경영 판단에 따라 결정한다. 하지만 소비자
와 정부의 영향으로 가격을 급격하게 인상하기는 어렵고, 좌석별 가격 차등,
요일별 가격 차등, 극장 유형별 가격 차등 등을 통해 실질적으로 가격을 인
상하고 있다.

3. 역사

미국

1881년 발명왕 에디슨이 키네토그래프라는 카메라를 발명하여, 이를 상

업적으로 활용하면서 영화산업이 시작되었다. 1895년 12월 프랑스에서 세계 최초로 대중을 대상으로 한 유료 영화상영회가 열렸고 이를 계기로 집단적 관람이 보편화되면서 영화의 본격적인 산업화가 시작되었으며, 미국에서는 1896년 4월에 최초의 상업적 극장 상영이 이루어졌다. 1920년대부터 미국 영화산업은 대규모의 제작비가 투입되는 영화들을 효율적으로 제작·배급·상영할 수 있는 수직계열화를 구축하면서 할리우드 스튜디오시스템이 형성되었다. 대공황으로 자본력이 약한 기업이 도태하자 대기업에 의한 수직통합이 더욱 가속화되고, 파라마운트, MGM, 폭스, 워너브라더스, RKO(Radio Keith Orpheum) 등의 메이저 체제가 정립되었다. 할리우드의 황금시대는 대형 영화스튜디오가 제작에서 배급까지 지배하는 스튜디오시스템이 완성된 1930~1940년대이다. 미국 영화산업은 당시 수직계열화를 통해 세계 영화 시장에서 경쟁적 우위를 점할 수 있었고 현재까지도 그 지배적 위치를 유지하고 있다.

메이저의 수직통합 체계가 붕괴된 것은 1948년의 파라마운트 사건이다. 메이저 영화사들의 독점적 행위를 금지시키기 위해 제작·배급과 상영을 분리하도록 법원이 판결했는데, 이 판결로 종래의 수직적 통합과 대도시를 중심으로 한 소위 고전적인 스튜디오시대가 막을 내린다. 또한 1950년대 영상물을 제공하던 영화산업에 경쟁자인 TV가 등장하면서 위기를 맞이한다.

1970년대 말부터 시작된 케이블TV가 서서히 보급되기 시작하여 1975년에는 HBO가 유료영화방송을 함으로써 영화산업과 직접 경쟁 관계를 형성하고, 이어서 비디오, PPV 등 다양한 미디어가 등장하여 영화산업을 궁지에 몰아넣었다. 이런 위기로 영화산업은 커다란 구조개편을 맞이하고 이에 따라 복합기업에 의한 인수합병이 활발하게 진행되었다. 복합기업의 탄생은 막대한 자금력으로 대규모의 영화제작에 투자할 수 있게 됨으로써 영화의 대작화가 가능해졌고, 이런 대형 영화는 TV 등장으로 줄었던 관객을 되찾는 데 기여했다.

1980년대 중반부터 1990년대 들어서 할리우드는 성장궤도에 오르기 시작했다. 이 시기에 소비자의 오락 지향이 강해지고 시장이 안팎으로 넓어지는 동시에 수직통합형 M&A가 가속화되고 비즈니스의 거대화가 진전되었다. 최근에는 넷플릭스와 같은 OTT서비스가 영화산업의 구조개편을 초래했다. 극장에서 보던 영화가 이제는 안방으로 들어와 관객들을 사로잡으면서 극장의 위기를 예고하고, 이제는 OTT간의 경쟁이라는 새로운 국면에 접어들고 있다.

국내

1960년대 이전에는 태동기로, 역세권이나 사람이 모이는 곳(시장)에 극장이 건립되고 영세한 규모로 운영되었다. 1960년대에는 대규모 극장과 그 연계망이 주도권을 잡고 영화산업을 선도하던 시기이다. 당시에는 제작자가 영세했으며 정형화된 배급망이 존재하지 않았다. 멜로물과 문예영화가 인기를 누렸으며, TV는 거의 보급되지 않은 상태로, 흔히 '고무신관객'이라는 영화 보는 아줌마 부대가 한국 영화 시장을 이끌던 시기이다. 1970~1980년대 중반에는 침체기로, TV의 급속한 보급과 다양한 문화·오락 시설의 등장으로 영화 관객이 급격하게 감소한 시기이다. 이때는 영화 흥행 수입 규모가 적었을 뿐만 아니라 자본이 제대로 회수되지 않아 재투자할 수 있는 제작자본의 축적이 안 되는 등 빈곤의 악순환을 되풀이했다. 1980년대 후반 ~1990년대 후반에는 1984년 제작자유화로 영화제작이 활성화되기 시작했고, 1988년 미국 직배사가 들어오면서 할리우드 영화의 전성시대가 열렸다. 반면 국내 영화업계는 상대적으로 침체했으나, 대기업 자본의 영화 투자로 반등의 기미를 보였던 시기였다.

2000년대 들어 한국 영화는 진정한 의미의 산업 형태를 갖추면서 르네상스 시대에 접어든다. 이때는 한국 영화는 흥행에 성공하면서 일인당 극장 관람 횟수가 꾸준하게 증가했으며, 한국 영화가 국제적으로도 인정받는 시기이다.

2000년대 들어 한국 영화가 이와 같이 성장을 거듭한 것은[10] 첫째, 우수한 인력의 유입이다. 영화의 폭넓은 인력 저변 형성이 한국 영화의 인기를 몰고 온 이유이다. 1990년대 대기업에서 영화산업에 뛰어들어 우수한 인력이 영화계에서 종사했고, 외국에서 전문적으로 교육을 받은 해외유학파들이 합류했다. 둘째, 풍부한 자금이 영화계에 유입되기 시작했다. 대기업에 이어 은행, 벤처캐피탈, 투자조합 등의 다양한 자금원이 유입되어 블록버스터 한국영화를 만드는 데 일조했다. 셋째, 우리 정서에 맞는 시나리오와 배우의 발굴이다. 대중문화의 코드와 시대 상황을 잘 파악한 한국 영화의 스토리 전개가 국내 관객을 끌어들이는 역할을 했다. 넷째, 효과적인 마케팅이다. 이때부터 영화마케팅이 비로소 행해지기 시작했고, 마케팅 차별화를 통해 작품을 포장하고 홍보하는 것이 중요한 시대가 되었다. 특히 인터넷이 주요 마케팅 채널로 등장하기 시작했다. 다섯째, 멀티플렉스 극장의 확산이다. 멀

---

10) 삼성경제연구소(2002), 영화산업 선순환구조와 발전전략.

티플렉스가 폭발적으로 증가하여 영화 관람을 단순한 구경에서 토탈엔터테인먼트 활동으로 승화시킨 주역이다. 여섯째, 효율적인 배급망의 구축이다. 국내 메이저 배급사들이 한국 영화 흥행에 힘입어 안정된 배급망을 확보했는데, 이것이 영화산업 발전에 원동력으로 작용했다. 일곱째, 관객 라이프 스타일의 변화이다. 주5일근무제 등으로 오락 여가 활동이 증가하고 30~40대의 새로운 관람 계층이 등장했다.

| 한국 영화 르네상스 발전 과정 |

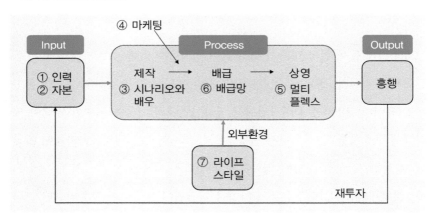

1. 국내 시장 현황

    2019년까지 매출액 기준 영화 시장 규모는 2조5,093억 원에 이르는 양적인 성장을 지속했으나, 2020년 코로나19의 여파로 매출액이 58% 급감해 1조537억을 기록했다. 상영관의 매출은 급감했으나 부가시장의 매출과 해외 매출은 오히려 증가하여 부가시장 매출은 2019년 20.3%에서 2020년 42.9%로, 해외 매출은 3.4%에서 8.7%까지 비중이 늘어났다. 즉 영화 소비의 창구인 상영관의 매출 감소와 불법다운로드 단속 강화, 그리고 IPTV, 인터넷 VOD, OTT 등 새로운 플랫폼의 등장으로 인한 부가시장의 매출 증가가 코로나19로 인해 가속화되었다고 할 수 있다. 코로나19 백신이 나타났지만, 국내 OTT, 넷플릭스, 디즈니플러스 등의 소비 증가는 쉽게 줄어들지 않을 것으로 보이며 향후에도 이런 부가시장의 비중은 증가할 것으로 예상된다. 해외 매출 비중 역시 극장 시장의 위축에 따른 보상효과와 글로벌 OTT 업체의 진입에 따라 2019년 3% 선에서 2020년 8.7%까지 증가했다.

(단위: 백만 원, %, 만 명)

구분	상영관(비중)	부가시장(비중)	해외판매(비중)	합계(증감율)	
2007	9,918(76.7)	2,750(21.3)	267(2.1)	12,935	–
2008	9,794(73.9)	2,224(16.8)	230(1.7)	13,248	(2.4)
2009	10,941(91.3)	888(7.4)	155(1.3)	11,984	(−9.5)
2010	11,684(88.1)	1,109(8.4)	462(3.5)	13,255	(10.6)
2011	12,358(85.5)	1,709(11.8)	382(2.6)	14,449	(9.0)
2012	14,551(85.0)	2,158(12.6)	414(2.4)	17,123	(18.5)
2013	15,513(82.3)	2,676(14.2)	651(3.5)	18,840	(10.0)
2014	16,641(82.1)	2,971(14.7)	664(3.3)	20,276	(7.6)
2015	17,154(81.2)	3,349(15.8)	628(3.0)	21,131	(4.2)
2016	17,432(76.7)	4,125(18.1)	1,173(5.2)	22,730	(7.6)
2017	17,566(75.5)	4,362(18.7)	1,343(5.8)	23,271	(2.4)
2018	18,140(76.3)	4,739(19.9)	885(3.7)	23,764	(2.1)
2019	19,140(76.3)	5,093(20.3)	860(3.4)	25,093	(5.6)
2020	5,104(48.4)	4,514(42.9)	929(8.7)	10,537	(−58.0)

자료: 영화진흥위원회(2020), 2020년 한국 영화산업 결산.

관객수 규모도 꾸준히 증가하던 추세가 코로나19로 인해 꺾이고 말았다. 관객수는 2013년부터 2억 명을 돌파했고, 2019년에는 역대 최고인 2억 2,668만 명을 기록했다. 하지만 2020년에는 코로나19의 여파로 관객수는 4분의 1 수준인 5,952만 명을 기록했고 1인당 평균 관람 횟수 역시 1.15회에 그치고 말았다.

전국 상영관 및 스크린 수는 아직은 그 영향이 크지 않다. 상영관은 1990년대 중반까지 서울과 지역의 도심을 중심으로 대형 스크린과 일정 규모 이상의 좌석수를 갖춘 단관 형태가 주를 이루고 있었다. 그러나 1998년 강변 CGV, 2000년 메가박스 코엑스점 등이 개관하면서 다수의 스크린을 갖춘 복합상영관[11] 환경으로 변화되기 시작되었다. 2007년 314개이던 상영관 수는 연평균 4.18% 성장하여 2019년 513개로 늘어났으며, 스크린 수도 2007

---

11) 영화진흥위원회에서는 7개 스크린 이상을 갖춘 극장을 복합상영관으로 규정하고 있으며 CGV, 롯데, 메가박스의 3대 상영관 사업자들에 대해서는 통상적으로 복합상영관 체인/사업자로 부르고 있다.

년 1,975개에서 2019년 3,079개로 증가했고, 2020년에는 약간 감소한 추세이다.

2. 가치사슬별 현황

투자 시장

투자사는 메인투자사와 부분투자사로 구분할 수 있는데 통상 메인투자사는 영화의 판권을 소유하고 제작 관리와 배급 및 부가판권 등 판매단계별 매출의 창구 역할을 수행하는 전략적 투자자이며, 부분투자사는 재무적 투자자로서 자본투자만 참여하고 있다. 자본투자 방식은 기획개발 단계부터 배급·마케팅에 이르는 전체 프로젝트 프로세스를 감당할 투자를 결정(메인투자시스템[12])하는 것이 일반적이다. 제작자 중심의 자본 조달은 상대적으로 저예산 영화에서 주로 이루어진다.

투자 및 제작 시장은 다수의 사업자가 참여하는 완전경쟁 시장이나, 메인투자사로 참여하는 메이저 투자 배급사가 제작 부문까지 영향을 미치면서

---

12) 제작비의 상당액을 투자하여 전체판권(All-right)을 확보하면서도 제작은 제작사에게 전부 일임하고, 수익이 발생하면 투자자는 60~80% 수익만 가지며, 나머지 20~40%는 제작사에게 인센티브 성격으로 분배하는 투자방식으로 배급사가 영화에 대한 자금투자뿐만 아니라 제작 전반을 관리하는 체계를 말한다(공정거래위원회(2017), 〈영화산업 시장분석〉).

실질적으로 시장을 주도하고 있다[13]. 배급사는 상영관에 대한 연중 지속적인 영화 공급이 필수적이고, 안정적이고 지속적인 영화 라인업을 구축해야 하기 때문에 배급사의 영화제작에 대한 직접투자가 이루어진다. 투자 부문에는 CJ ENM(이하 CJ), 롯데엔터테인먼트(이하 롯데E), 쇼박스 미디어플렉스(이하 쇼박스), 넥스트엔터테인먼트월드(이하 NEW) 등 자금력을 갖춘 배급사들이 메인투자사로 참여하는 경우가 많으며, 부분투자사는 영화와 콘텐츠에 전문적으로 투자하는 창투사와 투자조합, 은행, 기타 개인 투자자 등이 참여하고 있다.

제작 시장

2010년 이후 약 3,000여 개의 제작사가 활동하고 있으나, 일정 편수 이상을 지속적으로 제작한 제작사는 소수에 불과하고 규모 또한 대부분 영세하다. 제작사는 메인투자시스템에 의한 영화제작 보편화로 제작사들이 제작만을 전담하면서 자본 공급자와 콘텐츠 구매자에 대한 협상력이 약화되어 수익성 악화, 영세화가 가속화되고 있는 실정이다. 메인투자사가 영화산업의 구조와 메커니즘을 파악하고 제작 관리의 주체가 되면서 제작사의 입지가 현저하게 약화되어 왔다.[14]

영화제작 및 개봉 편수를 보면, 2000년 중반부터 한국 영화의 강세가 지속되면서 제작 편수 또한 꾸준히 증가하여 2020년은 2007년 대비 6.5배 수준

---

13) 공정거래위원회(2017), 〈영화산업 시장분석〉.
14) 공정거래위원회(2017), 〈영화산업 시장분석〉.

인 807편이 제작되었다.

| 연도별 한국 영화 제작 편수[15) 및 개봉 편수 |

구분	2007	2008	2009	2010	2011	2012	2013	2014	2015	2016	2017	2018	2019	2020
제작편수	124	113	138	152	216	229	207	248	269	373	436	501	609	807
개봉편수	112	108	118	140	150	175	183	217	232	302	376	454	502	615

자료: 영화진흥위원회, 연도별 한국 영화산업 결산 자료.

개봉작의 제작비 규모는 큰 변동 없이 2009년 이후 20억 원대를 유지하고 있다. 한국 영화 평균 총제작비는 2007년 37.2억 원, 2008년 30.1억 원으로 평균 30억 원을 초과했으나 이후로는 20억 원대 규모를 유지하다 2020년 19억 원 수준으로 감소했다. 평균 순제작비 규모는 2007년 25.5억 원으로 최대 규모를 기록한 이후 한동안 감소세를 보이다 2016년부터 다시 증가해 2019년에는 21.5억 원을 기록했으나, 2020년 14.9억 원을 기록하며 다시 2014년 수준으로 돌아갔다. 순제작비가 이처럼 10여 년 전에 비해 증가하지 않은 것은 저예산 영화의 제작 편수가 크게 증가했기 때문이다.

마케팅 비용은 총제작비 규모가 감소하면서 11억 원을 기록한 2007년 이후 총제작비 규모의 변동에 따라 감소하는 모습을 보이고 있으며 최근에는 총제작비의 30%를 밑도는 선에서 유지되고 있다.

---

15) 영상물등급위원회의 국내영화 등급분류편수를 기준으로 등급분류심사를 받은 영화 중 40분 미만의 영화는 제외한 편수를 합한 것이다.

(단위: 억 원, %)

구분	편수	순제작비(A)		마케팅비(P&A)(B)[16]		총제작비(A+B)
		평균 순제작비	비중	평균 마케팅비	비중	평균 총제작비
2007	112	25.5	68.5	11.7	31.5	37.2
2008	108	20.7	68.8	9.4	31.2	30.1
2009	118	15.6	67.5	7.5	32.5	23.1
2010	140	14.2	65.7	7.4	34.3	21.6
2011	150	15.5	68.3	7.2	31.7	22.7
2012	174	13.4	66.0	6.9	34.0	20.3
2013	182	15.0	70.1	6.4	29.9	21.4
2014	217	14.9	74.1	5.2	25.9	20.1
2015	232	14.5	72.9	5.4	27.1	19.9
2016	178[17]	17.1	71.3	6.9	28.7	24.0
2017	174	19.1	72.5	7.3	27.5	26.3
2018	186	20.0	74.6	6.8	25.4	26.8
2019	190	21.5	74.2	7.5	25.8	29.0
2020	155	14.9	77.6	4.3	22.4	19.2

자료: 영화진흥위원회(2021), 2020년 한국 영화산업 결산.

　총제작비를 규모별로 분류해보면, 총제작비 10억 원 미만의 저예산 영화의 비중이 가장 높다. 총제작비 10억 원 미만 영화는 2007년 112편 중 35편으로 31.3%의 비중을 차지한 이후 점차 증가하여 2019년에는 전체 190편 중 60.5%인 115편이다. 총제작비 100억 원 이상의 영화제작 편수도 꾸준히 증가했는데, 2007년 2편에서 2019년에는 17편까지 늘어 전체 한국 영화 중 8.9% 비중을 차지했으며 13년간의 누적 편수는 101편으로 전체의 4.7%를 차지하고 있다.[18]

　한국 영화의 수익성은 총제작비 규모의 안정적 유지, 관객 수 증가와 평균 관람요금의 인상 등의 요인으로 인해 총매출이 늘어나면서 점차 수익성 개

---

16) 영화의 국내외 개봉과 관련하여 광고 및 홍보하는 데 소요되는 비용으로 프린트비, 심의비, 홍보비, 광고·홍보물 제작비, 매체비 및 국내외 배급비 등이 포함된다.

17) 2016년 이후 기록은 극장 개봉한 한국 영화 중 상영횟수 40회 미만인 작품을 제외한 영화 편수.

18) 영화진흥위원회 연도별 한국 영화산업 결산 자료.

선이 이루어지고 있다. 2012년 13.3%의 수익률로 흑자로 전환된 이후 꾸준히 흑자를 기록하고 있었으나 2020년에는 −34.1%의 적자를 기록했다. 총비용이나 총제작비 규모가 커질수록 평균 수익률도 높아지고, 손익분기를 상회하는 정도도 높아지는 것으로 파악된다.

배급 시장구조 및 현황

복합상영관 확대와 디지털화에 따라 영화 배급 방식이 직접배급 방식으로 변화되고 있다. 과거 한국 영화의 배급 방식은 지역 배급업자가 제작사에 일정한 금액을 지불하고 특정 지역에 대한 상영권을 확보하는 간접배급 방식이 주를 이루었으나, 1990년대 후반부터 CJ, 쇼박스, 롯데엔터테인먼트 등이 투자 배급 시장에 진출하고 복합상영관의 등장으로 배급사가 상영관과 직접 상영계약을 체결하는 직접배급 방식으로 변화되었다. 외국 영화의 경우 국내의 수입사가 외화를 수입하여 배급하던 방식이었으나, 1988년 UIP 코리아가 한국에 지사를 설립하여 진출하면서 할리우드 메이저 스튜디오 영화들은 직접 배급을 했다. 또한 복합상영관 등장 이후 영화를 전국에 동시 개봉하는 광역개봉(Wide Release)[19] 배급 전략이 일반화되었다. 과거에는 개봉관이라고 하는 소수 유명 상영관에서 우선 개봉된 후 지방 중소 상영관으로 개봉 순서가 옮겨 가는 형태였다.

---

19) 배급사가 자사 영화의 개봉시기에 맞추어 개봉 첫 주의 스크린을 최대한 많이 확보하여 전국적으로 동시에 개봉한 후, 개봉 첫 주의 흥행성적에 따라 상영 스크린 수를 증가하거나 감소해 가는 배급방식으로 단기간 내에 최대한의 수익을 회수하기 위한 전략의 일환이다. 1980년대 미국에서 시작되었으며, 영화의 상영기간이 단축되는 결과를 초래했다.

국내 배급사가 한국 영화 배급에 참여하는 방식은 세 가지로 구분할 수 있다.[20] 상업영화의 경우 투자 배급사가 메인투자자로서 제작비 조달과 배급을 같이 하는 경우가 대부분이며, 이어 배급사가 영화제작 완성 후에 P&A비[21] 투자와 배급을 담당하거나, 마지막으로 투자 없이 배급만 대행하는 경우이다. 배급사가 투자사를 겸하는 경우가 많고, 특히 메인투자사로 참여하면서 제작과 배급이 결합된 구조로 인해 제작사가 배급사에 종속되는 경향이 있다.

국내 주요 배급사 및 외국 직배사들은 연말에 다음 해에 개봉할 전체적인 영화 라인업을 구성하고, 이들 라인업 중 연초, 여름 성수기, 추석, 연말 등에 대작을 배정하는 등 대작 위주로 상영 일정을 수립한다. 구체적인 개봉일자는 국내 배급사간 경쟁과 배급 일정, 헐리우드 대작의 개봉 시기 등을 고려하여 결정한다. 통상적으로 개봉일 1개월 전에 개봉일자가 확정되며, 이때부터 배급사와 상영관 간의 상영 규모(스크린 수, 상영회차 등)에 대한 협상이 진행된다.

복합상영관 등장과 디지털 전환에 따라 멀티편성(여러 편의 영화가 한 스크린을 공유), 멀티배급(한 상영관 내에서 동일 영화가 여러 스크린에서 동시에 상영) 방식으로 영화 배급 업무가 복잡해지는 한편 배급 메커니즘에 변화가 나타나고 있다. 이런 환경 변화에 따라 일부 영화를 중심으로 하는 상영의 집중화가 가속화되고 배급사간 스크린 확보와 적절한 상영시간대 확보를 위한 경쟁이 더욱 가열되었다. 이에 따라 일부 영화는 상영관 편성에 포

---

20) 공정거래위원회(2017), 〈영화산업 시장분석〉.

21) 영화제작비는 작품 제작에 소요되는 순제작비와 배급 마케팅에 소요되는 P&A(print & advertising)비용으로 구분할 수 있다.

함되더라도 주요 상영시간대가 아닌 시간대에 한정되거나 적절한 상영시간대가 아닌 시간대에 배치되어 관객을 만날 기회조차 가지지 못하는 상황이 발생하고 있다.

배급 시장은 10여 개의 국내외 메이저 배급사가 시장의 대부분을 점유하는 과점시장을 띠고 있다. CJ, 쇼박스, 롯데E, NEW 등 국내 메이저 배급사와 1988년부터 본격적으로 활동하기 시작한 유니버설픽쳐스인터내셔널코리아(이하 UPI), 소니픽쳐스릴리징월트디즈니(이하 소니), 워너브라더스(이하 워너), 이십세기폭스코리아(이하 폭스) 등의 외국계(할리우드) 배급사가 치열한 경쟁을 벌이고 있는 중이다. 이외에도 시네마서비스, 청어람 등 국내 중소 규모 배급사가 참여하고 있으나, 시장에서 차지하는 비중은 미미한 수준이다.

최근 10년간 관객 점유율 기준으로 배급 시장을 살펴보면, 한국 영화의 주요 배급사인 CJ, 롯데E, 쇼박스, NEW가 지배적인 사업자군을 형성한 가운데 워너, 디즈니, 소니 등 외국계 배급사들이 상위 순위권을 형성하고 있다. 이 중 CJ는 2007년부터 2017년까지 11년간 관객점유율 기준 부동의 1위 자리를 지키고 있었으나 2018년에는 3위, 2019년에는 2위에 머물다 2020년 다시 1위를 차지했다. 주로 할리우드 블록버스터의 국내 배급을 담당하는 외국계 배급사들은 수급되는 영화에 따라 편차를 보이며 순위의 변동을 보이고 있다.

| 배급사별 관객점유율 기준 시장점유율 |

자료: 영화진흥위원회(2021), 2020년 한국 영화산업 결산.

순위	2007[23]			2012			2017			2018			2019			2020		
	배급사	편수	점유율	배급사	편수	점유율	배급사	편수	점유율	배급사	편수	점유율	배급사	편수	점유율	배급사	편수	점유율
1	CJ	41.5	29.7	CJ	43	27.2	CJ	25	151	롯데E	16	17.1	DIS	16	27.3	CJ	8.5	25.7
2	쇼박스	23	12.3	쇼박스	11	12.8	롯데E	18.5	11.4	DIS	12	13.9	CJ	14.5	22.7	롯데E	8	21.1
3	워너	14	11.3	UPI	46	12.4	쇼박스	7	10.7	CJ	17	13.3	롯데E	23.5	7.9	NEW	4	15.1
4	소니	25	9.8	롯데E	165	12.1	DIS	13	9.1	NEW	22	9.7	NEW	20.5	5.8	쇼박스	2	13
5	롯데E	26	8.6	소니	18	12	UPI	22	9	워너	15	8.7	워너	18	5.6	에이스	5	5.8
	기타	288	28.3	기타	587	235	기타	1,763	44.7	기타	1,878	37.3	기타	2,917	30.6	기타	1,063	19.3
계	417		100	721		100	1,848		1000	1,960		1000	3,009		100	1,090		100

상영 시장구조 및 현황

(1) 시장구조

2020년 기준으로 CGV, 롯데시네마(이하 롯데), 메가박스 세 개 사가 전국 상영관 및 스크린 수의 85.2%, 94.3%를 점유하고 있는 독과점 시장이다. 이들 3사는 직영 또는 위탁 형태로 전국에 복합상영관을 보유하고 있으며, 최근 13년간 상영관 수 및 그 비중이 급격히 증가했다. 상영관 수는 2006년 151개에서 2020년 404개로 증가했고 스크린 수도 2007년 1,176개에서 2020년 2,844개로 두 배 이상 증가했다. 전체 상영관 대비 3사가 차지하는 비중은 2007년 48.09%에서 2020년 85.2%로 늘어났으며, 스크린 수 비중 또한 2007년 59.54%에서 2020년에는 94.3%로 전국 스크린의 대부분을 차지하고 있다.

---

22) 2007년은 전국이 아닌 서울 지역 관객수를 기준으로 배급사 점유율이 집계되었다.

| 사업자별 상영관 및 스크린 수 증감 추이 |

구분	3대 상영관 사업자								기타 복합상영관		단관 사업자		총계	
	CGV		롯데시네마		메가박스		소계							
	상영관	스크린	상영관	스크린	상영관	스크린	상영관	스크린	상영관	스크린	상영관	스크린	상영관	스크린
2007	95	737	41	316	15	123	151	1176	59	504	104	295	314	1,975
2008	99	770	47	360	13	116	159	1246	64	530	86	228	309	2,004
2009	103	813	55	420	15	133	173	1366	63	508	69	181	305	2,055
2010	102	806	65	478	16	133	183	1,417	55	439	63	147	301	2,003
2011	108	834	69	507	51	384	228	1,725	14	132	53	127	295	1,984
2012	112	858	84	590	54	403	250	1,851	13	116	51	114	314	2,081
2013	116	901	96	657	58	438	270	1,996	8	76	55	112	333	2,184
2014	126	948	100	698	62	452	288	2,098	7	66	55	112	333	2,184
2015	130	975	107	753	74	507	311	2,235	6	57	71	132	388	2,424
2016	133	996	112	793	85	590	330	2,379	5	49	82	147	417	2,575
2017	145	1,085	114	810	95	650	354	2,545	7	60	91	161	452	2,766
2018	156	1,146	120	860	100	686	376	2,692	3	29	99	181	483	2,937
2019	168	1,221	130	915	102	699	400	2,829	2	19	106	194	513	3,079
2020	169	1,212	130	910	105	722	404	2,844	9	64	61	107	474	3,015

자료: 영화진흥위원회, 연도별 한국 영화산업 결산 자료.

상영관 3사는 본사가 직접 운영하는 직영점 이외에 일반 개인이 소유한 상영관과의 계약을 통해 일정 수준의 수수료를 받는 위탁점을 운영하고 있다. 위탁점은 복합상영관을 소유한 개인 사업자가 경영 및 운영의 안정성 확보를 위하여 일정 금액의 수수료를 체인사업자에 지급하고 영화관 운영의 자율권을 가지며 브랜드, 발권시스템, 매점메뉴 등을 공급받는 구조이다. 위탁계약을 통해 기존 개인사업자는 브랜드의 활용을 통한 수익 확대를 추구할 수 있고, 체인사업자는 자사 브랜드 인지도 강화 및 이를 통한 시장지배력을 강화할 수 있다. 3대 체인사업자 전체의 위탁점 비중은 점차 감소하고 있는 추세이다.

(2) 영화 개봉 편수

연도별 영화 개봉 편수를 보면, 한국 영화와 외국 영화 모두 지속적으로 증가하는 추세이다. 한국 영화의 개봉 편수는 2007년 112편에서 꾸준히 증가하여 2020년에는 615편을 기록했고, 외국 영화는 더욱 두드러진 편으로 2007년 281편에서 2020년에는 1,078편으로 급격히 증가했다. 영화 부가시장인 온라인 시장에서의 수익을 주목적으로 하는 영화들이 콘텐츠 가격을 높이기 위한 수단으로 극장 개봉하는 사례(일일 상영작)가 증가함에 따라 개봉 편수가 증가한 것으로 보인다.

개봉 편수는 늘고 있으나 소수 영화가 한국 영화 시장에서 차지하는 점유율이 증가하는 추세이다. 2019년 극장 흥행 1위에서 10위까지의 누적점유율은 51.0%, 20위까지는 71.8%, 30위까지가 81.3%를 차지한 것으로 나타났다. 이전 4년간의 누적점유율을 비교해보면 갈수록 매출액의 상위 영화 의존율이 높아지고 있다.[23]

| 2020년 전체 영화 흥행 순위별 매출액 현황 및 누적점유율 |

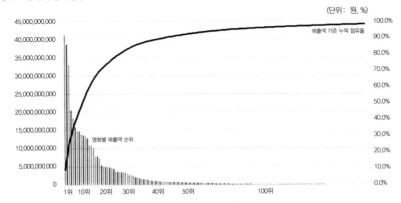

자료: 영화진흥위원회(2021), 2020 한국 영화산업 결산.

---

23) 공정거래위원회(2017), 〈영화산업 시장분석〉.

(3) 상영관 매출 및 관객수

전체 상영관 매출은 2007년 9,918억 원에서 2019년 1조9,140억 원으로 증가하면서 연평균 5.63% 성장했다. 한국 영화의 매출은 2007년 4,940억 원에서 2019년 9,708억 원으로 연평균 5.79% 늘어났으며, 2007년 4,978억 원이던 외국 영화의 매출은 2019년 9,432억 원으로 연평균 5.47% 성장했다. 그러나 2020년 코로나19 이후 상영관 매출액은 크게 감소하여 전체 매출액은 5,104억 원, 한국 영화 매출액은 3,504억 원, 외국 영화의 매출액은 1,600억 원을 기록했다. 연평균 성장률 역시 5% 선에서 전부 마이너스 성장률로 돌아섰다.

| 연도별 상영관 매출 |

(단위: 억 원, %)

구분	전체	증감률	한국 영화	증감률	외국 영화	증감률
2007	9,918	7.10	4,940	−16.50	4,978	49.00
2008	9,794	−1.30	4,126	−16.50	5,668	13.90
2009	10,941	11.70	5,318	28.90	5,623	−0.80
2010	11,684	6.80	5,125	−3.60	6,559	16.70
2011	12,358	5.80	6,137	19.80	6,221	−5.10
2012	14,551	17.80	8,361	36.20	6,190	−0.50
2013	15,513	6.60	9,099	8.80	6,414	3.60
2014	16,641	7.30	8,206	−9.80	8,435	31.50
2015	17,154	3.10	8,796	7.20	8,358	−0.90
2016	17,432	1.60	9,279	5.50	8,153	−2.50
2017	17,566	0.8	9,027	−2.7	8,539	4.7
2018	18,140	3.3	9,128	1.1	9,012	5.5
2019	19,140	5.5	9,708	6.4	9,432	4.7
2020	5,104	−73.3	3,504	−63.9	1,600	−83.0
연평균성장률[25]	5.63	−	5.79	−	5.47	−

자료: 영화진흥위원회(2021), 한국 영화산업 결산.

---

24) 2019년까지의 연평균성장률.

2007년 1억5,878만 명이던 총 관객수도 꾸준히 증가하여 2013년부터 2억 명을 돌파했고, 2019년에는 2억2,668만 명을 기록했다. 한국 영화의 관객수는 2007년 7,939만 명에서 2019년에는 1억1,562만 명으로 연평균 3.18% 성장했으며, 외국 영화는 7,939만 명에서 1억1,106만 명으로 연평균 2.84% 늘어났다. 관객수 증가에 힘입어 2007년 3.22회였던 1인당 관람횟수는 2019년에는 4.37회로 늘어나 이는 세계 최고수준을 기록하고 있다. 그러나 코로나19로 인해 관객수가 크게 감소해 5,952만 명으로 떨어졌다. 전체 관객수가 감소했지만, 한국 영화에 비해 외국 영화 관객수가 크게 감소해 각각 4,064만 명,1,906만 명을 기록했다. 이에 따라 점유율 역시 51대 49 수준에서 68 대 32 수준으로 크게 변동했다.

| 연도별 관객수 |

구분	관객수(만 명)					1인당 관람횟수(회)
	총 계	한국 영화	점유율(%)	외국 영화	점유율(%)	
2007	15,878	7,939	50.00	7,939	50.00	3.22
2008	15,083	6,355	42.10	8,728	57.90	3.04
2009	15,696	7,641	48.70	8,055	51.30	3.15
2010	14,918	6,940	46.50	7,978	53.50	2.92
2011	15,972	8,287	51.90	7,685	48.10	3.15
2012	19,489	11,641	58.80	8,028	41.20	3.83
2013	21,335	12,729	59.70	8,606	40.30	4.17
2014	21,506	10,770	50.10	10,736	49.90	4.19
2015	21,729	11,293	52.00	10,436	48.00	4.22
2016	21,702	11,655	53.70	10,047	46.30	4.20
2017	21,987	11,390	51.80	10,597	48.20	4.25
2018	21,639	11,015	50.90	10,624	49.10	4.18
2019	22,668	11,562	51.00	11,106	49.00	4.37
2020	5,952	4,064	68.0	1,906	32.0	1.15
연평균성장률[26]	3.01%	3.18%	–	2.84%	–	–

자료: 영화진흥위원회(2021), 2020년 한국 영화산업 결산.

25) 2019년까지의 연평균성장률.

상영관별 매출점유율을 보면, 3대 복합상영관 체인이 매출액의 대부분을 차지하고 있다. CGV는 2013년부터 50% 안팎의 점유율을 기록하다 2020년 과반을 넘겼으며 롯데와 메가박스를 포함한 3사 점유율은 2013년 96.1%에서 2020년 97.1%로 증가했다. 독립 상영관들의 매출액 비중은 2013년 3.9%에서 2017년 3.0%로 미미한 수준을 보이고 있다.

| 상영관별 매출액 기준 점유율 |

(단위: %)

구분	3대 체인 사업자				독립극장
	CGV	롯데시네마	메가박스	소계	
2013	49.5	28.4	18.1	96.1	3.9
2014	50.7	28.6	17.4	96.7	3.3
2015	50.6	29.9	16.6	97.1	2.9
2016	49.7	30.1	17.3	97.1	2.9
2017	48.7	30.0	18.3	97.0	3.0
2018	49.3	28.9	18.7	96.9	–
2019	49.5	29.1	29.1	97.2	–
2020	51.2	27.3	18.6	97.1	–

자료: 영화진흥위원회(2021), 2020년 한국 영화산업 결산(2021).

(4) 관람요금 및 가격체계

관람요금 및 가격체계를 보면, 평균 관람요금은 2007년 6,247원에서 2020년 8,574원으로 증가했다. 한국 영화 평균 관람료는 2007년 6,222원에서 2019년 8,660원, 외국 영화 평균 관람료는 2007년 6,270원에서 2019년 8,392원으로 증가했다. 2019년까지는 일반 상영영화보다 요금이 높은 3D나 아이맥스 등의 형태로 상영하는 영화 중 외국 영화가 한국 영화에 비해 많아서 평균 관람료가 다소 높게 나타났으나, 2020년에는 한국 영화의 평균 관람료가 외국 영화보다 높아졌다.

연도	관객수(만 명)	매출액(억 원)	평균관람료(원)	한국 영화	외국 영화
2007	15,877	9,918	6,247	6,222	6,270
2008	15,083	9,794	6,494	6,493	6,494
2009	15,696	10,941	6,970	6,960	6,981
2010	14,918	11,684	7,834	7,385	8,221
2011	15,972	12,358	7,737	7,406	8,095
2012	19,489	14,551	7,466	7,295	7,711
2013	21,335	15,513	7,271	7,148	7,453
2014	21,506	16,641	7,738	7,619	7,857
2015	21,729	17,154	7,895	7,789	8,009
2016	21,702	17,432	8,032	7,961	8,115
2017	21,987	17,566	7,989	7,925	8,058
2018	21,639	18,140	8,383	8,286	8,483
2019	22,668	19,140	8,444	8,396	8,493
2020	5,952	5,104	8,574	8,660	8,392
연평균증감율	−7.27%	−4.98%	2.47%	2.58%	2.27%

자료: 영화진흥위원회(2021), 2020년 한국 영화산업 결산.

3대 복합상영관 체인은 다양한 형태의 가격체계를 도입하여 시행하고 있다. 일반적으로 영화관 입장료는 요일, 대상, 시간대에 따라 나누어져 있었으나, 3D, 4D, 아이맥스 등 시각적 체험의 종류와 상영관의 형태에 따른 차등 요금제가 등장했고, 좌석의 위치에 따라 가격을 다르게 받는 좌석별 가격 차등제가 도입되고 있다.

(5) 상영관 매출 구성

상영관의 매출은 입장료 수입, 매점과 광고, 기타 부대수입으로 구성된다. 입장료 수입은 관객들이 구매한 영화티켓 금액을 합산한 것으로 영화진흥위원회의 통합전산망을 통해 매출액이 집계되고 있다. 매점수입은 상영관내 매점에서 판매하는 팝콘과 스낵, 콜라 및 음료에 대한 매출액으로 구성된다. 광고수입은 영화 시작 전에 상영하는 예고편과 상업광고에 대한 판매 수입,

극장 내 로비의 전광판에서 상영하는 예고편과 상업광고 판매 수입, 기타 영화관 홈페이지나 SNS 등에 게시되는 광고 수입 등으로 구성된다.[26] 기타 부대수입은 위탁점 수수료가 대표적이며 사업자에 따라 영화관에 설치되어 있는 게임센터 및 다양한 오락시설에 대한 수입 등이 포함된다. 매출 구성 중 입장료 수입이 상영관별로 60~70% 수준으로 가장 비중이 높으나 그 비중은 감소 추세이며, 다음은 매점 수입, 광고 수입 순이다.

| CGV와 롯데시네마의 매출액 구성 현황 |

연도	CGV				롯데시네마			
	입장료수입	매점수입	광고수입	기타(위탁)	입장료수입	매점수입	광고수입	기타(위탁)
2014	67.3	17.0	9.3	6.4	71.9	17.4	7.6	3.0
2015	66.2	17.2	10.4	6.2	71.4	17.5	8.5	2.5
2016	63.9	15.8	9.7	10.6	71.4	18.2	8.0	2.5

자료: 금융감독원 전자공시시스템, 롯데시네마 제출.

디지털 온라인 시장구조 및 현황

디지털 온라인 시장구조[27]를 살펴보면, 영화 콘텐츠 공급자인 CP와 MCP가 플랫폼 사업자에게 콘텐츠를 배급하고 플랫폼 사업자인 IPTV, 케이블 TV, 인터넷 VOD를 통해 소비자에게 전달되는 구조이다. 여기에서 인터넷 VOD는 OTT 서비스의 영화 부문과 웹하드 사이트에서의 VOD 매출을 의미한다.

---

26) 극장이 복합상영관으로 전환되면서 상영관이라는 공간자체에서 다양한 형태의 광고지면을 보유하게 되었고, 추가 수익원으로 활용하게 된다(고정민 외(2017), 〈영화산업 시장분석〉, 공정거래위원회).

27) 영화 디지털 온라인 시장은 영화 부가시장을 대체하는 용어(김영기, 박상현, 2016)로, 홈비디오(VHS)를 제외한 TV VOD, 인터넷 VOD, 모바일 VOD, DVD 및 Blu-ray 시장을 통칭하는 의미이다.

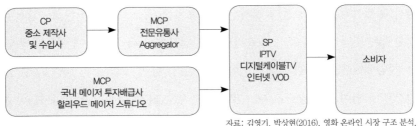

자료: 김영기, 박상현(2016), 영화 온라인 시장 구조 분석.

상영관 개봉 후 온라인 서비스가 제공되기까지의 기간인 홀드백 기간은 흥행작의 경우 통상적으로 개봉 후 60~90일 정도가 지난 후 서비스가 제공되었으나 디지털 온라인 시장이 성장하면서 점점 더 단축되는 추세이다. 최근에는 조기에 종영하는 일부 영화의 경우 개봉 후 30일 안에 서비스가 제공되기도 한다.

주요 사업자 및 플랫폼 현황을 보면, CP(Contents Provider)는 콘텐츠(영화)를 보유하고 있는 사업자로 국내 모든 영화제작사 및 투자 배급사가 포함되며, 영화를 수입하는 모든 수입사도 포함된다. MCP(Multiple/ Master Contents Provider)는 콘텐츠를 수급해 배급과 연결 창구 역할을 하는 온라인 유통사로서 두 가지 유형으로 구분할 수 있다.[28] 첫째, CP 역할을 하고 자사가 투자·제작하거나 배급업을 통해 확보하는 다수의 영화 라이브러리를 가지고 직접 온라인 배급까지 수행하는 사업자들이다. 여기에는 CJ와 롯데E와 같은 국내 투자 배급사와 할리우드 메이저 배급사(워너, 소니, 디즈니, UPI, 파라마운트, 폭스코리아) 등이 있다. 둘째, CP의 역할보다는 온라

---

28) 김영기, 박상현(2016), 〈영화 온라인 시장 구조분석〉, 영화진흥위원회.

인 유통을 전문으로 하는 사업자로 콘텐츠판다, 미디어로그, 캔들미디어, TCO, KTH, 키다리이엔티, 싸이더스, 인디플러그 등이 해당[29]된다.

SP(Service Provider)는 소비자가 영화를 관람할 수 있는 창구인 플랫폼 사업자로 크게 IPTV, 디지털케이블TV, 인터넷 VOD 등 세 가지 유형으로 나누어볼 수 있다. IPTV는 KT, SK브로드밴드, LG유플러스가 포함되며, 디지털케이블TV에는 케이블TV VOD가 해당된다. 인터넷 VOD에는 포털 사업자 네이버와 MCP 자체 플랫폼인 CJ ENM의 tving, 지상파 및 종합편성채널 사업자 간의 콘텐츠연합플랫폼인 pooq과 oksusu(SK브로드밴드)와 통합된 웨이브(WAVVE), 동영상 플레이를 기반으로 한 VOD 서비스인 GomTV, 모바일 중심 유통 플랫폼 LTE비디오포털(LG유플러스), olleh tv 모바일(KT), 왓챠플레이(Watcha play), 넷플릭스(Netflix), 특수부가통신 사업자인 웹하드 70개 사이트 등이 포함된다.

| 주요 사업자 및 플랫폼 현황 |

구분	구성		주요 사업자 및 플랫폼명
Contents Provider			영화제작사, 투자 배급사, 수입사
Multiple/Master Contents Provider	CP+유통사		CJ ENM, 롯데엔터테인먼트, 워너브라더스코리아, 월트디즈니컴퍼니코리아, 파라마운트 이십세기폭스코리아, 유니버셜픽처스인터내셔널코리아
	전문 유통사 Aggregator		콘텐츠판다, 미디어로그, 캔들미디어, TCO, KTH, 키다리이엔티, 싸이더스, 인디플러그 등
Service Provider	IPTV		KT(olleh TV), SK브로드밴드(Btv), LG유플러스(U+ TV)
	디지털케이블TV		케이블TV VOD(舊, 홈초이스)
	인터넷 VOD (모바일 포함)		네이버, GomTV, Google Play, tving(CJ ENM), 웨이브, LTE비디오포털(LG유플러스), olleh tv

자료: 공정거래위원회(2017), 〈영화산업 시장분석〉.

---

29) 이들은 콘텐츠를 수집, 온라인 배급 판권을 확보하는 것이 가장 핵심이기 때문에 Aggregator라는 용어로 정의하기도 한다.

디지털 온라인 시장의 전체 매출 규모는 2019년 5천억 원을 돌파했으나 2020년 다시 4,514억 원 선으로 되돌아갔다. IPTV 및 디지털케이블TV 부문이 시장을 주도하고 있으며, 2020년 매출액이 3,368억 원이었다. 포털 내 VOD 상영관과 웹하드 사업자가 속해 있는 인터넷 VOD 시장은 2009년 223억 원 규모에서 꾸준히 성장해 2020년에는 788억 원을 기록하고 있다. 반면, DVD와 블루레이와 같은 패키지 상품 부문은 지속적으로 규모가 축소되어 2018년 65억 원에 그쳤으나 2020년에는 97억 원의 매출을 기록했다.

| 연도별 디지털 온라인 시장 매출 규모 |

(단위: 억 원, %)

연도	IPTV 및 디지털케이블TV		인터넷 VOD		패키지 상품		합계
	매출액	증감율	매출액	증감율	매출액	증감율	
2007	−	−	−	−	−	−	2,750
2008	−	−	−	−	−	−	2,224
2009	262	−	223	−	402	−	888
2010	491	87.4	267	19.7	351	−12.9	1,109
2011	910	55.3	501	87.6	298	−15.1	1,709
2012	1,310	43.9	618	23.3	230	−22.8	2,158
2013	1,737	32.6	729	18.0	210	− 8.7	2,676
2014	2,254	29.7	499	−31.5	218	3	2,971
2015	2,609	15.7	582	16.7	158	−27.4	3,349
2016	3,347	28.3	679	16.7	99	−37.3	4,125
2017	3,543	5.9	752	10.8	67	−32.3	4,362
2018	3,946	11.4	728	−3.2	65	−3.0	4,739
2019	4059	2.9	930	27.7	104	60.0	5,093
2020	3368	−17.0	788	−15.3	97	−6.7	4,514

자료: 영화진흥위원회(2021), 2020 한국 영화산업 결산.

수익 배분 방식을 보면, 극장에서의 배급과 유사한 방식이나 콘텐츠, 계약 주체, 협상력, 홀드백 기간 등에 따라 배분 비율에 차이가 발생한다. 디지털 온라인 콘텐츠의 시청을 통해 발생한 매출은 플랫폼 사업자인 SP가 30~50%를 받고 나머지 금액을 MCP와 CP가 받는다. 전문 유통사를 통해 배급된 콘텐츠는 5~20%를 MCP의 유통수수료로 배분받는데, 영화 콘텐츠의 제작 및 수입사인 CP가 최종적으로 배분받는 몫은 매출액의 40~50%이다. MCP를 겸하고 있는 국내 메이저 투자 배급사와 할리우드 메이저 스튜디오의 경우에는 매출액의 50~70%를 배분받는다.

| 디지털 온라인 시장의 수익 배분 예시[30] |

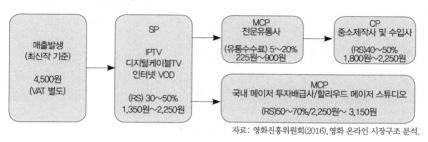

자료: 영화진흥위원회(2016), 영화 온라인 시장구조 분석.

3. 해외 시장 현황

해외 영화산업 개요

해외 영화 시장은 저성장의 극장산업, 빠른 성장의 OTT산업으로 특징지을 수 있다. 먼저 극장 시장을 보면, 최근 몇 년간 저성장세를 유지해왔으며

---

30) MG 또는 선급금, Flat 방식의 계약은 고려하지 않고, 순수 RS 방식으로만 계약되었을 경우의 예시이며 또한 MG(또는 선급금) 지급, 사업자 간 협상력, 홀드백 기간, VOD 유형 등에 따라 계약조건은 크게 달라지기 때문에 일반화하기는 어렵다.

앞으로도 큰 변화가 없을 것이다. 여기에 더해 2020년 코로나19의 영향으로 전 세계 상영관 시장은 큰 타격을 입어 이전 수준을 회복하는 데 상당한 시간이 걸릴 것으로 보인다. 그러나 경쟁재로서 간주되는 OTT 시장에 의해 잠식되는 극장 시장이 이전의 수준을 회복하리라는 전망도 있는데, 관람객들이 극장에서 영화를 보고 OTT에서도 영화를 보기 때문에 소비자들이 이 둘을 경쟁재로 생각하지 않고 보완재로 생각할 수 있다는 것을 의미한다.

| 연도별 전 세계 및 주요국 상영관 시장 규모 |

(단위: 백만 달러, %)

구분	2015	2016	2017	2018	2019	2020	2021	2022	2023	2024	연평균 성장률
미국	11,171	11,423	11,221	11,762	11,360	3,895	6,996	9,678	9,858	10,041	−2.44
일본	1,990	2,159	2,095	2,044	2,341	1,019	1,742	2,174	2,201	2,228	−0.98
중국	6,907	7,309	8,908	9,707	10,316	2,263	5,485	7,540	7,797	8,061	−4.81
전 세계	38,700	40,100	41,900	43,500	45,100	15,500	27,600	37,300	38,700	39,900	−2.40

자료: PwC, 한국콘텐츠진흥원(2021), 해외 콘텐츠 시장 분석 2020.

2018년 세계 극장산업 매출 상위 10위를 살펴보면 미국, 중국, 영국, 일본, 인도, 프랑스, 한국 순위로 되어 있다. 한국은 7위를 차지하고 있다. 미국은 1위를 지키고 있지만 조만간 중국에 그 자리를 내줄 것으로 보이고 인도도 향후 빠른 순위 상승이 예상된다. 이미 중국이 2021년 미국을 추월한 통계도 나오고 있다. 그러나 제작 측면에서 보면, 미국에서 제작한 영화가 전 세계의 흥행작 중에 대부분을 차지할 정도로 미국의 영향력이 크다. 자국 영화 점유율도 미국은 90% 이상으로 세계에서 가장 높고, 이어서 인도, 일본, 중국, 한국으로서 50~60%의 점유율을 보인다.

미국 시장

미국 영화 시장은 6대 메이저 영화사(월트디즈니, 20세기폭스, 워너브라더스, 유니버설픽처스, 소니/컬럼비아, 파라마운트)를 비롯한 주요 영화사들이 차지하는 비중이 매우 높은 편이다. 월트디즈니 컴퍼니, 타임워너 등의 글로벌 미디어 그룹(모기업)이 '상영' 부문을 제외한 제작과 배급 부문 등 영화산업 대부분의 가치사슬을 과점하면서 일종의 수직계열화 구조를 구축하고 있는 것이 특징이다.

| 미국 영화산업 구조 |

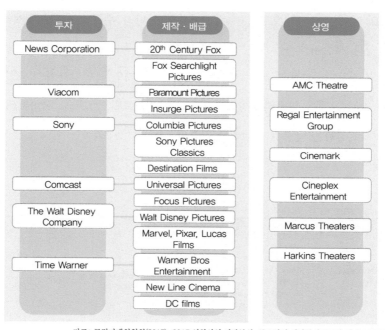

자료: 공정거래위원회(2017). 2017 영화산업 시장분석, 주요산업 시장분석보고서 시리즈 2017-2.

미국의 메이저들은 해외 시장에서의 막강한 영향력을 구가하면서 세계 영화 시장을 리드하고 있다. 그동안 미국의 메이저들은 스튜디오시스템에 의해 제작, 배급, 상영 모두에 수직계열화하여 상영에서 발생하는 현금을 다시 영화제작·배급에 사용하여, 자체의 독점력을 공고히 했다. 그러나 1948년 파라마운트 판결 이후 상영이 제작과 분리되자 모기업을 중심으로 하는 대기업이 새로운 자금 조달원으로 부상했다. 현재와 같이 주요 투자사(디즈니, 컴캐스트, 비아컴, 타임워너 등)를 모기업으로 하는 메이저 스튜디오들인 제작, 배급사(유니버설, 파라마운트, 워너브러더스, 20세기스튜디오 등)가 수직계열 구조를 형성하여, 대기업의 투자를 유입시킴으로써 대형 블록버스터급 영화를 제작했다.

주요 메이저 스튜디오들은 수직계열화뿐 아니라 수평계열화를 형성하며 수익성과 시장지배력을 동시에 확보하고 있다. 주요 투자사인 모기업들이 메이저 스튜디오뿐 아니라 주요 방송사, 케이블 기업을 인수하여 거대한 미디어 기업 그룹을 형성하고 있다. 이들은 출판, 음반, 스포츠, 테마파크 등 미디어와 연관된 다양한 콘텐츠를 활용해 수익을 극대화하는 전략을 구사하고 있다.

| 미국 미디어 기업의 계열화 사례 |

모기업	영화	방송/케이블	출판	음반/스포츠
The Walt Disney Company	Walt Disney Animarion Studios, Pixar, Marvel, 20th Century Studios, Searchlight Pictures, Blue Sky Studios 외	ABC, Disney Channel, ESPN, FreeForm, National Geographic	Disney Publishing Wordwide, Marvel Comics 외	Disney Music Group, 디즈니랜드

다국적 미디어 기업	Time Warner	Warner Bros Pictures, New Line Cinema, DC Entertainment	Warner Home Video, Warner Bros Television, CNN, HBO 외	Time Inc. (People, Fortune 외)	Waner Music Group
	News Corporation		Fox Broadcasting Company(TV), My Network TV, FOX NEWS 외	Harper Collins book publishing, GQ, Vogue, The Wall Street Journal 외	Fox Film Music Group 외
	ViacomCBS	Paramount 외	CBS television network, MTV, BET, VH1, CMT Nickelodeon 외		MusicQubed, Comedy Central Records 외
Comcast (미국 최대의 케이블 및 홈 인터넷 서비스공급업체)		Universal, Focus Features, Dreamworks 외	AT&T, NBC, NBCSN Time Warner Cable, Golf Channel 외		유니버셜 스튜디오
Sony Corporation		Columbia Pictures, Sony Pictures 외			Sony Music, Sony /ATV Music Publishing

자료: 영화진흥위원회, https://www.mediadb.eu/en.html, 각 기업 홈페이지, 공정거래위원회 자료 참조.

최근 미국 영화산업은 지각변동이 일어나고 있다. 극장 부문에서의 매출은 가격 상승에 의해 미미한 성장에 그치고 있으나 온라인 동영상 스트리밍(OTT)의 보편화로 디지털 시장이 급격한 성장세를 보이고 있다. 코로나19 사태로 인해 2020년 3월 중순부터 미국 내 극장 영업이 중단되었고 집에서 영화를 보는 관객들로 인해 그나마 스트리밍 시장에 의존하며 유지하고 있다. 할리우드 대작들을 포함해 상반기 개봉을 노리던 영화들이 개봉 시기를 늦추었고, 제작 중단은 할리우드 영화계 대량실업을 초래했다.

반면, OTT 시장은 코로나19로 인해 시장 확대가 가속화되고, 영화 시장에서의 OTT 영향력이 커지면서 새로운 OTT 주자들도 이 시장에 가세하고 있다. 2019년 기준으로 기존의 메이저에 비교하여 넷플릭스의 매출과 이익은 매우 놀랄 만한 일이다. 그 정도로 미국 영화 시장에서 OTT의 영향력이 높지만, 넷플릭스, 훌루 외에도 디즈니, 아마존, 메이저 영화사와 통신사,

플랫폼 업체들은 대규모 합병과 인수를 통해 치열한 경쟁을 예고하고 있다. 따라서 이들은 오리지널 콘텐츠를 제작하여 확보하는 데 많은 예산을 투자하고 있다.

| 2019년 메이저 영화사 매출과 이익 비교 |

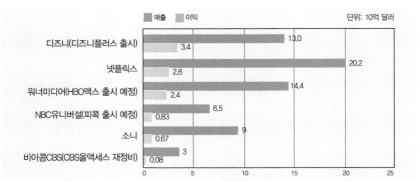

자료: 회사별 Earning Reports and SEC findings, 할리우드 리포터 연례 보고서 Studio Profit Report 2019.

일본 시장

일본 영화산업에도 미국과 같이 메이저 기업이 존재하여 수직계열화를 구축하면서 시장을 지배해왔다. 4대 제작사 중 도호, 도에이, 쇼치쿠 등의 3개 사가 투자·제작·배급·상영의 전 단계에 걸쳐 사업에 진입하여 가치사슬을 통합하고 있고, 카도카와는 상영업은 하지 않으나 출판, 만화, 영화 등을 아우르는 미디어 기업이다.

Cultural Contents Industry

제작 · 투자	배급	상영
도호		TOHO 시네마즈
도에이		T-조이
쇼치쿠		SMT
카도카와		코로나
	Gaga	이온시네마
	Albatros	United 시네마
	Klockworx	
	Showgate	
	Broadmedia	

일본은 1950~1960년대 유명한 감독들이 대거 등장하며 영화계 황금기를 이룩했다. 1970~1980년대 일본 영화가 침체에 빠지자 이를 극복하기 위하여 로망 포르노라고 불리는 영화들이 등장했으나 비디오가 등장하면서 영화산업은 다시 침체기에 빠졌다. 연간 흥행 상위 10위에서 5개 이상이 애니메이션 영화로 채워질 만큼 애니메이션에 대한 인기는 높으나 극영화는 침체를 거듭하고 있다. 일인당 연간 관람 횟수도 1회를 조금 상회할 정도이다.

일본의 영화제작 시스템은 제작위원회 방식을 채택하고 있다. 제작위원회 방식은 여러 업체가 고유의 역할을 수행하면서 제작 및 투자에 참여하는 방식으로서 전체 영화산업 중 애니메이션 제작에 주로 사용된다. 일반적으로 제작위원회의 간사를 비롯하여 영화사, TV방송국, 광고대행사, 완구사, 비디오 제작사 등이 각각 자사의 사업에 완성된 콘텐츠를 이용할 목적으로 참여한다.

미국에 비해 시장 규모가 작은 일본 시장에서 일본 국내의 극장 흥행(1차 사용), TV방송(2차 사용)만으로는 제작비와 광고비를 회수할 수 없는 경우가 많기 때문에 하나의 영화에서 파생되는 권리 또는 사업으로부터 투자에 대한 미회수분을 보충하고 리스크를 최소한으로 억제하려는 목적에서 제작위원회 방식이 사용된다. 그러나 이 방식은 콘텐츠의 저작권을 출자자가 소유하고 있기 때문에 콘텐츠 완성 후 재판매나 활용에 있어서 관련 모든 저작권자의 동의를 받아야 하고, 제작위원회에 모인 각 회사들은 안정적인 수익을 위해 흥행이 담보되는 유명한 소설과 만화만이 영화로 제작된다. 따라서 이런 이유로 제작위원회 방식은 일본의 영화산업을 침체시키는 요인이 되고 있다.

한편 2015년 넷플릭스, 아마존 프라임 비디오가 유료 동영상 서비스를 시작한 이후 DVD와 블루레이 매출액 감소는 더욱 확연해졌다. 반면 2018년 기준 온라인 동영상의 시장 규모(SVOD, TVOD, EST 포함)는 전년과 비교해 22.4% 증가한 2,692억 엔으로 집계되었다. 구체적으로 SVOD가 80.2%, TVOD가 11.6%, EST가 8.2%로, 특히 SVOD 시장 규모는 전년 대비 4.2% 증가한 2,158억 엔으로 집계되었다. 서비스별로 살펴보면, 넷플릭스와 아마존 프라임의 성장이 눈에 띈다. 특히 넷플릭스의 경우, 2017년 수치의 2배에 달하는 13.8%의 점유율을 기록, 2019년 시장점유율 1위이다.

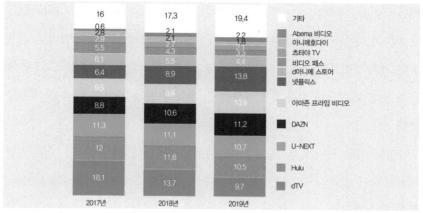

자료: prtimes.jp 홈페이지.

중국 시장

중국의 영화산업은 국영과 민영이 혼합된 구조로 원선제라는 독특한 배급 구조로 되어 있고, 완다를 비롯한 대규모 극장 체인으로 구성된 가치사슬 체계를 가지고 있다. 2002년 원선제 시행 이전의 영화배급은 성, 시, 현(기) 등 각 단계의 지방정부 단위 영화배급상영회사를 순차적으로 거쳐 극장이 영화를 공급받는 방식이었다. 이렇게 복잡한 배급단계는 배급 시간을 지연시킬 뿐만 아니라 각 단계의 지방정부가 모두 일정한 비율의 영화 흥행 수익을 가져가야 했기 때문에 극장이나 제작사가 회수할 수익도 매우 적었다.

그러나 2002년 원선제의 시행과 함께 중국정부는 각 지방 영화배급상영회사가 가지고 있던 영화배급권을 회수하고, 영화제작사와 배급사로 하여금 원선회사에 직접 배급하도록 함으로써 이전의 복잡한 영화배급체제를 간소

화했다. 이는 곧 선진국에서 보편적으로 자리 잡고 있는 영화산업의 제작-
배급-상영으로 이어지는 가치사슬과 합리적인 수입배분제도로 정착되었음
을 의미한다.[31] 원선제를 비롯한 영화의 산업화 개혁은 국유기업의 독점을
통해 계획경제체제로 운영되던 중국 영화산업에 시장경제체제를 도입해 국
유와 민영 기업들이 자유롭게 경쟁할 수 있는 환경을 조성하는 데 큰 역할을
했다.

　민영화 이후 완다픽쳐스를 비롯해 화이브라더스와 광셴미디어 등의 민간
배급사들이 적극적으로 투자를 하며 주요 사업자의 위치를 차지하고 있고,
주요 국영기업과 민영기업이 제작·배급에서 상영에 이르는 수직계열화 구
조를 구축하고 있다.

| 중국 영화산업의 가치사슬 구조 |

자료: 양옥빈, 임성준(2018), 〈원선제를 중심으로 한 중국 영화의 산업화 개혁〉, 《예술경영연구》, 45(1).

---

31) 양옥빈, 임성준(2018), 〈원선제를 중심으로 한 중국 영화의 산업화 개혁〉, 《예술경영연구》, 45(1).

2020년 중국 전체 극장의 흥행 수입은 22억6,300만 달러를 기록했다. 중국 시장은 세계 2위의 시장이나 코로나19의 영향을 가장 많이 받은 시장이기도 하다. 2019년에는 총 네 편의 영화가 30억 위안(약 5,100억 원) 이상의 흥행 수입을 거둔 데 비해 2020년에는 〈800(八佰)〉 단 한 작품만이 31억 위안의 수익을 거두었다. 중국은 자국 영화의 비중이 상당히 높은 편인데, 코로나19로 인해 그 경향이 더욱 강화되어 2020년에는 자국 영화 비중이 83%를 차지했다. 다만 이는 코로나19로 인한 일시적인 현상일 가능성도 있다. 중국에서 개봉되는 외국 영화는 분장제라는 수입쿼터제를 통해 연간 34편, 매단제라는 판권 구입 방식을 통해 연간 30편이 개봉되는데 분장제 영화의 경우 할리우드 블록버스터를 중심으로 흥행성이 높은 영화들이 대부분으로 국영기업이 배급을 독점하고 있다.

| 2015~2019년 중국 영화/외국 영화 흥행 수입 비교 |

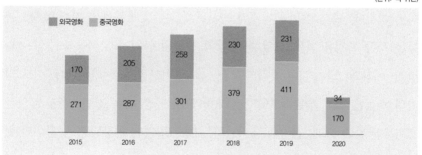

자료: 이언리서치그룹, 2020 중국 영화산업 연구보고서, 2020년 중국 영화 연도보고서.

2020년 중국 OTT에 새로 상영된 온라인영화는 1,089편으로 전년에 비해 크게 늘어났다.[32] 온라인영화에 대한 투자와 제작 역시 증가하고 있어 전세계 추세와 같이 중국에서도 OTT의 성장세는 뚜렷하다. 2020년 중국의 OTT 시장 규모는 연평균 성장률 30%로 24조4,388억 원에 달할 것으로 예상되고 있다. 그러나 중국의 OTT 시장은 중국 OTT 업체간 경쟁이 치열한 반면 해외 OTT는 자리를 잡지 못했다. 중국이 자국 산업 보호를 위한 정책을 채택한 탓이다. 중국의 OTT 시장은 아이치이, 유쿠투도우, 텅쉰(텐센트) 등 상위 세 개 사업자가 주도하고 이어서 소후, 망고TV, PPTV 등 다수 업체가 경쟁한다.[33]

인도 시장

인도영화 시장은 자국영화의 점유율이 90% 정도로 매우 높고, 3시간 이상의 상영시간, 영화 내용과 직접적으로 관계없는 춤과 노래가 자주 등장하는 등 독특한 특징을 가지고 있다. 마살라 영화의 규칙이라는 규칙도 있는데, 한 명 이상의 스타, 대여섯 곡의 노래, 세 번 이상의 춤을 의미한다. 인도 영화의 특징은 틀에 맞춘 줄거리, 정교하게 짜 맞춘 싸움 장면, 빠지지 않는 호화로운 춤과 노래, 감정이 흘러넘치는 멜로드라마, 과장된 영웅 등이라 할 수 있다. 특히 인도의 영화제작비는 상당히 많이 드는데, 제작비의 절반 이상이 영화음악과 안무감독들, 그리고 주연 배우들에게 돌아가는 구조를 가진다는 특징이 있다.

---

32) 영화진흥위원회(2021), 2020 중국 영화산업 결산.
33) IT조선, 中·日 OTT 시장서 맥 빠진 넷플릭스…한국과 다르네, http://it.chosun.com/site/data/html_dir/2019/09/11/2019091102640.html

인도의 영화의 특징 중의 또 하나는 다양한 인도어로 만들어진다는 것이다. 힌디어로 만들어진 영화가 가장 많은데, 2019년에는 제작 편수 1,833편 중 힌디 영화가 265편으로 가장 많고 다음은 텔루구 영화가 263편으로 기록되었다.

인도 영화 시장 역시 코로나19의 영향을 크게 받았다. 2018년도에 1,745억 루피[34]에 도달했던 영화산업 전체 매출은 2019년에 1,910억 루피로 전년 대비 9.5%의 성장률을 보였으나, 2020년에는 722억 루피의 매출로 62% 하락한 기록을 보여주었다. 반대급부로 디지털 시장이 성장해 2019년 매출 190억 루피에서 2020년 354억 루피로 약 86% 성장을 기록했다.[35] 극장 시스템도 영향을 받았다. 인도는 최근 극장 인프라가 현대화되고 프리미엄 상영관 및 멀티플렉스가 증가하고 있었다. 이에 스크린 수가 9,500여 개에 달했으나, 코로나19의 영향으로 극장이 장기간 폐쇄되며 2020년에는 8,000여 개로 감소했다.

| 인도 영화 시장 부문별 매출 비교[36] |

(단위: 십억 루피)

매출	2018	2019	2020	2021	2022
국내 극장 매출	102.1	115.2	24.9	74.9	130.6
해외 극장 매출	30.0	27.0	3.1	16.2	29.2
방송 저작권	21.1	22.1	7.1	18.9	23.4
디지털/OTT 저작권	13.5	19.0	35.4	37.8	52.1
극장 광고	7.5	7.7	1.7	5.4	8.3
기타	0.2	0.1	0.0	0.1	0.2
합계	174.5	191.0	72.2	153.3	243.8

자료: 영화진흥위원회, 연도별 인도 영화산업 결산.

---

34) 1루피가 원화로 16.15원(2020.09.09.)
35) 영화진흥위원회(2021), 2020년 인도 영화산업 결산.
36) 2021-2022년은 예측치.

최근 인도 영화는 세계시장을 지향하며 영화의 형식까지도 바꾸고 외부 투자유치 단계에서부터 공격적인 마케팅을 펼치고 있다. 일부 제작사는 할리우드 작가를 고용하여 3시간 이상 지루하게 이어지던 인도영화를 관객들이 보기 쉬운 90분과 120분짜리 영화로 다시 편집하고 있다. 〈블랙〉, 〈내 이름은 칸〉은 마살라 영화 규칙을 깨고 세계시장에 적합한 영화구조를 제작한 예이다. 발리우드는 마살라 영화로 대변되는 인도 전통적 구성에서 탈피하여 전 세계적으로 공감할 수 있는 대중적인 소재를 다루기 시작했고, 아예 미국 시장을 겨냥하여 미국에서 촬영되는 올 로케이션 영화가 급증하고 있다. 또한 힌디 영화임에도 불구하고 영어 대화 장면을 늘려나가며 국제적 대중성을 증가시키는 추세다. 따라서 인도 영화에서 해외수출은 무시할 수가 없으며, 2019년의 경우 전체 매출 중 해외 수출 비중이 14%에 이른다.

인도에서도 OTT 시장은 매우 빠른 성장을 보여주고 있다. 이로 인해 극장 시장의 잠식도 예상할 수 있으나 OTT가 오히려 소규모 영화의 창구이자 글로벌 관객과 연결해주는 역할을 하면서 부정적인 염려를 불식시키고 현재까지는 원원하는 상황을 보여주고 있다.[37] 또한 OTT로 인해 독창적인 콘텐츠에 대한 수요가 증가하면서 콘텐츠 제작 부문 역시 성장했다. 넷플릭스(Netflix)는 2019년 300억 루피를 투자하여 인도 20여 개 이상의 도시에서 영화 및 시리즈물을 제작했고, 이런 인도 영화와 시리즈물은 국내뿐 아니라 30개 이상의 언어의 자막을 통해 전 세계의 관객을 만나면서 OTT 플랫폼이 인도 콘텐츠의 글로벌 창구가 되고 있다. 현재 인도 OTT 시장을 살펴보면 인도 토종 OTT 서비스였던 Hotstar가 인도 소비자에게 높은 인지도를 가지

---

37) 영화진흥위원회(2020), 2019년 인도 영화산업 결산.

Cultural Contents Industry

고 있으나, Netflix와 Amazon Prime Video 등이 진출해 치열하게 경쟁한 결과 2020년에는 점유율 3위로 하락했다.

| 인도 OTT 업체 현황(2020년 2분기 기준) |

번호	회사명	점유율	출시 연도	제공 콘텐츠
1	Netflix	20	2016	영화, TV쇼, 오리지널 시리즈
2	Amazon Prime Video	20	2016	발리우드 영화, 영화, TV쇼
3	Disney+Hotstar[39]	17	2015	힌디 영화, 영화, 디즈니 콘텐츠, TV쇼, 스포츠
4	Zee 5+	7	2012	라이브 TV, 캐치업 TV, 스포츠
5	Jio Cinema	4	2016	라이브 TV, 영화, TV쇼
6	Sony Liv	4	2013	라이브 TV, 영화, TV쇼, 스포츠
7	기타	28	-	-

자료: Quartz India, Statista, KOTRA.[39]

4. 업계 현황

사업체 및 종사자 현황

2019년 기준 국내 영화산업 총사업자 수는 1,369개이며 종사자 수는 3만 878명이다. 그 중 부가시장 참여자를 제외한 영화제작·지원 및 유통업 분

---

38) Hotstar의 모기업인 21세기 폭스사가 디즈니에 인수되며 Hotstar에서 디즈니의 콘텐츠를 시청할 수 있게 되었다.
39) KOTRA, 2020, 성장하는 인도 시장 https://news.kotra.or.kr/user/globalBbs/kotranews/782/globalBbsDataView.do?setIdx=243&dataIdx=179373 ; KOTRA, 2019, 인도 동영상 스트리밍 서비스 (OTT) 시장동향, https://news.kotra.or.kr/user/globalAllBbs/kotranews/list/781/globalBbsDataAllView.do?dataIdx=175951&column=&search=&searchAreaCd=&searchNationCd=&searchTradeCd=&searchStartDate=&searchEndDate=&searchCategoryIdxs=&searchIndustryCateIdx=&page=7&row=10

야의 사업자 수는 1,340개로, 분야별로는 영화 기획 및 제작에 종사하는 업체가 332개를 차지했고 영화 배급이 85개, 극장 상영이 561개로 나타났다. 영화의 2차 부가시장인 디지털온라인유통업에서는 온라인 배급 12개사, 온라인 상영 10개 등 총 29개사가 있다. 영화산업의 1인당 평균매출액은 1억 9,075만 원이며, 업체당 평균매출액은 43억229만 원이다.[40]

경영전략 사례

(1) CGV

CGV는 CJ주식회사의 계열사인 멀티플렉스 영화관 체인으로 1998년 서울 강변역 근처에 국내 최초 멀티플렉스 영화관의 문을 열며 시작되었다. 2019년 기준 168개의 극장과 1,221개의 스크린을 보유하고 있으며, 2020년 현재 국내 영화관 체인 중 매출 1위와 스크린 수 1위를 차지하고 있다. CGV의 멀티플렉스 시스템은 기존 단관 위주의 영화관 운영업에서 탈피해 영화와 외식, 쇼핑 등 다양한 오락을 결합한 형태로의 전환을 이루었으며, 현재도 CGV의 수익 비중은 입장권 판매 65.9%, 매점 수익 16.5%, 광고 수익 9.1%, 기타 수익 8.5%로 영화관 수익 외에도 여러 오락거리에서 수익을 내고 있다.[41] 상장사로서 CGV의 지분 39.0%를 모회사인 CJ주식회사가 가지고 있다.

---

40) 문화체육관광부(2020), 〈2019 콘텐츠산업 통계조사〉.
41) 금융감독원 전자공시시스템 자료 참고.

| CJ주식회사 지분보유 현황(2020년 6월 기준) |

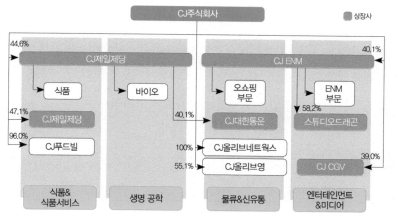

자료: CJ주식회사 IP 자료.

CGV의 2019년 총 매출은 1조9,423억 원이었으며 영업이익은 1,220억 원으로 2018년에 비해 증가한 수치를 보였다. 이는 국내 상영관의 다변화와 꾸준한 해외 시장 개척의 영향으로 보인다. 하지만 2020년 코로나19의 유행으로 전 세계 영화산업이 크게 타격을 입으면서 2020년 매출 5,834억 원, 영업이익 −3,887억 원으로 위기를 겪고 있다. 2020년 내내 영화 운영업의 침체는 전 세계적으로 계속되며 해외에 진출한 CGV의 위기는 더욱 컸다.

| CGV 매출 및 이익(2017~2020) |

(단위: 백만 원)

구분	2017	2018	2019	2020
매출액	1,714,387	1,769,356	1,942,279	583,444
영업이익	86,243	77,707	121,975	−388,660
순이익	10,036	−188,541	−239,075	−751,648

자료: CGV 연도별 사업보고서.

CGV는 코로나19 이전 해외 진출에 적극적이었다. 2006년 중국, 2010년 미국, 2011년 베트남, 2013년 인도네시아, 2014년 미얀마, 2016년 터키에 진출했다. CGV는 현지의 극장사업자를 인수합병하는 방식으로 해외 시장을 개척했다. 2011년 베트남 현지 1위 멀티플렉스 '메가스타'를 인수해 베트남 진출했고, 2016년 터키의 영화사업자 마르스(MARS)를 인수하며 터키에 진출했다. 2019년 말을 기준으로 CGV는 5개국에 411개 극장, 2,942개 스크린을 보유하고 있는 글로벌 톱5 극장 사업자이다.

| CGV 글로벌 상영관 현황(2019) |

	중국	터키	베트남	인도네시아	미얀마
극장 수	141	108	82	67	9
스크린 수	1,116	913	475	389	28

자료: 이베스트투자증권(2020).

　CGV의 전략은 영화 관람 경험 전반에 대한 개입이라고 할 수 있다. 기존 단관 시스템에서 멀티플렉스 시스템으로의 전환은 영화 관람뿐 아니라 영화 관람 전후 관람객에게 오락을 제공하여 영화 관람 경험의 구조를 바꾸었다. 멀티플렉스는 관람객에게 영화 선택권을 주고, 주로 대형 쇼핑몰에 입점해 있기 때문에 영화 관람 전후로 식당이나 오락실, 쇼핑시설 등으로 이동하는 동선이 짧다. 볼 영화를 결정하는 일부터 영화 상영 시간까지 시간을 보낼 수 있는 오락거리가 많아짐에 따라 영화 관람이 영화를 매개로 한 여가활동이자 문화활동이 되며 멀티플렉스는 문화활동의 중심지가 되었다.

　또 영화를 매개로 다양한 오락과 경험을 제공하는 사업 형태로 해 영화 콘텐츠를 다양한 여가생활과 라이프스타일에 담아내고 있다. CGV는 142개의 특수상영관[42]도 보유하고 있는데 이는 국내 최고 수준이며 이를 통해 영

---

42) 특수상영관: 특수한 설비(스크린/영사기/스피커)나 관람환경(좌석/서비스 등)을 제공하는 상영관으로 IMAX 상영관이나 4D상영관, Cine de Chef 등의 상영관 형태가 있다.

화관에서의 다채로운 경험을 다양한 방식으로 제공을 하고 있다. IMAX와 4D 등을 통해 영화 관람의 경험을 더 실감나게 하기도 하며, 프리미엄 서비스나 상영관에 특별한 테마를 부여해 영화를 관람하는 환경을 다채롭게 제공하기도 한다. 상영관의 다변화는 차별화된 영화 관람 경험을 소비자에게 제공하여 관람객으로 하여금 영화의 선택뿐 아니라 영화 관람 형태 또한 선택할 수 있도록 했다. 테마를 달리하는 상영관으로 관람객은 자신의 욕구나 여가활동 계획에 따라 영화 관람 형태를 선택할 수 있고 같은 영화라 해도 관람 형태에 따라 다른 경험을 할 수 있다. 그리고 아이와의 관람, 연인과의 관람, 대관을 통한 프라이빗한 관람, 식사 제공 등이 가능해 다양한 여가생활에 영화 관람을 융합할 수 있다. 이처럼 CGV는 영화 콘텐츠만을 제공하는 것이 아니라 영화 관람 경험에 대한 차별화된 서비스를 제공하여 영화를 관람하는 경험 전반을 재구성했다.

| CGV 특수상영관 현황 |

구분	특수상영관명	설명	상영관수
화면	IMAX	1.43:1의 화면비율과 초고화질 화면 제공	17
	Starium	초대형 스크린과 고화질 화면 제공	2
	ScreenX	상영관의 앞, 왼쪽, 오른쪽 벽 모두를 사용	55
	SphereX	스크린의 상, 하, 좌, 우가 휘어진 반돔형	3
4D	4DX	3D효과 및 특수효과 제공	36
사운드	SoundX	영상에 맞춘 입체음향 시스템	4
좌석	Cine Kids	애니메이션을 상영, 조도가 높아 아이와 부모의 동반 관람 특화	1
	Cine & Living Room	편안한 거실 분위기의 상영관 인테리어	1
	Cine & Foret	캠핑 분위기의 상영관 인테리어	7
	Premium	프리미엄 좌석	3
	Sky Box	오페라 극장의 발코니석 같이 높은 위치의 별도 관람 공간	1
고급	Gold Class	프리미엄 서비스(전용 예매 창구, 간식, 좌석 서비스 등)	5
	Cine de Chef	영화 관람 전후 식사 제공	6
	Private Cinema	펜트하우스 컨셉의 소규모 대관 서비스	1
총계	–	–	142

자료: 영화진흥위원회, 한국 영화산업 결산 2019와 CGV 홈페이지 참고.

또 다른 CGV의 전략은 전략적인 해외 진출이다. CGV는 해외 시장을 개척하며 기존 현지의 영화 관람 서비스를 그대로 유지하는 것이 아니라 4DX, Screen X, IMAX, 스타리움, 골드클래스 등 프리미엄 특별관을 운영하면서 서비스의 품질을 차별화하는 전략을 사용했다. 2017년 기준 글로벌 4DX 상영관은 전 세계 548개 상영관이 있고, 스크린X는 195개 상영관이 있다.[43] 이전과는 다른 첨단기술과 프리미엄 서비스는 현지의 젊은 층을 공략했고, 이에 따라 CGV 글로벌 관람객 수도 폭발적으로 증가해 2016년에는 1억669만 9천 명을 기록했다.

CGV는 글로벌시장에서 미래세대를 구체적인 타깃으로 설정했다. CGV 해외 진출 국가 선택의 기준은 먼저 대한민국보다 인구수가 많아야 하고 인구 중간값(Median Value)이 30세 이하여야 하며, 연간 영화 평균 관람 횟수가 1회 미만이어야 한다.[44] 그리고 현지에서 다방면의 사회공헌 활동을 하여 CGV 브랜드에 대한 우호적인 분위기를 형성한 것도 성공적인 전략이었다. CGV는 현지 청소년들의 영화 교육을 비롯해 단편영화제 지원, 문화시설 확충, 장학금 지원 등의 활동으로 미래 영화 소비자인 현지 청소년들의 CJCGV 브랜드 호감도를 높여갔다.[45]

그러나 터키에서의 CGV 진출은 초반에는 무리가 없었으나 미국과 터키의 갈등에 따른 터키화의 추락으로 많은 손실을 초래했다. 이는 글로벌 전략에서의 위기 요인을 효율적으로 관리하는 위기관리 시스템의 중요성을 인식시켜 주는 것이라 할 수 있다.

---

43) 김은아 (2019), 〈CJ CGV의 VRIO 모델을 통한 핵심역량분석〉, 《한국엔터테인먼트산업학회논문지》, 13(3).

44) 김은아 (2019), 〈CJ CGV의 VRIO 모델을 통한 핵심역량분석〉, 《한국엔터테인먼트산업학회논문지》, 13(3).

45) 포춘코리아 기사(2019), 글로벌 톱5 CJ CGV "전 세계에 1만 개 스크린 열겠다", http://www.fortunekorea.co.kr/news/articleView.html?idxno=10803.

그 외에도 모기업인 CJ ENM의 수직계열화를 통한 영화산업 전반의 구조 변화 역시 CGV가 영화산업에서 성공할 수 있었던 전략일 것이다. 양질의 영화 콘텐츠 없이 멀티플렉스 시스템만으로는 관람객을 영화관으로 유인할 수 없다. CGV의 모회사인 CJ는 자회사인 CJ ENM을 통해 CGV에 공급할 양질의 영화 콘텐츠를 제작, 배급할 시스템을 마련하고 있다. 이런 수직계열화는 영화 콘텐츠의 수익이 다시 영화 콘텐츠로 재투자되는 기반을 마련해 영화산업 전체의 파이를 키우고 시장 투명화에 기여했다.[46] 결국 양질의 콘텐츠를 지속적으로 제작·공급할 수 있는 시스템의 구축이 결과적으로 CGV가 사업을 지속하는 데 큰 영향을 주었다고 할 수 있다.

하지만 CGV는 사업 전반의 구조를 재고할 시점에 도달했다. 국내 영화 시장 규모 확장이 한계에 달한데다 이를 타개하기 위한 전략이었던 해외 진출도 예상외의 어려움을 만났다. 무엇보다 OTT산업의 공격이 위협이 되는 상황에서 코로나19로 인한 환경 변화가 가속화되고 있기 때문이다.

(2) 디즈니

월트디즈니 컴퍼니(The Walt Disney Company, 이하 디즈니)는 1923년도에 설립된 애니메이션 영화 기업으로 애니메이션 제작뿐 아니라 IP를 활용한 테마파크 산업, 방송채널 사업 등도 운영하고 있다. 1983년 디즈니 채널(The Disney Channel)을 설립한 이후 1993년 미라맥스 필름(Miramax Film), 1995년 ABC, 2006년 픽사(Pixar), 2009년 마블(Marvel Entertainment) 등을 인수하며 영상콘텐츠의 거대 기업으로 성장했다. 2019

---

46) 김익상, 김승경 (2017), 1990년대 기획영화 탄생의 배경과 요인 연구, 27.

년에는 폭스사를 인수하며 또 한 차례 대형 인수합병 이슈를 터뜨린 바 있다. 디즈니의 매출은 2019년 696억 달러 규모이며 이는 전년 대비 17.0% 증가한 수치였다. 하지만 2020년 매출액은 653억 달러로 소폭 감소했으며, 순이익은 -28억 달러의 적자를 기록했다.

| 디즈니 수익 현황(2015~2020) |

(단위: 백만 달러)

	2015	2016	2017	2018	2019	2020
수익	52,465	55,632	55,137	59,434	69,607	65,388
순이익[48]	8,382	9,391	8,980	12,598	10,425	-2,832

자료: Disney Annual Report 2019, 2020.

디즈니의 사업은 미디어 네트워크(Media Networks), 테마파크(Parks, Experiences and Products), 스튜디오(Studio Entertainment), 직접 소비자 경험(Direct-to-Consumer & International)으로 나눌 수 있는데, 미디어 네트워크는 ESPN 등 TV방송 사업, 테마파크는 전 세계 디즈니랜드와 관련 제품 사업, 스튜디오 사업은 영화 사업, 직접 소비자 경험은 디즈니플러스, 홀루 등의 서비스 사업이 해당된다. 각 세그먼트별 수익 비중은 2019년까지는 미디어 네트워크, 테마파크, 스튜디오 순으로 높았으나 2020년 디즈니 플러스의 확장으로 직접 소비자 경험이 미디어 네트워크에 이어 두 번째로 높은 비중을 차지했다. 영업이익은 2020년 기준 미디어 네트워크가 90.2억 달러, 스튜디오가 25억 달러의 흑자를 기록했으며, 직접 소비자 경험은 수익이 많았던 데 비해 영업이익은 마이너스를 기록했다. 코로나19 이후 전 세계 콘텐츠 시장이 급변하고 있어서 향후 사업 재편이나 규모 변동이 있을

---

47) Net income from continuing operations attributable to Disney.

것으로 보인다.

| 디즈니 세그먼트별 수익 현황(2017~2020) |

(단위: 백만 달러)

구분	2017		2018		2019		2020	
	수익	영업이익	수익	영업이익	수익	영업이익	수익	영업이익
Media Networks	21,299	7,196	21,922	7,338	24,827	7,479	28,393	9,022
Parks, Experiences and Products	23,024	5,487	24,701	6,095	26,225	6,758	16,502	−81
Studio Entertainment	8,352	2,363	10,065	3,004	11,127	2,686	9,636	2,501
Direct-to-Consumer & International	3,075	−284	3,414	−738	9,386	−1,835	16,967	−2,806

자료: Disney Annual Report 2019, 2020.

디즈니의 성공전략은 무엇보다 매력적인 캐릭터 콘텐츠와 이를 통한 IP의 활용일 것이다. 1928년 디즈니의 〈정신나간 비행기(Plane Crazy)〉에서 처음 등장한 미키마우스는 현재까지도 전 세계적으로 많은 사랑을 받고 있으며 미키마우스와 주변 캐릭터를 IP로 활용해 다양한 제품과 콘텐츠, 테마파크 등으로 콘텐츠를 다양하게 변용하고 있다. 그뿐 아니라 백설공주, 신데렐라 등 고전동화를 애니메이션화하며 특유의 캐릭터 외양과 작품 분위기를 구축해갔다. 또 시대와 기술의 변화에 따라 다양한 콘텐츠를 기획해가고 있다. 기술의 발달에 따라 3D 애니메이션을 제작했고 시대의 변화를 캐릭터에도 반영했다. 20세기 디즈니의 콘텐츠가 고전동화를 중심으로 한 전형적인 공주와 왕자 스토리였다면 21세기의 콘텐츠는 겨울왕국과 같은 진취적인 공주 캐릭터나 모아나와 같은 비서양권 캐릭터도 적극적으로 다루고 있다. 이런 캐릭터 콘텐츠는 테마파크, 캐릭터 제품 등 다양한 사업모델로 확장될 수 있다.

또 다른 성공 전략은 적극적인 인수·합병을 통한 콘텐츠의 확장이다. 디즈니는 픽사, 마블, 루카스필름 등 매력적인 콘텐츠와 탄탄한 마니아층을 가지고 있는 기업을 인수·합병하며 콘텐츠를 확장하고 있다.[48] 특히 2019년에는 폭스사를 인수·합병해 기존에 강점이었던 애니메이션 콘텐츠에 실사 영화 콘텐츠까지 콘텐츠 영역은 더욱 확대될 것이다. 기존 콘텐츠는 어느 정도 성적이 검증되었으며 마니아층도 확보하고 있어 위험부담이 적고, 또 인수·합병을 통해 콘텐츠가 다양화되면 그만큼 다양한 소비자를 만족시킬 수 있다.

콘텐츠 확보는 향후 치열해질 OTT 시장 경쟁에서도 우위를 차지할 수 있는 경쟁력이 된다. 이 점에서 디즈니는 상당한 경쟁력을 보유하고 있으며 이를 활용하여 OTT 서비스를 또 다른 사업모델로 구축해가고 있다. 디즈니는 원래 넷플릭스에 콘텐츠를 제공했는데 2019년 넷플릭스에 콘텐츠 공급을 중단하고 자체 OTT 플랫폼인 디즈니 플러스를 론칭했다. 이런 콘텐츠의 확보는 디즈니 미디어 네트워크 세그먼트의 방송사업과 결합해 더욱 큰 시너지 효과를 낼 것으로 전망된다.

---

48) 다만 어벤저스 캐릭터의 저작권이 여러 기업에 흩어져 있는 점이 장애물이 될 수 있다. 다행히 엑스맨(X-Men)과 판타스틱 4(Fantastic 4), 데드풀(Deadpool)의 저작권을 가진 폭스사가 디즈니에 인수됨에 따라 스파이더맨과 베놈(소니(Sony)), 헐크(유니버설)) 등만 남아 있게 되었다.

1. 대기업의 수직계열화 구축

정의

수직계열화란 한 제품에 대한 생산에서부터 판매에 이르는 가치사슬상의 필요한 회사들을 한 기업집단이 보유하고 있는 것을 말한다. 제조업의 경우 기초 원료에서 시작하여 중간 원료를 생산하고 중간 원료에서 최종 제품까지 생산하는 전방산업을 한 기업그룹에서 가지고 있는 경우와, 원자재나 부품을 공급받아 생산하고 유통경로를 통해 소비자에게 공급하는 후방산업을 한 기업그룹에서 가지고 있는 경우를 말한다.[49]

원료에서부터 시작해서 생산, 혹은 유통까지 소유하고 있으므로 수요자의 니즈를 빠르게 파악하여 대응할 수 있고, 자신이 원료 부문을 가지고 있으므로 타 원료업체에 협상력을 발휘할 수 있으며, 전후방에서의 문제가 되는 정

---

49) 네이버백과.

보를 파악하여 기술을 개발할 수 있는 이점이 있다. 자금조달과 생산계획을 조정하기 용이하며, 공급원과 유통망을 동시에 가지고 있어서 시장 지배력을 키우는 데도 유리하다. 그러나 단점으로는 불황일 경우 모든 분야에 투자되어 있으므로 동시 실적 하락의 위험에 노출될 수 있다는 것이다. 수직계열화의 구조 속에서 조직의 유연성이 떨어지거나 핵심 분야 내부화에 따라 관리비용이 늘어날 수도 있다. 또한 수직계열화로 인해 불공정행위가 일어나고, 따라서 반독점, 독점규제법에 위반되는 사례가 나타날 수 있다.

영화산업의 수직계열화란 제작, 배급, 상영을 모두 한 기업그룹에서 가지고 있을 경우인데, 현재 CJ, 롯데와 같은 그룹을 말한다. 영화산업은 특성상 수직계열의 경향이 강하게 나타난다. 영화산업은 흥행에 대한 예측이 어렵고 수요가 불안정하므로 위험부담이 매우 큰 산업이고, 규모의 경제효과가 나타나는 산업이다. 따라서 기업들은 수직계열화를 통해 위험을 방지하고 안정적인 수요를 확보하고자 수직계열화에 대한 욕구를 강하게 품고 있다. 또한 영화산업은 수직적·수평적 계열화를 통해 규모의 경제를 추구하고 거래비용을 최소화할 수 있다. 이처럼 수직결합은 영화산업과 같은 고위험 고수익 산업의 위험을 방어하고 사업적 안정성을 확보하기 위한 것으로 이해될 수 있으나, 계열 관계가 강화될수록 계열화 질서에 편입되지 못한 중소 투자사, 제작사, 배급사, 상영관은 불리한 지위에 놓여 경쟁제한성과 불공정성을 유발할 가능성이 존재한다.[50] 계열사 이외의 기업에 대한 차별행위가 나타날 수 있고, 자사 투자 배급 영화에 유리한 상영 기회를 제공하며, 자사 계열회사에 독점방영권을 제공할 유인이 존재한다. 즉 제작, 유통, 상

---

50) 공정거래위원회(2017), 〈영화산업 시장분석〉.

영을 수직계열화하여 거래상 우월적 지위의 남용이 있을 수 있는데, 조기 종영, 거래 거절, 부율 변경, 부금 조기 정산, 무료초대권 발급 등의 부작용이 나타날 수 있다. 이에 따라 독립제작사 등의 작품이 극장에 상영될 가능성이 점차 축소될 우려도 있다.

사업자별 수직계열 구조 구축 현황

대기업 집단인 CJ와 롯데가 3~4단계에 걸쳐 수직계열화를 구축하고 있다. CJ는 제작-투자·배급-상영-부가시장에 이르는 영화산업 전 단계에 걸쳐 수직계열 구조를 구축하고 있다. CGV는 1998년 강변점 개관을 시작으로 상영 시장에 진입한 이래 M&A 등을 통해 상영관 수를 확대하여 국내 최대의 복합상영관 체인사업자로 성장했다. CJ ENM은 투자·배급 시장에 이어 스튜디오드래곤 등을 통해 제작 시장에도 참여하고 있다. 부가 시장에서는 캐치온, OCN을 비롯한 다수의 케이블TV 영화 채널을 가지고 있다. 케이블TV전송 및 VOD 사업자인 CJ헬로비전까지 소유하고 있었으나 LG유플러스에 판매했고, OTT인 티빙을 가지고 있다.

롯데는 제작-투자·배급-상영시장 3단계에 걸쳐 수직계열 구조를 구축하고 있다. 2000년 중반 백화점 집객력을 높이기 위해 롯데쇼핑에서 '롯데시네마' 브랜드로 상영 시장에 진입했으며, 롯데쇼핑 내 롯데엔터테인먼트는 투자·배급에 이어 제작 분야까지 참여하고 있다.

중앙일보와 NEW도 2~3단계에 걸쳐 수직계열화를 구축하고 있다. 중앙일보는 2008년 복합상영관 체인인 씨너스를 인수하면서 상영 시장에 진입한 후 2011년에는 메가박스까지 인수했으며, 메가박스(주)플러스엠(이하 메가박스+M)을 통해 투자와 배급업에도 참여하고 있다. 또한 JTBC와 같은 방송 분야와 제작 분야에도 진입하고 있어 영화 부문과의 협력 사업이 가능하다.

| 국내 영화산업 주요 사업자의 수직계열화 현황 |

구분	CJ	롯데	오리온	중앙일보	NEW
제작	CJ ENM, JK필름, 스튜디오드래곤	롯데엔터테인먼트(롯데쇼핑(주) 사업부)	㈜쇼박스	–	스튜디오 앤 뉴
투자배급	CJ ENM, CGV아트하우스 CJ창투(투자만 참여)	롯데엔터테인먼트(롯데쇼핑(주) 사업부)	㈜쇼박스	메가박스(주)플러스엠	NEW
상영	CJ CGV	롯데시네마(주)	–	메가박스	씨네 Q (NEW 사업부)
부가시장	CJ ENM(OCN, 캐치온, 채널 CGV, 슈퍼액션)	–	–	–	–

대기업의 영화산업 수직계열화는 규제가 필요하다는 의견들이 꾸준하게 제기되었다. 특히 과거 미국에서와 같이 배급과 상영은 분리되어야 한다는 의견이다. 규제를 찬성하는 측면에서는 배급과 상영을 장악한 수직계열화로 인해 갖는 우월적 지위를 활용한 불공정행위를 발생시키고, 이에 대한 시정명령에도 불구하고 지속되거나 더욱 은밀해지는 행위와 이로 인해 심화되는 영화 시장의 양극화, 건전한 경쟁을 통한 영화산업의 건강한 긴장감 조성 및 생태계 구축 등을 거론하며 규제의 필요성을 제기하고 있다.[51]

반면, 규제를 반대하는 측면에서는 법적인 규제가 기업의 자율 침해 및 시장경제질서에 위반되고 규제 회피를 통한 우회 가능성, 대기업의 영화산업 참여로 인해 구축된 영화산업의 시스템과 경쟁력이 감소하고, 계열 분리로

---

51) 공정거래위원회(2017), 〈영화산업 시장분석〉.

Cultural Contents Industry

인해 해외 자본이 들어올 경우 소비자들의 후생이 감소하고 영화산업이 오히려 더 철저한 시장 논리에 의해 작동되면서 결과적으로 산업의 경쟁력이 약화될 가능성이 있다는 우려를 제기하고 있다.[52]

또한 국내외적으로도 영화산업의 수직계열화를 법적으로 규제하지 않고 있다는 점에서도 법적인 규제를 통해 영화산업의 겸업을 금지하는 방안은 신중하게 접근할 필요가 있다고 주장한다. 미국 정부가 메이저에 대해 수직적 통합을 반독점법으로 금지했으나 산업경쟁력 및 소비자 후생에 도움이 되지 않아 결국 부분적으로 허용하기로 한 것도 규제 반대 주장의 이유이다. 현재로서는 규제를 통한 계열 분리를 추진하기보다는 어느 한쪽의 권익이 심각하게 침해를 받거나 시장의 양적·질적인 성장과 경쟁력이 약화되는 등 수직계열화로 인한 부작용이 지속적으로 나타날 경우 이를 시정하기 위한 제도를 도입하는 것을 검토하는 것이 타당할 것이다. 불공정행위에 대해서는 철저하게 규제해야 한다는 점은 의견의 일치를 보고 있다.

2. 독립영화

영화진흥위원회에 따르면 독립영화란 이윤 확보를 1차 목적으로 하는 일반 상업영화의 투자/제작/배급 방식으로부터 독립되어 제작 완료된 영화[53]

---

52) 공정거래위원회(2017), 〈영화산업 시장분석〉.
53) 영화진흥위원회, 독립영화 인정, https://www.kofic.or.kr/kofic/business/guid/introGuideKorMovie.do

로서, 첫째, 일반 상업영화와 달리 창작자의 예술적 의도가 우선시 되어 제작된 영화, 둘째, 주류 상업영화와 다른 시각적 경험을 줄 수 있는 새로운 스타일 또는 내용으로 영화문화의 다양성을 확대하는 영화, 셋째, 정치적, 사회적, 문화적 이슈 등 주류 영화산업에서 다루지 않는 주제들을 과감히 다루고 있는 영화를 말한다. 따라서 독립영화는 예술영화, 다양성영화 등을 모두 포함하는 개념이다. 특히 다양성영화는 대규모 제작비를 들여 만드는 상업영화와 반대되는 뜻으로 사용되며, 제작이나 배급이 소규모로 이루어지며, 다양한 소재를 다루고 예술성과 독창성을 살린 영화를 일컫는다. 따라서 독립영화와 예술영화, 다양성영화는 비슷한 의미로 현재 사용되고 있으나 영화진흥위원회에서는 2007년 이후 저예산의 비상업영화를 총칭하여 다양성영화라 하고 있다.

독립예술영화의 생태계는 상업영화와 마찬가지로 제작, 배급, 상영의 가치사슬을 가지고 있으나, 제작투자는 자체 조달하는 경우가 많고, 제작은 소규모로 이루어지고 있으며, 상영은 극장에서 대작에 밀려 개봉되지 못하거나 개봉되더라도 보통 짧은 기간 동안만 개봉된다. 독립영화의 수익성은 매우 취약하여 2018년 기준, 총제작비 10억 원 미만인 20편 중 수익을 거둔 영화는 3편에 불과하며 평균 수익률은 −55.3%이다. 독립영화 활성화를 위해 CGV의 아트하우스처럼 극장 대기업이 독립예술영화를 위해 독립영화관을 별도로 운영하는 경우도 있으며, 영화진흥위원회에서도 독립영화관을 운영하고 독립영화를 위한 제작 및 상영 지원도 하고 있다. 대기업 계열의 극장에서도 독립영화관을 별도로 운영하는 곳도 있다. 한편 독립영화관의 손님은 평소에도 매우 적은데, 최근 코로나19로 인해 독립영화관 관람객 수는 줄었다.

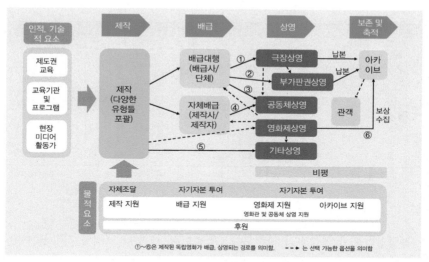

자료: 영화진흥위원회(2018), 독립영화 생태계 구조 분석.

독립 · 예술영화[54]는 매년 개봉 편수가 늘어나는 반면에 비중은 다소 감소하고 있다. 2007년 142편에서 2020년에 356편으로 영화 개봉 편수는 증가했으나, 이 중에서 독립 · 예술영화가 차지하는 비중은 2007년 36.2%에서 2020년에는 21.0%로 낮아졌다. 독립 · 예술영화의 관객수는 연도별로 편차를 보이는 편으로 2014년 1,430만 명으로 최대를 기록했는데, 전체 관객에서 차지하는 비율은 대체로 4~5% 수준을 보이다가 2020년 7.8%로 증가했다.

---

54) 영화진흥위원회에 한국독립영화 또는 예술영화 인정신청을 하여 영진위가 마련한 인정 기준에 따라 한국독립영화 또는 예술영화로 인정받은 영화.

(단위: 백만 명, %)

구분		2007	2008	2009	2010	2011	2012	2013	2014	2015	2016	2017	2018	2019	2020
개봉 편수	전체	393	380	361	426	439	631	905	1,095	1,176	1,520	1,621	1,646	1,740	1,693
	독립·예술영화	142	151	162	190	197	232	333	367	349	434	499	496	409	356
	비율(%)	36.2	39.8	44.7	44.6	44.9	36.7	36.8	33.5	29.7	28.6	30.8	30.1	23.5	21.0
전국 관객 수	전체	158.8	144.5	157.0	149.2	160.0	194.9	213.3	215.0	217.3	217.0	219.9	216.4	226.7	59.5
	독립·예술영화	6.3	7.4	10.4	8.1	4.8	3.7	3.7	14.3	8.3	9.7	9.8	8.6	8.1	4.7
	비율(%)	4.0	5.1	7.1	5.4	3.0	1.9	1.7	6.6	3.8	4.5	4.5	4.0	3.6	7.8

자료: 영화진흥위원회 연도별 한국 영화산업 결산, 2019년 한국 영화산업 결산.

　독립영화로서 성공적인 사례로는 〈워낭소리〉가 있다. 〈워낭소리〉는 여든에 가까운 할아버지 농부와 그의 아내, 그리고 부부가 30년을 키워온 마흔살 된 늙은 소의 이야기를 통해 나이 듦과 죽음, 이별에 대해 이야기하는 작품이다. 〈워낭소리〉는 다큐멘터리 영화이고 저예산 독립영화임에도 불구하고 흥행에 성공했다. 2008년 부산국제영화제에서 상영되어 당시 영화를 관람한 일반 관객과 해외 언론들의 주목을 받으며 'PIFF메세나상'(다큐멘터리부문 최우수상)을 수상하면서 정식으로 극장에서 상영될 수 있었다. 〈워낭소리〉는 7개의 상영관에서 개봉되었다가 관객의 입소문이 영화의 예매율로 직결되면서 상영관이 점차 늘어났고, 관객 수도 개봉 6주차까지 지속적으로 증가했다. 〈워낭소리〉는 약 300만 명이 관람해 190억 원 가량의 매출을 올렸지만 제작비는 1억3,500만 원이었다. 이런 성공으로 저예산 독립영화들도 대중적인 관심을 불러일으켜 흥행에 성공할 수 있다는 가능성을 열어주었고, 이로 인해 저예산 독립영화들의 제작과 배급이 활발해지는 계기가 되었다.

3. 영화산업의 글로벌화

한국의 영화산업은 2000년대 이후 르네상스 시대를 맞이하여 크게 성장했다. 그러나 지금은 일인당 연간 관람 횟수가 정점을 찍고 있고, 성장률도 둔화되어 산업의 라이프사이클상 성숙단계에 접어들었다. 따라서 영화산업의 글로벌화는 업계가 생존하는 방편이자 외형을 확대하는 필연적인 선택이 되고 있다.

2000년대 중반에 한류로 인해 일본에서의 완성작 수출이 크게 증가한 적이 있으나 이후 일본에서의 영화 한류 버블이 꺼지면서 수출이 크게 감소했다. 다시 중국으로의 영화 후반작업 수출 등 서비스 수출로 상승했으나 또다시 정체되는 양상을 보여주고 있다. 특히 2016년 7월 사드 배치 이후 중국의 한한령 여파로 한국 영화 해외 수출은 회복되지 못하고 있다. 2019년 완성작 수출과 서비스 수출 금액을 합친 한국 영화 해외 매출액은 73,782,189달러로 전년 대비 8.2% 감소했다. 〈기생충〉 등 화제작의 수출 호조에도 불구하고 전통적인 수출 상위 국가인 중국과 홍콩으로의 완성작 수출의 부진과 전반적인 수출 편수의 하락에 따라 완성작 수출액은 하락했고, 후반작업 기술서비스 수출과 외국 영화 국내 로케이션 촬영에 따른 집행 비용을 합산한 서비스 수출액도 역시 중국과 홍콩 대상 수주가 급감하면서 하락했다. 이제 중국의 실력도 향상되고 있어 우리나라의 중국 수출도 한계가 있을 것으로 보여 새로운 전략 모색이 필요한 시점이다.

(단위: 달러)

구분	2015	2016	2017	2018	2019
완성작 수출	29,374,098	43,893,537	40,726,157	41,607,247	37,877,316
서비스 수출	26,126,402	57,196,603	78,062,722	38,756,962	35,904,873
합계	55,500,500	101,090,140	118,788,879	80,364,209	73,782,189
전년 대비 증감률	-12.0%	82.1%	17.5%	-32.3%	-8.2%

자료: 영화진흥위원회, 연도별 한국 영화산업 결산.

한편 영화제작에 있어서는 글로벌화가 다양화되어 왔다. 그 유형[56]을 보면, 첫째, IP 수출을 통한 공동제작 및 투자이다. IP 수출을 통한 공동제작 및 투자는 최근 국제공동제작에서 단지 자본과 인력뿐 아니라 한국의 지식재산(Intellectual Property)이 해외에서 영화화되는 것이다. 예를 들어 CJ ENM의 〈수상한 그녀〉와 〈선물〉의 해외 리메이크 사례, 문와쳐의 〈블라인드〉 중국 리메이크 등 프로듀서 중심의 IP 수출과 국제공동제작 사례가 있다. 둘째, 한국 영화에 대한 해외 자본투자 및 공동제작이다. 한국 영화에 대한 해외 자본투자 및 공동제작의 경우, 먼저 해외 자본이 한국 영화에 투자하고 제작을 진행하는 것이다. 중국과의 공동제작인 〈미스터 고〉에 이어 할리우드 스튜디오인 폭스의 〈곡성〉, 그리고 워너브라더스의 〈밀정〉 등의 사례가 있다. 셋째, 다국적 영화 또는 양국 영화 투자 및 공동제작이다. 이는 한국 영화로 분류되는 국제공동제작 작품이 아닌, 국제공동제작에 개입한 당사국의 국적을 모두 취득한 작품 유형이다. 이에 해당하는 사례로는 〈워리어스 웨이〉(뉴질랜드), 〈바운티 헌터스〉(중국), 〈나비잠〉, 〈막다른 골

---

55) 완성작 수출은 완성된 한국 영화가 수출된 경우이고, 서비스 수출은 후반작업 등 기술서비스 수출과 외국작품이 한국에서 촬영되며 발생하는 비용인 해외작품 로케이션을 포함한다.

56) 한선희 외(2019), 〈한국영화제작의 국제화 현황 및 정책방안 연구〉, 영화진흥위원회.

목의 추억〉(일본) 등이 있다. 넷째, 해외 로컬 영화제작 참여이다. 이 유형은 IP 수출과 더불어 최근 부각되고 있는 국내 영화제작 부문의 해외 진출 성과를 보여주는 것으로 CJ ENM의 〈사탄의 숭배자〉, 〈징기스칸: 지살령〉 (중국) 등이 있다. 다섯째, 한국 영화의 해외 로케이션과 외국 배우 캐스팅이다. 〈만추〉, 〈아이 캔 스피크〉의 미국 촬영, 〈설국열차〉의 체코 촬영 외에도, 〈마이 웨이〉(라트비아), 〈집으로 가는 길〉(도미니카 공화국), 〈싱글라이더〉(호주) 등의 사례가 있다. 역으로 해외 영화가 한국에서 촬영하면서 한국의 인력들이 투입되는 경우가 있는데, 〈아일라〉(터키)와 〈블랙팬서〉(미국)의 사례가 있다.

이 중에서 특히 넷플릭스를 비롯해 점차 세력을 확장하고 있는 글로벌 OTT 서비스가 한국 영화에 투자하여 OTT에서 전송하는 형태인 두 번째 유형(한국 영화에 대한 자본 투자)이 크게 증가하여 한국 영화의 새로운 글로벌전략 방향을 제시해주고 있다. 좀비물인 〈#살아있다〉, 〈킹덤〉 등 넷플릭스 인기 영화 순위를 1위를 기록하기도 했다.

4. 영화제

영화제란 많은 영화 작품을 일정기간 동안 연속적으로 상영하는 행사이다. 영화제에서는 상영 외에 다양한 활동이 이루어지는데, 영화계의 새로운 인력을 발굴하고 알려지지 않은 좋은 작품을 발굴하며, 영화마켓을 통해 영화와 관련된 판매, 투자 등이 일어난다. 동시에 영화계 인사들이 참여함으로써 이들 간 네트워크의 장으로도 활용된다.

최초의 국제영화제는 1932년 이탈리아 베니스에서 열린 국제미술전 비엔날레의 일부로 진행된 상영회로 시작되었으나 후에 베니스국제영화제로 발전했다. 제2차 세계대전 이후에 칸국제영화제, 베를린국제영화제 등이 개최되었다. 베니스국제영화제, 칸국제영화제, 베를린국제영화제가 세계 3대 국제영화제이고, 여기에 1985년에 개최된 선댄스영화제가 합쳐져 4대 국제영화제라고도 한다. 부산에서 개최되는 부산국제영화제는 1996년 만들어져 현재까지 주목받는 국제영화제로 성장했다.

영화제는 시상 여부에 따라 경쟁영화제와 비경쟁영화제로 나뉜다. 경쟁영화제는 다양한 상을 두고 영화제 기간 동안 상영하는 영화끼리 서로 경쟁하는 영화제이고, 비경쟁영화제는 경쟁이 없이 상영하는 영화제를 말한다. 대부분 국제영화제는 경쟁영화제이지만 부산국제영화제는 비경쟁영화제이다.

주제를 가지고 영화제를 분류하기도 한다. 수많은 영화제 중에서 자신의 정체성을 살리고 차별화하기 위해 특정 장르나 주제를 가지고 영화제를 개최하는 경우가 많다. 공포, 판타스틱, SF, 청소년, 여성, 이주노동자 등 다양하다. 부천의 경우 부천판타스틱영화제를 개최하고 있다.

우리나라는 유달리 국제영화제에서 수상한 경력이 많다. 대표적으로 2002년 임권택 감독의 〈취화선〉이 칸영화제 감독상, 이창동 감독의 〈오아시스〉가 베니스영화제 특별감독상 및 신인배우상, 2003년 박찬욱 감독의 〈올드보이〉가 칸영화제 심사위원대상, 2012년에 김기덕 감독의 〈피에타〉가 베니스국제영화제에서 황금사자상을 수상했다. 드디어 2019년에는 〈기생충〉으로 칸영화제 황금종려상을 수상한 데 이어 2020년 미국 아카데미 각본상, 국제

장편영화상, 감독상, 작품상까지 4관왕을 차지하여 세계를 놀라게 했다.

사실 아카데미시상식과 3대 국제영화제는 성격상 차이가 있다. 아카데미는 영화시상식이고, 3대 국제영화제는 영화제[57]이다. 즉 아카데미는 개봉한 영화들을 대상으로 상을 주기 위한 목적으로 열리는 행사인 '시상식'이고, 3대 국제영화제는 시상 이전에 아직 개봉하지 않은 영화들을 미리 보여주기 위한 '영화제'이다. 또한 아카데미시상식의 경우에는 전년도 한 해 동안 미국 내에서 개봉한 영화들을 대상으로 하고, 3대 국제영화제는 전 세계에서 다양한 인디영화들이 초정된다는 점도 차이가 있다. 아카데미시상식은 미국 내에서 개봉된 영화를 대상으로 하지만 미국 시장이 가장 크다 보니 세계적으로 권위 있는 시상식이 되었고, 상업적인 영화 수상에서 최고의 상으로 여겨지고 있다.

베를린국제영화제는 1951년 분단 상태에 있던 독일의 통일을 기원하며 시작했으며, 매년 2월 중순 약 10일에 걸쳐 진행된다. 최우수작품상인 금곰상을 비롯해 심사위원대상, 남녀 연기상, 예술 공헌상 등 여러 부문에 걸쳐 시상이 이루어진다. 세계 3대 영화제 중 하나로 꼽히며, 시사회를 비롯하여 베를린 영화학교가 주최하는 심포지엄, 유럽 영화 회고전 등 해마다 별도의 다양한 행사를 진행한다. 칸영화제는 매년 5월 프랑스의 칸(Cannes)에서 열리며, 칸의 프랑스 발음을 따라 '깐느'로 불리기도 한다. 국제영화제의 메카인 칸영화제는, 1946년 9월 20일을 시작으로 2019년 제72회를 맞았다. 2020년 칸영화제는 다른 영화제와 마찬가지로 코로나 19로 취소되고 초청작 발표로 갈음했다. 베니스국제영화제는 역사적으로 가장 오래된 영화제

---

57) 우리나라에서 대종상, 청룡영화제와 같은 영화시상식이다.

로, 이탈리아 베니스 리도섬에서 개최된다. 행사는 8월 마지막 주에 시작하며 약 2주간 진행한다. 2012년 김기덕 감독 작품 〈피에타〉가 최고상인 황금사자상을 수상했으며, 예술영화를 지향한다는 인식이 높다. 세계 최고의 독립영화제로 불리는 선댄스영화제는 매년 1월 20일에 개최되는 행사로, 미국 유타주의 파크시티에서 열린다. 다양성을 중시하는 영화제로 낮은 예산의 독립영화와 다큐멘터리를 중점적으로 다룬다. 영화학도와 영화감독들에게 등용문으로 인식되며, 대형 영화사들이 이 영화제를 통해 인정받는 배우와 감독을 발굴하기도 한다.

부산국제영화제는 BIFF(Busan International Film Festival)로 불리며 아시아를 대표하는 국제영화제 중 하나로 꼽힌다. 1996년을 시작으로 2020년 제25회를 맞았다. 매년 10월 초에 개최되는 행사는 10일간 진행하며, 장르를 불문하고 다양하게 상영한다. 기본적으로 비경쟁영화제를 추구하며, '아시아 영화의 창', '새로운 물결', '한국 영화 파노라마' 등 일곱 개의 프로그램을 진행한다.[58]

---

58) 맥스무비, 2019.12.03.

3장

음악산업

1. 정의 및 특성

정의

음악은 우리 인간의 원초적인 감성의 발로이다. 음악은 우리의 심장이 뛰는 비트에서부터 시작되었다고도 한다. 고대로부터 우리 인간은 노동요를 불렀고, 중세 시대에는 교회음악이 유행했으며, 지금은 온라인 스트리밍으로 음악을 들으면서 생활하고 있다. 음악은 우리 생활의 일부이자 삶 그 자체라고 할 수 있다.

음악산업은 과거에는 음반산업으로 통했다. 음반산업은 LP, CD, 카세트테이프와 같은 음반의 제작·배급·출판과 관련된 산업을 총칭하지만, 온라인과 모바일의 등장으로 그 의미가 반감되면서 현재는 음악산업이라는 개념으로 정의되고 있다. 따라서 음악산업을 음원의 기획 및 제작, 음반 제작 및 유통과 관련된 산업이라 정의하고, 디지털음악은 온라인 및 모바일 등 디지털 매체를 통해 음원을 제작, 유통하는 모든 분야의 산업으로 정의하고 있다. 또한 음악산업은 음악의 제작뿐만 아니라 점차 서비스의 영역이 강조되면서 작곡, 출판, 저작권, 공연, 매니지먼트, 음반, 방송, 광고, 영화음악, 노래방 등을 모두 포함하는 광의로 해석되기에 이르렀다. 우리나라에서도 음악산업이란 용어는 CD 등 음반을 중심으로 하는 음반산업, 인터넷, 모바일을 매체로 하는 디지털음악산업, 음악공연산업, 노래방산업 등을 포괄하여 사용하고 있다.

한국콘텐츠진흥원에서는 음악산업 중분류로 음악제작업, 음악 및 오디오 출판업, 음반복제 및 배급업, 음반도소매업, 온라인 음악유통업, 음악공연업, 노래연습장 운영업으로 나누고 소분류로 다시 세분화하고 있다. 이런 분류는 음악 서비스업, 제조업을 포괄하면서 이를 다시 가치사슬별로 구분하는 형태이다. 한국콘텐츠진흥원 분류상 음악산업에는 음악공연업의 콘서트가 포함된 개념으로, 이 책 6장에서 다룰 공연산업을 일부 포함하고 있어 통계의 해석이나 분석을 할 때는 유의해야 한다.

| 음악산업의 분류 |

대분류	중분류	소분류
음악산업	음악제작업	음악 기획 및 제작업
		음반(음원) 녹음시설 운영업
	음악 및 오디오물 출판업	음악 오디오물 출판업
		기타 오디오물 제작업
	음반복제 및 배급업	음반 복제업
		음반 배급업
	음반도소매업	음반도매업
		음반 소매업
	온라인 음악유통업	인터넷/모바일 음악 서비스업
		음원대리 중개업
	음악 공연업	음악공연 기획 및 제작업
		기타 음악공연 서비스업
	노래연습장 운영업	노래연습장 운영업

자료: 한국콘텐츠진흥원.

특성

음악산업의 특성은 문화콘텐츠산업의 특성과 유사하다. 먼저, 상품으로서의 특성을 보면, 첫째, 음악은 직접 들어보기 전에는 품질을 알 수 없는 경험재이다. 이는 과거의 소비 경험이 현재의 수요에 가장 큰 영향을 준다는 것을 의미한다. 시장성이 검증되고 고정수요가 풍부한 기존 스타 앨범의 시장점유율이 더 높은 이유는 음반이 바로 경험재이기 때문이다. 그리고 음반에 대한 사전 정보와 경험을 제공하는 방송미디어와 SNS가 음악 소비에 결정적으로 영향을 미친다. 둘째, 음악은 한번 구매한 이후 반복 소비하는 상품이다. 영화나 드라마는 한번 구매하여 소비한 이후 반복해서 감상하는 경우는 많지 않은 일회성 감상품인 데 비해 선호하는 음악은 자주 듣는 반복청취를 한다. 즉 음악은 지속적인 청취를 위해 구매하는 상품이다.

산업적 특성으로는 첫째, 음악 상품은 제작에 들어가는 초판 비용이 크지만 복제비용은 상대적으로 저렴하여 단위당 생산에 소요되는 비용이 매우 적다. 따라서 일단 제작된 음악의 판매 수입은 소비량에 의해 결정되는데, 제작 후 생산비용이 낮아 더 많은 소비자가 구매할수록 판매 수입은 증가한다. 즉 초기 투자비용이 높으나, 음악 판매량이 일정 수준을 넘어설 경우 수익 창출 효과가 큰 고위험-고수익(High Risk-High Return) 사업이며 모험형, 벤처형 산업이다. 둘째, 문화적 할인율이 높은 산업이지만 점차 그 문화적 장벽은 완화되고 있는 추세이다. 국가별 좋아하는 음악의 취향과 가수가 달라 한 나라의 음악이 문화가 다른 나라에서 유행하는 것은 흔하지 않은 현상이었지만 SNS가 발전하고 영어권이 아닌 나라에서도 영어 가사로 음악을 만들어 이제는 로컬 음악이 전 세계로 유포되는 경우가 많아졌다. 셋째, 저작권과 밀접하게 관련되어 있는 산업이다. 문화콘텐츠산업은 모두 저작권과 관련되어 있지만, 특히 음악은 디지털 복제가 쉽고 비용이 낮아 불법유통이 광범위하게 나타나는 분야이다. 그러나 점차 저작권 관리체계의 발달, 국민의 인식 개선, 국제통상기구의 활동 등으로 불법유통이 감소하는 상황이다.

2. 구조 및 가치사슬

음악산업의 가치사슬은 상당히 복잡하다. 이는 음악산업이 음악, 음성서비스만을 제공하는 것이 아니라 여기서 파생된 동영상, 공연 등의 이벤트, 광고 등 다양한 콘텐츠를 통해 수익을 내는 구조를 가지기 때문이다. 제작→유통→소비자에 이르는 가치사슬 안에서 제공되는 서비스가 다양하고 이에 따라 관련된 유통구조 역시 복잡하다. 또한 음악산업의 핵심 콘텐츠인 음악의 유통과정이 스트리밍 서비스 등과 같은 IT 기술과 밀접한 관련을 맺고 있어 가치사슬을 더욱 복잡하게 한다.

음악산업의 가치사슬을 전통적인 음반산업과 디지털음악산업으로 나누어 보자. 먼저 음반의 가치사슬은 음반의 기획 및 제작 관련 산업과 음반의 유통 관련 산업이 포함되어 있으며, 생산 단계→유통 단계→소비 단계의 가치사슬을 가지고 있다.[1]

---

1) 김재영, 고정민, 김미현 외(2007), 〈디지털 융합에 따른 문화콘텐츠 산업의 가치사슬 변화에 대한 연구〉, 문화체육관광부.

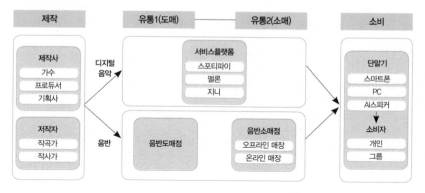

첫째, 생산 단계는 창작, 녹음 및 녹음 매체로의 임가공 단계를 포괄하는데, 창작은 음반업체가 실력 있는 가수를 발굴하고 프로듀서, 작곡가, 연주자 등과 다양한 방식의 계약을 체결하는 단계이다. 녹음 및 녹음 매체로의 임가공은 녹음을 거친 음원을 기존 유형의 음반 혹은 디지털 형태의 무형 매체로 제작하는 단계를 일컫는다.

둘째, 유통 단계는 일반적으로 유통회사→도매상 및 소매상→소비자의 구조로 이루어진다. 음반은 도매 과정을 거치지 않고 서적과 함께 대형 매장이나 인터넷을 통해 직접 소비자에게 전달되는 구조가 일반적이다.

음반 유통시장도 통신사와 IT사의 경쟁 구도로 이루어져 있다. 2020년 음반시장에서는 방탄소년단과 엑소 등의 음반 유통을 담당한 SK의 DREAMUS가 점유율 1위(54.3%)를 차지하고 있으며, 뒤이어 카카오M(18.1%), 지니뮤직(12.9%)이 뒤를 잇고 있다.[2] 현재 국내 음반 판매 시장의 상당수를 아이돌 가수의 음반이 차지하는 점으로 볼 때 유통사가 어떤 가

---

2) 가온차트뮤직, 2020 연간차트 리뷰(2021).

수의 음반을 유통하는지가 매출 실적에 중요한 요인으로 작용한다. 음반 서비스 시장은 음반 판매 시장이 위축되면서 도서 판매 시장에서 도서와 음반을 함께 취급하는 방향으로 바뀌었다. 교보문고의 핫트랙스, 알라딘커뮤니케이션, 예스24 등이 이에 해당한다. 음반을 따로 취급하는 도소매 회사로는 신나라레코드 정도가 남아 있다.

디지털음악산업 구조는 음반의 임가공 단계를 제외하고 전통적인 음악산업의 가치사슬 구조(제작-유통-소비)와 제작과 소비는 크게 다르지 않다. 즉 제작 시장은 음악이라는 콘텐츠가 기획·개발·제작되는 시장으로 가수와 가수의 소속 기획사가 중심적인 역할을 하며, 이외에도 프로듀서, 작사·작곡가, 연주자, 엔지니어 등이 참여하고 있다. 소비 시장에는 스마트폰, 스마트폰, 노래방 등을 통해 개인이나 복수의 사람들에게 전달된다.

제작과 소비 사이에서 음원을 소비자에게 전달하는 역할은 유통인 음악 서비스 플랫폼이 한다. 현재 국내 음원 유통시장도 통신사와 IT플랫폼사가 경쟁하는 구도라 할 수 있다. 2000년대 들어 통신사가 통신망과 음악 이용 서비스를 결합한 비즈니스모델을 구축하면서 통신사가 음반사와 협업하거나 음반사를 인수합병하면서 음악산업에 뛰어들었고 음악의 생산, 유통, 판매에 이르는 수직구조를 갖추었다. 그러다 2017년부터 모바일 음원 시장의 급속한 성장에 힘입어 검색과 콘텐츠를 함께 서비스하는 IT플랫폼업체들이 음악산업에 진출하기 시작했다.[3] 통신사로는 KT가 2007년부터 음악산업에 진출했고 지니뮤직을 통해 음악 유통과 서비스를 하고 있다. 지니뮤직은 멜론에 이어 국내 2위의 음원 서비스업체로 2018년 국내 3위 음원 서비

---

3) 한국콘텐츠진흥원(2019), 2018 음악산업백서.

스인 엠넷닷컴을 소유한 CJ디지털뮤직을 인수합병하여 국내 1위 음원 서비스업체인 멜론과의 양대산맥 구도를 마련했다.[4] IT플랫폼사로 음악산업에 진출한 기업은 카카오M으로 지니뮤직과 마찬가지로 음원 서비스를 하고 있다. 카카오M은 카카오의 자회사로 2016년 국내 1위 음원 서비스사인 멜론을 소유한 로엔엔터테인먼트를 인수하여 음악 플랫폼으로서 음원 서비스 시장에 진입했다. 멜론의 기존 소유주인 로엔엔터테인먼트가 SK텔레콤의 계열사였던 점을 고려하면 통신사의 음악 사업이 IT플랫폼사로 이전한 현상으로 볼 수 있다.[5]

서비스 플랫폼 시장은 유통된 음원을 소비자와 연결해 매출을 일으키는 시장으로, 소비자는 음원 서비스를 이용하고 이용료를 지불하는 구조로 음원을 소비한다.

| 한국 음원 스트리밍 시장 주요 서비스[6] |

	멜론	지니뮤직	플로	애플뮤직	스포티파이
업체	카카오	KT	SKT	애플	스포티파이
월간 순 사용자 수	440만 명	218만 명	169만 명	4,350만 명	1억9,100만 명 (이 중 유료 가입자 8,700만 명)
월 이용 요금	6,900–1만 2,000원	7,400–1만 800원	6,900원	8,900원 (한국가격)	월 9.99달러 (5인 플랜 14.99달러)
특징	한국 1위 음원 서비스업체 한국 가요 음원 보유량 1위	무손실 원음 스트리밍 서비스 VR용 음악 서비스 제공	2018년 12월 출시된 신규 서비스 음악 큐레이션 서비스	세계 2위 음원 스트리밍 업체	세계 1위 음원 스트리밍 업체

주: 애플뮤직 · 스포티파이(미국 기준).

4) 한국콘텐츠진흥원(2019), 2018 음악산업백서.
5) SK텔레콤은 2013년 로엔엔터테인먼트를 매각해 음악산업에서 철수하는 듯했으나, 2014년 아이리버를 인수해 DREAMUS로 사명을 변경하고 음원음반 유통사업을 다시 개진하고 있다. 현재 FLO가 SK텔레콤의 음악 서비스이다. 디지털타임스 기사, '음원 서비스 회사' 탈바꿈하는 아이리버(2019).
6) 애플뮤직과 스포티파이는 미국 기준.

3. 역사

음반산업은 1877년 미국의 발명왕 에디슨이 축음기를 발명하면서 시작되었다. 오락거리가 그다지 많지 않았던 당시에 음악은 매우 중요한 고급오락거리이고 주요 엔터테인먼트산업으로 황금기를 구가했다. 그러나 대공항 이후 라디오 및 영화산업의 출현 등으로 침체를 거듭하다가 1950년대 후반에 회복국면으로 들어섰다. 다시 텔레비전의 등장으로 음반산업이 위축되자, 음반업계는 텔레비전 방송에 반격하기 위해 LP(Long Playing)음반을 개발했다. LP(Long Playing)는 1948년 SP(Standard Playing)음반을 대신해서 새로운 레코드 포맷으로 정착되었다. 1970년대 후반까지의 시기에는 LP를 탑재할 수 있는 전축(phonograph)이 일반인 가정용품이 될 정도로 전 세계적으로 보급률이 높아졌다. 1980년대는 미국 음악 전문 케이블TV인 MTV 및 CD(Compact Disc) 인기에 힘입어 다시 음반 판매량이 증가하기 시작했다. CD는 과거 LP보다 많은 음악을 작은 크기로 저장할 수 있어 음악산업을 획기적으로 성장시키는 데 기여했다. CD의 판매 증가는 1990년대까지 이어져 10년 동안 약 150% 성장했으며, 1983년 첫 발매 이후 2000년까지 매년 약 25억 개씩 판매되었다.

2000년대는 음반에서 디지털음악으로 바뀌는 시기였다. 온라인 다운로드로 음원을 저장하여 음악을 들으면서 CD 매출은 점차 감소하는 추세를 보였다. 이런 과정에서 불법다운로드라는 복병을 만나 음악시장은 침체한다.

인터넷 등에서 음원을 불법으로 다운로드받아 대가 지불 없이 음악을 소비하는 형태가 나타나 음악업계는 많은 피해를 보았다. 그러나 2010년대 들어서는 각국 정부 단속 등에 힘입어 불법복제는 감소하기 시작하고 스마트폰의 오픈마켓이 등장하면서 음악시장은 또다시 성장했다. 애플과 스포티파이 등의 업체가 등장하여 음악이 과거 다운로드에서 스트리밍으로 소비하는 시대로 변화했다. 이처럼 세계 음악산업은 많은 부침이 있었지만 그때마다 슬기롭게 헤쳐나가면서 지속적으로 성장하고 있다.

국내

우리나라에 축음기와 레코드가 소개된 것은 1890년대로 추정된다. 일제강점 시기에는 일본 회사가 음악을 제작·발매했다. 8·15해방 이후 실질적으로 우리나라 음반산업이 시작되었다고 볼 수 있다. 또한 해방과 더불어 미군정의 영향으로 서양 팝 음악이 유입되었다. 해방 이후 자체 기술과 설비에 의해 음반을 발매한 이 시기를 순수 한국 음반산업의 도입기라 할 수 있다. 1956년에는 LP가 도입되었는데, 세계 음반업계는 이미 LP가 보편화된 상태였다. 한국 음반산업은 1960년대 들어 정착기에 돌입했고 1964년 미도파음반에서 발매한 이미자의 〈동백 아가씨〉 앨범이 국내 처음으로 10만 장 이상의 판매고를 올렸다. 1960년대 말에는 TV가 보급되어 음악 소비자들의 관심이 TV로 이동하면서 음반 판매량이 감소했다. 1970년대 중반 국내 음반사들이 외국사와 정식으로 라이선스 계약을 체결하고 음반을 판매했다. 1977년에는 MBC에서 '대학가요제'를 개최하여 많은 가수를 배출하면서

부터 많은 가요제가 가요의 산파 역할을 했다.

1980년대 이후부터 미디어가 증가함에 따라 음반산업이 본격적으로 성장했다. 1983년에 삼성과 금성이 필립스로부터 특허권 라이선스 계약을 따내고, 국내 최초로 CD플레이어를 생산했다. 1987년에는 법이 개정되면서 해외 음반사의 직배가 가능해졌고, 1990년대에는 해외 음반사 및 대기업이 국내 가요 시장 진출했다. 발라드 전성시대였던 1980년대와는 다르게 1990년대에는 댄스음악이 주류로 정착했는데, 여기에는 서태지의 앨범 〈난 알아요〉가 큰 영향을 미쳤다.

2000년대 인터넷이 보편화되면서 음악을 들을 수 있는 매체가 바뀌었다. 2009년부터 스마트폰이 보급되면서 다시 음악시장이 변화했다. 음악감상 방식이 다운로드에서 스트리밍으로 넘어가, 현재는 스마트폰을 통한 스트리밍 서비스가 보편화되었다. 이 시기에는 한국의 가수들이 해외에 진출하고 유튜브 등에 인기를 끌어 K-pop 한류를 만들어냈다. 2000년대 중반 이후에는 빅히트엔터테인먼트가 배출한 BTS가 세계 음악시장에서 한국 음악의 위상을 한 단계 높여 놓았다.

4. 음악산업의 파급효과

연관 산업 효과

인간의 감성에 의해 만들어진 음악은 우리에게 재미와 감동을 주는 엔터테인먼트적인 요소로 인해 다양한 용도로 활용된다. 일반적으로 음악은 CD나 모바일 및 온라인 등의 매체를 통해 많은 일반 소비자들이 음악 자체를 듣는 것이 본원적인 기능이다. 그러나 평소에 인지하지 못하고 있지만 수많은 분야에서 음악이 사용된다. 같은 산업군에 속해 있는 문화콘텐츠산업의 경우 영화에서는 영화음악, 방송에서는 음악방송에 사용되고 있으며, 각종 공연에서도 음악은 필수적이다. 영화나 작품의 테마를 설정하면 테마에 맞게 배경음악을 선곡하고, 음악을 활용하여 관객에게 스토리의 호응과 몰입을 극대화한다. 게임 분야에서도 차별화와 홍보마케팅 수단으로 음악이 급부상하면서, 게임을 위한 오리지널 사운드 트랙(OST)과 뮤직비디오 제작이 게임업계에서 확산되고 있어 게임에서의 음악은 점차 그 중요성을 더하고 있다.

문화콘텐츠산업 이외에 제조업이나 서비스업에서도 음악은 자주 사용되고 있다.[7] 가전제품인 오디오 기기, 텔레비전, 라디오는 물론 휴대폰, 컴퓨터의 인터넷 등에서 음악을 이용한 비즈니스가 전개되고 있고, 제품의 활용도를 높이거나 상품 정보를 제공할 때 음악이 사용되기도 한다. 또한 유통,

---

7) 고정민(2008), 〈음악산업의 동향과 발전과제〉, 음악산업 진흥을 위한 국제대토론회.

은행, 도소매 부문에서도 음악을 사용하여 고객을 즐겁게 한다. 예를 들어 음식점, 커피숍, 호텔 등 매장 안에서 라운지 음악은 고객의 심리 자극과 분위기 고양을 위한 마케팅 전략으로도 사용된다. 뿐만 아니라 음악은 광고에서도 없어서는 안 되는 중요한 수단이다. 예를 들어 광고의 로고송은 회사의 브랜드이미지를 각인시켜주는 역할로서 매출 대와 브랜드이미지 상승효과를 창출한다.

교육효과

고대 그리스에서는 전인적 인간을 육성하기 위하여 심신의 조화를 이루는 시가(詩歌) · 극 · 무용 등 폭넓은 음악교육이 행해졌으며, 로마 시대에는 정치 · 경제에 중점을 두었기 때문에 음악교육에는 관심이 낮았다고 한다. 15세기 르네상스 이후 일반 시민의 경제적 지위가 향상됨에 따라 시민계층을 위한 음악이 필요해지고 음악의 대중화와 함께 음악가의 독립성도 보장되었다. 이때부터 각종 음악원이 설립되고 사회적 요구에 부응하여 음악교육이 활발해졌다.

제임스 머셀(Mursell)은 음악교육과 인간 형성에서 "음악교육을 통해 사회성을 향상시킬 수 있다"라고 말하고 있다.[8] 음악이 교육으로 사용될 수 있음을 말하고 있다. 과학, 수학은 이성적인 면을 부각하는 학습이며 음악은 감성적인 측면을 발전시키는 학습이다. 또한 음악교육은 능동적이고 활발

---

8) 제임스 L 메셀(1993), 《음악교육과 인간 형성》, 삼호출판사; 한국콘텐츠진흥원(2012), 2011 한국 음악산업백서에서 재인용.

한 학생을 육성하는 데에도 활용된다. 음악을 활용한 교육은 리듬, 코드, 악기, 소리, 작사, 작곡 등 점진적으로 넓혀가며 학생들의 자발적 의욕과 흥미를 유발하는 능동적 교육이다. 집중력, 기억력 향상을 위해 공부, 연구에 다양하게 음악이 이용되기도 한다.

의학 치료 효과

음악은 산업적인 효과와 교육적인 효과 이외에도 의학적인 치료 효과도 있다. 음악 심리치료는 언어에 의하지 않고 감정교류의 매체로서, 의사소통을 가능하게 하는 비언어적 전달 매체로서 심리치료에 도움이 된다. 음악은 과거의 경험과 감정을 무의식적으로 연상시키는 연상 작용을 가능하게 하고, 눈으로 보지 않아도, 말을 사용하지 않아도 환기적, 창의적 힘을 가지고 있다. 따라서 음악은 정신적인 장애를 치유하는 데 효과가 있고, 불면증 치료, 태교 등에도 활용된다. 이는 음악의 음파가 중추신경을 자극해 긴장감과 불안감을 완화시키고, 음악은 호감과 감성을 자극하며, 음악 활동은 동질감을 일으켜 소속 감정으로 일으키는 효과가 있기 때문이다. 음악의 의학적 활용에는 음악을 활용한 신체적 고통 완화 요법도 있다. 이는 음악으로 신경을 분산시켜 고통을 완화하는 메디컬 치료요법으로 불안감과 뇌파, 혈압을 조정하기 위해 환자가 치료나 검사를 받을 때 음악을 이용하는 방법이다.

악기 연주가 인체에 미치는 효과도 있다. 악기 연주가 폐활량 발달, 청음 능력, 협동심, 균형감각 등 인간에게 긍정적 효과를 준다. 악기 연주를 통해 신체적 소근육 발달과, 복식호흡을 통해 폐활량이 발달하고 소리에 대한 예리함으로 청음 능력과 연주회를 통한 자신감이 발달한다. 아울러 타인과의 합주를 통한 협동심과 배려심, 사회성이 향상되고 건반 악기 등 다양한 악기를 통해 밸런스와 공간지능 및 인내력과 자제력이 발달하는 효과가 있다.

1. 국내 시장 현황

매출

    2018년 음악산업의 매출액은 6조979억 원으로 전년 대비 5.1% 증가했으며, 2016년부터 2018년까지 연평균 7.2% 증가해 꾸준한 상승세를 보였다. 세부적으로 살펴보면, 온라인 음악 유통업 매출액은 1조7,453억 원으로 2016년부터 2018년까지 연평균 7.3% 증가했으며, 음악제작업 매출액은 1조4,112억 원으로 3개년 연평균 12.4% 증가했다. 음악공연업 매출액은 1조581억 원으로 연평균 6.7% 증가했다. 2020년에는 코로나 19로 인해 음악공연업은 오프라인에서 온라인으로 전환하여 다양한 사업들을 전개하면서 위기를 극복하고 있다. 노래연습장 운영업 매출액은 1조4,450억 원으로 전년 대비 마이너스 3.9%를 기록하고 있는데, 특히 2020년에는 코로나19의 영향을 크게 받아 매출이 큰 폭으로 하락할 것으로 예상된다.

(단위: 백만 원, %)

중분류	소분류	2016년	2017년	2018년	비중	전년대비 증감률	연평균 증감률
음악제작업	음악 기획 및 제작업	1,062,210	1,173,207	1,347,418	22.1	14.8	12.6
	음반(음원) 녹음시설 운영업	54,744	60,618	63,755	1.0	5.2	7.9
	소계	1,116,954	1,233,824	1,411,172	23.1	14.4	12.4
음악 및 오디오물 출판업	음악 오디오물 출판업	16,422	17,665	19,067	0.3	7.9	7.8
	기타 오디오물 제작업	825	865	850	0.0	△1.7	1.5
	소계	17,247	18,530	19,917	0.3	7.5	7.5
음반복제 및 배급업	음반 복제업	52,320	81,305	99,294	1.6	22.1	37.8
	음반 배급업	67,435	94,182	98,497	1.6	4.6	20.9
	소계	119,755	175,487	197,791	3.2	12.7	28.5
음반 도소매업	음반 도매업	53,887	74,762	88,177	1.4	17.9	27.9
	음반 소매업	108,445	130,119	132,499	2.2	1.8	10.5
	소계	162,332	204,881	220,676	3.6	7.7	16.6
온라인 음악 유통업	인터넷/모바일 음악서비스업	1,245,425	1,441,804	1,518,803	24.9	5.3	10.4
	음원대리 중개업	114,477	119,516	128,020	2.1	7.1	5.7
	인터넷/모바일 음악 콘텐츠제작 및 제공업(CP)	85,488	91,752	98,437	1.6	7.3	7.3
	소계	1,445,390	1,653,072	1,745,261	28.6	5.6	9.9
음악 공연업	음악공연 기획 및 제작업	864,217	944,134	981,066	16.1	3.9	6.5
	기타 음악공연 서비스업	65,723	71,264	77,015	1.3	8.1	8.3
	소계	929,940	1,015,397	1,058,081	17.4	4.2	6.7
중합계		3,791,618	4,301,192	4,652,898	76.3	8.2	10.8
노래연습장 운영업	노래연습장 운영업	1,516,622	1,503,115	1,445,015	23.7	△3.9	△2.4
합계		5,308,240	5,804,307	6,097,913	100.0	5.1	7.2

자료: 한국콘텐츠진흥원(2020), 2019 한국음악산업백서.

우리나라 음악산업은 2000년대 중반에 온라인 음악이 오프라인 음악을 추월하여 2018년 온라인이 오프라인보다 8배 정도 많았지만, 최근 들어 오프라인의 음반 판매가 급격히 상승하는 현상이 나타나고 있다. 이는 아이돌 가수의 팬덤간의 경쟁심리 때문으로, 특히 코로나19 이후 콘서트나 음악방송 등 오프라인에서 직접 대면이 불가능해진 가수별 팬덤이 음반시장으로 집결했기 때문이다.

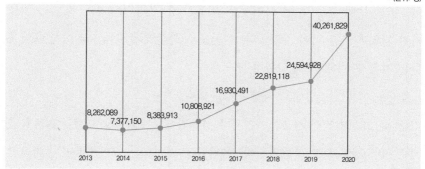

| 연간 앨범 판매량(1~400위) |

(단위: 장)

자료: 가온차트.

2018년 음악산업의 수출액은 5억 6,424만 달러로 2016년부터 2018년까지 연평균 12.9% 증가했다. 가장 수출을 많이 한 지역은 일본으로 2018년 수출액 3억6,734억 달러를 기록했다. 수출액이 가장 큰 폭으로 성장한 지역은 북미 지역으로 3년간 연평균 증감률 84.3%라는 높은 수치를 기록했다. 이는 최근 한국 음악이 BTS 등 미국을 겨냥하여 다양한 활동을 전개하고 있고, 빌보드차트 등에서 우수한 실적을 기록했기 때문이다.

음악 이용 추이 분석

한국의 음악시장은 전 세계 10위 안에 드는 음악시장이며, IFPI의 Global Music Report 2019에 따르면 '잠재적' 시장에서 '파워플레이어' 시장으로 이동하고 있다.[9] 시장의 성장은 무엇보다 음악 이용자의 활발한 음악 이용에 기인하는데 최근 몇 년 사이 음악 이용자 중 거의 매일 음악을 듣는 이용자가 거의 50%를 넘어서고 있다. 이들을 포함해 일주일에 1회 이상 음악을 듣는 이용자는 89.1%에 달한다.[10]

음악을 이용하는 방법도 다양화되고 있다. 음원 스트리밍 이용(중복 응답 기준 63.2%)이 가장 높고, 이어서 유튜브와 같은 동영상사이트(중복 응답 기준 60.3%)인 것으로 나타났다. 음악감상 기기로는 스마트폰이 중복응답 기준으로 88.3로 가장 높고, 이어서 컴퓨터(46.9%), TV(46.0%)이다. 결국 국내 음악 소비자들은 주로 스마트폰을 통해 스트리밍 서비스로 음악을 듣는 것으로 나타났다.

| 음악감상 이용 기기 추이(2020) |

(복수 응답, 단위: 명, %)

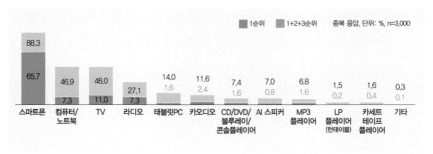

자료: 한국콘텐츠진흥원(2020), 2020 한국음악산업백서.

9) IFPI(2019), *Global Music Report 2019*.
10) 한국콘텐츠진흥원(2020), 2020 한국음악산업백서.

수익 배분 구조

음원에 대한 권리는 저작권자(작사/작곡가), 실연권자(가수/연주자), 저작인접권자(음반기획사) 등이 보유하고 있는 저작권, 실연권, 저작인접권을 의미한다.[11] 누구라도 음원을 사용하기 위해서는 이 세 가지 권리에 대한 사용료를 원권리자에게 지불해야 하며, 이런 권리는 각각 한국음악저작권협회(음저협: KOMCA), 한국음악실연자연합회(음실연), 한국음원제작자협회(음제협)/디지털유통사/음원대리중개업체에 위탁되어 운영되고 있다.

2000년대 들어 디지털 음악의 비중이 높아지면서 음원사용료 수익에 대한 제작자 등 권리자들의 관심도 높아졌다. 특히 권리자와 이동통신사 간의 음원사용료 수익배분 문제는 지속적으로 제기되어 점차 개선되고 있으나 아직도 갈등의 요인이 되고 있다. 현재 가장 주도적인 음악 소비 방식인 온라인 스트리밍 서비스는 서비스 플랫폼이 제작자로부터 음악을 제공받아, 이를 소비자들에게 전달하고 있으며, 소비자들은 그 대가로 월정액 이용료 혹은 종량제 이용료 등을 음악 서비스에 지불하는 구조이다. 음원 서비스 플랫폼은 서비스하려는 음악의 저작자(작사, 작곡, 편곡) 및 실연자(가창 및 연주자), 음반제작자의 세 권리 주체(이하 창작자)와 계약을 체결하여 이용에 대한 허락을 얻어야 하며, 창작자들의 몫은 이런 이용 허락 과정에서 계약을 통해 결정된다.[12]

---

11) 광의의 저작권에는 저작권과 저작인접권이 있고, 다시 저작권은 저작인격권과 저작재산권으로, 저작인접권은 실연자의 권리, 음반제작자의 권리, 방송사업자의 권리 등으로 나누어진다.
12) 한국콘텐츠진흥원(2019), 2018 음악산업백서.

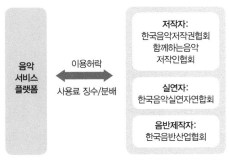

자료: 한국콘텐츠진흥원(2019), 2019 한국음악산업백서.

음원 수익 배분 구조는 음원 서비스 제공 이후 지속적으로 논란이 되어왔다. 서비스 유통사의 수익 비중이 높은 데다 저작권자들이 일일이 확인할 수 없는 복잡한 구조 때문에 수익 배분 방식의 투명성 재고에 관한 요구가 업계에서는 꾸준히 있었다.[13] 이런 문제의식에서 시작해 공론화 과정을 거쳐 2018년 6월 징수 규정을 개정하며 매출액 대비 요율(%) 정산 방식을 다시 도입했고, 2013년 이후 창작자에게 분배되지 못하고 있던 미분배 수입이 정당하게 분배될 수 있는 근거를 마련했다.

무제한 스트리밍 서비스가 다운로드 서비스와 결합한 상품과의 묶음 다운로드와 기간제한형 다운로드 상품의 할인 적용이 공급가를 인하하고 음악 창작자의 권리를 훼손할 우려가 있다는 시각이 있었고, 이에 문화체육관광부가 2019년부터 3개년에 걸쳐 해당 상품들의 할인율을 단계적으로 폐지하기로 결정하고, 2018년 6월 징수 규정 개정에 이를 반영했다. 또 창작자와 음원 서비스사 간의 수익 분배 비율도 65:35 수준으로 조정되었다. 이같은

---

13) 신항우 외(2019), 〈2019 음악산업 패러다임 전환과 지속성장을 위한 정책연구 보고서〉, 한국콘텐츠진흥원.

징수 규정 개정안은 음악산업의 미래 성장 동력을 확보하기 위해 전반적으로 창작자의 권익을 보호하기 위한 것이다. [14]

| 산업 주체별 분배 요율 변화 |

(단위: %)

구분		제작자 (소속사 및 아티스트)	저작자 (작사, 작곡, 편곡)	실연자 (가창 및 연주 등)	음악 서비스
스트리밍	기존	44.00	10.00	6.00	40.00
	개정(2018.06)	48.25	10.50	6.25	35.00
다운로드(변동없음)		52.50	11.00	6.50	30.00

자료: 한국콘텐츠진흥원, 2018 한국음악산업백서.

2. 해외 시장 현황

해외

2019년 기준 세계 음악산업 규모는 580억 달러로 전년 대비 6.8%로 높은 성장을 보였으나 2020년에는 코로나 19로 인해 408억 달러로 축소될 것으로 전망된다. 신규 앨범의 취소가 이어지고 있으며 지역 단위 공연장과 공연 관련 기술자 및 실연자들이 문을 닫거나 일자리를 잃는 등 코로나19는 전체 음악산업에 큰 영향을 미치고 있다. [15]

---

14) 한국콘텐츠진흥원(2019), 2018 음악산업백서.
15) 한국콘텐츠진흥원(2021), 2020 해외콘텐츠시장분석.

2010년부터 2020년까지 전 세계 음악산업의 수익 추이를 살펴보면 실물 음반시장은 2010년 89억 달러에서 2020년 42억 달러로 절반 이하로 수익이 줄어들었고, 스트리밍 시장의 수익은 지속적으로 증가해 2010년 4억 달러에서 2020년 134억 달러로 실물음반시장의 세 배가 넘는 수익을 보여주었다.

| 세계 음악산업 수익 추이(2010~2020) |

(단위: 십억 달러)

	2010	2011	2012	2013	2014	2015	2016	2017	2018	2019	2020
실물음반	8.9	8.2	7.6	6.7	6.0	5.7	5.5	5.2	4.7	4.4	4.2
디지털(스트리밍 제외)	3.9	4.2	4.4	4.3	4.0	3.7	3.2	2.6	1.7	1.5	1.2
스트리밍	0.4	0.6	1.0	1.4	1.9	2.8	4.6	6.5	9.2	11.2	13.4
공연권	1.4	1.4	1.5	1.7	1.8	1.9	2.2	2.3	2.6	2.5	2.3
싱크로나이제이션	0.3	0.3	0.3	0.3	0.3	0.4	0.4	0.4	0.5	0.5	0.4
총 수익	14.9	14.7	14.8	14.5	14.0	14.8	15.8	17.0	18.7	20.2	21.6

자료: Global Music Report(2021), State of the Industry Report.

2017년 세계 음악산업에서 미국이 전체 시장의 37.3%를 점유했고, 여전히 가장 큰 시장을 형성하고 있다. 일본, 영국, 독일 프랑스가 그 뒤를 잇고 있으며, 한국은 2018년 이후 6위 자리를 유지하고 있다.

| 세계 음악시장 상위 10 |

순위	2018	2019	2020	순위	2018	2019	2020
1	미국	미국	미국	6	한국	한국	한국
2	일본	일본	일본	7	캐나다	중국	중국
3	독일	영국	영국	8	호주	호주	캐나다
4	영국	독일	독일	9	브라질	캐나다	호주
5	프랑스	프랑스	프랑스	10	중국	브라질	네덜란드

자료: Global Music Report, State of the Industry Report.

스트리밍 서비스와 공연시장의 성장이 전 세계 음악시장의 성장을 이끌고 있으며, 향후 스트리밍 서비스 시장은 더욱 확대될 것으로 보인다.[16] 주간 음악 이용시간을 보면, 2018년 17.8시간에서 2019년 18.0시간으로, 일간 음악 이용 시간은 2.5시간에서 2.6시간으로 전 세계적으로 소폭 증가했고, 스트리밍 서비스의 점유율이 2018년 86%에서 2019년 89%로 증가했다. 비디오 스트리밍 비율이 2018년 52%(46%는 유튜브 이용)에서 2019년 47%로 떨어지고 유료 오디오 스트리밍 서비스 이용률이 28%에서 37%로 높아졌다.

| 글로벌 음악 서비스 이용 현황 |

구분	이용시간		스트리밍 서비스 이용률	비디오 스트리밍	오디오 스트리밍	
	주간	일간			유료	무료
2018	17.8	2.5	86%	55%	23%	22%
2019	18.0	2.6	89%	47%	37%	15%

자료: Music Listening 2019, Music Consumer Insight Report 2018, Global Music Report(2018), State of the Industry Report.

2019년 기준 스트리밍 서비스 플랫폼은 스웨덴의 스포티파이가 35%로 세계 1위이고, 이어서 애플뮤직 20%, 아마존뮤직이 11%를 차지하며 그 뒤를 잇고 있다. 스포티파이는 2020년 9월 기준 92개 국가에 진출하여 1억4,400만 명의 유료가입자가 있으며, 저작권자에게 지급한 누적액만 25조 원에 달한다. 스포티파이는 한국에 진출함으로써 한국의 토종 스트리밍 서비스업체들과 경쟁이 예상된다.

---

16) 한국콘텐츠진흥원(2019), 2018 음악산업백서(2019).

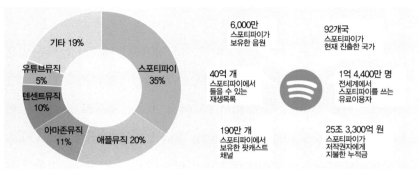

자료: 카운터포인트리서치, 스포티파이 홈페이지.

주요국

　미국과 일본은 전 세계 음악시장의 1, 2위를 차지하고, 중국은 2018년 10
위권에 진입한 후 2019년 7위에 등극, 2020년에도 같은 순위를 유지하고
있다. 아직은 우리나라보다도 작은 시장이지만, 막강한 인구와 자본을 바탕
으로 향후 큰 성장 가능성을 가진 시장이다.

| 미국, 일본, 중국 음악산업 규모 |

(단위: 백만 달러)

구분	2015	2016	2017	2018	2019	2020	2021	2022	2023	2024	2019-24 CAGR
미국	16,394	17,504	19,006	20,292	21,997	15,950	20,358	25,303	26,302	27,163	4.31
일본	6,654	6,784	6,677	7,162	7,414	5,410	6,272	7,606	7,532	7,455	0.11
중국	429	536	685	1,014	1,273	1,438	1,745	1,832	1,949	2,023	9.70

자료: Pwc(2020).

전 세계에서 가장 큰 시장인 미국의 음악산업은 2019년 기준 약 220억 달러를 기록했으나 2020년 코로나19의 여파로 160억 달러 수준에 그쳤다. 공연을 제외한 음악산업에서는 디지털 음악시장이 강세인데 그중에서도 스트리밍 시장이 지속적으로 상승세를 보이고 있다. 특히 2019년 39.9%를 기록한 디지털 음악시장의 비중은 코로나19 사태가 발생한 2020년에는 63.6%를 차지할 것으로 추정된다.

일본은 미국에 이어 세계 2위의 음악시장을 형성하고 있으나 성장은 다소 부진하다. 2019년 일본 음악시장의 규모는 74억 달러이지만 2020년에는 크게 감소한 54억 달러에 머물 것으로 보인다.[17] 특이하게도 일본은 실물음반시장이 여전히 높은 시장점유율을 보이고 있다. 하지만 세계적으로 실물음반시장이 축소되고 스트리밍 시장이 성장하는 추세를 일본 역시 따라가고 있다.

중국 음악시장은 2019년 12억7,300만 달러 규모로 전년 대비 25.6% 성장한 것으로 나타났다. 중국 음악시장은 2020년 코로나19 사태가 발생하기 이전에도 급속한 성장세를 보여 왔으며, 코로나19 사태가 발생한 2020년에도 큰 폭의 매출 하락이나 시장 위축 없이 전년 대비 두 자릿수 성장을 기록한 것으로 보인다. 이는 코로나19 이후 급속도로 위축되는 모습을 보였던 타국가와 중국 음악시장의 가장 큰 차이점으로 볼 수 있다.[18]

---

17) 한국콘텐츠진흥원(2021), 음악산업백서.
18) 한국콘텐츠진흥원(2021), 음악산업백서.

미국의 음악산업 시스템

미국의 음악산업은 음악음반회사, 음악 출판회사, 방송미디어 등으로 구성되어 있다.

| 미국의 음악산업 구조 |

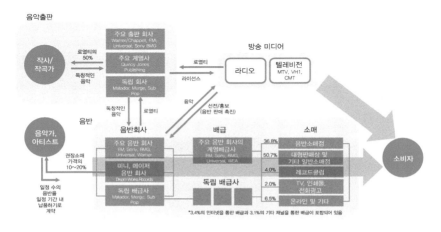

미국에서 음악출판사(뮤직퍼블리셔)는 저작자로부터 저작권을 양도받은 저작권자로서, 양도받은 음악저작물의 이용 개발을 도모하는 자라고 할 수 있다. 대부분 음반회사는 자신의 음악출판사를 가지고 있어, 저작권 관리를 하고 있다. 음악출판사는 작가와 음악 출판 계약을 체결할 때 작가에게 선급금(Advance)을 지급하는데, 이 선급금은 미래에 발생할 저작권료를 미리 지급해주는 금액으로, 계약 체결 후에 발생한 작가의 저작권료로 선급금이 반제 될 때까지 저작권료를 정산받지 못한다. 또한 전속작가 계약도 체결하는데, 이는 음악출판사가 작가로부터 출판권을 포함한 모든 저작권을 양도

받는 것을 말한다. 음악출판사는 저작자를 위해 수행하는 핵심 업무인 '저작물의 이용촉진', '저작권 관리', '저작권료 징수', '인재 개발', '저작물 보호' 등의 다섯 가지 업무를 한다. 우리나라와 비교해보면, 저작권신탁단체의 일과 음악기획사 일을 음악출판사가 동시에 하고 있다고 보면 된다. 다만 우리나라 일부 음악기획사에서는 직접 음악출판사와 같은 역할을 한다.

| 음악출판사와 유사 단체와의 핵심 업무 비교 |

	음악출판사	저작권신탁 관리단체	음악기획사	유통사
이용촉진	O	X	O	O
저작권 관리	O	O	X	X
저작권료 징수	O	O	X	X
인재 개발	O	X	O	X
저작물 보호	O	O	X	X

자료: 김지현(2018), 국내 음악산업에서 음악출판사(Music Publisher)의 역할에 관한 연구, 상명대학교대학원 석사학위 논문.

한편 소니, 워너, 유니버설과 같은 음반회사는 최종 마스터링된 음원과 관련된 저작권(copyright)을 가진다. 이들은 산하에 여러 레이블을 가지고 있고, 이들 레이블은 다시 하위 레이블을 가지고 있다.

미국은 해마다 재능 있는 스타들이 쏟아져 나오고 있지만, 4대 음반사를 비롯하여 각종 음반 스튜디오, 프로듀서 등이 끈끈한 네트워크를 형성하고 있어 외국의 가수나 음악이 접근하기 쉽지 않은 것이 현실이다. 또한 가수를 양성하는 시스템도 한국과는 다르다. 국내의 가수 양성 시스템이 가능성이 있는 인재를 발굴하여 수년간 장기적으로 훈련시키고 자체적으로 치열한 경쟁을 유발하는 시스템이라고 한다면, 미국은 이미 높은 재능을 가진 인재를 발굴하고 프로듀서와 안무 담당자 등이 투입되어 단기간에 스타로 만드는 시스템이다. 미국에서는 현실적으로 우리나라의 기획사처럼 스타를 만들기 위하여 5년 이상 장기적인 투자를 하는 시스템이 아니다. 미국은 어떤 틀에 맞는 인재를 키운다기보다는 가지고 있는 재능과 개성을 극대화하고 이를 마케팅에 적극적으로 적용한다는 것이다. 음악적 장르도 한 장르에 국한되지 않고 자신에 맞는 장르에서 두각을 나타내도록 하고 있다.

저작권 보호와 관련해서 보면, 미국의 음악산업은 저작권 보호 등의 노력이 기업이 주도하는 경향이 있고, 정부 차원에서의 정책 지원은 이에 비해 적극적이지 않은 편이다. 음원 보호와 사용료의 징수, 새로운 서비스의 이용 허락 등에 관한 사항은 음악출판사 외에 사운드 익스체인지(Sound Exchange), 해리폭스 에이전시(Harry Fox Agency) 등의 에이전시를 통해 이용자와 권리자가 협의하여 결정하고 있다.

미국에는 유니버설뮤직그룹, 소니뮤직엔터테인먼트, 워너뮤직그룹 등 3대 메이저 음악 회사가 있다. 소니뮤직이 BMG를 인수합병하고, 2012년 EMI가 부도를 맞고 위의 세 기업에 분산 인수되면서 유니버설뮤직그룹, 소니뮤직엔터테인먼트, 워너뮤직그룹 세 회사가 메이저 음악산업을 지배하는 구조를 이루고 있다.[19] 이들은 공통적으로 독립 레이블들을 흡수하여 아티스트 발굴, 제작과 배급을 포함한 퍼블리싱, 마케팅, 프로모션 등의 과정을 수직적으로 통합하는 시스템을 구축하여 운영하고 있다. 3대 메이저 음악 회사라 불리는 이들은 주요 레이블을 보유하고 있고 여전히 높은 시장점유율을 확보하고 있지만, 독립 레이블의 시장점유율이 해가 갈수록 높아지는 추세이다.

---

19) 메이저 레이블 1988~2012 이후, https://ko.m.wikipedia.org/wiki/레코드_레이블.

주요 Music Group	Labels	Artists
유니버설 뮤직 그룹	인터스코프레코즈	레이디 가가, 에미넴, 로빈 시크, 윌아이엠 등
	버진레코즈	마이크 올드필드, 섹스 피스톨즈
	캐피톨레코즈	비치 보이스, 케이티 페리
	캐롤라인레코즈	스매싱 펌킨스
	유니버설 리퍼블릭 레코드	싸이와 음반 유통 계약 관계
소니뮤직 엔터테인먼트	RCA레코즈	브리트니 스피어스, 알 켈리, 스콜피온스
	콜롬비아레코즈	비욘세, 셀린 디온
	사이코뮤직	원디렉션, 일 디보
	에픽레코즈	에이브릴 라빈
워너뮤직 그룹	아틀란틱	브루노 마스, 제이슨 므라즈
	워너브라더스레코즈	그린데이, 린킨파크
	워너뮤직UK	뮤즈, 데미안 라이스
	팔로폰	콜드 플레이, 릴리 알렌

 미국의 메이저들은 지속적으로 독립계 혹은 메이저들의 레이블을 흡수하고 있는데, 그 이유는 첫째, 레이블 소속 아티스트를 확보할 수 있기 때문이다. 콘텐츠적 측면에서 다양한 음악적 장르를 가진 아티스트를 확보, 발굴할 수 있으며, 이를 통해 다양한 음악 콘텐츠를 전 세계에 소개할 수 있다. 둘째, 아티스트, 음원/앨범 발매에 대한 통합적 마케팅(IMC) 전략 활용에 용이하기 때문이다. 레이블의 입장에서는 본사의 자본력, 인프라 그리고 체계적인 시스템을 통해 레이블 아티스트에 대한 매니지먼트, 마케팅이 가능해진다는 점에서 장점이 있고, 또한 자본력을 배경으로 기존의 음악적 특색을 유지할 수 있다.

 결과적으로 메이저 음악 회사와 독립 레이블의 M&A를 통해 음악적 다양성 및 시장성을 얻는 등의 시너지효과를 얻을 수 있다. 미국에서의 메이저 레이블은 자체 가수 보유, 음원 및 음반 제작, (소규모)서브레이블 지원을 통한 아티스트 확보, 마케팅 등을 할 수 있어 효율성이 크다.[20] 반면, 무분별한

---

20) 서울경제(2016), 안석준 대표 CJ ENM 음악부문 대표 "음악부문 성장의 힘은 미국식 레이블 시스템", http://m.entertain.naver.com/read?oid=011&aid=0002881981

이익 창출만을 위한 운영이 이루어지는 경우, '돈이 되는' 음악을 본사 측에서 계속해서 요구한다면 레이블 특유의 음악적 특색을 잃거나 음악적 수준이 낮아지는 결과를 초래할 수도 있다.

미국 음악시장에서는 에이전시와 매니지먼트가 분리, 전문화되어 있다. 즉 연예인 개인 영역을 담당하는 매니저와 다양한 수익사업 구상, 기획 및 사업적 측면을 담당하는 에이전시로 철저하게 분리되어 있다. 우리나라는 매니저와 에이전시 역할을 모두 매니지먼트사가 담당하고 있는 구조이다. 미국은 세분화, 전문화된 시스템을 바탕으로 체계적으로 연예인을 관리하고 유망주를 발굴하는 것이다. 또한 국가에서 지리적인 위치나 자격, 자금 등을 검토해 사업에 적절한 사람이 허가증을 받아 운영을 하기 때문에 오랜 기간 동안 인지도를 닦고 노력을 기울인 매니저가 참여할 수 있다.

| 미국의 매니지먼트와 에이전트 |

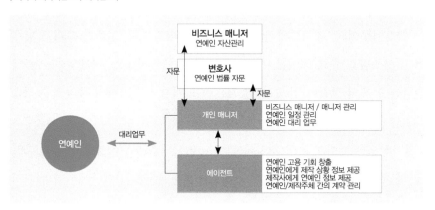

또한 미국에서는 소속된 스타나 작가의 이익보다 자사의 이익을 우선할 가능성 때문에 노조 차원에서 에이전시의 제작업 겸업을 금지하고 있고, 현

재는 지분 투자만 가능하다. 이렇듯 미국에서는 연예인 노조제도가 잘 발달 되어 있어 연예매니지먼트산업과 제작사들 간의 균형, 견제 역할을 하고 있다. 그러나 우리나라에서는 소속사의 연예인을 출연시켜 영화나 드라마, 공연 제작에 참여하는 매니지먼트사들이 있어, 찬반 논란을 가져온 바 있다.

미국에는 세계적인 에이전시가 존재한다. 이들은 연예인만이 아니라 스포츠 선수 등 다양한 프로들을 관리하고 수익을 창출하는 기능을 하고 있다. 대표적인 에이전시로는 CAA, WME, UTA, ICM Partners 등 네 개 정도이다. Creative Artists Agency (CAA)는 세계에서 가장 큰 에이전시 중의 하나로 Tori Amos, Alanis Morissette, Radiohead, The Cure, Lana Del Rey 등을 관리하는 연예, 방송, 극작, 영화, 모델 등 엔터테인먼트, 스포츠 종합 에이전시이다. 1975년 LA에서 창립하여 현재는 뉴욕, 시카고, 런던, 베이징, 뭄바이, 스위스 등에 지사를 보유하고, 3,400명 이상의 클라이언트를 확보하고 있는데, 보아, 이병헌, 봉준호 감독, 강제규 감독이 CAA에 소속 이력이 있다. William Morris Endeavor Talent Agency (WME)는 Adele, The Killers, Ellie Goulding, Steve Aoki 등을 보유하고 있는 가장 오래되었고, 가장 큰 에이전시이다. 자회사로 우리가 많이 알고 있는 IMG, Ultimate Fighting Championship (UFC), Professional Bull Riders, Miss Universe 등이 있다. United Talent Agency (UTA)는 1991년에 설립된 신규 회사로서 지금은 세계적인 에이전시로 성장했다. International Creative Management Partners (ICM)은 1975년에 설립되어 유명한 텔레비전 쇼 진행자, 작가 등을 보유하고 있다.

3. 업체 현황

사업체 및 종사자 현황

2018년 국내 음악산업 업종별·연도별 사업체 수 현황을 보면, 전체 사업체 수는 3만5,670개로 전년 대비 1.1% 감소했으며, 2016년부터 2018년까지 연평균 2.5% 감소한 것으로 나타났다. 세부적으로 살펴보면, 전년 대비 증가한 사업체는 음악공연업(28.3%), 음반 복제 및 배급업(26.0%), 음반 도소매업(17.0%), 음악 및 오디오물 출판업(15.4%)이었다. 반면 음악제작업은 7.2%, 온라인 음악 유통업은 3.7% 감소했다.[21]

종사자 수는 2018년 현재 7만6,954명으로 매년 감소하고 있다. 노래연습장 종사자 수는 2016~2018년 동안 매년 2.3%씩 감소했는데, 특히 2020년에는 노래방의 사업체 수와 종사자 수가 크게 감소할 것으로 보인다.[22]

국내 대형 음악기획 및 매니지먼트사

(1) 대형 매니지먼트사

매니지먼트(Management)란 어떤 특정 목적의 취득을 위한 일련의 계획된 행동체계를 의미하는 것으로서 무계획, 비조직의 개념과 대립되는 조직적,

---

21) 한국콘텐츠진흥원(2019), 2018 한국음악산업백서.
22) 한국콘텐츠진흥원(2019), 2018 한국음악산업백서.

체계적, 계획적인 요소들과 활동으로 이루어지는 일련의 활동방식을 의미한다. 매니지먼트에는 스포츠맨, 지식인, 배우, 가수 등이 다양하게 있지만 연예 매니지먼트는 영화, 가수의 음반, TV드라마, 연예프로그램, CF 등을 통해 선보이는 전체적인 과정을 효율적으로 기획, 관리, 유지하여 이윤을 창출하고자 하는 행위이다.[23]

한국 연예 매니지먼트 시스템은 1960년대 중·후반 급속히 보급된 대중매체에 가수들이 등장하면서 시작되었다. 하지만 이때는 일부 가수에 국한되어 개인 매니저를 두고 일정을 조정하는 일정관리 수준에 머물렀다. 이후 1970~1980년대를 거치면서 대중문화 시장이 커짐에 따라 배우 등 다른 영역으로도 연예 매니지먼트 시스템이 확대되었다. 그러나 1990년대 전까지 한국의 연예 매니지먼트 시스템은 산업적 체계를 갖춘 것은 아니었다.

1990년대 후반부터 본격적으로 스타 관리와 기획이 체계화되어 선진화된 매니지먼트 시스템이 도입되었다. 이때 나타난 것이 매니지먼트사의 대형화이다. 특히 가수매니지먼트산업은 소위 국내 빅3 기획사라고 불리는 SM엔터테인먼트, JYP엔터테인먼트, YG엔터테인먼트 등이 특유의 기획력과 자금, 대대적인 마케팅을 통해 가요계에서 상당수의 지분을 장악하고 있다. BTS를 배출한 하이브엔터테인먼트가 여기에 가세해서 4대 음악기획사 및 음악매니저먼트사로 명명되고 있다. 이들 회사는 매니저먼트를 하는 동시에 음악을 기획제작, 콘서트 등을 업으로 한다.

1995년 만들어진 SM엔터테인먼트는 프로그램 제작뿐만 아니라 가수의 음원 판매 작업과 연예인 매니지먼트를 동시에 수행하는 종합적인 독립프로

---

23) 네이버백과.

덕션을 지향하고 있다. JYP엔터테인먼트는 1997년 설립되어 음반 기획·제작 및 매니지먼트 등의 통합된 프로덕션 운영과 연기자 매니지먼트 사업과 디지털 콘텐츠 사업 및 가수, 프로듀서의 해외 진출 사업 등을 추진하고 있다. YG는 1998년 설립한 회사로 음악 및 기타 오디오물 출판, 신인 아티스트의 육성 및 매니지먼트 등을 주목적으로 하고 있다. 빅뱅, 2NE1과 최근 인기를 끌고 있는 블랙핑크의 소속사이다. 하이브엔터테인먼트는 2013년 방시혁 사장이 빅히트엔터테인먼트라는 이름으로 설립했는데, 방시혁 사장은 이전에 JYP에서 근무하면서 실력을 쌓아왔다. BTS를 발굴하여 세계적인 인기몰이를 배경으로 2020년에 상장하고 사명을 하이브엔터테인먼트로 교체했다. 이외에도 우리나라에는 가수를 관리하는 가수매니저먼트사, 배우, 프로스포츠맨, 연예인 등과 함께 가수를 관리하는 매니저먼트사가 많다.

음악시장은 소규모 소자본으로도 사업 진출이 가능하기 때문에 자본적인 진입장벽은 낮아 연간 수백 명의 신인가수들이 데뷔하지만 그중 성공하는 가수가 극히 일부이다. 그러나 이들 기업은 가수 양성 시스템이라는 실질적인 노하우를 기반으로 진입장벽을 구축하고 있다. 보다 완성도 높은 신인 가수를 발굴하고 트레이닝에 필요한 노하우와 시스템 그리고 데뷔 이후에도 시장 안착에 필요한 효율적인 마케팅, 홍보 등의 경쟁력을 확보한 회사라고 할 수 있다. 새롭게 이들을 위협하는 중견 매니지먼트사들이 진입하고 있지만, 장기간 업계에서 활동한 대형 매니지먼트사는 소비자들의 인지도와 충성도도 높아 음악업계에서 하나의 브랜드로 자리 잡고 있다.

(2) 대형 매니지먼트사의 현황 및 실적

우리나라 음악산업은 2000년대 초반 불법다운로드로 인해 어려움을 겪다가 음원다운로드 유료화가 정착되면서 서서히 음원 중심으로 시장이 회복되고 있다. 더구나 해외에서의 한류 붐에 따른 성과로 음악업계의 실적이 크게 양호해지고 있다. 특히 매니지먼트사들은 해외에서의 음악 판매뿐만 아니라 콘서트, 공연 등에서 과거에 볼 수 없었던 대폭적인 수익 향상으로 주가의 폭등과 성장산업으로서의 음악 기업 이미지를 구축했다. 과거 적자와 흑자를 넘나드는 한계기업으로서의 음악 기업이 아니라 이제는 전 세계가 주목하는 한류 기업의 대표주자로서 각광받고 있다.

음악 기획제작사이면서 매니지먼트사의 실적을 보면 2010년부터 큰 폭의 성장을 실현하고, 영업이익률도 증가했다. SM의 경우 2010년 864억에서 2017년에는 3,654억 원을 달성했고, 2020년에는 5,799억 원을 기록하여 매우 빠르게 성장했는데, 광고산업으로의 진입 등 사업다각화에 기인한 것도 있다. YG도 빅뱅의 본격적인 활동과 싸이, 블랙핑크 등의 부각에 따른 수익 확대로 양호한 실적이 이어지고 있으나 2017년에 비해 최근 실적이 하락하고 있다. 한편 JYP의 경우 2010년대 초에는 고전했으나 트와이스 등의 인기로 실적이 회복되었고 2020년에는 코로나19로 약간 하락했다. 하이브 엔터테인먼트는 2017년 924억 원에서 코로나19에도 불구하고 2020년 매출이 증가해 무려 7,963억 원을 기록했다.

| 대형 매니지먼트사의 실적 추이 |

(단위: 억 원)

	2017년	2018년	2019년	2020년
SM	3,654	6,122	6,578	5,799
JYP	1,022	1,248	1,554	1,444
YG	3,499	2,690	2,645	2,553
하이브	924	3,014	5,872	7,963

출처: SM, JYP, YG, 하이브 Ent 단기보고서.

매니지먼트 4사의 실적은 해외 매출에 의해 크게 좌우된다. 해외 사업이 본격화되기 시작한 2010년부터 이들 4사의 실적이 급격하게 상승했고, 영업이익률도 크게 확대되었다. 최근 하이브엔터테인먼트는 BTS에 의해 이익이 크게 확대되는 등 앞으로도 이들 3사의 실적은 해외 시장에서 성공하느냐의 여부에 따라 명암이 엇갈릴 것으로 보인다. 매출 구조를 보면 수익원이 과거의 음반 사업에서 이제는 매니지먼트 사업과 공연 사업에서 창출되고 있다. 또한 음식, 광고 등 타 분야로의 사업 진입으로 이들 분야에서의 매출도 무시할 수 없을 정도로 확대되고 있다. 그러나 최근 코로나19로 인해 오프라인 콘서트 등이 타격을 받자 SM의 경우 비욘드라이브 등 온라인 콘서트로 전환하여 새로운 수익모델을 보여주고 있다.

(3) 음악산업 발전 과정에서의 대형 매니지먼트사 역할

국내 음악산업의 발전 과정에서 대형 매니지먼트사의 역할은 매우 컸다. 3대 매니지먼트사는 SM, YG, JYP 각각 다른 색깔의 음악을 만들고 있는 회사이지만 체계화된 분업 시스템과 적재적소의 전문가 활용, 오랜 시간 투자와 트레이닝을 거친 인큐베이팅 시스템 등을 강조하는 점은 비슷하다고 볼 수 있다. 불법다운로드로 인해 한국 음반산업의 시장이 크게 위축되고 있던 환경에서 해외 시장을 개척하여 새로운 돌파구를 마련했고, 이를 뒷받침하기 위해 우리나라 특유의 가수 양성시스템(트레이닝 시스템)을 구축했다. 과거 가수들은 주로 음반에서 수익을 창출하는 구조였다면 대형 매니지먼트사들은 음악 사업만이 아니라 방송, 공연 등 새로운 사업에서 수익원을 창출하는 비즈니스모델로 확장시켰다.

각각에 대해 살펴보면, 첫째, 트레이닝 시스템(가수 양성 시스템)은 가수가 데뷔하기 전에 연습생 기간을 거치는 것이다. 이 연습생 기간 동안에 노래 실력과 안무뿐만 아니라 어학 등도 가르쳐 해외 진출을 위해 준비된 가수로 훈련한다. 한국에서의 매니지먼트 업무는 발굴보다도 훈련에 초점이 주어져 있다. 발굴의 과정은 단기간이지만 육성의 과정은 장기간으로 많은 비용이 소요된다. 실제 매출이 일어날 때까지 오랜 기간을 기다려야 한다는 점에서 어느 정도의 규모가 있는 기업이 아니면 이 시스템을 유지하기 어렵다. 따라서 이런 시스템은 당연히 대형 매니지먼트사에서 먼저 도입되었고, 유지되고 있다. 이런 트레이닝 시스템의 장점은 처음부터 완성도가 높은 가수로 데뷔할 수가 있다는 점이다. 일본의 매니지먼트 사업은 가수들이 초기에는 실력을 갖추지 못하는 경우가 많으나 우리나라는 데뷔 당시부터 실력 있는 완성형의 가수가 활동하는 것이다.

둘째, 해외 시장의 개척이다. 한국 음악시장은 2000년 당시 약 4,800억 원의 음반시장이 존재했으나 시간이 갈수록 불법다운로드의 영향으로 시장이 축소되어 2000년대 중반 이후에는 1,000억 원 이하로 급락했다. 이런 환경에서 매니지먼트사들은 사업을 접어야 하느냐, 아니면 국내 시장이 아닌 다른 시장에서 사업 기회를 잡아야 하느냐의 기로에 서 있었다. 매니지먼트사들은 후자를 택하여 중국 시장을 시작으로 동남아시장, 일본 시장을 개척했다. 그 중에서도 일본 시장은 지적재산권이 보장되어 있고, 시장 규모가 커 수익의 대부분을 차지하고 있다.

SM엔터테인먼트는 일찍부터 HOT, NRG, SES 등이 중국 시장에 진출하여 음악한류의 불을 지폈으며, 해외 시장 진출의 가능성을 보여주었다. 이후 보아가 일본에서 오리콘차트 1위를 여러 차례 기록하면서 실질적인 수익으로 이어졌고, 동방신기, 소녀시대 등으로 연결되는 신한류의 붐을 일본에서 펼쳐나갔다. 한편 YG는 세계 제2의 음악시장인 일본을 주요 공략 대상으로 삼았다. 빅뱅 등의 일본 활동으로 국내 음악 사업 매출 이상의 매출을 기록하고 있고, 중화권을 비롯한 동남아(태국, 싱가포르, 필리핀, 말레이시아) 및 미주 시장 진출을 위한 사무소 신설과 현지법인을 설립했다. 또한 주요 거점 국가에 신인 캐스팅 및 트레이닝을 위한 아카데미를 설립하여 운영하고 있고, 블랙핑크를 활용한 해외 진출에 역점을 두고 있다. JYP는 주로 원더걸스 등을 앞세워 미국 시장 진출을 위한 많은 노력을 기울여 미국 빌보드차트 76위에 이르는 등 일정한 성과를 거두었으나 미국 시장의 높은 벽을 넘기에는 아직 풀어야 할 과제가 많다. 하이브엔터테인먼트는 BTS를 기획하여 해외에서 빌보드차트 앨범과 싱글에서 모두 1위를 차지하는 등 글로벌 아이콘으로 성장했다. 한국어로 노래를 불러 외국 팬들에게 한글의 존재를 부각시키고, 아미라는 팬의 활동은 획기적인 성과로 이어졌다.

셋째, 가수의 OSMU전략이다. 과거 가수들은 노래를 불러 음반을 판매하는 비즈니스모델이 중심이었다. 그러나 우리나라 음반시장의 침체로 음반 산업만으로는 수익을 맞출 수가 없자 해외 시장 진출과 함께 가수들을 최대한 활용하는, 즉 가수들의 가동률을 극대화하기 위한 OSMU전략을 채택했다. 이제 가수들이 뮤지컬의 주연으로 등장하고, 방송의 리얼리티 프로그램에 참여해도 전혀 어색하지 않다. 그만큼 가수들의 수익원 다양화가 일반화되어 있고, 이를 위해서는 매니지먼트사의 역할이 그만큼 강화된 것이다. 매니지먼트사는 가수의 모든 활동과 권리, 즉 공연, 비음악적 방송 및 영화 출연, 광고 출연, MD 등을 총체적으로 관리한다. 우리나라의 매니지먼트는 미국에서의 매니지먼트와 에이전트 기능을 동시에 시행하는 한국 연예기획사의 오래된 특징이라 할 수 있다.

전략 사례

(1) 서태지와아이들

'서태지와아이들'의 음악은 한국 대중음악의 기존 질서를 바탕에서부터 뒤흔들었을 뿐 아니라 한국 대중음악의 전환점을 만든 사건이었다. 한국에서는 불가능한 장르라고 여겨졌던 랩(Rap) 뮤직을 한국적으로 소화하는 데 성공해, 1990년대 댄스 뮤직의 붐을 이끌었고, 수많은 서태지 아류를 양산시켰다. 기존의 '사랑'에서 벗어난 파격적인 가사로 수동적인 '음악 청취층'이었던 10대를 능동적인 '음반 구매층'으로 변화시켜, 이후 10대 주도로 음반시장이 형성되었다. 가요계 입성에서 은퇴까지 발매한 네 장의 앨범이 모두 밀리언셀러 반열에 올랐다.

서태지와아이들 성공 과정을 보면, 1992년 음악평론가들의 혹평 속에 등장한 서태지와아이들은 기존의 음악 패러다임을 거부하는 새로운 시도로 10대 젊은이들을 열광시켰다. 이전에 생소했던 랩(Rap) 장르를 음악의 중심으로 옮겨 놓았으며, 음악의 새로운 코드(code)로 발전시켰다. 서태지와아이들의 새로운 시도 및 신화 창조 과정은 다음 표와 같다.

| 서태지와아이들 음반 발매 연표 |

	발매시기	장르	특징
제1집 (난 알아요)	1992년 3월	랩	본격적인 랩의 최초 시도 독특한 회오리 춤, 서태지 패션 데뷔무대에서는 전문가 외면, 이후 대중 열광 정상에서 전격 활동을 중단하는 전략
제2집 (하여가)	1993년 6월	힙합+국악	힙합음악에 국악을 접목(하여가의 태평소 소리는 압권) 힙합리듬에 충실, 다양한 음악적 실험 시도 상표를 떼지 않은 채 의류를 착용하는 패션 붐

| 제3집
(발해를 꿈꾸며) | 1994년 8월 | 록 | 통일문제와 획일적 교육 비판의 메시지
서구의 모던 록과 메탈을 적극적으로 수용
음악성이 가장 높은 앨범으로 평가
낮은 대중성으로 가장 적은 판매량 기록
악마주의 논쟁 |
| 제4집
(컴백홈) | 1995년 10월 | 갱스터랩 | 갱스터랩과 얼터너티브록을 정착
공륜의 사전검열에 대해 저항(시대유감의 가사 삭제)
청소년에 힙합문화 정착 |

성공전략으로는 첫째, 1980년대까지 10대는 음반 판매에 영향을 못 미치는 시장이었으므로, 일반 제작자들은 10대 시장을 처음부터 포기했지만 서태지는 이와는 달리 10대를 겨냥한 음반을 제작했다. 발라드와 트로트가 주도하는 음반시장에 댄스 장르를 도입하여 음반 구매층을 20대에서 10대로 낮추는 데 결정적인 역할을 했다. 10대 초중반의 여학생(초등학교 4학년~중학교 3학년)이 음반 구매의 주력 계층으로 등장했다.

둘째, 언제나 새로운 것을 추구하고 기성세대에 저항하며 자유롭기를 원하는 10대의 요구를 정확히 파악하고 대응했다. 매 앨범 발표 때마다 변신에 변신을 거듭하여 10대의 호기심을 자극하고 기대심리를 고취시켰다. 통일문제나 교육문제를 다루는 가사, 공륜의 사전검열에 대해 '가사 삭제' 대응 등은 10대에게 저항과 자유에 대한 대리만족 기회를 제공했다.

셋째, 앨범 한 장당 10곡 이상을 무조건 채우겠다는 양 위주의 발상을 버리고 러닝타임 30분대에 좋은 곡만을 모아 놓아 명곡의 입지를 굳혔다. 음반 외에 주변 요소인 뮤직비디오, 캐릭터에도 최선을 다함으로써 상품의 가치를 더욱 상승시켰다. 새 앨범 제작을 위해 한시적으로 활동을 중단하고 앨범 출시 간격을 14개월 이상 유지하는 등 충분한 시간을 투자했다. 보여줄 것을 다 보여준 뒤에는 인기 지속 여부에 상관없이 새 앨범 제작에 들어가는 이런 방법은 실력에 자신이 있어야 가능하다. 또한 서태지가 인기를 지속적으로 누릴 수 있었던 것은 새 앨범을 들고 나올 때마다 항상 새로운 모습이 었다는 점도 간과할 수 없다. 앨범 발매 시마다 새로운 유행이 탄생했다.

넷째, 방송을 통해 내용이 공개될 때까지 철저하게 비밀을 지키는 홍보 전략을 구사하여 앨범 발매 전에 상당한 구전효과가 나타났다. 기존 관행을 탈피하여 인기 정상에서 활동을 중단하고 새 앨범 제작에 들어감으로써 고객의 궁금증을 유발하고 기대심리를 부추겼다.

이런 다양한 전략 구사가 가능했던 것은 근본적으로 음악의 삼박자인 리듬, 멜로디, 가사에 충실했기 때문이다. 기본기가 안 되어 있는 상태에서 단지 춤만 잘 추었다거나 적절한 홍보 전략을 구사한다고 해서 결코 정상의 자리에 오를 수 없다.

서태지와아이들은 1990년대 들어와서 랩이라는 생소한 음악 장르를 시도함으로써 기존 음악의 고정관념의 틀을 깼으며 음반 구매층의 연령을 10대와 20대로 끌어내린 주역이라 할 수 있다. '서태지 신드롬'이라는 말까지 나왔듯이 그들의 파급효과는 실로 엄청났다. 탄탄한 음악적 재능과 베일에 가려진 그들의 홍보 전략으로 그들은 20세기를 대표하는 그룹으로 남았다. 이런 전략은 21세기에 성공 사례인 BTS와 유사한 면들을 발견할 수 있어 흥미롭다.

(2) 음악한류 전략

한국의 음악산업의 글로벌전략은 한류와 밀접한 연관을 가지고 있다. 아이돌 그룹을 해외에 적합한 인력으로 육성하여 SNS 등의 미디어를 통한 해외 진출로 한류를 일궈냈다. 그러나 음악한류는 2010년대 중반까지만 해도 주로 동남아, 중국 등 지역에 한정되었으나 싸이에 이어 BTS의 출현으로 전 세계를 대상으로 하는 인기를 누렸다. BTS 출현은 음악한류의 중요한 분기점으로, BTS 이전과 이후로 나누어 해외진출전략을 보고자 한다.

먼저, BTS 이전의 캐치업(catch up)전략을 들 수 있다.

한국은 음악산업에서 후발자로서 선진국을 추격하면서 성장해왔다. 전략적 측면에서 Fast Follower로 과감한 목표를 설정하고 이를 조기에 달성하면서 선진국을 따라잡았다. 앞선 외국 기업들을 벤치마킹하거나 그들의 경영기법과 도구들을 부지런히 받아들임으로써 음악산업에서의 한국 기업 역량도 꾸준히 강화되었다. 특히 국내 음악산업은 발전 초기 단계에 선진국에 비교하여 열악한 산업환경과 규모의 한계를 돌파하기 위해 해외 진출을 적극적으로 추진했다. 그 결과 해외에서 한류가 형성되어 일본 문화를 대체하는 형식으로 나타났다. 즉 과거 J-DRAMA, J-POP이 K-DRAMA, K-POP으로 바뀐 것이다.

국내 기업들이 선진국을 캐치업하기 위해 펼쳤던 구체적인 전략을 살펴보면, 첫째, 현지화전략이다. 문화산업은 각국마다 문화적인 장벽이 존재하므로 현지 문화를 고려하여 현지에 적합한 현지화전략을 추진했다. 한국만 가지고 있는 고유성을 강조하기보다는 현지의 문화에 적합한 상품을 개발하거나 판매하는 현지화를 추진했다. 예를 들어 시장잠재력이 무한한 중국 시장을 겨냥하여 아이돌 그룹 엑소(EXO)의 멤버에 중국인을 참여시켰다.

둘째, 우회전략이다. 후발국으로서 한국은 선진국 시장이 문화적 장벽이 높을 뿐 아니라 우리보다 경쟁력이 높은 콘텐츠를 제작하고 있어서 직접 진출하기에는 한계가 있으므로, 선진국이 상대적으로 소홀히 하는 동아시아 시장, 동남아시아 후발국 등을 중심으로 해외 진출을 시도했다. 이들 지역을 초기 거점시장으로 보고 지역적 우회전략으로 먼저 중국, 동남아 지역을 진입한 이후 점차 유럽과 미국 지역 등으로 확대하고자 한 것이다. 한류가 초기에 형성된 곳도 바로 이런 동남아와 중국, 일본 시장이었다. 변방에서 시작하여 본토에 진입한다는 전략이다.

셋째, 팬덤 형성을 위한 전략을 구사했다. 한국의 아이돌이 인터넷상에서 높은 국제적 주목을 받은 이유 중 하나는 미디어 콘텐츠의 디지털화에 따라 국내의 열성적인 팬들이 반복해서 조회하고, 이로 인해 특정 동영상이 메인에 노출되는 과정이 있었기 때문이다. 이에 따라 기업들도 오프라인에서의 팬클럽을 결성하고 홈페이지 등을 통해 팬들을 관리하며 국경 없이 소통될 수 있는 커뮤니티 환경을 만들었다. 이에 따라 세계 각국에서 마니아들이 생겨났고, 이로써 팬들의 활동은 국제화되고 동시성을 갖추었으며, 또한 신속화되었다.

넷째, OSMU(one source multi use)전략을 추진했다. OSMU는 하나의 콘텐츠 저작권(IP)이 다양하게 사용된다는 의미로 IP 확장성의 특징을 반영한 전략이다. 음악의 경우, 하나의 가수가 뮤지컬 주연 등 다양한 활동을 하거나 가요의 콘텐츠가 다른 콘텐츠로 IP가 활용되어 수익이 발생한다는 것이다. 그동안 우리나라의 기업들은 OSMU를 수익을 극대화하고 위험을 관리하는 전략으로 활용하여 많은 성공 사례를 만들어냈다.

다섯째, 매스커뮤니케이션을 통한 홍보 전략이다. 엔터테인먼트산업의 광고 홍보 수단으로는 대중미디어가 절대적이어서 음악을 홍보하기 위해서는 대중미디어를 활용했다. 가수가 음반을 새로 낼 때 공중파방송에 나와 홍보하는 경우가 많았다. 특히 해외에 진출할 때는 현지의 공중파방송에 진입해야 하기 때문에 현지의 유력 에이전시를 활용하는 전략을 추진했다.

BTS 이전의 캐치업(catch up)전략에 이어 BTS 이후에는 리딩(leading)전략을 추진하고 있다.

캐치업을 위한 전략을 통해 한국의 음악산업은 발전했고 그 결실로서 한류가 이제는 글로벌 문화 조류에서 중요한 위치를 점했다. 한국의 문화가 현재처럼 해외에서 부각된 적은 한 번도 없었다. 환경의 변화와 음악산업에서의 한국 위상이 달라지면서 기존 전략이 먹히지 않았다. 과거처럼 후발자로서 선발자를 따라가는 캐치업전략은 더 이상 유효하지 않은 것이다. 이제 리더의 위치에서 리딩전략이 필요해진 것이다. 최근 기업들은 과거의 전략을 수정하면서 다음과 같은 전략을 추진하고 있다.[24]

첫째, 현지화전략에서 글로벌통합전략으로의 전환이다. 후발자일 경우에는 현지에 맞는 전략이 요구되었지만 이제 우리의 음악산업이 전 세계에서 경쟁력을 가지고 있어 우리의 고유성을 경쟁 포인트로 전략을 추진하고 있다. 음악산업 분야에서는 일반적으로 글로벌 보편성을 가지고 해외에 진출해야만 세계 어느 곳에서도 받아들여질 수 있다고 하지만, 이제는 우리가 만든 작품이 세계에서 통하는 시대가 되었다. 즉 한국적인 것이 세계적인 것이 된 것이다. 과거 현지화전략에서 이제는 한국적 고유성을 가진 제품과 서비스가 그대로 해외로 나가는 글로벌전략이 점차 자리를 잡아가고 있다.

예를 들어 방탄소년단(BTS)의 음악은 한국어 가사로 빌보드 싱글차트에서 1위까지 했는데, 외국인들은 오히려 한국어 가사를 더 좋아하고 따라 부르고 있다. 요즘에는 아이돌 그룹에 현지인이 끼어 있으면 오히려 현지에서 인기가 떨어진다고 한다. 왜냐하면 한국 문화를 즐기려고 한국의 아이돌 그룹을 좋아하는 것이지 자국의 가수를 보기 위해 한국의 아이돌을 좋아하는

24) 고정민(2020), 현지화 전략을 통한 '캐치 업' 보다 한국적인 것의 글로벌화에 승부 걸어라, 동아비즈니스리뷰 기고문. https://dbr.donga.com/article/view/1203/article_no/9454/ac/magazine

것은 아니라는 것이다. 이제는 문화적인 장벽을 초월하여 메이드인코리아를 마케팅 포인트로 해외에 진출하고 있다. 코리아마케팅이 효과를 거두는 시대가 되었다.

둘째, 우회전략에서 직진전략으로의 전환이다. 후발자의 위치에서는 선발자가 소홀히 하는 지역을 공략했지만 선발자의 위치에서는 인기 있는 지역이나 시장 규모가 큰 지역에 직접 진출하는 직진전략으로 전환할 필요가 있다. 우리나라의 기업들도 과거에는 중국 또는 동남아에서 승부를 걸었으나 이제는 미국 시장을 직접 겨냥하여 비즈니스를 하는 경우가 많아지고 있다. 우회전략은 틈새시장 개척과 관련이 있다. 후발자일 경우 기업이 시장확대를 위해 세분화된 모든 영역에 뛰어드는 것보다 선발자가 소홀히 하는 틈새시장을 적극적으로 공략하는 전략을 추진한다. 그러나 이제 선발자의 위치에 있는 우리 기업들은 이제는 주력 시장에서 승부를 걸고 있는 추세이다.

예를 들어 〈바다상어〉는 처음부터 미국에서 인기를 끌었다. 〈바다상어〉의 노래가 창단 첫 월드시리즈 우승팀인 미국 프로야구팀 워싱턴 내셔널스의 응원가로 사용되면서 미국 시장에서 인기를 끌었다. 한국의 창의적인 콘텐츠가 이제는 미국 시장에 직접 진출할 수 있을 정도로 성장한 것이다. 〈아기상어〉 노래는 빌보드메인차트에도 올랐고, 관련 상품도 인기리에 팔렸다. 〈아기상어〉를 만든 스마트스터디는 〈아기상어〉의 미국 내 인기에 힘입어 북미 100개 도시에서 '베이비샤크 라이브' 순회공연을 진행했고, 스마트스터디 핑크퐁 제품이 아마존 사이트에서 높은 판매고를 기록하고 있다. 이처럼 과거 동남아 시장을 중심으로 시장을 개척한 것과는 달리 이제는 막대한 규모의 미국 시장에 직접 진출하는 경우가 늘어나고 있다. BTS도 당연히 여기에 속한다.

셋째, 팬덤형성전략에서 자발적 팬덤 활용전략으로의 전환이다. 과거에는 팬덤을 형성하기 위해 노력했지만 이제는 팬들이 SNS를 통한 자발적 활동으로 콘텐츠를 재생산하고 홍보마케팅의 전면에 나서고 있다. SNS를 통한 팬덤의 역할이 중요해지자, 기획사에서도 이를 활용하는 것이 일반화되었다. 과거 기획사가 주도적으로 전개하는 마케팅 전략에서 이제는 네트워크를 통해서 자연스럽게 글로벌 팬덤이 형성되고, 이에 맞추어 아이돌 산업이 해외로 진출하고 팬들이 스스로 마케팅 활동을 하는 자발적 팬덤 활용전략으로 바뀌고 있다.[25]

예를 들면 방탄소년단의 아미(ARMY)라는 팬 활동이 대표적일 것이다. 일단 방탄소년단의 팬이 된 사람은 방탄소년단에 대해 입소문을 내고, 팬들이 서로 커뮤니티를 형성하여 팬덤이 더욱 커졌다. 더구나 이들이 자발적으로 만든 방탄소년단 관련 콘텐츠가 SNS 등에 유포되어 다시 인기를 끌고 이들간의 커뮤니티를 형성하는 선순환 과정을 보여주고 있다. 열광적인 10대 팬덤은 음반 혹은 디지털 음원 구매, 콘서트 관람, 스타 상품, CF 상품 등 다양한 형태로 구매력을 행사하고 있다. 소셜미디어의 등장으로 수용자의 능동적인 참여와 생산, 이로 인한 커뮤니케이션 양식의 변화는 팬덤을 활용할 수 있는 중요한 토대가 되고 있다.

넷째, OSMU전략에서 트랜스미디어 스토리텔링(transmedia storytelling) 전략으로의 전환이다. 트랜스미디어 스토리텔링은 여러 개의 미디어 플랫폼을 통해 '하나'로 이해될 수 있는 이야기를 전달하고 이를 경험하는 것을 말

---

25) 김호영, 윤태진(2012), 〈한국 대중문화의 아이돌(idol) 시스템 작동 방식: 아이돌문화 생산·소비의 이중적 구조에 대한 탐색적 연구〉, 《방송과 커뮤니케이션》, 13(4).

한다.[26] 과거에는 하나의 상품을 다양한 분야에 사용하는 OSMU전략을 추진했으나 이제는 이들을 하나의 스토리로 엮어 세계관(스토리월드)을 형성하는 전략으로 바뀌고 있다. 이는 한 콘텐츠의 스토리가 다른 콘텐츠에서 단순하게 재생산되는 OSMU가 아니라 각 미디어를 초월하여 세계관을 확장하는 것이기 때문에 한 미디어 콘텐츠에 노출된 소비자들은 다른 미디어의 콘텐츠에 대한 호기심을 가지지 않을 수 없고, 따라서 전체 콘텐츠 수요를 확대시킬 수 있는 장점이 있다.

방탄소년단의 스토리월드는 음악과 뮤직비디오를 통해서 구현되고, 나아가서 네이버의 라인프렌즈와 방탄소년단 멤버들의 콜라보로 탄생한 캐릭터 BT21을 기반으로 스토리월드를 구성하고 있으며, 넷마블 및 테이크원컴퍼니와의 협업으로 출시한 모바일 게임으로 플레이어가 그룹 방탄소년단의 매니저가 되어 이들을 글로벌 아티스트로 성장시키는 것을 주요 내용으로 한다[27]. 세 가지 트랜스미디어 스토리월드 모두 방탄소년단의 음악을 기반으로 공식 홈페이지, 트위터, 유튜브 등 다양한 미디어를 활용하여 스토리월드를 구축하고 있다.

다섯째, 매스커뮤니케이션 홍보 전략에서 일인미디어 홍보 전략으로의 전환이다. 미디어 환경이 바뀌면서 이제는 SNS가 대세가 되었다. 페이스북, 트위터, 블로그, 인스타그램, 유튜브, 핀터레스트, 링크드인, 인스타그램 등 다양하고 새로운 형태가 계속 나타나고 있다. 또한 유튜브 등에서 활동하는 일인방송 형태의 MCN(Multi Channel Network)이 등장해 새로운 영역을

---

26) Jenkins, H.(2006), *Convergence Culture: Where Old and New Media Collide*, NYU Press.
27) 오서주(2020), 트랜스미디어 스토리월드 구현 양상 연구: 구현 요소별 조합 방식을 중심으로, 한양대학교대학원 석사학위논문.

개척하고 있다. 이런 SNS 플랫폼을 통해 콘텐츠와 크리에이터가 창의성 있고 대중성이 있다면 얼마든지 전 세계에 즉각적으로 유통시킬 수 있다. 이런 환경 변화로 과거에는 해외 시장에 진출하기 위해서 현지 회사를 섭외하고, 프로모션 하며, 음반 발매, 방송 출연 등을 통해 인지도를 제고시키는 전략을 추진했다면 이제는 SNS라는 미디어를 통해 인터넷과 모바일상에서 글로벌 마케팅하는 시대가 되었다.

1. 대중음악 차트 및 시상식

음악차트

음악차트란 일정 기간 동안 인기도에 따라 선정하는 음악의 순위를 말한다. 차트에서 사용되는 음악의 인기도 측정 기준은 매우 다양하지만 공통적으로 레코드 판매, CD 및 카세트의 판매, 라디오 방송 횟수, 인터넷 및 모바일의 스트리밍 및 다운로드 등이 포함된다. 특정 지역을 대상으로 음악의 인기순위를 측정하는 경우가 대부분이지만 전 세계를 대상으로 하는 애플차트나 스포티파이 차트도 있는데, 차트 중에는 특정 음악 장르에만 국한되어 발표하기도 한다. 차트가 커버하는 기간은 보통 일주일 단위이며 연간차트는 주간차트를 합한 것이다. 세계 최초의 음악차트는 전 세계 대중음악계에 많은 영향을 미친 UK 차트이다.

세계적으로 유명한 음악차트는 미국의 빌보드차트, 영국의 UK차트, 일본의 오리콘차트 등이다. 팝 음악계에서 최고 권위를 가진 빌보드차트는 미국의 음악정보 주간지인 《빌보드》에서 선정하는 음악차트로서 닐슨시스템에 의해 방송, 음반 판매, 디지털 판매 등을 기준으로 순위를 매긴다. 빌보드차트는 여러 종류의 차트로 나누어져 있으며, 대표적으로는 앨범차트와 싱글차트로 구분된다. 앨범차트는 또다시 모든 앨범을 대상으로 한 The Billboard 200, R&B/Hip-Hop 차트, Country 차트 등으로 나뉘며, 통상 앨범차트라 하면 빌보드 200(Billboard 200)을 지칭한다. BTS는 빌보드 200에서 여러 차례 1위를 한 바 있다. 싱글차트는 전체 싱글을 대상으로 한 The Hot 100, Modern Rock, Hot Country 등으로 나뉘며, 보통 싱글차트라 하면 The Hot 100을 지칭한다. 싸이는 이 차트에서 〈강남스타일〉로 2위를 했고, BTS는 〈다이너마이트〉로 1위를 했다.

팝과 대중음악을 분리시켜 집계한 형태로 30년 역사의 오리콘사가 발간하는 오리콘차트는 일본 최고 권위의 음반 판매 순위 차트이다. 빌보드차트가 방송횟수를 포함시키는 것과 달리 오리콘차트는 싱글, 앨범, 블루레이, DVD, BOOK, 문고, 만화, 디지털 판매 등의 형태로 판매되는 순수한 음악 판매량을 기준으로 하는 점에서 빌보드와 다르다. 우리나라에서 보아, 트와이스 등이 여기에서 1위를 차지한 바 있다.

UK차트(UK Charts)는 The Official UK Charts Company에서 집계하는 영국의 음반 차트이다. 노래의 인기순위인 UK Singles Chart와 앨범의 인기순위인 UK Albums Chart가 있는데, 흔히 UK차트라고 하면 UK Singles Chart를 말한다. 1950년대부터 시작된 싱글차트 집계와 그 이후 시작된 앨범차트 집계는 가장 오랜 역사를 가지고 있을 뿐 아니라 집계 액수와 수량 그리고 음반 산업계에 미치는 영향력 등을 미루어볼 때 중요한 차트이다. 빌보드 핫100 차트와 달리 방송횟수를 합산하지는 않는다.

새롭게 등장하고 있는 차트는 애플차트/아이튠스차트와 스포티파이차트이다. 애플아이튠스차트는 미국 내 모바일폰 점유율 1위를 기반으로 성장한 신흥 음악 플랫폼 차트이다. 새로운 인기의 지표로서 애플뮤직 '탑 100' 차트가 있다. 애플뮤직은 2016년부터 24시간을 기준으로 매일 태평양시간 기준 자정마다 가장 많이 스트리밍된 노래 116개의 인기곡을 'Top 100'으로 차트로 올려놓고 있고 전 세계 국가마다의 'Top 100'을 조회할 수 있게 했다. 애플뮤직의 사용자가 나날이 늘어가면서 '탑 100'에 들어가는 '노래들이 얼마나 히트를 했는가 혹은 가능성이 있는가' 등을 판단할 수 있는 신생 인기 척도로 활용되고 있다.

스포티파이차트는 스포티파이라는 스웨덴에서 시작된 세계에서 가장 큰 뮤직 스트리밍 서비스 회사에서 집계하는 차트이다. 미디어 시장에서 스트리밍 기술이 발전하고, 소비자들이 다운로드에서 스트리밍으로 변환하면서 각광받고 있는 차트이다. 대표 차트로는 탑 200(Top 200)과 바이럴 50(VIRAL 50)가 있는데, Top 200은 가장 많이 플레이되는 곡으로 구성되어 있고, VIRAL 50 차트는 소셜 미디어에서 모든 데이터를 가져와 집계한 후 가장 많이 공유되는 곡들로 구성되어 있다. 두 차트 모두 나라별, 날짜별 혹은 주간/일간으로 분류 가능하다.

한국에는 가온차트가 있다. 가온차트는 한국음악콘텐츠협회에서 집계하는 한국의 대표적인 음악차트인데, 디지털 중심의 차트로 스트리밍 횟수, 다운로드 수, 배경음 설정 수를 합쳐 순위를 매긴다. 차트는 가장 대표적인 디지털차트와 앨범차트를 포함해 스트리밍 차트, 다운로드 차트, BGM 차트, 벨소리 차트, 통화연결음 차트, 노래방 차트로 이루어져 있다. Twitter와 YouTube, YinYueTai의 데이터로 집계한 SNS차트인 가온 소셜차트를

2013년 7월부터 운영 중이다. 빌보드 집계 방식인 방송횟수는 가온차트에서 배제하고 있다.

　음악차트는 음악기획사 및 제작자에게 유용한 정보를 제공할 뿐만 아니라 음악산업의 주요 정보 원천 및 역사적 지표 역할을 한다. 음악은 소비 전에는 그 품질을 알 수 없는 경험재이므로 차트에 오른 것 그 자체로 품질의 시그널을 줄 수 있다. 다양한 차트를 통하여 음악시장의 트랜드를 이해하고 틈새시장을 발견하거나 성장하는 가수군 또는 장르를 발굴하여 새로운 음악시장을 창출할 수도 있다. 또한 차트에서의 성공은 아티스트의 인지도에 직접적인 영향을 준다. 아울러 소비자들은 최근 인기 있는 곡을 알고 싶어 하고 이를 소비하고자 하는 욕망이 있기 때문에 순위를 보고 긴장과 즐거움을 느낀다.

| 빌보드 차트에서 1위를 한 BTS |

음악 시상식

대중음악 시상식이란 다양한 기준에 의해 대중음악이나 음악가를 선정하여 상을 주는 행사를 말한다. 가수들이 일 년 동안의 실적을 결산하고 축하하는 행사로서 유명시상식의 경우 방송중계를 통해 많은 사람들이 시청한다. 음악 시상식은 매년 세계적으로 10여 개가 생겨났다 사라질 정도로 매우 빈번하게 설립되고 그 종류도 다양하며, 장르별로 세분화된 음악상이 새롭게 탄생하여 전체 숫자를 파악하기 어려울 정도이다.

미국에 전 세계적으로 잘 알려진 음악 시상식이 많고 영국, 일본 등 음악시장 규모가 큰 국가일수록 유명 시상식도 많은 것이 특징이다. 유명하고 권위 있는 대중음악 시상식은 그래미어워드, 아메리칸뮤직어워드, 브릿어워드 등이다. 그래미어워드는 미국 국립음반예술과학아카데미(National Academy of Recording Arts and Sciences)에서 매년 주최하는 음악 시상식이다. 인기와 상관없이 순수하게 작품성만으로 평가하는 시상식으로 인기에 따라 상을 주는 다른 시상식과 차별되고 미국에서 가장 권위 있는 음악상으로 인정받고 있다. 아메리칸뮤직어워드(AMA)는 1973년 딕 클락이 그래미상과 경쟁하기 위해 설립한 시상식으로 전화 수신에 의한 팬들의 인기투표로 선정하는 대중 편향적인 시상식으로 그래미상과 비교된다. 브릿어워드(BRIT Awards)는 영국에서 가장 권위 있는 음악 시상식으로 영국음반산업협회(British Phonographic Industry, BPI) 주관하에 음반 관계자들의 투표로 수상자가 결정되는 대중적인 음악상이다. 이외에도 일본레코드어워드, 프랑스의 NRJ음악시상식, 유럽의 유로비전송컨테스트, 캐나다의 주노음악시상식, 오스트레일리아의 아리아음악시상식 등이 비교적 유명한 대중음악시상식이다. 유로비전송컨테스트는 시상식이라기보다 유럽의 최고의 가수를 국별 경선을 거쳐 선발하는 가요제의 성격이다.

음악 시상식은 시상식 수상 기준과 수상자 선정 근거 자료의 수집 방법 등이 매우 다양하다. 해외 유명 시상식의 수상자 선정 방식은 전문가 평가와 대중 평가 등 크게 두 가지로 나눌 수 있다. 대중 평가의 경우 사용한 근거 자료에 따라 객관적 판매 자료와 주관적 일반인 평가 자료로 나누어진다. 전문가 평가는 주로 음악성을 중시하고, 대중 평가는 대중성을 중시한다. 수상자를 선정하는 근거 자료의 객관성 여부에 따라 객관성과 주관성으로 구분된다. 대부분 전문가로 심사하는 시상식의 경우는 주관적 판단이 반영되므로 주관성이 강하고, 일반인들의 투표로만 진행되는 시상식은 객관성이 높다고 할 수 있다. 또한 음악 전문가, 평론가, 일반인 등 다양한 분야의 사람들이 선정하는 영국의 브릿어워드처럼 다양한 평가 기준을 반영한 시상식도 있다.

해외 음악 시상식들은 축제 형태로 이루어지는 경우가 많으며 이를 통해 음악가, 제작자, 유통사 등 음악산업 관계자들이 교류할 수 있는 장이 형성된다. 유명 시상식은 수상 행사부터 다양한 볼거리를 제공할 수 있어 음악산업에 대한 미디어의 주목을 끈다. 시상식은 음악산업의 가치사슬에서 유통 기능으로서 수상된 음악을 널리 알릴 기회를 제공하는데, 방송 매체를 통해 더 넓은 지역에 방영될수록 영향력이 커진다. 시상식의 수상작들은 질적인 수준이 높다고 간주됨으로써 일반 소비자들이 상품을 구매하거나 선택할 때 불확실성을 완화시켜 준다. 이는 영화산업에서 아카데미 효과와 마찬가지로 수상작은 수상하기 이전보다 더 많은 판매량을 기록한다. 또한 신인 발굴 및 새로운 음악 장르 생성의 역할도 하는데, 시상식을 통해 다양한 음악을 선보일 수 있으며 실력 있는 신인이나 새로운 장르를 발굴하여 시상함으로써 이들이 시장의 주목을 받는다.

2. 음악축제

정의

축제라는 의미의 'Festival'은 라틴어의 'Festum'과 'Feria'에서 유래된
것으로 대중적인 기쁨(joy), 환락(merriment), 떠들기(revely) 등 대중적인
기쁨과 신을 위한 일에서 벗어난 휴식을 의미한다. 고대인들은 축제를 통해
액운을 없애고 복을 불러 풍요와 건강을 유지하고자 하는 수단으로 활용했
다. 하지만 현대의 축제는 문명화를 거치면서 신성성이 거의 퇴색하고, 이성
적, 합리적 사고에 따라 유희성과 오락성이 더욱 강조되어 놀이의 형태로 나
타나고 있다. 네덜란드의 역사학자 호이징가(Huizinga)는 《호모 루덴스》에
서 인간의 유희적 본성이 문화적으로 표현된 것이 축제라고 주장한다.[28] 종

---

28) 하아비 콕스, 《바보제(祭)》, 김천배 역, 현대사상사(1973).

합하면, 축제(Festival)란 주제를 가지고 공공의 성격으로 개최되는 여가와 관광 목적의 문화, 예술 및 스포츠 이벤트를 포함하는 행사를 말한다.[29]

대중음악 페스티벌은 이런 대중파급력이 큰 대중음악을 주요 축제 콘텐츠로 활용하는 유형의 축제를 의미한다. 대중음악 축제는 인간의 유희적 욕구를 채워주며 공통된 관심사를 가진 사람들과의 음악적 공동체를 형성하는 기회를 제공한다. 참여하는 관람객들은 대중음악을 통해 자신의 자아와 가치를 발견하며 자신의 행동에 대한 보상을 받는다.[30]

역사

해외 대중음악 페스티벌의 역사를 들여다보면, 1950년대~1960년대 록 장르를 중심으로 대규모 음악 페스티벌이 시작되었다. 반전과 평화운동 등이 주창되던 1960년대에 록 음악은 전자사운드를 중심으로 군중이 모인 곳에서 선동성을 가진 형태를 띠었으며, 전 세계적으로 영향력을 미쳤다. 이런 배경에서 뉴욕과 샌프란시스코를 중심으로 대규모 록 페스티벌이 나타났는데, 최초로 열린 록 페스티벌로 알려진 '몬터레이 인터내셔널 팝 뮤직 페스티벌(Monterey International Pop Music Festival)'은 1967년 캘리포니아 몬터레이에서 개최되었으며, 소울, 포크, 레게 등 다양한 음악을 다루었고 주로 록 음악이 중심을 이루었다. 1969년에는 뉴욕의 전원도시인 베델 평원

29) 이훈(2006), 〈축제체험의 개념적 구성모형〉, 《관광학연구》, 30(1). Getz, D(2008), Event Tourism: Definition, Evolution and Research, Tourism Management, 29(3).

30) Cohen, S.(1993), Ethnography and Popular Music Studies, Popular Music, 12(2).

에서 '평화와 음악을 위한 3일간 축제'를 주제로 45만 명이 넘는 관람객이 참여한 초대형 록 페스티벌인 '우드스탁 페스티벌(Wood Stock Festival)'이 열렸다.

| 몬터레이 페스티벌(1967)과 우드스탁 페스티벌(1969) 포스터 |

1970~1980년대에는 정치적, 문화적 요소가 가미된 축제가 주를 이루었다. 행사의 목적이 음악을 향유하는 오락적인 차원을 넘어서는 정치적인 이슈와 문화적인 메시지를 담은 페스티벌이 생겨났다. 개인 소유의 농장을 개방하여 갈 곳 없는 히피들에게 공간을 주면서 시작된 음악축제인 '그래스톤 베리 페스티벌'이 1970년 영국에서 개최되었다. 1985년 에티오피아 난민의 기아 문제를 해결하기 위한 자금을 마련하기 위해 시작한 '라이브 에이드'가 영국과 미국, 호주, 러시아에서 열려, 최대 9만여 명이 관람하고, 위성중계를 통해 약 100여 국 15억 명의 시청자가 시청했다.

1990~2000년대는 페스티벌의 대중화와 장르의 다양화를 특징으로 들 수 있다. 전국적이고 세계적인 대규모 페스티벌이 나타나고, 대중음악의 발달

로 인해 다양한 종류의 대중음악이 페스티벌의 소재로 활용되었다. '롤로팔루자(Lollapalooza)'는 1991년에 시작되어 미국에서 10개 이상의 도시를 돌며 공연하는 순회 페스티벌의 시초가 되었다. 아시아에서도 페스티벌이 자리를 잡으면서, 일본에서는 1997년 '후지 록 페스티벌(Fuji Rock Festival)'이라는 당시 아시아에서 가장 큰 페스티벌이 개최되었다. 2000년대 들어와서는 R&B(rhythm and blues), 힙합(Hiphop), 일렉트로닉(Electronic) 등 대중적인 음악 장르가 페스티벌로 확대되었다.

국내 대중음악 페스티벌의 역사를 보면, 1960~1970년대에는 방송국이 주최하는 대학생 중심의 페스티벌이 나타났다. 대형 음악 페스티벌의 시초는 1966년 전국 남녀 대학생 재즈 페스티벌로 알려져 있고, 1970년대에는 그룹사운드와 포크 음악 장르를 중심으로 각종 경연대회와 가요제가 방송국을 통해 개최되어 대규모 가요축제의 근간이 되었다. 1977년에는 MBC가 주최하는 MBC 대학가요제와 서울가요제가 열렸으며, 1978년에는 TBC의 해변가요제가 열렸다.

| MBC 대학가요제와 TBC 해변가요제 |

1980년~1990년 초반에는 언더그라운드 뮤지션들과 클럽이 성행했다. 1979년 강변가요제와 1989년 유재하음악경연대회가 열려 언더그라운드 뮤지션들이 대중들에게 두각을 나타내는 계기가 되었다. 언더그라운드 뮤지션들이 클럽을 통해 자생적으로 나타나고, 이들을 중심으로 소규모 야외 페스티벌이 개최되었다.

1990년대 후반~2000년대에는 대규모 록 페스티벌이 등장했고 장르가 다양해졌다. 1999년 국내에서 최초로 시도되는 락 페스티벌이었던 '트라이포트 록 페스티벌'이 인천에서 열려 향후 펜타포트 록 페스티벌로 발전했다. 록 페스티벌 외에도 재즈, 대중가요 페스티벌 등 다양한 대규모 페스티벌이 개최되어 음악 페스티벌 장르의 다양화가 나타났다. 2004년, 경기도 가평에서 처음 열린 '자라섬 국제 재즈 페스티벌'은 2013년까지 누적 방문이 100만 명이 넘는 대규모 축제로 자리 잡았다.

한국의 대중음악 축제

국내 음악 페스티벌은 글로벌화와 장르의 다양화 등을 통해 규모가 확장되고 있으며, 음악산업에서 점차 핵심적인 비즈니스 산업으로 발전하고 있다. 관객수, 무대의 규모, 대규모 축제의 증가 등 뮤직 페스티벌은 규모가 꾸준히 확장되어 음악산업이 침체되고 있는 상황에서 주목받고 있는 콘텐츠 포맷이 되고 있다. 종전에 지방자치단체가 주도하는 행사에서 티켓판매로 주수익을 만드는 비즈니스 중심의 축제 형태로 발전했다. 출연진에서부터 참여하는 관객까지 국내 중심에서 점차 글로벌화의 추세를 보이고 있으며, 해외의 페스티벌 브랜드가 국내로 직접 진출하는 경우가 많아지고 있다.

2018년 기준, 국내에서 열린 대중음악 페스티벌은 총 47개[31]이지만 조사에서 빠진 행사를 합치면 매년 50~60개의 대중음악축제가 열린다고 볼 수 있다. 대표적으로 펜타포트 락 페스티벌, 지산밸리록페스티벌, 자라섬재즈페스티벌, 서울재즈페스티벌과 그랜드민트페스티벌, 울트라뮤직페스티벌 등이 있다. 그러나 2020년에는 코로나의 여파로 거의 음악축제가 열리지 못하고 있는 실정이다.

최근 국내 대중음악축제의 동향을 보면, 점차 지역화 현상이 일어나고 있다.[32] 과거에는 수도권 중심의 축제였지만 이제는 지자체들의 관심과 지원에 힘입어 지역으로 확산되는 경향을 보여주고 있다. 또한 2000년대 초반에는 록 페스티벌이 강세였는데, 이제는 일렉트로닉 페스티벌로 트렌드가 바뀌는 등 최근 대중음악 페스티벌들은 특정 장르에 집중하는 방식으로 특성화하고 있다.

| 국내 대중음악 페스티벌 현황(2018) |

페스티벌 명	일시	장소	설립 연도	웹사이트
뷰티풀 민트라이프	4.27–28	경기도 고양시 아람누리	2010	www.mintpaper.com
메탈 페스트	5.9	서울시 송파구 올림픽공원 올림픽홀	2013	–
그린플러그드	5.17–18	서울시 마포 난지한강공원	2010	greenplugged.com
월드 DJ 페스티벌	5.17–19	경기도 양평 나루께 축제공원	2007	worlddjfest.com
서울재즈페스티벌	5.17–18	서울시 송파구 올림픽공원 잔디마당	2007	seouljazz.co.kr
자라섬 리듬앤바베큐	5.17–18	경기도 가평군 자라섬	2013	jarasum–rnb.com

---

31) 한국음악레이블산업협회(2019), 《서울특별시 2018 음악산업 디렉토리북》, 서울음악창작 지원센터.
32) 서정민갑(2019), 2019년 한국 대중음악 페스티벌, 성장과 변화의 갈림길, 예술경영웹진, 423.

Cultural Contents Industry

레인보우 아일랜드	6.7–9	강원도 춘천시 남이섬	2011	rainbowfestival.co.kr
Ultra Korea	6.14–15	서울시 송파구 올림픽공원 잔디마당	2010	umfkorea.com
뮤즈 인 시티	6.15	서울시 송파구 올림픽공원 잔디마당	2013	muse–incity.com
스트로베리 익스프림 페스티벌	6.13–16	서울시 광장동 유니클로 악스	2013	mog.kr
호락호락 페스티벌	7.5–7	대전시 충남구청내 특설무대	2013	blog.naver.com/horockhorock
그린그루브 페스티벌	중단	충청남도 대천 해수욕장	2011	greengroove.net/kr/main
월드 일렉트로니카 카니발	중단	경기도 가평군 자라섬	2012	worldelectronicacarnival.com
밸리 록 페스티벌	7.26–28	경기도 안산시 대부 바다향기테마파크	2009	valleyrockfestival.com
펜타포트 록 페스티벌	8.2–4	인천광역시 송도	2006	pentaportrock.com
월드 록 페스티벌	8.2–4	경기도 용인시 지산포레스트리조트	2013	jisanworldrockfestival.com
슈퍼소닉 페스티벌	8.14–16	서울시 송파구 올림픽공원	2012	supersonickorea.com
제천 국제 음악영화제	8.14–9	충청북도 제천시	2005	www.jimff.org
현대카드 씨티브레이크	8.18–9	서울시 송파구 잠실운동장	2013	–
동두천 록 페스티벌	8.24–25	경기도 동두천시	1999	ddcrock.co.kr/
이너트립 페스티벌	중단	강원도 춘천 왕터연수원	2012	blog.naver.com/innertrip_om/150145751483
고양 록 페스티벌	8.30–9.1	경기도 고양시 원마운트옆 광장	2013	goyangrockfestival.com/
파주 포크페스티벌	9.7–8	경기도 파주시 임진각 평화누리	2011	pajufolk.com/
광주 월드뮤직 페스티벌	9.7–8	광주광역시 일대	2010	gjwmf.com/
렛츠록 페스티벌	9.14–15	서울시 마포 난지한강공원	2007	letsrock.co.kr/
자라섬 재즈 페스티벌	10.3–5	경기도 가평군	2004	jarasumjazz.com
울산 월드뮤직 축제	10.3–6	울산광역시	2007	cheyong.co.kr
쌈지 사운드 페스티벌	10.3	경기도 남양주 체육문화센터	1999	ssamziesoundfestival.com
잔다리 페스타	10.11–13	서울시 마포구 서교동	2012	www.zfesta.com
그랜드 민트 페스티벌	10.17–19	서울시 송파구	2007	www.mintpaper.com
글로벌 개더링 코리아	10.12	경기도 용인시 캐리비안 베이	2009	globalgatheringkorea.co.kr
그린 플러그드 레드	12.7–8	서울시 용산구 블루스퀘어홀	2013	greenplugged.com
서울일렉트로닉페스티벌	중단	경기도 고양시 일산 킨텍스	2012	www.semf.co.kr
카운트다운판타지	중단	서울시 마포구 마포아트센터	2010	www.mintpaper.com

자료: 서울음악창작지원센터(2019), 2018 음악산업과 디렉토리북.

최근 대표적인 대중음악축제로 떠오른 EDM은 전자음악(Electronic Music)의 하위 장르이며 전자음악 중 춤추기 좋은 비트를 가진 음악들을 말한다. 흥을 돋우고, 춤을 출 수 있도록 활용되는 음악 장르이며, 클럽이나 파티 등 엔터테인먼트 장소를 중심으로 발전하고 있다. 현재는 대중음악과 결합하기도 하고 EDM 제작자(주로 DJ) 스스로의 앨범을 발매하여 대중적인 음악 장르로 자리매김하고 있다. 주로 신디사이저(Synthesizer)와 시퀀서(sequencer) 등의 음악 전자기기를 활용하고 있고, 악기의 연주가 아닌 컴퓨터 기반의 전자기기를 활용하여 음악 작업을 하고, 공연장에서도 이런 기기들을 활용하여 퍼포먼스를 수행한다.

EDM에 있어서 가장 중요한 역할을 하는 퍼포먼스 수행자는 '디제이(DJ)"라고 불리는 Disc Jockey이다. DJ의 역할이 공연의 가수와 같은 아티스트만큼 중요한 역할을 담당하는데, 음악을 창작하고, 기존의 음악을 리믹스하거나 또는 여러 음악을 믹스하여 작품을 구성한다. DJ는 기술과 그들의 재능을 기반으로 엔터테인먼트 장소와 관객들의 분위기에 맞춰서 즉흥적으로 무대를 구성한다.

EDM의 발전 과정을 보면, 1970년~1980년대, 컴퓨터를 기반으로 연주가 진행되는 디스코(disco) 장르가 등장하여 선풍적인 인기를 구가하면서부터 시작되었다고 할 수 있다. 영국과 유럽에서 인기를 구가했던 이런 유로댄스와 유로 디스코 장르가 EDM의 시초이다. 1990년대에는 레이브(rave), 테크노(techno), 하우스(house), 덥(dub) 등 다양한 장르로 분화되면서 인기를 얻는다. 유럽과 미국, 일본 등에서 클럽과 파티장 등에서 흥을 돋우고, 자유롭게 춤을 추기 위해 전자음악을 활용하기 시작했다. 2000년대 중후반 이후 미국의 힙합과 R&B 뮤지션과 프로듀서들이 EDM의 요소들을 적극적으로 받아들이면서 미국의 대중들도 EDM에 익숙해지기 시작했다. 미국의 블랙아이드 피스, 레이디가가, 카니예웨스트 등 기존의 힙합과 R&B 장르 등이 주가 되었던 인기 팝가수들이 EDM의 요소를 적극 활용하며, EDM을 미국 주류 시장이 될 수 있도록 성공적 정착을 유발했다. 한국에서도 대중가수들이 EDM의 요소들을 적극 활용하여 음악을 만들어 성공을 거두고 있으며, 대표적인 예가 싸이의 〈강남스타일〉이다. 2000년대 중후반, 미국에서 상업적인 성공을 거두기 시작하면서 EDM이라는 용어가 온라인을 중심으로 광범위하게 사용되기 시작했다.

| 싸이의 〈강남스타일〉과 블랙아이드피스의 〈The beginning〉 |

3. 인디음악

인디음악은 언더그라운드, 프리랜서 등의 용어로 사용되기도 한다. 언더
그라운드는 방송에 나가지 않고 공연을 중심으로 활동하는 뮤지션을 지칭하
거나, 그런 뮤지션들을 통칭할 때 사용하는 말이다. 메인 스튜디오를 벗어나
텔레비전과 같은 매체를 통하지 않은 실험성 있는 대중음악을 중심으로 한
비주류 음악을 의미한다.[33] 또 다른 정의에서는 다양한 음악적 시도를 통해
소수 마니아층을 중심으로 인기를 얻은 비주류 음악이라고도 한다.[34] 오버
그라운드의 반대개념으로서 매스미디어 등을 통해 대중들 앞에 화려하게 나
타나지 않고 꾸준히 자신만의 음악 세계를 지켜가는 아티스트와 그들의 음
악을 말한다.

이를 볼 때, 언더그라운드는 ① 매체가 아닌 라이브를 중심으로 클럽이나
소규모 공연장에서 공연, ② 영세하거나 체계적인 매니지먼트가 없는 구조,
③ 다양한 장르 추구 등의 특징을 가지고 있다. 그러나 마니아 중심에서 시
작한 인디음악은 다양한 장르를 통해 수용층을 확대하고 대중음악 트렌드를
선도해가는 경향까지 보임으로써 주류 대중음악과 인디음악의 경계가 모호
해지고 있다. 또한 인디음악은 방송 등 기존 대중음악 시스템을 거부하고 독
립적으로 활동하는 것으로 여겨져 왔지만, 이 역시 방송에의 출연, 인터넷의
발전으로 인한 노출 확대 등으로 언더가 오버를 오가는 현상들이 나타나고

---

33) 한나영(2001), 〈90년대 후반 한국 언더그라운드 음악의 사회·문화적 의미와 소비자 성향에 대한 연구〉, 서
   강대학교 대학원 석사학위 논문.
34) 심현정(2008), 〈1980년대 한국 언더그라운드 록음악에 관한 연구: 그룹 '들국화'를 중심으로〉, 단국대학교
   대학원 석사학위 논문.

있다.

인디음악은 대중음악과 마찬가지의 가치사슬을 가지고 있으나 공연이라
는 유통의 역할이 매우 크고 매출이나 이익은 매우 적은 것이 특징이다.

| 인디씬 생태계 모형 |

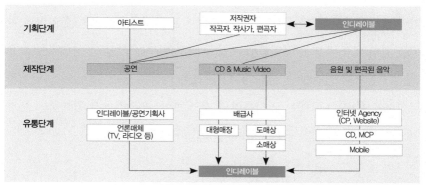

자료: 김재범 외(2012), 〈음악창작소 구축 및 운영 방안 연구〉, 문화체육관광부.

우리나라 인디밴드는 발표하는 곳마다 다르지만 500~1000여 개인 것
으로 보인다. 프리랜스 뮤지션들의 음악 활동 형태는 1인 활동 51.6%(440
명), 2인조 9.9%(84팀), 3인조 12.4%(106팀), 4인조 14.7%(125팀), 5인조
9.2%(78팀), 6인조 이상 2.2%(19팀)으로 나타나, 2인조 이상의 팀 혹은 밴
드 형식의 프리랜스 뮤지션의 비중(48.4%)은 약 절반 정도인 것으로 나타났
다. 장르별로는 락 음악인 경우 2인조 이상의 밴드로 활동하는 경우가 많았
으며, 힙합, 트로트, 포크, 재즈의 경우 1인 활동을 하는 경우가 많다.[35]

우리나라의 인디음악은 홍대 앞이라는 입지적 조건을 빼놓고 설명하기 어

---

35) 한국콘텐츠진흥원(2014), 대중음악산업 실태조사.

렵다. 1980년대 이후 드럭, 롤링 스톤즈, 블루데빌, 마스터플랜, 스팽글, 잼 머스 등의 클럽들이 연달아 홍대 앞에 문을 열면서 인디 음악가들이 여기에 터를 잡았다. 크라잉넛, 자우림 등 수많은 인디뮤지션들이 이곳을 배경으로 성장했고, 이들을 보기 위한 많은 관객이 홍대 앞의 클럽을 찾았다. 그러나 인터넷과 모바일의 발전은 음악의 유통을 온라인으로 변화시켜 장소의 의미가 희석되었다. 더구나 홍대 앞의 건물에 대한 임대료 상승으로 상업화의 파고를 견디지 못해 많은 음악클럽이 문을 닫고 일부는 더 값싼 임대료를 수용하는 지역으로 이전했다. 젠트리피케이션의 현상은 홍대 앞 인디 클럽에서 극명하게 나타났다. 이는 인디음악의 지역 확산, 온라인에서 활동하는 온라인 인디의 탄생과 같은 긍정적인 측면으로 작용하기도 했다.

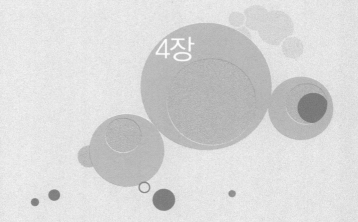

4장

방송산업

1. 정의 및 특성

정의

방송이란 방송프로그램을 기획 · 편성 또는 제작하여 이를 시청자에게 전기통신설비에 의하여 송신하는 것을 말한다.[1] 방송산업이란 가치사슬적인 측면에서 보면, 방송프로그램을 제작, 유통하는 모든 산업을 의미한다. 방송사업자란 매체를 소유 · 운영하거나 방송 채널을 직접 관리하는 사업자를 지칭한다.

방송의 종류는 매우 다양한데, 기술의 발전에 따라 다양한 방송 형태가 나타났기 때문이다. 방송법상에서 방송은 텔레비전방송, 라디오방송, 데이터방송, 이동멀티미디어방송으로 나누어진다.[2] 이외에도 중계유선방송, 음악유선방송, 전광판방송 등이 있다. 텔레비전방송이란 정지 또는 이동하는 사

---

1) 방송법 1조.
2) 방송법 2조.

물의 순간적 영상과 이에 따르는 음성·음향 등으로 이루어진 방송프로그램을 송신하는 방송이고, 라디오방송은 음성·음향 등으로 이루어진 방송프로그램을 송신하는 방송이다.

데이터방송은 방송사업자의 채널을 이용 데이터(문자·숫자·도형·도표·이미지 그 밖의 정보체계)를 위주로 이에 따르는 영상·음성·음향 및 이들의 조합으로 이루어진 방송프로그램을 송신하는 방송을 말한다. 데이터방송은 뉴스, 기상정보, 교통정보, 홈쇼핑, 증권정보 등 방송프로그램을 서비스하지 않고 데이터방송만을 내보내는 '전용 데이터방송'과 스포츠, 드라마, 게임, 광고 등 방송프로그램을 서비스하면서 연관된 정보를 제공하는 '보조적 데이터방송'으로 나눌 수 있다.

이동멀티미디어방송은 이동 중 수신을 주목적으로 다채널을 이용하여 텔레비전방송·라디오방송 및 데이터방송을 복합적으로 송신하는 방송을 말한다. 이동멀티미디어방송은 위성이동멀티미디어방송(위성DMB)과 지상파이동멀티미디어방송(지상파DMB)으로 나누어진다.

방송 사업에는 지상파방송사업, 종합유선방송사업, 위성방송사업, 방송채널사용사업 등이 있다.[3] 지상파방송사업은 방송을 목적으로 하는 지상의 무선국을 관리·운영하며 이를 이용하여 방송을 행하는 사업을 말한다. 지상파방송사업자로는 KBS, MBC, SBS 등 3대 방송사 및 EBS, 10개 지역 민영방송사 및 MBC 계열 지역방송사 등이 있다. 이 중 수신료 수입 등으로 운영되는 KBS1과 EBS를 제외한 SBS, KBS2, MBC 및 기타 방송사는 광고 수입이 주 수익원이다. 종합유선방송사업은 다채널방송을 위한 종합유선

---

3) 방송법 2조.

방송국을 관리 · 운영하며 전송 · 선로설비를 이용하여 방송을 행하는 사업으로서, 각 지역별 케이블방송사업자인 SO(System Operator)를 말한다. 위성방송사업은 인공위성의 무선설비를 소유 또는 임차하여 무선국을 관리 · 운영하며 이를 이용하여 방송을 행하는 사업을 말한다. 우리나라에는 위성사업자로서 스카이라이프가 있다. 마지막으로 방송채널사용사업은 지상파방송사업자 · 종합유선방송사업자 또는 위성방송사업자와 특정 채널의 전부 또는 일부 시간에 대한 전용사용계약을 체결하여 그 채널을 사용하는 사업이다. SO에 프로그램을 제공하는 PP(Program Provider)를 말한다.

지상파방송에는 운영 방식에 따라 국영방송, 공영방송, 민영방송(상업방송)이 있다. 국영방송은 방송사를 국가의 한 부서나 소속기관이 운영하는 것으로 소유권과 통제권을 정부가 보유하고 있고 재원을 국가 재원으로 충당한다. 공영방송은 국민의 방송으로서 경영은 사회의 각 이익집단이나 매체종사자가 대표자(경영위원회)를 뽑아 이들이 경영을 맡는 형태가 보편적이다. 재정은 수신료로 충당하고 일부는 부대사업으로 충당한다. 마지막으로 상업방송(민영방송)은 방송사를 이익을 추구하는 하나의 기업으로 간주하는 형태로 소유권을 개인이 보유하고 방송의 본질을 자유경쟁 기업활동으로 간주하며, 재원은 주로 광고수입이고 유료방송의 경우 가입료와 시청료로 이루어진다.

IPTV는 방송과 통신의 경계선에 있는 형태로, 광대역 연결상에서 인터넷 프로토콜을 사용하여 소비자에게 디지털 텔레비전 서비스를 제공하는 시스템을 말한다. 즉, 인터넷망을 통해 서비스되는 방송이라 할 수 있다. 한편 OTT는 이 책의 다른 분야에서 많이 언급되어 있어 여기에서는 설명을 생략한다.

대분류	중분류	소분류	세부구분
방송 산업	지상파방송업	라디오방송	공영, 민영, 교통, 종교 등
		텔레비전방송	공영, 민영
		지상파이동멀티미디어방송	
	유선방송업	종합유선방송	MSO, 개별SO
		중계유선방송	
		음악유선방송	
	위성방송업	위성방송	
		위성이동멀티미디어방송	
	프로그램제작공급업	방송채널사용사업	일반PP
			홈쇼핑PP
			데이터PP
	프로그램제작업		
	IPTV		
	IPTV콘텐츠제공사업		
	전광판방송업		

자료: 표준산업분류.

특성

방송산업은 문화산업의 공통적인 특성과 방송만의 독특한 특징 등 몇 가지 중요한 특성을 가지고 있다. 먼저 상품상의 특성을 보면, 첫째, 공공재적인 특성이다. 방송 콘텐츠 상품은 일반 사적재(private goods)와 달리 공공재(public goods)로서 비배제성과 비경합성의 요건을 갖추고 있다. 즉 방송 콘텐츠는 대가를 지불하지 않은 사람을 사용에서 제외시키지 못하는 비배제성과 한사람이 더 많이 소비한다고 해서 다른 사람의 소비가 줄어들지 않는 비경합성의 요건을 갖추고 있다. 방송 콘텐츠의 공공재적 성격은, '무임승차(free riding)' 문제를 발생시켜 시장 기능의 효율적 작동을 방해하기도 한다. 그러나 실제로는 지상파방송은 순수 공공재, 유료 방송 콘텐츠는 비경합적이지만 비배제성은 완화된 상품으로 준공공재(quasi-public goods)이다.

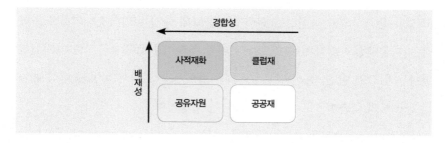

둘째, 다면시장에서 유통되는 이중재(dual goods)적인 특성을 가지고 있다. 즉, 고객은 시청자 외에 광고주가 있다. 상업방송의 경우 방송 콘텐츠 소비자에게서 콘텐츠를 보거나 즐기는 대가로 소비자가 직접 요금을 부담시키는 것이 아니라 이 소비자들을 대상으로 광고를 제공하는 기업으로부터 수익을 얻는다. 즉 시청자가 중간 매개가 되어 광고주와 방송국이나 인터넷 사업자가 거래를 하는 것이다.

셋째, 공공성이 강조되는 공익재적인 특성이 있다. 방송미디어는 대중이 시청하므로 국민들에게 미치는 영향이 커, 공익성이 강조된다. 따라서 방송사는 모든 콘텐츠를 시청자에게 동등하고 차별 없이 다루어야 한다는 망중립성(net neutrality)[4]을 유지하여 국민들에게 보편적 서비스(universal service)[5]를 해야 한다. 그러나 이런 원칙은 공영방송에 적용되지만 최근에는 다양한 유료 매체가 등장하고 인터넷과 다양한 플랫폼이 등장하면서 통

---

4) 망중립성이란, 데이터베이스 보유자, 인터넷주소 보유자, 컨텐츠 제공자 및 이용자, 이동통신기기 사업자와 그것의 사용자들 등 트래픽을 유발하는 것들의 모든 주체가 동일하게 처리(과금)되어야 한다는 것이다.(나무위키.https: //namu.wiki/w/%EB%A7%9D%20%EC%A4%91%EB%A6%BD%EC%84%B1)
5) 보편적 서비스란 국민들이 인간다운 생활을 영위하기 위하여 필수적인 공공재의 최소한의 이용권을 보장하는 것을 의미한다.

신 분야에서 망중립성에 대한 폐지 논란이 나타나고 있다. 통신망을 구축하고 있는 통신사의 입장에서는 인터넷 이용료의 증가는 인터넷망의 고도화와 같은 기술발전으로 데이터 인프라에 대한 투자비용에 필요하므로 폐지해야 한다는 입장인 반면, 통신망을 사용하는 플랫폼 기업에서는 망 중립성 폐지는 공공성의 훼손이므로 지켜져야 한다는 입장이다.

산업적인 특성으로는 첫째, 규모의 경제(economies of scale)가 적용되는 산업이다. 방송 콘텐츠는 제작을 위한 초기 비용은 크지만 복제비용은 낮아 소비가 커질수록 소비자당 평균 생산비용은 기하급수적으로 낮아지는 규모의 경제가 작용한다. 즉 매출액이 늘어나면 늘어날수록 규모의 경제가 작용하여 이익의 폭은 커진다. 따라서 방송 콘텐츠 기업은 생산된 상품을 대량으로 소비할 수 있는 유통 체계를 갖추는 것이 유리하기 때문에 수직통합(vertical integration)을 통해 생산과 유통 부문을 통합시키려 한다.

둘째, 정부의 규제 영향을 많이 받는 산업이다. 방송은 공공적인 특성이나 높은 파급력으로 정부가 진입 규제, 비용 규제 등 다양한 규제를 하고 있다. 새로운 미디어가 등장할 때마다 정부는 일정한 원칙하에 진입 업체 수를 제한하고, 미디어 사용가격에 대해서도 규제하고 있다. 이는 주파수 사용대역의 한정된 자원으로 진입을 규제하지 않을 수 없지만 최근 들어서는 방송통신 융합으로 다양한 통신망을 통해 방송이 이루어지므로 규제는 점차 축소되고 진입의 제한이 완화되어 업계의 자율성이 높아지는 추세이다.

2. 구조 및 가치사슬

가치사슬

방송산업의 가치사슬은 기획 · 제작, 배급, 유통 · 서비스, 소비 단계로 구분할 수 있다. 방송사는 프로그램을 자체적으로 제작하거나 제작사에 외주를 주어 프로그램을 제작하며 이렇게 제작한 프로그램을 다양한 경로로 유통한다. 현재 지상파방송사, MSP[6]는 프로그램의 제작과 유통을 모두 하고 있다. 방송채널사용사업(PP, Program Provider)은 프로그램을 제작해 공급하는 사업자로 이들이 제작 · 편성한 프로그램은 지상파 채널, 유선방송, 위성방송, IPTV 등의 플랫폼을 거쳐 유통된다. 최근에는 OTT 서비스가 활성화되며 새로운 유통 플랫폼으로 자리를 잡고 있다. 종합유선방송사업(SO, System Operator)과 위성방송은 방송유선을 통해 프로그램을 송출하고 IPTV와 OTT는 인터넷망을 통해 프로그램을 송출한다. 그러나 이런 구분은 가치사슬 내에서 수직 · 수평 통합이 일어나며 역동적으로 변하고 있다.

---

6) Multiple System Program Operator로서 한 사업자가 MSO와 MPP를 모두 보유한 경우를 말한다. 즉 여러 개의 방송 프로그램 사업 및 종합유선방송국을 동시에 운영하는 사업자를 말한다.

	제작	유통1(PP)	유통2(SO)	소비
지상파방송	방송사자회사	지상파방송사		단말기
종합유선방송		방송채널사업자(PP)	종합유선방송사업자(SO)/전송망사업자(NO)	스마트폰
위성방송	독립제작사		위성방송사업자	TV
DMB			DMB 방송사업자	DMB
IPTV		IPTV 콘텐츠사업자	IPTV 방송사업자	소비자
OTT		OTT 콘텐츠사업자	OTT 사업자	개인 / 가정

지상파방송사는 KBS, MBC, SBS로 프로그램 제작과 편성, 송출 모두를 담당한다. 지상파방송사는 프로그램을 직접 제작, 혹은 외부 제작사에 의뢰하기도 하며, 이렇게 제작한 프로그램을 본 시간대 방송이 끝난 후 재방송의 형태로 다른 플랫폼에 판매한다. 프로그램이 판매되는 채널 중에는 KBSN, MBC+, SBS+와 같은 지상파방송사의 자회사들도 있다. 자회사에게 프로그램을 판매하고 자회사를 통해 방송채널사용 사업을 직접 하면서 지상파방송사는 가치사슬 안에서 수직적 통합 구조를 가지고 있다.

방송채널사용사업자(PP)는 프로그램을 제작·편성하는 사업자로 지상파방송사를 제외한 다양한 채널들, YTN, JTBC·채널A 등의 종합편성채널, Mnet·OliveTV·tvN 등의 CJ ENM, 각종 홈쇼핑 채널 등 매우 많다. 이들은 프로그램을 제작하여 편성하지만 송출을 직접 하지는 않는다. 방송채널사용사업자 중에는 CJ ENM과 같이 여러 채널을 소유하여 프로그램을 제작·편성하는 사업자들도 있어서 이들은 '복수채널사용사업자(MPP, Multiple Program Provider)'라고 한다.

프로그램 제작사는 지상파나 방송채널사용사업자의 의뢰를 받아 프로그램을 제작하는 업체이다. 최근에는 여기에서도 수직적 결합이 일어나고 있으며 CJ 계열의 스튜디오드래곤과 JTBC 계열의 제이콘텐트리가 대표적이다. 그뿐 아니라 SBS도 드라마제작국을 자회사로 이동해 스튜디오S를 설립하는 등 지상파방송사에서도 이런 움직임이 나타나고 있다.

프로그램이 유통되는 플랫폼은 종합유선방송, 위성방송, IPTV, OTT 플랫폼이 있다. 종합유선방송 플랫폼은 이른바 케이블TV로 방송 유선으로 프로그램을 송출하고 위성방송은 방송위성이 쏘는 신호를 수신해 프로그램을 송출한다. 종합유선방송사업자에는 LG헬로비전, 티브로드, 딜라이브, 현대 HCN, CMB가 있는데, 이들은 SO를 여러 개 가지고 있어서 MSO(Multiple System Operator)라고 한다. 위성방송은 플랫폼으로서 스카이라이프가 있다. 이 두 가지 플랫폼은 방송 유무선을 통해 프로그램을 송출한다. 2019년 종합유선방송사업자인 CJ 헬로가 LG U+에 인수되며 새로운 수직통합구조로의 변화가 일어나고 있다.

IPTV와 OTT는 공급받은 프로그램을 인터넷망을 통해 전송한다. IPTV는 KT의 olleh TV, SK의 B tv, LG U+의 U+ tv가 있는데, 2020년 상반기 기준 IPTV 유료 가입자는 3,360만 명이고 점유율은 KT 22.35%, SK 15.62%, LG U+13.54%이다.[7] OTT 서비스 역시 제공받은 프로그램을 인터넷망을 통해 전송하지만 IPTV와 달리 셋톱박스 없이도 프로그램 시청이 가능하다. 또 TV뿐 아니라 앱을 통해 태블릿, 모바일 등 개인 디바이스로도 시청이 가능하다. 넷플릭스, 웨이브, 왓챠, 티빙, 디즈니+, 훌루 등이 여기에 해당하며 최근 글로벌 OTT 시장의 규모는 크게 확장되고 있다.

---

7) 정보통신정책연구원(2020), 2020 방송산업 실태조사.

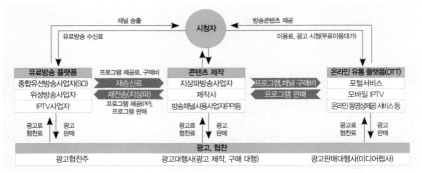

자료: 정보통신정책연구원(2020), 〈2020 방송산업 실태조사〉.

드라마 구성요소

드라마 구성요소는 스타, 매니지먼트사, 독립제작사, 방송사로 구성된다. 먼저 스타는 매니지먼트사의 부분집합으로 보기 어려울 만큼 이미 상당한 자율성을 가지고 있고, 추상적 의미로서의 '집합' 개념을 갖고 생산과정에 영향력을 행사한다. 방송사, 독립제작사, 매니지먼트사의 삼각구도만으로는 생산구조를 설명할 수 없을 만큼 '스타'는 중요한 요인이고, 실제 문화 생산과 소비 관계를 이어주는 거의 유일한 통로이다.

둘째, 매니지먼트사는 소속 연기자의 계약을 대행하고 광고 등을 통해 부가적 수익을 창출하며, 법률 및 세무 영역에서 도움을 주는 기능과 연기자를 발굴하여 새로운 스타를 만들어내고 그 지위를 유지하도록 도움을 제공한다. 대형화된 매니지먼트사는 대개 제작 부문에 직·간접적으로 참여하고 있거나 참여할 계획을 가지고 있다. 매니지먼트사가 제작에 참여하는 궁극적 목적은 수익의 극대화지만, 스타의 캐릭터나 이미지를 십분 활용할 수 있는 스타 맞춤형 작품을 기획하고자 하는 욕심도 작용하기 때문이다. 매니지먼트사와 방송사의 관계는 적대적 협조 관계이다.

셋째, 독립제작사란 "방송영상물을 제작하여 방송법의 규정에 의한 방송사업자, 중계유선방송 사업자, 음악유선방송사업자, 전광판방송사업자 또는 외국방송사업자에게 이를 제공하는 사업을 하기 위하여 대통령령이 정하는 바에 따라 문화관광부장관에게 신고한 자"이다. 이들 제작사는 과거 지상파 방송사에서 PD를 하던 사람들이 주로 설립·운영하고 있다는 공통점을 가진다. 방송사의 생리를 잘 이해하고 있고 인적 네트워크가 두텁기 때문에 방송사와 독립제작사의 관계는 대체로 적대적이지 않다. 독립제작사 측은 방송사 자체제작에 비해 제작비가 턱없이 부족한 실정이므로 간접비 등 전반적인 제작비 인상을 요구하며 제작비 쿼터제를 방안으로 제시한다. 이에 대해 방송사는 또 다른 총량적 규제는 부적절하다고 지적하며, 장르에 따라 자체 프로그램보다 외주 프로그램의 제작비가 더 많이 지급되는 사례와 방송사 시설 및 장비를 이용하는 외주 프로그램에 대한 고려 등 세부적으로 제작비를 검토해야 한다는 입장이다. 그러나 최근에는 CJ, 중앙일보 등의 대기업 계열의 제작사가 등장하면서 이들이 OTT와 공중파, 케이블방송 등과 협상력을 높이면서 영향력을 늘려가고 있다.

넷째, 기획 및 제작기능의 상당 부분이 독립제작사로 넘어가면서, 방송사는 가능하면 적은 비용으로 방송 콘텐츠를 발주하고 가능하면 많은 액수의 광고비를 확보하려는 자세이다. 방송사는 여전히 막강한 힘을 가진 거대 기업이고 독립제작사는 상대적으로 위축될 수밖에 없다. 특정 드라마를 시청하는 사람들이 아니라 다양한 장르를 통해, 특히 보도프로그램을 통해 거의 전 국민에게 영향력을 발휘할 수 있다는 과점적 영향력 자체가 방송사가 가진 무형의 권력이다. 그러나 전속제가 폐지되고 매니지먼트사의 영향력이 커짐에 따라 방송사의 콘텐츠 권력(기획하고 제작하고 소유)은 급격하게 감소했고, 다매체 · 다채널 현실의 결과로 방송사의 유통 권력 역시 약해졌다.

3. 역사

해외

| 미국의 방송 기술 적용 역사(1920년대~2011년) |

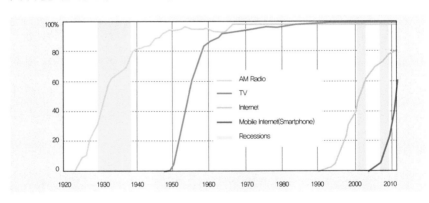

(1) 라디오

방송의 역사는 3극 진공관 발명한 드포리스트(Lee De Forest)가 1907년 뉴욕에서 라디오방송국을 설립하여 실시한 실험 방송에서부터 시작된다. 아메리칸 마르코니 무선전신회사 직원인 사노프(David Sarnoff)는 무선으로 타이타닉호의 침몰을 세계 최초로 알려 라디오 위력을 인식시켰다. 본격적으로 라디오 기술이 발전한 때는 제1차 세계대전이다. 1918년 제1차 세계대전이 종결되자 군수산업체인 GE와 타협하여 민간 기업체 RCA(Radio Corporation of America)를 설립했다. 웨스팅하우스는 펜실베니아 주 피츠버그 시에 최초 방송국을 개국했다. 유럽을 비롯한 세계 각국도 다퉈 라디오 방송국을 개국했다. 영국의 경우 1922년에 오늘날 BBC의 전신인 영국방송 회사를 설립했고, 1923년에는 독일에서, 1925년에는 일본에서 정규 방송국이 출범했다. 1920년 이후 라디오방송에 대한 사람들의 관심이 높아지면서 방송국 수도 급성장하여 방송은 신문을 압도하는 속보성을 보여주었다. 초기의 라디오방송은 정규 프로그램이 없었으나 시행착오를 거치면서 1922년부터 프로그램과 광고를 구분했다. 이로써 상업방송의 기초가 마련되었고, 최초의 네트워크는 1926년에 세워진 NBC이다. 1927년 9월에 CBS가 창설되는데 이 두 방송이 미국 라디오방송의 선두주자가 되었다.

라디오방송이 본격적으로 대중화가 된 시기는 1930년대로서, 대공황으로 인해 영화나 연극의 관객이 급격히 줄면서 라디오 청취자가 급증했다. 그러나 1930년대 중반부터 라디오는 TV 출현으로 변화가 불가피했다. 전국 프로그램 대신 지방프로그램, 지방뉴스, 지방스포츠에 중점을 주는 특성화를 시도했고, 1933년에는 잡음 없는 고품위 음질을 보장하는 FM방송이 개발되어 1960년대가 되어서 FM방송이 라디오방송의 주역이 되었다. FM 스테레오 방송은 라디오가 음악 위주의 방송으로 전환하는 데 기여했다. 또한 1947년 벨연구소에 의해 만들어진 트랜지스터는 라디오를 개선하여 언제 어디서나 이용할 수 있는 편리한 매체로 만드는 데 큰 역할을 했다.

(2) TV

1897년 독일의 브라운이 음극선관(일명 브라운관)을 발명한 이후 LCD와 LED가 발명될 때까지 브라운관은 텔레비전 수상기를 비롯한 컴퓨터 모니터 등에 두루 쓰였다. 미국의 발명가 필로 판스워즈는 1927년 전자식 텔레비전의 시제품을 발명하자 미국의 거대 방송사 RCA는 판스워즈의 아이디어를 빌려 전자식 텔레비전을 만들었다.

1930년대 독일은 최초로 텔레비전방송을 시작한 데 이어 영국, 일본, 프랑스 등도 이 시기에 텔레비전방송을 시작했다. 그 결과 1936년 베를린올림픽이 전 세계에 생중계되었다. 그러나 세계 최초의 정규 텔레비전방송은 1936년 11월 2일 영국 BBC에서 시작되었다. 제2차 세계대전 이후 텔레비전방송사업이 급속히 성장했다. 수상기 보급대수가 1949년에 100만 대, 1951년에 1,000만 대에 이르렀고, 1959년에는 5,000만 대를 넘어섰다. 당시 RCA는 미국 텔레비전 사업의 80%를 점유하는 독과점 기업이었다. 1962년 최초로 유럽과 북아메리카를 잇는 위성중계가 시도되었고, 1964년의 도쿄올림픽 개막식이 태평양 상공 위의 위성을 통해 북아메리카에 중계되었다. 1970년대 초에는 지구상의 모든 지역에 위성중계가 가능해졌다.

컬러텔레비전은 1954년 미국에서 NTSC 방식으로 시작했고, 1967년 영국과 독일이 PAL 방식의 컬러방송을, 1967년 프랑스에서 개발한 SECAM 방식의 컬러방송을 소련과 프랑스에서 시작했다. 이후 1970년대 초반 텔레비전이 보도매체로서 영향력을 발휘하자, 7~11시 사이에 50대 시장에 속한 지방방송국들은 네트워크 프로그램을 3시간 이상 방송하지 못하도록 규정한 PTAR(Prime Time Access Rule)을 적용하여 독립제작사를 지원했다.

1980년대에는 케이블방송도 성장하여 다채널 시대에 접어들었다. 케이블

TV 보급률은 1980년 21.7%, 1989년 56.4%, 1999년 70%로 높아져 Must Carry Rule(재전송의무 원칙)[8]을 폐기하기에 이르렀다. 1994년 미국의 Direc TV가 170개 채널로 디지털 위성방송을 시작했고, 현재는 공중파, 케이블, 위성이 공존한다. 최근에는 OTT, MCN, 크롬캐스트, 스마트TV 등 다양한 형태가 나오고 있다. 넷플릭스와 디즈니 등 온라인 스트리밍 방송의 등장으로 스마트폰, TV 등에 구애받지 않고 온라인으로 원하는 콘텐츠를 언제 어디서나 시청 가능한 방송 환경이 구축되었다.

국내

일제강점기 시대인 1927년 2월 16일 JODK 호출부호로 방송이 시작되었다. 경성방송국은 일본 방송의 중계를 전제로 한 편성을 했고, 한·일 양국의 말을 혼합하여 방송했다. 해방 이후 미군정청 공보부 산하에 방송국이 운영되었는데, 1947년 한국의 독자적인 호출부호로 한국방송이 시작되었다. 1948년 정부 수립과 함께 방송국은 정부의 공보처 산하로 흡수되어 국영방송시대(1948~1953)가 시작되었다. 1954년에는 한국 최초의 민영방송 기독교방송(CBS)이 설립되어 민영방송시대가 개막되었다.

1956년 한국 최초의 텔레비전방송 HLKZ-TV가 시작되었고, 1959년 한국 최초의 민간 상업방송인 부산문화방송(HLKU)(라디오방송)이 설립되었다. 1961년 KBS-TV와 MBC가 개국했고, 1964년 12월 최초의 민영 상업

---

8) 케이블 텔레비전이 그 지역의 모든 로컬 텔레비전의 전파를 채널에 포함시켜야 한다는 규칙.

텔레비전인 TBC-TV가 개국했다.

1980년대에는 우리나라 방송사에 큰 사건이 일어나는데, 그것은 방송
통폐합이다. 정부에서는 상업방송의 폐해를 지적하며 방송통폐합을 한다.
TBC-TV가 KBS 2채널로 흡수되고, KBS가 MBC 본사의 주식 70%를 소
유하고 CBS는 보도와 광고 기능을 금지당하고 기독교 선교를 위한 복음
방송만 허용되었다. 또한 방송사는 광고영업을 하지 못하고 방송광고공사
(KOBACO: Korea Broadcasting Advertising Corp.)[9]를 통해서만 영업을
하게 했다.

| 1972~1973년 인기 있었던 KBS 드라마 〈여로〉 |

1980년 12월에 KBS 1TV가 컬러화한 데 이어 1990년대에는 다매체, 다
채널 시대에 접어들었다. 1991년 민영방송인 SBS가 설립되고, 1995년 3월
케이블TV가 시작되었으며, 2001년에는 위성방송이 시작되었다. 이후에 방
송통신융합 및 인터넷 기반 방송시대로서 DMB와 IPTV 도입되었고, 종편
채널이 신설되었다. 또한 민영미디어랩이 도입되어 방송광고대행에서 한국
방송공사와 경쟁체제가 구축되었다.

---

9) 방송광고공사는 방송광고 대행, 방송발전기금지원, 공익광고, 광고교육원 운영 등의 사업을 하게 되었다.

1. 국내 시장 현황

시장규모

2019년 기준 방송 시장의 방송사업매출액은 17조 6,717억 원으로 2018년
에 비해 2.1% 증가한 것으로 나타났다. 방송매체별로 매출액 추이를 살펴보
면 종합유선방송은 매년 감소하고 있는 반면 IPTV는 큰 폭으로 증가했다.
점유율을 살펴보면 지상파방송과 종합유선방송의 하락세와 IPTV의 상승세
가 확연히 드러난다. 지상파 TV와 방송채널사용[10], 종합유선방송, 위성방
송은 꾸준히 점유율이 줄고 있고, IPTV의 점유율은 점점 늘어 2019년에는
21.8%를 보였다.

---

10) 방송채널사용사업(PP)은 홈쇼핑, 광고, 방송프로그램 제공 및 판매, 협찬, 방송시설 임대 등이 해당한다.

(단위: 억 원)

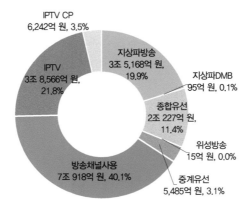

자료: 정보통신정책연구원(2020), 2020 방송산업 실태조사.

방송 광고 시장도 변화하고 있다. 2019년 전체 방송 광고 시장규모는 3조 9,000억으로 전년 대비 7% 감소한 것으로 나타나고 있고, IPTV 광고를 제외한 모든 광고 매출이 감소했다. 특히 지상파방송의 방송 광고 시장에서의 비중이 2010년 66.6%에서 2019년에는 36.7%로 줄었다. 이는 국내 광고 시장에서 방송보다는 OTT, 모바일, 인터넷 등으로의 비중이 증가하면서 나타난 변화라고 할 수 있다. 소비자들이 유튜브 등과 같은 새로운 매체 선호도가 높아짐에 따라 광고주들이 새로운 매체에 대한 광고를 증가시키면서 전통 미디어인 공중파 등의 광고는 크게 줄고 있는 것이다.

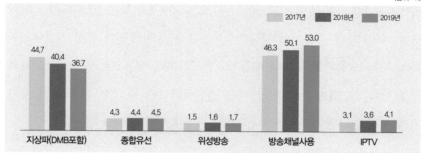

자료: 정보통신정책연구원(2020), 2020 방송산업 실태조사.

이는 시청률 추이를 보아도 알 수 있다. 2012년 이후 지상파와 케이블 플랫폼은 시청률이 지속적으로 감소하고 있고 IPTV의 시청률은 점점 높아지고 있다. 2012년과 2019년을 비교하면 지상파의 시청률은 4.83%에서 0.82%, 케이블 플랫폼 시청률은 25.09%에서 16.28%로 감소했다. 특히 지상파방송은 2017년 이후 1%대의 시청률을 보여주다 2019년에는 1%에 미치지 못하는 기록을 보였다. 반면 IPTV를 통한 시청률은 지속적으로 상승해 2012년 1.69%에서 2018년에 10%를 넘겼으며 2019년에는 13.28% 시청률을 보여주었다.

| 방송 플랫폼별 시청률 추이(2012~2019년)[11] |

(단위: %)

구분	2012	2013	2014	2015	2016	2017	2018	2019
지상파	4.83	4.37	4.00	3.48	2.31	1.09	1.07	0.82
케이블	25.09	24.73	24.25	23.53	22.99	20.97	18.55	16.28
위성	2.77	3.21	3.57	3.62	3.11	2.25	1.98	1.64
IPTV	1.69	2.64	3.70	4.30	6.37	9.51	11.75	13.28

출처: 한국콘텐츠진흥원(2021), 2020 방송영상산업백서.

---

11) 플랫폼별 시청률은 개별 채널의 시청률을 분석하는 것이 아니라 특정 플랫폼을 통해 TV를 시청하는 전체량을 분석한 것이다.

특히 지상파방송 시청률이 높은 장노년층에서도 지상파방송의 시청률이 떨어지고 있다. 2019년 기준 50대는 7.01%, 60대 이상은 10.49%까지 하락했다. 이런 경쟁 상황에서 지상파 3사는 3사 간의 치열한 경쟁 시간대였던 10시 드라마 시간대를 저녁 9시대로 변경하거나 예능프로그램으로 교체하기도 했다. 또 SBS는 금토드라마를 신설하여 위기를 맞은 지상파방송사가 기존 프로그램 구도에서 벗어나고자 하는 움직임을 보이고 있다.

또한 최근 드라마에서 나타나는 수익 창출 구조의 변화 역시 지상파방송사 중심 구조를 흔들고 있다. 전통적으로 프로그램, 특히 드라마는 방송사가 제작비의 70% 가량을 방영료로 지급하고 나머지 30%를 간접광고(PPL)나 협찬, OST 등으로 제작사가 직접 조달했다. 이후 해외 판권 수출이나 VOD로 인한 수익은 제작비에서 특별한 비중을 차지하지는 않았다.[12] 그 때문에 방송사의 제작비 규모가 제작 방식을 좌우했다. 그러나 점차 수출 선판매를 통한 제작비 조달로 드라마의 수익 창출 구조가 변하면서 자본력을 무기로 한 대기업 계열 드라마 제작사들이 등장하고 이들이 방송사가 투입할 수 없는 막대한 규모의 제작비를 투입한 대작 드라마를 선보이며 드라마 제작 방식은 물론 지상파방송사 중심의 구조도 변화하고 있다.

방송사업자 수직 · 수평 결합 현황

방송산업 가치사슬 안에서 수직 · 수평적 통합은 다양하게 이루어지고 있

---

12) 김윤지(2020), 〈방송 영상 콘텐츠 수출의 경제적 파급 효과〉, 코카포커스, 한국콘텐츠진흥원.

다. 먼저 지상파방송사는 자회사를 운영하며 방송수신료, 광고, 협찬, 시설
임대 등에서 수익을 내는 것은 물론 프로그램 판매나 기타방송사업에서 수
익을 내고 있어 지상파방송사와 방송채널사업자가 통합되는 수직적 통합 양
상을 보여준다. 지상파방송 3사는 2019년 기준 총 일곱 개의 방송채널사용
사업자를 자회사로 운영하고 있다. 방송채널사용사업자 역시 수직ㆍ수평
적으로 결합되는 추세로, 두 개 이상 PP가 결합한 복수방송채널사용사업자
(MPP)의 시장점유율은 71.9%(2019년)로서, CJ, SBS홀딩스, 매일경제신문
사 계열 PP의 합계 점유율과 합계 매출액은 2018년 대비 증가했으나, 중앙
홀딩스, 문화방송 계열 PP의 점유율과 매출은 감소했다.

| 방송사업 통합 현황(2019년) |

(단위: 억 원, %)

구 분	채널 수		방송사업매출액			방송사업매출액 점유율	
	2018년	2019년	2018년	2019년	증감률	2018년	2019년
CJ	22	22	8,652	9,459	9.3	25.9	28.0
중앙홀딩스	5	5	4,315	4,090	−5.2	12.9	12.1
SBS 홀딩스	10	11	2,137	2,266	6.0	6.4	6.7
문화방송	6	6	2,350	1,859	−20.9	7.0	5.5
매일경제 신문사	3	3	1,650	1,736	5.2	4.9	5.1
상위 5개 MPP 방송사업매출액			19,103	19,410	1.6	57.1	57.4
2개 이상 PP사업체가 결합한 MPP			25,254	24,316	−3.7	75.5	71.9
PP 방송사업매출액 (홈쇼핑PP/데이터홈쇼핑 제외)			33,453	33,800	1.0	100.0	100.0

출처: 정보통신정책연구원, 2019 방송산업 실태조사, 2020.

　　MSO 사업자로는 LG헬로비전이 1위로 24개 SO를 보유하여 시장점유율
30.4%인데 2020년 CJ헬로비전을 LG에서 인수한 것이다. 이어서 티브로
드, 딜라이브 순으로 되어 있다. SO와 PP 결합사업자(MSP)의 경우 상위 3
대 MSP(티브로드 계열, 딜라이브 계열, 현대 에이치씨엔 계열)의 점유율은
23.0%이다.

프로그램 제작 현황

지상파방송, 방송채널사용사업, 지상파DMB, 종합유선방송, 위성방송 등 전체 방송플랫폼의 방송프로그램 제작 및 구매 비용을 살펴보면 총 3조 2,388억 원을 기록했다. 세부적으로는 프로그램 자체제작이 44.4%이고, 외주제작이 29.4%, 구매가 26.2%로 나타났다. 외주비율이 증가하는 추세이기는 하지만 자체제작이 여전히 높은 비율을 보여주고 있다. 공중파의 경우 자체제작이 46.8%, 순수 외주가 43.5%를 차지하고 있고, 채널사용사업자의 경우에는 순수 외주가 13.3%이고 구매가 39%로 높다. 외주제작이 경우, 정보/교양/교육 프로그램과 다큐프로그램이 높고 이어서 예능프로그램의 순이다.

| 프로그램 제작 및 구매 비용 현황 |

(단위: 억 원, %)

구분	전체 방송			'18년 대비 '19년 증감률	2019년 비중
	2017년	2018년	2019년		
자체제작	12,277	14,725	14,386	−2.3	44.4
외주제작	8,934	8,485	9,513	12.1	29.4
구매	4,452	7,200	8,482	17.8	26.2
기타	6	5	6	14.3	0.02
합계	25,668	30,415	32,388	6.5	100.0

출처: 정보통신정책연구원(2020), 방송산업 실태조사.

방송사와 프로그램 외주 제작사의 수익배분은 수익 유형에 따라 다르지만 대체로 방송사가 제작사보다 높은 비율의 수익을 배분받는다. 방송사가 유치한 협찬수익은 방송사 83.0%, 제작사 17.0%이며, 다른 방송사업자 대상 판매 수익은 방송사 76.6%, 제작사 23.4%, 저작재산권을 기반으로 한 수익은 방송사 76.2%, 제작사 23.8%로 방송사가 70% 이상의 수익을 배분받았다. 제작사가 방송사보다 더 높은 수익을 배분받은 경우는 제작사가 협찬 수익을 유치한 경우로 방송사 44.3%, 제작사 55.7%의 수익배분 비율을 보여주었다.[13]

| 방송사와 프로그램 외주 제작사의 수익배분 비율 |

(단위: 개, %)

구분	수익배분 비율 지정 방송사 수	수익배분 비율	
		방송사	제작사
저작재산권 기반 수익	34	76.2	23.8
자료이용권 기반 수익	33	66.4	33.6
국내 다른 방송사업자 대상 수익	32	76.6	23.4
해외 방송사업자 대상 수익	31	68.1	31.9
방송사가 유치한 협찬 수익	23	83.0	17.0
제작사가 유치한 협찬 수익	22	44.3	55.7

출처: 한국콘텐츠진흥원, 2019 방송 프로그램 외주제작 거래 실태조사, 2020.

드라마의 경우, 방송사의 방영료 중심 제작으로 저위험·저수익 구조를 유지해 왔다. 전통적으로 드라마는 채널 편성이 결정되면 방송사가 제작비의 70% 정도를 방영료로 지급해 왔으며 이것이 드라마 제작비의 주요 자금 공급원으로 작용했다. 나머지 제작비의 30% 정도는 간접광고(PPL)나 협찬, OST 등으로 제작사가 직접 조달해야 하는 점 때문에 방영 시기에 쫓겨 '쪽대본 촬영'을 하는 등 제작 과정상 문제가 종종 발생하기도 한다. 그러나 흥행에 비례해 매출이 발생하는 영화에 비해 상대적으로 드라마는 시청률과 큰 상관없이 방영료로 제작비 보전이 된다는 점에서 저위험 구조라는 인식이 자리 잡아 왔다. 추가적으로 수출과 VOD 판매 등으로 제작비 이상의 수익을 올릴 수는 있으나, 일반 드라마의 경우 이 비중이 그다지 높지 않아 수

---

13) 한국콘텐츠진흥원(2020), 2019 방송 프로그램 외주제작 거래 실태조사.

익을 크게 올리기는 어려운 저수익 구조라는 특성도 유지해오고 있다. 최근에는 넷플릭스 등과의 계약에 의한 OTT 방송으로 제작비 부족분을 충당하고 있다.

프로그램 유통 및 수출입 현황

지상파방송과 방송채널사용사업의 수출은 해외교포지원방송, 비디오 및 DVD 판매, 타임블럭, 방송 포맷, 방송프로그램 등의 수출을 포함하는데, 2019년 수출 총액은 3억6,714만 달러이다. 특히 방송채널사용사업자의 수출이 빠르게 성장하는 추세로 전체 방송채널 수출에서 차지하는 비중이 높아지고 있다.

| 프로그램 수출 및 수입 현황(2017~2018년) |

(단위: 만 달러, %)

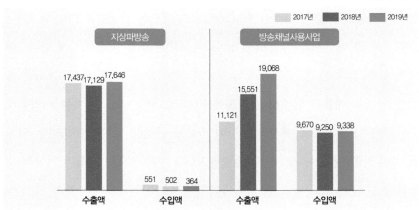

자료: 정보통신정책연구원(2020), 2020 방송산업 실태조사.

완성된 방송프로그램 수출입 현황을 국가별로 살펴보면 수출은 1위가 미국, 이어서 일본이 차지하고 있고, 수입은 상대적으로 다양한 국가에서 이루어졌다. 지역별 수출에서 중국의 비중이 2016년에는 전체 수출의 30.6%였으나 6위로 낮아진 것은 사드에 의한 수출 부진에 의한 것이다. 방송프로그램 장르별로 수출 현황을 살펴보면 드라마가 90% 이상을 차지하고 있고, 이어서 오락이 차지하고 있다.

방송의 본고장이라고 할 수 있는 미국에 한국의 드라마가 수출되고 있다는 것은 한국 드라마의 경쟁력이 높아졌다는 것을 의미한다. 매년 한국에서 새로 제작, 방영되는 드라마는 약 150편으로 대다수가 미국의 스트리밍 서비스업체인 비키(Viki), 넷플릭스(Netflix), 아마존 프라임(Amazon Prime), 홀루(Hulu) 등을 통해 방영하고 있거나 방영 예정이다.

특히 한국 드라마의 미국 포맷 수출[14] 성공 사례도 계속 이어지고 있다. 2017년 KBS 드라마 〈굿닥터〉를 리메이크한 ABC 방송국의 〈더 굿닥터〉는 한국 드라마의 포맷 수출이 미국에서 성공한 대표적인 사례이다. 이 드라마는 시즌 2를 거쳐 시즌 3가 제작되었고, 시즌 4가 계획 중이다. 한국 MBC의 〈복면가왕〉 예능프로그램은 미국에 포맷 수출되어 높은 시청률을 기록하고 시즌을 거듭하고 있어, 드라마와 함께 한국의 예능 실력도 높아졌다는 것을 보여주고 있다.

OTT를 통해 시청 행태가 바뀌면서 수출의 개념도 모호해졌다. 즉 넷플릭스를 통해 미국과 캐나다 등 북미 시장, 유럽 시장, 아시아 시장 등 전 세계 드라마 시장으로 한국 드라마 진출이 가능해져, 수출이 이제는 글로벌 OTT

---

14) 방송프로그램의 기본 콘셉트부터 구성, 제작 방식 등을 해외 제작사에 판매하는 것을 말한다.

플랫폼을 통해 이루어지고 그것을 우리나라 시청자들도 볼 수 있는 구조가 되었다.

3. 해외 시장 현황

방송 시장은 콘텐츠산업에서 매우 큰 시장을 차지하고 있으며 기술발전에 따라 역동적으로 변화하고 있는 산업 중의 하나이다. 2000년대 들어 디지털화에 따른 통신과 방송의 융합으로 새로운 방송 형태가 나타나고 있어 구조변화도 빠르다.

세계 방송영상 시장규모는 2019년 기준 4,906억 달러로 추정되며 2024년까지 약 5,263억 달러로 1.42%의 성장을 기록할 것으로 예측된다.[15] 미국은 2019년 기준 2,059억 달러의 매출을 기록했으나 2020년에는 코로나19의 영향으로 1,900억 달러로 감소할 것으로 보이며 2023년에야 회복될 것으로 예상된다. 2019년 기준 일본의 방송산업은 약 315억 달러로 온라인 TV 광고와 OTT 동영상 매출이 높으며 2020년에는 코로나19로 인해 하락하다가 2022년에는 다시 원상회복할 것으로 보인다. 2019년 중국의 방송 시장은 412억 달러로 마찬가지로 코로나19의 영향을 받았으나 높은 성장률로 인해 2021년이면 이전의 규모를 회복할 것으로 보인다.

---

15) PWC(2020), 한국콘텐츠진흥원(2021), 〈2020 해외 콘텐츠시장 분석〉.

(단위: 백만 달러, %)

	2015	2016	2017	2018	2019	2020	2021	2022	2023	2024	연평균 성장률
미국	208,784	212,890	210,079	208,588	205,918	190,017	199,170	204,195	205,390	209,579	0.35
일본	28,531	30,365	30,946	31,674	31,524	30,332	31,690	32,293	32,470	32,745	0.76
중국	32,344	35,239	38,665	40,578	41,182	39,840	42,160	45,664	48,805	51,708	4.66
전체	4,609,000	4,765,000	4,826,000	4,895,000	4,906,000	4,622,000	4,848,000	5,024,000	5,124,000	5,263,000	1.42

출처: PWC(2020), 한국콘텐츠진흥원(2021), 해외 콘텐츠 시장 분석.

미국

미국은 지상파, 케이블, 위성방송, 인터넷방송 등이 공존한다. 미국에는 6대 지상파방송국으로 ABC, NBC, CBS, FOX, The CW, PBS가 있으며 그 중에서도 ABC, NBC, CBS, FOX는 4대 지상파방송으로 불린다. 1970년에는 세계 최초 상업 케이블방송으로 HBO, TBS가 개국한 것을 시작으로, 1970년대 후반과 1980년대에는 니켈로디언, ESPN, MTV, CNN, 내셔널 지오그래픽 채널, 디스커버리 채널 등 주요 케이블/위성 채널이 개국했으며 2019년 현재 800개에 가까운 케이블 채널이 운영 중이다.[16] 미국의 위성방송은 DirecTV와 Echo Star가 대표적이다.

그러나 2000년대 이후로는 넷플릭스 등 OTT 서비스의 등장과 케이블방송 가입비의 지속적인 증가로 코드커팅[17]이 트렌드로 자리 잡고 있고, 케이블, 위성방송, 지상파방송이 모두 새로운 미디어의 등장으로 침체를 면치

---

16) 나무위키, https://namu.wiki/w/미국의%20방송

17) 코드 커팅(Cord-cutting)이란, 유료의 유선·케이블방송 가입자가 해당 서비스를 해지하고 인터넷 기반 방송이나 인터넷을 통해 비디오 등의 미디어 스트리밍 서비스를 제공하는 OTT(Over-the-top) 등의 새로운 미디어 플랫폼으로 이동하는 현상.

못하고 있다. 미국의 방송 시장은 2019년 기준 약 2,059억 달러 규모로서 2015년에 비해 지상파는 감소했고, 유료방송은 약간 상승한 데 비해 온라인 TV는 크게 증가했다.[18] 미국 내 전통적 유료 TV 방송 공급사들은 이와 같은 시장의 변화 속에서, 기존 핵심 소비자층의 충성도를 유지하기 위해 좀더 부가가치가 높은 방송 콘텐츠나 패키지 제공에 초점을 맞추고 가격에 민감한 시청자들을 잡기 위해 저렴한 패키지를 내놓는 등 지속적으로 비즈니스 모델의 변화를 꾀하고 있다.

온라인 TV의 대부분을 차지하는 OTT 서비스의 경우, 미국 내 사업자들 간의 경쟁이 심화되면서 독점 콘텐츠/오리지널 콘텐츠의 중요성이 계속 높아지자, OTT 플랫폼 사업자들은 인기 높은 콘텐츠를 독점적으로 확보하는 방안을 찾기 위한 다양한 전략을 구사하고 있다. 이런 전략이 기존 프로그램 수익이나 점유율의 손실로 이어질 수 있는 면도 있어, 디즈니 같은 경우 자사의 OTT가 기존 케이블방송 채널의 대체제가 아닌 보완제로 기능하도록 설계했다.

일본

일본은 지상파방송과 위성방송이 강하고 케이블방송은 상대적으로 약하다. 일본은 다른 나라에 비해 지상파 채널의 광고 비율이 높은 나라이고, OTT가 계속 발전하고 있는 현재도 시청자들이 접근하는 주요 채널은 지상

---

18) PWC(2020), 한국콘텐츠진흥원(2020), 2020 해외 콘텐츠 시장 분석.

파방송이다.

일본의 공중파방송국은 NHK를 중심으로 후지 TV(후지 테레비), 니혼 TV(니혼테레비, 닛테레), TV 아사히(테레 아사), TBS 테레비(도쿄 방송), TV 도쿄 등의 민방이 있다. NHK(도쿄)와 민방 키국(キ-局) 5개사를 통틀어 재경 텔레비전 6사(在京テレビ6社) 또는 재경 6국(在京6局)이라고 부른다. 방송 시장규모는 아시아에서 2위로서, 일본 드라마, 일본 애니메이션, 일본 아이돌 시장이 방송 시장을 중심으로 움직이는 행태이다.[19]

| 일본의 **공중파방송 구조** |

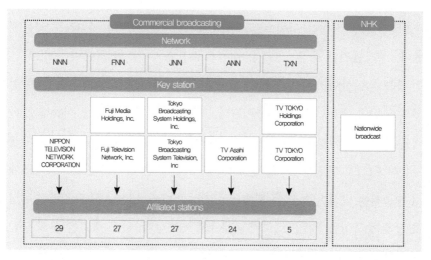

일본의 위성방송은 CS(communication satellite)와 BS(broadcasting satellite) 두 종류가 있다. CS는 통신위성으로 전송되는 방송이고 BS는 방송위성으로 전송되는 위성을 말한다. BS 위성방송은 지상파와 함께 양대 법

---

19) 나무위키, https://namu.wiki/w/일본의%20방송

적 기간방송으로 지정되어 있다. 채널의 경우 재경6사 위주이며 별도의 BS 전용 채널을 운영하여 지상파와 편성이 다르게 운영된다. BS 방송은 지상파처럼 NHK를 제외하면 무료이며, 일본 내수용 TV의 경우 지상파 수신카드가 TV에 내장되듯이 BS 위성 수신카드가 TV에 내장되어 판매되어 안테나만 달면 바로 시청 가능하다.

중국

중국의 방송 시장은 서비스별로 구분하기보다는 지역별 사업자로 구분해 왔다. 행정단위인 중앙, 성, 시, 현급으로 방송서비스를 구분하는 것이 국정 홍보와 더불어 방송 인프라의 보급 확대에도 더욱 효과적이라는 중국 정부의 판단이 작용한 결과로 풀이된다.[20] 국영방송인 CCTV를 비롯해 자본력을 보유한 지역방송사들은 다양한 채널을 보유하고 있다. 채널 수십 개를 보유한 CCTV의 경우 스포츠는 CCTV-5에서, 음악 장르는 CCTV-15에서 송출하는 방식이다. 이들 방송국은 지상파(Ground wave) 또는 방송위성을 통해 중국인들에게 프로그램을 무료로 제공하며, 주로 광고를 통해 수익을 창출한다. 그러나 최근 중국 방송산업의 무게 중심이 온라인 방송으로 빠르게 이동하면서, 기존 TV방송국들의 주요 수익원인 광고 매출이 하락세를 보여주고 있다.

---

20) KCA(2017), 〈중국 방송산업의 현황 및 미래조망: 온라인 방송을 중심으로〉, 위클리글로벌, 한국콘텐츠진흥원.

규제	광전총국		
중앙	CCTV		CCTV
성급	성급 방송국	위성채널(전국)	지상파채널(성내)
시급	시급 방송국	시급 방송국	
현급	현급 방송국	현급 방송국	

출처: 미디어전략연구소, BS투자증권(2015).
자료: KCA(2017), 중국 방송산업의 현황 및 미래 조망: 온라인 방송을 중심으로.

현재 중국에서 가장 많은 이용자 수를 확보한 유료 TV방송서비스는 케이블TV로, 주요 대도시로 한정하면 침투율이 90%에 이르고 있으나, 케이블 방송 역시 온라인 방송서비스의 인기로 가입자 증가율이 크게 둔화되고 있다.

중국 IPTV 산업은 브로드밴드와 TV의 결합 상품 등 IPTV 사업자들의 공격적인 마케팅으로 가입자 수가 크게 증가하고 있다. IPTV의 서비스 요금이 케이블TV와 비교해 두 배 가량 높지만, 제공되는 채널의 수가 상대적으로 많고 데이터방송 등 다양한 서비스를 제공받을 수 있어 IPTV의 가입자가 빠르게 증가하고 있다.[21]

IPTV보다도 이용자를 매료시키는 것은 온라인 방송서비스이다. iQiyi, Youku, Tencent Video, Sohu 등의 중국 4대 온라인 방송 플랫폼으로 방송되는 온라인 방송서비스는 스마트 디바이스를 통해 시청자가 원하는 시간과 장소에서 콘텐츠를 소비할 수 있고, 가격이 저렴해 타방송에 비해 경쟁력이 높다.

---

21) KCA(2017), 〈중국 방송산업의 현황 및 미래조망: 온라인 방송을 중심으로〉, 위클리글로벌, 한국콘텐츠진흥원.

2019년 중국의 방송 시장은 TV 수신료 시장이 가장 크고 이어서 광고 매출, OTT 동영상 순으로 되어 있다. 2018년 기준 TV 가입자 중 58%가 IPTV 가입자였으며, 나머지는 케이블TV 가입자이다. 케이블TV의 보급률은 여전히 높은 수준이지만 2015년부터 시작된 케이블TV 이용의 감소 추세는 계속될 것이고 IPTV와 OTT는 급속하게 성장할 것으로 전망된다.

4. 업체 현황

사업체 현황 및 종사자 수

국내 전체 방송사업자 수는 2019년 기준 404개로 매년 줄고 있다. 방송채널사용사업(42.3%)과 종합유선방송(22.8%)이 높은 비중을 차지하고 있다. 종사자 수는 3만7,553명으로 전년 대비 0.7%(265명) 증가했다. 사업자 수는 감소하는 데 비해 종사자 수가 증가한다는 것은 사업체당 규모가 커지고 있음을 의미한다. 직종별로는 PD와 제작 관련 직종이 각각 4,935명, 4,849명이고 이어서 기자가 4,057명이다. 지상파와 채널사용사업자의 경우 기자와 제작 관련 인력이 특히 많다.[22]

---

22) 정보통신정책연구원(2020), 2019 방송산업 실태조사.

주요 사업체 콘텐츠 제작 현황

지상파 3사는 다양한 관계회사를 통해 방송을 제작 및 편성하고 있다. 콘텐츠 제작·공급을 중심으로 살펴보면 KBS는 ㈜몬스터유니온, MBC는 MBC C&I, SBS는 스튜디오S, 포맷티스트, SBS디지털뉴스랩을 자회사로 두어 콘텐츠를 수급하고 있다. 각 자회사는 지상파방송사의 종속 회사이기는 하나 경우에 따라 제작한 콘텐츠를 다른 방송사에 제공하기도 한다. KBS의 몬스터유니온은 2020년 드라마 〈악의 꽃〉을 tvN을 통해 방영하도록 제공했으며, SBS의 스튜디오S는 외부 OTT나 다양한 채널의 콘텐츠 제작, 유통을 목표로 하고 있다.

| 방송사업자의 제작 회사(통합 정리) |

	KBS	MBC	SBS	CJ	중앙일보
계열제작사	몬스터유니온	MBC C&I	스튜디오S 포맷티스트 에스비에스디지털뉴스랩	스튜디오드래곤 스튜디오테이크원 제이에스픽쳐스	제이콘텐트리

지상파 3사 중에서는 SBS가 자회사를 통한 콘텐츠 제작에 적극 나서고 있다. SBS의 콘텐츠 자회사는 스튜디오S, 포맷티스트, SBS디지털뉴스랩을 들 수 있는데, 각각 드라마, 예능(교양 예능 위주), 뉴스 및 교양예능을 주력 콘텐츠로 내세우며 다양한 분야의 콘텐츠를 독립적 영역으로 나누어 제작하고 있다. 특히 2020년 기존 드라마 제작사인 더스토리웍스를 스튜디오S로 재편하고 기획, 캐스팅부터 연출, 제작, 마케팅, 뉴미디어, 부가 사업 등 드라마의 제작부터 수익 창출까지 전 과정을 자회사에서 담당하도록 했다. 이는 자회사를 통해 향후 제작되는 양질의 드라마로 SBS의 광고 수익 안정화

및 판권 수익 증가를 도모하려는 계획이다.

　CJ ENM은 음악 채널 Mnet, 영화 채널 SUPER ACTION, 남성타깃 채널 XTM, 스타일 채널 OnStyle, 영화 채널 OCN 등을 운영하고 있다. 그 중 2006년에 개국한 종합 버라이어티 채널인 tvN은 뉴스를 제외한 다양한 프로그램을 편성하는 채널이다. 2012년 드라마 〈응답하라 1997〉과 2013년 예능 〈꽃보다 할배〉가 흥행하면서 드라마와 예능 양 부문에서 지상파를 위협하는 채널로 자리를 잡았다. CJ ENM의 콘텐츠 공급 자회사는 스튜디오드래곤과 제이에스픽쳐스, 스튜디오테이크원이 있다. 스튜디오드래곤과 제이에스픽쳐스는 드라마 콘텐츠를 주력으로 하고 스튜디오테이크원은 예능 콘텐츠를 주력으로 한다. CJ 계열의 대표적인 콘텐츠 제작사는 드라마 제작사인 스튜디오드래곤으로 현재 초반의 성장세에 비해서는 다소 둔화되기는 했으나 여전히 높은 실적을 보여주고 있다.

　종합편성채널 가운데에서는 JTBC가 드라마 부문에서 높은 실적을 거두고 있다. JTBC 계열사인 제이콘텐트리는 2019년 〈SKY 캐슬〉, 2020년 〈이태원 클라쓰〉와 〈부부의 세계〉를 흥행시켜 드라마 제작 역량을 보여주었다. 제이콘텐트리는 영화상영업을 하는 메가박스와 콘텐츠 제작 및 유통을 담당하는 제이콘스튜디오로 분류할 수 있으며 제이콘스튜디오를 통해 제작사 시스템을 강화하며 드라마 콘텐츠 가치사슬을 일원화하고 있다. 또 넷플릭스와 파트너십을 체결하여 20여 편의 드라마 공급 계약을 맺었고 이 중 해외에서는 넷플릭스 오리지널 시리즈로 공급하는 드라마도 있다.[23]

---

23) 한국콘텐츠진흥원(2020), 2019 방송영상산업백서.

기업 사례

(1) 스튜디오드래곤

스튜디오드래곤은 2016년 설립된 드라마 제작업체로 CJ ENM의 자회사이다. 드라마 기획, 제작 사업에 주력하며 주로 tvN과 OCN, 넷플릭스에 콘텐츠를 공급한다. 2016년 설립되었지만, 기존의 드라마제작사인 문화창고, 화앤담픽쳐스, KPJ를 인수하며 설립되었기 때문에 설립 초기부터 성과를 낼 수 있었다. 대표작으로는 〈도깨비〉, 〈미스터 션샤인〉, 〈사랑의 불시착〉 등이 있으며 〈도깨비〉와 〈사랑의 불시착〉은 케이블 채널에서 방송되었음에도 시청률 20%를 돌파했다.[24]

스튜디오드래곤의 2020년 총 매출은 5,257억 원[25]으로 전년보다 증가했고 영업이익과 순이익 모두 코로나19에도 불구하고 크게 증가했다. 이는 2020년 팬데믹 현상으로 인해 집에 머무는 시간이 길어지며 방송 콘텐츠 업계가 호황을 누린 영향으로 보인다.

| 스튜디오드래곤 매출 및 이익(2017~2020) |

(단위: 천 원)

구분	2017	2018	2019	2020
매출액	286,788,568	379,606,273	468,660,678	525,729,451
영업이익	32,977,619	39,891,820	28,701,606	49,117,056
순이익	23,846,968	35,833,522	26,424,613	29,619,306

자료: 스튜디오드래곤 연도별 사업보고서.

스튜디오드래곤의 사업은 드라마 콘텐츠 제작을 중심으로 이루어진다. 드

---

24) 스튜디오드래곤(2020), Investor Relations 2020.
25) 2019년 기준 국내판매비율이 58%, 해외판매가 42%이다.

라마 콘텐츠를 단독으로 제작할 뿐 아니라 다른 제작사와 공동으로 드라마를 제작하거나 제작은 별도의 제작사와 협업하고 기획업을 담당하기도 한다. 그리고 다른 콘텐츠를 드라마화하는 작업에도 뛰어들었다. 2020년에 네이버웹툰의 영상화 담당 자회사인 스튜디오N과의 제휴를 통해 〈여신강림〉, 〈유미의 세포들〉, 〈스위트홈〉의 드라마 제작에 참여했다.[26] 이렇게 제작하는 드라마 편수는 연간 28편 가량이며 2020년 기준 누적 콘텐츠 수는 166편에 달한다.[27]

다수의 드라마 제작이 가능하기 위해선 제작비 외에도 제작을 담당할 감독과 작가 등 제작인력이 필수적이다. 스튜디오드래곤은 설립 당시 〈별에서 온 그대〉의 박지은 작가가 소속된 드라마 제작사 문화창고, 〈태양의 후예〉의 김은숙 작가가 소속된 화앤담픽쳐스를 인수해 스타작가를 확보하고 〈태양의 후예〉의 이응복 감독, 〈커피프린스〉의 이윤정 감독 등을 영입해 우수한 제작인력을 확보했다.[28]

이렇게 제작된 드라마 콘텐츠는 다양한 채널로 공급된다. 스튜디오드래곤은 CJ ENM의 자회사이지만 모회사와 관련된 tvN과 tving에만 콘텐츠를 공급하는 것이 아니라 KBS나 SBS 등 지상파방송사는 물론 넷플릭스와 같은 해외 플랫폼에도 콘텐츠를 공급하며 드라마 공급 채널을 다양하게 형성하고 있다.

| 스튜디오드래곤 주요 드라마 방영 채널(2019~2020) |

연도	제목

---

26) 황성진(2020), 글로벌 판매처 다변화에 대한 기대, 현대차증권 리포트.

27) 스튜디오드래곤(2020), Investor Relations 2020.

28) 스튜디오드래곤(2020), Investor Relations 2020.

tvN	2020	스타트업, 청춘기록, 악의 꽃, 사이코지만 괜찮아
	2019	사랑의 불시착, 호텔 델루나, 아스달 연대기
OCN	2020	경이로운 소문, 미씽: 그들이 있었다, 본 대로 말하라
	2019	왓쳐
SBS	2020	더킹: 영원한 군주
KBS	2020	한번 다녀왔습니다
넷플릭스	2020	스위트홈

자료: 스튜디오드래곤 홈페이지.

　스튜디오드래곤은 2020년 코로나19가 전 세계적으로 확산된 팬데믹 현상의 수혜를 입은 기업 중 하나라고 볼 수 있다. 팬데믹 현상으로 인해 집에 머무는 시간이 길어지며 넷플릭스 등 OTT 서비스를 통해 방송 콘텐츠를 보는 시간 역시 길어졌기 때문이다. 스튜디오드래곤의 콘텐츠는 특히 넷플릭스 동남아시아 시장에서 큰 인기를 끌고 있다. 2020년 넷플릭스 동남아시아 지역 TV쇼 순위에서 10위권 안에 한국의 드라마가 상당수 자리를 차지했으며 이 중 〈사이코지만 괜찮아〉, 〈더킹: 영원한 군주〉, 〈스타트업〉, 〈청춘기록〉 등 주요 드라마가 스튜디오드래곤 제작 드라마였다. 넷플릭스가 〈미스터 션샤인〉의 해외방영권을 약 280억 원에 구입하는 등 콘텐츠 판매가 순조롭고 향후 3년간 최소 21건의 콘텐츠 공급을 약속한 계약이 2020년부터 효력을 시작하는 바에 따라 판권 및 부가 수익 증가했다.[29]

　스튜디오드래곤은 향후 넷플릭스 오리지널 드라마 제작을 본격화하며 이에 대한 판매 조건 역시 강화할 계획이다. 또한 시즌제 등 콘텐츠 유니버스를 확장하고 관련 IP 사업을 확대함으로써 관련 사업을 확장한다. 그뿐 아니라 미국의 OTT 서비스업체 HBO Max와 신규 글로벌 파트너십을 맺고 오

---

29) 한국콘텐츠진흥원(2020), 2019 방송영상산업백서; 지인해(2020), 스튜디오드래곤, 글로벌 플랫폼이 사고싶은 콘텐츠투성이, 한화투자증권 보고서.

리지널 드라마의 공동 기획 빛 제작, 배급도 계획하고 있다.[30]

| 2020년 넷플릭스 동남아시아 지역 TV쇼 1~5위 중 스튜디오드래곤 드라마의 순위 |

국가	순위	제목	국가	순위	제목
홍콩	1	사이코지만 괜찮아	말레이시아	1	사이코지만 괜찮아
	2	더킹: 영원한 군주		2	더킹: 영원한 군주
	3	청춘기록		4	스타트업
	5	스타트업		5	청춘기록
필리핀	1	사이코지만 괜찮아	대만	2	사이코지만 괜찮아
	3	더킹: 영원한 군주			
	4	스타트업		4	더킹: 영원한 군주
	5	청춘기록			
태국	1	사이코지만 괜찮아	베트남	1	사이코지만 괜찮아
	2	더킹: 영원한 군주		2	스타트업
	3	스타트업			
	4	청춘기록		4	청춘기록

자료: Flixpatrol.

스튜디오드래곤의 성공 전략은 첫째, 규모의 경제 추구라고 할 수 있다. 기존에는 방송사와 같은 미디어 플랫폼이 드라마 시장의 주도권을 쥐고 있었고 방송사가 외부 제작사에 외주를 주어 소규모 제작사들이 그때그때 드라마를 제작해 방송사에 공급하는 방식이었다. 스튜디오드래곤은 이런 소규모 제작사 중 역량 있는 제작사를 인수하는 방식으로 출발했다. 2016년 스튜디오드래곤은 문화창고, 화앤담픽쳐스, KPJ를 인수하며 설립되었고, 2019년에는 노희경 작가가 소속된 지티스트, 영화제작사 무비락과 송재정 작가가 소속된 메리카우의 지분을 인수했다.

규모의 경제는 드라마 흥행 여부에 따른 위험을 완화해준다. 기업의 규모가 커지면서 자금 조달이 안정화되고 더 많은 드라마에 투자하면서 하나의

---

30) 지인해(2020), 스튜디오드래곤, 글로벌 플랫폼이 사고싶은 콘텐츠투성이, 한화투자증권 보고서.

드라마가 실패하더라도 다른 드라마에서 이를 보상하는 구조가 형성되는 것이다. 그리고 드라마가 해외 시장으로 수출되어 제작비를 회수하기까지 걸리는 시간을 버텨낼 수 있게 한다. 제작비를 감당할 수 있으면 IP 사업에 따른 수익을 기대할 수 있다. 소규모 제작사가 드라마를 제작할 때는 저작권도 방송사에 넘겨서 제작비를 충당하는 경우가 많았다. 스튜디오드래곤이 다작을 통해 위험을 줄이고 제작비를 안정적으로 충당하면서 방송사로 넘어가곤 했던 IP를 제작사가 소유할 수 있는 새로운 구조가 형성된 것이다.

이런 규모의 경제로 탄생한 작품이 400억 규모의 제작비가 들어간 〈미스터 션샤인〉이다. 스타 작가인 김은숙 작가의 작품은 지상파방송사에서 방영될 경우 60~100억 원 정도의 방영권 판매 수익을 기대할 수 있다.[31] 실제로 〈미스터 션샤인〉은 초기에는 SBS에서 방영 가능성을 타진했으나 수익 문제로 결렬되었고 상대적으로 광고나 협찬을 다양하게 운영할 수 있는 tvN에서 방영하게 되었다.[32] 영화처럼 입장료 수입이 없고 광고 수익과 판권 수익이 주요 수입원인 드라마에서 400억 원의 제작비는 상당한 수준이다. 하지만 tvN이 모회사인 CJ를 통해 협찬을 연결하고 VOD나 OTT 등 드라마 방영 이후 판권의 판매로 또 다른 수익이 발생할 때까지 스튜디오드래곤이 버텨낼 수 있는 여력을 갖추면서 가능했던 작품이라고 볼 수 있다.

둘째, 자체 그룹 시장을 탈피한 콘텐츠 중심의 사업 전개라고 할 수 있다. 스튜디오드래곤은 콘텐츠를 생산하는 스튜디오 중심으로 드라마 시장이 재편되는 것을 목표로 하고 있다.[33] 스튜디오드래곤은 CJ ENM의 자회사이

31) 조영신(2018), 〈방송 트렌드 & 인사이트〉, 한국콘텐츠진흥원 보고서.
32) 조영신(2018), 〈방송 트렌드 & 인사이트〉, 한국콘텐츠진흥원 보고서.
33) 스튜디오드래곤(2020), Investor Relations 2020.

지만, 같은 자회사인 tvN과 tving에만 콘텐츠를 공급하지 않는다. KBS나 SBS 등 지상파방송사에도 콘텐츠를 공급하고 넷플릭스 등 OTT 업체에도 콘텐츠를 공급하여 자사 미디어 플랫폼에 대한 의존도를 낮추었다. 이는 최근 지상파방송사의 영향이 줄어들고 콘텐츠 플랫폼이 다양화되는 추세와도 무관하지 않다.

셋째, 스튜디오드래곤은 무엇보다 콘텐츠를 제작하는 핵심역량인 제작인력 확보에 공을 들인다. 스튜디오드래곤은 인기 작가가 소속된 제작사를 인수하며 출발했고 이후에도 지속적으로 우수한 작가와 감독을 영입하고 있다. 앞서 언급한 작가 외에도 〈꽃보다 아름다워〉의 노희경 작가, 〈최고의 사랑〉을 흥행시킨 홍정은, 홍미란 작가를 영입했고 〈달의 연인: 보보경심 려〉의 김규태 감독 등도 영입했다.[34] 또 신진 작가와 감독 등의 크리에이터를 발굴하고자 창작자 발굴 프로젝트인 오펜(O' PEN)도 운영하며 제작인력 풀을 넓히고 있다.

넷째, 장르의 다양성을 추구하고 있다는 점이다. 뛰어난 역량을 가진 제작인력을 바탕으로 다양한 콘텐츠의 성공 가능성을 보여주고 있다. 스튜디오드래곤은 국내 드라마 시장에서는 다소 인기가 없었던 장르물에도 적극 투자해 〈시그널〉과 〈비밀의 숲〉과 같은 웰메이드 드라마를 만들어냈다.[35] 또 〈60일, 지정생존자〉, 〈굿와이프〉 등과 같은 미드 원작의 드라마를 제작해 드라마 시장에서 새로운 시도를 했다. 이와 같은 장르 다양화는 리스크 감소의 측면에서도 의미가 있을 것으로 보인다. 또 이런 웰메이드 콘텐츠는 해외 시장 진출의 무기가 되고 있다. 넷플릭스 등 OTT 플랫폼을 통해 전 세계

---

34) 노희경 작가와 김규태 감독 영입은 2019년 지티스트를 인수하며 이루어졌다.
35) 〈비밀의 숲〉의 이수연 작가는 해당 작품으로 입봉한 신인 작가이기도 하다.

로 드라마 유통망을 확장하고 있으며, 리메이크, 전시회, 게임화 등 IP 사업
도 전개하고 있다. 일본에서는 〈시그널〉이 리메이크되어 2018년 방영되었
으며, 〈호텔 델루나〉는 미국 리메이크가 결정되었다.[36]

(2) 넷플릭스

넷플릭스(Netflix)는 1998년 DVD 대여업으로 출발하여 현재는 영상 스
트리밍 서비스를 제공하는 업체로 자리를 잡았다. 2020년 말 기준 전 세계
190개 국가에 서비스를 제공하고 있으며 유료 구독자 2억370만여 명을 보
유하고 있다.[37] 넷플릭스의 2020년 수익은 250억 달러 규모로 2015년 이후
지속적으로 증가하고 있다. 전 세계적인 팬데믹 현상의 영향으로 2019년 26
억 달러에서 2020년에는 46억 달러로 오히려 큰 폭의 영업이익 증가가 있었
고, 당기순이익도 큰 폭으로 증가했다.[38]

---

36) 송은경(2020), 아이유 '호텔 델루나', 미국서 리메이크 착수, 연합뉴스 기사. https://www.yna.co.kr/
   view/AKR20200624032600005

37) 넷플릭스 홈페이지 https://ir.netflix.net/ir-overview/profile/default.aspx

38) Jonathan Ponciano(2020), 5 Big Numbers That Show Netflix's Massive Growth Continues During
   The Coronavirus Pandemic, Forbes 기사. https://www.forbes.com/sites/jonathanponciano
   /2020/10/19/netflix-earnings-5-numbers-growth-continues-during-the-coronavirus-
   pandemic/?sh=216d4b7a225e

(단위: 백만 달러)

	2015	2016	2017	2018	2019	2020
매출	6,780	8,831	11,693	15,794	20,156	24,996
순이익	123	187	559	1,211	1,867	2,761

자료: Netflix Annual Report 2020.

성공 요인은 첫째, 양질의 콘텐츠 제공이다. 넷플릭스가 제공하는 영상 콘텐츠 스트리밍 서비스에서 가장 중요한 것은 좋은 콘텐츠의 확보이다. 넷플릭스는 외부 제작사에서 방영권을 확보한 콘텐츠와 자체적으로 제작한 콘텐츠를 모두 서비스하고 있다. 2007년 넷플릭스는 영상 콘텐츠 스트리밍 서비스를 시작했고 2008년 유료 방송사업자인 스타즈(Starz)와 약 2,500개에 달하는 영화와 방송 콘텐츠를 총 2,000~3,000만 달러에 계약을 맺으면서 콘텐츠를 확보했다.[39] 하지만 계약 만료에 따라 콘텐츠 제공사들이 이전 비용의 몇 배에 달하는 콘텐츠 제공 비용을 요구하자 넷플릭스는 오리지널 콘텐츠 제작으로 눈을 돌렸다. 그리고 2013년 〈하우스 오브 카드(House of Cards)〉, 〈오렌지 이즈 더 뉴 블랙(Orange Is the New Black)〉 등 대표적인 오리지널 시리즈를 제작했다. 넷플릭스가 오리지널 콘텐츠에 투자하는 금액은 지속적으로 늘어나 2020년에는 173억 달러 정도일 것으로 추정된다.[40]

넷플릭스는 OTT 서비스 시장의 확장에 따라 콘텐츠 확보에 더욱 주력할 것으로 보인다. 인터넷망을 통해 영상 콘텐츠를 서비스하는 OTT 서비스는 셋톱박스 없이도 인터넷만 연결되면 어디서나 어떤 디바이스로든 영상 콘텐

---

39) 김대규(2016), 〈넷플릭스(Netflix)의 미래 전망 – 재무적 관점을 중심으로〉, 정보통신방송정책, 28(22).

40) 이정흔(2020), '콘텐츠 왕국' 넷플릭스 오리지널의 힘, 한경비즈니스. https://magazine.hankyung.com/business/article/2020051801277000111

츠를 즐길 수 있어 인프라 비용이 필요하지 않다. 즉 좋은 콘텐츠를 가지고 있는 업체는 주요 콘텐츠 공급자에서 경쟁자로 언제든 탈바꿈할 수 있는 것이다. 현재 넷플릭스가 승승장구하자 자체 콘텐츠를 가진 업체들이 하나둘 OTT 서비스로 뛰어들고 있다. 특히 디즈니와 HBO의 움직임이 넷플릭스에 큰 위협이 되고 있다. 기존에 넷플릭스에 콘텐츠를 공급하던 디즈니는 2019년 자체 OTT 서비스인 디즈니플러스(Disney+)를 론칭하고 자사의 콘텐츠를 독점으로 서비스하고 있다. 그뿐 아니라 미국 내 OTT 업계 순위 3위 업체인 훌루(Hulu)의 지분도 소유함에 따라 향후 넷플릭스의 강력한 경쟁사로 부상하고 있다. 또 워너 미디어 계열의 HBO 역시 HBO MAX라는 자체 OTT 서비스를 론칭해 OTT 서비스 시장의 판도 변화가 나타나기 시작했다.

| 넷플릭스 영상 콘텐츠 예산 추이(2020년은 추정치) |

(단위: 백만 달러)

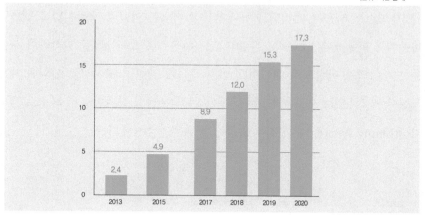

자료: statista.

둘째, 넷플릭스의 성공 전략은 무엇보다 데이터의 활용이라고 할 수 있다. 넷플릭스의 차별화된 서비스는 사용자 맞춤형 콘텐츠 추천 큐레이션인데, 이는 사용자 데이터를 바탕으로 이루어진다. 넷플릭스는 2005년 사용자 맞춤형 큐레이션 서비스를 제공하기 시작했으며 더 정교한 큐레이션을 위해 넷플릭스 프라이즈(Netflix Prize)를 개최했다. 넷플릭스 프라이즈는 2006년부터 2009년까지 열린 알고리즘 개발 경연으로 넷플릭스 내부 데이터를 바탕으로 더 정교한 큐레이션을 제공하는 팀에게 우승이 돌아가는 경연이었다.[41] 이 경연을 통해 넷플릭스는 사용자에게 더 정교한 큐레이션을 제공할 알고리즘을 얻을 수 있었다. 넷플릭스의 큐레이션 서비스는 사용자의 데이터를 축적하며 점점 더 사용자 맞춤형으로 큐레이션을 서비스하고 동시에 사용자는 영상 콘텐츠의 홍수 속에서 넷플릭스가 자신에게 추천해주는 콘텐츠를 주로 소비하게 된다.[42]

넷플릭스는 사용자 데이터를 큐레이션 서비스뿐 아니라 오리지널 콘텐츠 제공에도 활용했다. 넷플릭스는 2013년 〈하우스 오브 카드〉를 제작하며 사용자 데이터를 바탕으로 데이비드 핀처 감독과 케빈 스페이시를 섭외해 제작했다.[43] 〈하우스 오브 카드〉는 흥행은 물론 온라인 드라마로는 최초로 에미상(Emmy Awards)에서 감독상 등 3개 부문을 수상했다.[44]

41) 넷플릭스 프라이즈 홈페이지 https://netflixprize.com
42) Ignacio Siles, Johan Espinoza-Rojas, Adrián Naranjo, Maria Fernanda Tristán(2019), The Mutual Domestication of Users and Algorithmic Recommendations on Netflix, *Communication, Culture and Critique, 12(4), 499–518*, https://doi.org/10.1093/ccc/tcz025
43) David Carr(2013), Giving Viewers What They Want, New York Times. https://www.nytimes.com/2013/02/25/business/media/for-house-of-cards-using-big-data-to-guarantee-its-popularity.html
44) 에미상 홈페이지 https://www.emmys.com/shows/house-cards

사용자 맞춤형 콘텐츠 제공은 해외 진출 전략에서도 나타난다. 넷플릭스는 해외 시장에 진출하며 자막 서비스를 광범위하게 제공하고 또 현지 시장에 적합한 오리지널 콘텐츠 제공에도 공을 들인다. 넷플릭스는 현지 시장에 강력한 콘텐츠가 있을 때는 여기에 투자하여 현지에 직접 법인을 설립해 운영한다. 〈셜록〉으로 유명한 영국과 〈종이의 집〉으로 유명한 스페인에 넷플릭스 현지 법인이 설립된 것은 이와 같은 이유이다.[45)]

넷플릭스는 마찬가지로 아시아 시장을 겨냥해 한국에도 법인을 설립하고 한국의 콘텐츠에 투자하고 있다. 넷플릭스는 2017년 봉준호 감독의 〈옥자〉에 투자하며 처음으로 한국 콘텐츠에 투자하기 시작했고, 이후 국내 톱 MC인 유재석을 내세운 오리지널 예능 〈범인은 바로 너〉, 사극 〈킹덤〉과 국내 소설을 원작으로 한 〈보건교사 안은영〉도 제작하며 한국 콘텐츠의 가능성을 타진했다. 특히 국내 드라마 콘텐츠가 동남아시아 시장에서 인기를 얻음에 따라 2019년에 국내 드라마 제작사 스튜디오드래곤의 주식 4.99%를 인수했고, 2020년에는 JTBC의 자회사인 제이콘텐트리(JCon)와 연 2~3편의 오리지널 콘텐츠 공급 계약을 맺었다.[46)] 이어 2020년에 한국에 별도의 법인을 설립한 것은 한국의 콘텐츠에 투자해 아시아 시장에 공급하기 위한 것으로 풀이된다.[47)]

45) 지인해(2020), 넷플릭스 한국 별도 법인 설립의 의미, 한화투자증권.
46) 김현용(2019), 스튜디오드래곤, 넷플릭스의 정시착, 이베스트투자증권; 김회재(2020), 하반기에도 콘텐츠는 맑음, 대신증권.
47) 지인해(2020), 넷플릭스 한국 별도 법인 설립의 의미, 한화투자증권.

1. 숏폼(short form) 동영상의 유행

모바일이 콘텐츠의 주요 플랫폼으로 자리 잡으면서 온라인에서 소비되는 동영상의 길이가 점점 짧아지고 있다. 주요 소셜미디어 채널을 통해 제공되는 숏폼 동영상은 기존의 긴 동영상을 짧게 편집해 제공하는 방식이 아닌 그 자체가 기획과 스토리텔링을 갖춘 완결형으로 제공되고 있다.

숏폼 동영상이란 주로 웹이나 모바일 등 온라인 형식의 유통 플랫폼을 중심으로 유통되는 20분 이내의 짧은 콘텐츠라고 정의할 수 있다. 짧은 길이의 비디오 클립을 의미하는 숏클립 영상과 큰 차이가 없이 사용되는 경우가 많으며, 특히 온라인 환경에서 인터넷 이용자들이 주의집중 시간이 길지 않기 때문에 단시간에 메시지를 전달하는 특징을 잘 활용한 것이다. 모바일 디바이스를 통한 방송 소비 확대로 숏폼 동영상이 전통적인 동영상과 차별화된 콘텐츠 소비문화를 창출하면서 향후에도 지속적으로 성장할 것으로 예상된다.

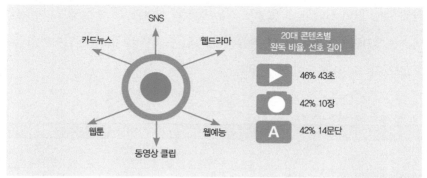

자료: 대학내일 20대연구소.

숏폼 동영상은 중국이 앞서가고 있는데, 중국의 숏폼 콘텐츠 플랫폼 틱톡이 대표적이다. 틱톡은 전 세계 150여 개 나라에서 약 8억 명이 사용하는 숏폼 콘텐츠 플랫폼으로 중국에서만 1억5,000만 명이 쓰며 Z세대(1990년대 중반~2000년대 초반 태어난 세대) 대부분이 이용한다. 특히 인도, 태국, 베트남 등 아시아 국가에서 열광하며, 14억 명의 인구 대국 인도에서 인기가 높다. 미국에서도 1억 명 이상이 틱톡을 사용하며 이용자는 대부분이 25세 미만으로 나타나고 있다. 미국이 중국을 견제하기 위해 틱톡에 대해 강력한 규제를 하고 있음에도 불구하고 2020년 상반기에 이용자가 급증했는데, 이는 코로나19 팬데믹으로 인해 원격수업, 재택근무의 증가 때문인 것으로 판단된다.

틱톡이 단기간에 떠오른 데는 이미 수많은 이용자를 가지고 있던 소셜미디어 덕분으로, 틱톡 이용자 상당수가 인스타그램 스토리 기능을 활용해 영상을 공유하며 호기심을 불러일으켰기 때문이다. 2017년 바이트댄스(틱톡의 모회사)가 미국 10대들의 사랑을 받던 미국 앱 뮤지컬리를 인수하며 미국 10대를 소비자층으로 자연스럽게 흡수했고, 틱톡 이용자들이 음악을 저작권 걱정 없이 사용할 수 있었던 것도 틱톡의 성장에 큰 몫을 했다. 바이트 댄스는 2019년 AI를 활용한 작곡 스타트업 쥬크덱(영국)마저 인수하여 앞으로도 지속적인 성장이 예상된다.

| 2019년 2분기~20년 2분기 사이 앱 다운로드 건수 |

	틱톡	페이스북	인스타그램	스냅챗
인도	3억8,000만	1억9,200만	1억1,500만	5,800만
미국	8,100만	5,200만	5,600만	4,300만
브라질	7,900만	7,200만	6,000만	2,500만
인도네시아	6,400만	8,600만	4,600만	1,300만
러시아	4,200만	900만	3,000만	1,400만

자료: 중앙일보(2020).

우리나라에서도 방송 시청 플랫폼이 모바일로 점차 이동하면서 콘텐츠 유형 또한 모바일에 적합한 숏폼으로 변화하고 있다. 네이버와 카카오는 네이버TV와 카카오TV Live로 숏폼 콘텐츠 시장에 참여하여 투자도 확대하고 있다. 네이버는 숏폼 콘텐츠 전문 제작사인 72초TV에 20억 원을 투자했고, 카카오는 영화제작사 인수를 통해 제작 역량을 강화하고 숏폼 콘텐츠 영상 플랫폼인 톡TV를 론칭할 계획을 하고 있다.[48]

뉴미디어 동영상 플랫폼에 자신이 만든 짧은 동영상을 올리고 이를 매개로 소통하는 생산과 소비가 나타났다. 유튜브와 같은 뉴미디어 플랫폼은 특별한 자격요건 없이도 참여가 가능하기 때문에 콘텐츠를 가진 일반인들이 참여하여 자신들의 전문성과 독창성을 바탕으로 한 콘텐츠를 양산할 수 있다. 이 과정에서 UGC(user generated contents)는 자연스러운 흐름이 되었

---

48) 김민정(2020), 숏폼 콘텐츠 수요 증가 영향 분석, 하이투자증권.

고 다양한 챌린지가 인스타그램과 틱톡 등에서 흥행하면서 일반인들의 1분 안팎의 짧은 동영상이 새로운 콘텐츠로 부상했다.

이런 숏폼의 인기는 방송사에도 영향을 미쳤다. 각 방송프로그램은 이미 네이버TV나 유튜브를 통해 각 프로그램을 짧게 편집한 영상을 제공하고 있다. 여기서 더 나아가 TV에서도 이런 숏폼 형식의 방송프로그램을 편성하는 시도도 나타났다. tvN은 2019년 〈아이슬란드 간 세끼〉를 통해 TV방송으로 5분 내외의 짧은 클립을 방송하고 풀버전을 유튜브로 보여주는 편성을 했고, 이후 〈라면 끼리는 남자〉, 〈마포멋쟁이〉 등 여러 프로그램도 이와 같은 편성을 했다. 2020년에는 〈금요일 금요일 밤에〉를 통해 하나의 방송프로그램 안에서 15분 내외의 방송 여섯 편을 연달아서 보여주기도 했다.

2. 방송한류

한류는 중국에서의 한국 드라마 방송에서 시작되었다. 1993년 질투가 방송된 적이 있었지만 중국 수용자의 인기를 끌지 못하고 1997년 〈사랑이 뭐길래〉가 큰 인기를 끌었다. 이후 〈별은 내 가슴에〉, 〈의가형제〉 등이 중국으로 수출되었다. 2003년 일본에 수출된 드라마 〈겨울연가〉로 일본에서 '욘사마붐'이 일어나고 드라마 촬영지를 방문하는 '관광붐'으로 이어졌다. 전세계적으로 한류붐을 일으킨 것은 〈대장금〉이었다. 〈대장금〉은 중국, 동남아, 일본, 중동 등 전 세계적으로 인기 있는 드라마로서 한국의 전통문화를 세계적으로 알리는 계기가 됐다. 2010년대로 들어서는 방송한류는 〈별에서 온 그대〉가 중국에서 치맥을 널리 알리는 인기 있는 드라마였고, 〈태양의 후예〉, 〈도깨비〉 등이 인기를 이어갔다.

이때까지의 방송한류의 특징은 첫째, 일본에서는 〈겨울연가〉를 시작으로 한국 드라마가 일본 방송의 한 장르로 정착했다. 일본의 지역 및 위성, 케이블TV방송국의 대부분이 한국 드라마 전문 채널을 유지했다. 그러나 2010년대 중반 이후 한국과의 정치 · 외교적인 이슈로 한류가 일본에서 크게 위축되었다. 둘째, K-pop과 드라마의 시너지 효과가 나타났다. 한국 아이돌 그룹의 해외 진출이 활발해지면서 K-pop 중심의 신한류가 형성되었고, 이와 함께 한류 드라마 주연배우의 가수 활동, K-pop 가수의 일본드라마 진출 등 K-pop과 드라마가 인기가 상호 시너지 효과를 보여주었다. 셋째, 포맷 판매 형식의 수출이 증가했다. 포맷 판매는 문화적 차이 등으로 수출이 어려웠던 미국 및 유럽 시장의 진출 가능성을 넓혀 방송한류의 저변 확대에 기여했다. 넷째, 과거에는 한국의 방송한류가 드라마 분야로 국한되었으나 예능, 1인미디어 방송 등으로 영역이 확장되어 다양화되었다.

방송한류가 전통적인 방송 콘텐츠를 중심으로 발전한 데 비해, 2010년대 후반 들어서부터는 OTT를 통한 방송한류가 형성되기 시작했다. 글로벌 OTT 기업 넷플릭스는 2018년 한국 상주팀을 구성하고 한류 콘텐츠 수급 및 제작을 본격화했으며 넷플릭스 오리지널 예능인 〈범인은 바로 너〉와 드라마 〈킹덤〉, 영화 〈옥자〉 등 넷플릭스 독점 제공의 콘텐츠 역시 늘어나고 있다.[49]

---

49) 연합뉴스(2018), 넷플릭스, 가성비 좋은 한류 콘텐츠에 빠지다, https://www.yna.co.kr/view/AKR20180420153300005

넷플릭스 외에도 동남아 시장을 겨냥하는 업체들이 한국의 프로그램 구매에 관심을 보이고 있거나 직접 제작으로 참여하고 있어 동남아 시장에서의 한류는 당분간 이어질 것으로 보인다. 아이치이와 텐센트비디오는 원래 경쟁 관계의 미디어 기업이었으나 2020년 힘을 합쳐 새로운 OTT 서비스를 출범시켰다.[50] 이들이 넷플릭스와 동남아 시장에서 겨루기 위해선 양질의 콘텐츠 수급이 절대적이며 여기에서 한국 콘텐츠가 주요 콘텐츠가 될 수 있다. 넷플릭스 동남아 지역 프로그램 순위에서 확인할 수 있듯이 동남아 지역 인기 콘텐츠의 다수는 한국 콘텐츠, 특히 드라마 콘텐츠이기 때문이다. 넷플릭스와 중국 업체가 동남아 시장 유통을 위해 한국 콘텐츠를 높은 가격에 구매해갈 가능성이 있는 것이다. 또 미국의 A+E Networks는 2017년 한국에 진출해 웹드라마와 웹예능을 제작하다 2020년 중화권에서 인기 있는 배우 지창욱과 A+E Networks Korea가 투자한 IHQ의 소속 배우 김유정이 주연을 맡은 〈편의점 샛별이〉의 제작에 참여하기도 했다.

| 넷플릭스 동남아 지역 TV SHOW 10위권 내 한국 드라마(2020년 6월) |

(단위: 편)

홍콩	대만	태국	필리핀	싱가폴	말레이시아
5	6	6	5	3	5

출처: 한화투자증권리서치센터.

이와 함께 포맷 수출도 눈여겨봐야 할 대목이다. 국내에서 큰 인기를 끌었던 예능프로그램의 포맷이 아시아 지역 및 미국에 판매되어 현지에서도 인기를 끌고 있다. CJ ENM의 〈쇼미더머니〉, 〈꽃보다 할배〉를 리메이크한 태

---

50) 지인해(2020), 엔터/콘텐츠 새로운 역사의 시작점, 한화투자증권.

국의 프로그램은 2018년 4월 태국 True4U에서 방영되어 큰 인기를 끌었다. 〈꽃보다 할배〉는 미국, 터키, 프랑스, 네덜란드, 이탈리아 등 10개국 이상에 포맷이 판매되었고, 미국에서는 지상파 NBC 채널에서 제작·방영되어 2016년 8월 동시간대 1위를 기록, 2018년 시즌 2가 방영되는 성과를 거두었다.[51] MBC의 〈복면가왕〉을 리메이크한 미국 FOX TV의 〈더 마스크드 싱어(The Masked Singer)〉도 유튜브를 통한 트레일러 영상이 4일 만에 50만 조회수를 기록하며 주목을 끌었고 프랑스, 독일, 네덜란드 등 유럽권으로의 포맷 수출로 이어졌다.[52]

코로나19 사태는 전 세계 시장의 흐름이 다소 주춤한 상황도 한류 콘텐츠 수출을 통한 한류 형성에 다소 유리하게 작용할 것으로 보인다. 2020년 4월 한국과 아이슬란드 등 몇몇 국가를 제외하면 콘텐츠 제작은 각국 정부의 요청에 따라 제작이 중단된 상황이며 이에 따라 기대작의 공개 시기도 미뤄지고 있다. 국내 콘텐츠 시장도 녹록하지 않은 상황이기는 하지만 한국 드라마를 선호하는 아시아 지역의 넷플릭스 가입자가 최근 폭증했고 코로나19 사태 속에서 상대적으로 콘텐츠 제작이 가능한 상황이며 여기에 제작비 경쟁력이 높은 점 등을 감안하면 향후 국내 제작업체가 참여하는 오리지널 콘텐츠의 제작이 활발해질 것으로 전망할 수 있다.[53]

---

51) 한국콘텐츠진흥원(2020), 2019 방송영상산업백서.
52) 한국콘텐츠진흥원(2020), 2019 방송영상산업백서.
53) 이기훈(2020), 한국 제외 넷플릭스 글로벌 제작 차질 지속, 하나금융투자.

3. 1인미디어

1인미디어란 개인이 다양한 콘텐츠를 직접 생산하고 공유할 수 있는 커뮤니케이션 플랫폼이다. 정보통신기술의 발달과 함께 쌍방향 네트워크가 활성화되고 스마트폰 및 태블릿PC와 같은 스마트 기기가 대중화되면서 1인미디어가 등장했다. Web 2.0의 등장과 스마트 기기의 확산 이후 소비자의 미디어 이용행태가 매스미디어 중심에서 1인미디어 중심으로 이동하면서 부상한 것이다. 1인미디어는 일방향적인 매스미디어 채널과 달리 양방향성과 상호작용성을 가진다. 양방향 통신을 통해 시청자의 참여와 소통 욕구를 충족시킴과 동시에 시청자 요구의 빠른 반영으로 전통 미디어의 한계를 극복하고 있다.

1인미디어의 확산에 따라 MCN, 크리에이터, 플랫폼 산업도 성장하고 있다. 첫째, 동영상의 제작지원과 배급을 담당하고 다양한 채널에서 수익을 창출하는 다중채널네트워크(Multi Channel Networks)인 MCN 업체들이 등장하고 있다. 10대와 20대를 주요 타깃층으로 하는 MCN들은 만화, 코미디, 뷰티, 영화, 게임 등을 중심으로 퀄리티 높은 영상들을 선보이고, 가입자와 조회 건수가 늘어나면서, 영상에 등장하는 DJ들도 스타 대열에 진입하고 있다. MCN들은 크리에이터들의 소속사 역할을 수행하며 콘텐츠 제작 지원뿐 아니라 법률 자문 등의 제반 서비스를 지원한다. MCN의 등장으로 1인 콘텐츠 제작자 또한 대형 제작사에 버금가는 양질의 콘텐츠를 제작하면서 기존 미디어들을 위협하고 있다. 구글은 2020년 전체 미디어 가운데 기존 방송사나 스튜디오는 25%에 그치고 나머지를 1인 채널과 MCN 업체들이 차지할 것으로 예상하고 있다.

| MCN산업의 비즈니스 구조 |

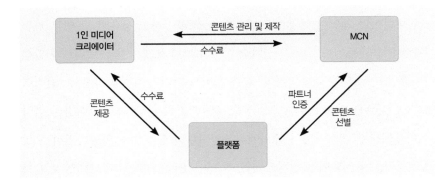

둘째, 1인미디어 동영상 플랫폼과 오디오 플랫폼, 텍스트 플랫폼이 성장하고 있다. 유튜브는 대표적인 1인미디어 동영상 플랫폼으로 2017년 월 15억명 방문이었으나 2020년 기준 25% 성장한 월 20억 명이 방문했다. 동영상 플랫폼뿐만 아니라 오디오에서는 팟캐스트, 텍스트 플랫폼에서는 블로그가 계속 성장하고 있다.

셋째, 1인 콘텐츠 창작자들의 위상이 강화되고 있다. 1인미디어 산업의 성장에 따라 1인 콘텐츠 창작자들은 '크리에이터'로 불리며 유망직종으로 등장하고 있다. 통계청은 2017년 유튜브, 아프리카TV 등에서 활동하는 크리에이터들을 '미디어 콘텐츠 창작자'라는 새로운 직업으로 공식 인정하고 제4차 산업혁명 시대를 이끌 신성장 직종으로 분류하고 있다.

2019년 국내 개인 유튜브 크리에이터 활성 계정은 46,749명으로 전체 1인미디어 크리에이터 활성계정의 절반 이상인 23,991명(51.32%)이 유튜브로부터 플랫폼 광고 수익을 배분받는 수익배분 계정[54]으로 추정된다.[55] 최근 동향을 보면, MCN 기업에 몰리는 1인 콘텐츠 창작자들이 증가하고 있고 해외 플랫폼에의 의존도가 심화되고 있다. 2019년 MCN 기업에 속해 활동하는 크리에이터들은 3,200여 팀에 이르고, 이는 2016년 1,400여 팀 대비 무려 129%의 증가율을 보이고 있다.

| 대한민국 상위 30 파워 유튜버 콘텐츠(2019년 9월 29일 연소득 순위 기준) |

순위	채널	구독자 (만 명)	추정 연소득(원)	분류	콘텐츠
1	보람튜브 토이리뷰	1,367	47억6,112만	피플	장난감 리뷰
2	1MILLION Dance Studio	1,675	38억7,241만	엔터테인먼트	댄스
3	마슈토이	105	36억8,366만	피플	장난감 리뷰
4	Jane ASMR 제인	204	33억6,546만	피플	ASMR/먹방
5	양팡	188	25억3,955만	코미디	브이로그
6	DuDuPopTOY	719	22억8,673만	교육	장난감놀이
7	FRAN	233	21억2,362만	엔터테인먼트	먹방
8	서은이야기	399	20억3,390만	엔터테인먼트	육아
9	라임튜브	243	19억6,863만	엔터테인먼트	어린이
10	헤이지니	198	17억7,863만	엔터테인먼트	어린이
11	급식왕	112	17억7,827만	기타	먹방/꽁트
12	보겸TV	342	17억7,737만	엔터테인먼트	브이로그
13	토이몽TV	425	15억8,766만	엔터테인먼트	장난감 놀이
14	사나고	130	15억2,347만	피플	3D펜 장인
15	총몇명	185	14억6,221만	기타	창작애니메이션
16	홍삼	64	12억7,11만	피플	먹방
17	까니짱	101	10억7,820만	피플	먹방
18	제이제이 튜브	122	10억1,794만	터득법	어린이
19	허팝	325	10억1,746만	엔터테인먼트	실험/브이로그
20	도로시	317	10억1,561만	피플	먹방
21	송대익	81	10억1,501만	기타	브이로그
22	김재원의 즐거운 게임세상	143	9억5,255만	게임	중계
23	떵개떵	348	8억9,081만	피플	먹방
24	유디티 TV	170	8억9,045만	피플	먹방/리얼사운드
25	소닉토이	353	8억9,021만	엔터테인먼트	장난감놀이

54) 수익배계정이란 유튜브에서 1,000명 이상의 구독자를 확보한 오팔 등급 이상의 크리에이터 채널을 의미하며 수익배계정 등급에 오른 크리에이터는 유튜브로부터 시청자가 시청한 광고수익을 배분받을 수 있다.
55) 미디어미래연구소(2020), 국내 1인 미디어 산업 현황, 《M-REPORT》, 1.

26	도깨비	92	8억8,943만	기타	실험
27	서은일상이야기	149	8억8,908만	기타	육아
28	보라미TV	152	8억8,906만	엔터테인먼트	장난감 놀이
29	영국남자	333	8억2,721만	코미디	문화비교
30	웃소	100	8억2,644만	코미디	토크쇼

자료: socialblade(2019) https://socialblade.com/youtube/top/country/kr

플랫폼으로서는 유튜브가 1위의 위상을 강화하고 있는 가운데 국내 플랫폼들이 도약을 시도했으나 따라잡기에는 역부족이다. 네이버TV, 카카오TV 등 국내 플랫폼들이 크리에이터와의 계약에서 수익배분율을 높이고 SMR(8대 방송사 콘텐츠 클립 VOD 유통 플랫폼)을 끌어들이는 등 노력을 기울였으나 유튜브와의 격차는 점점 더 벌어지고 있다. 유튜브는 국내에서 모든 연령대가 가장 많이 사용하는 어플리케이션으로 동영상 플랫폼뿐만 아니라 모든 카테고리를 포괄한 어플리케이션 사용 순위에서 압도적인 1위를 차지하고 있다.

| 국내 동영상 플랫폼 이용 순위(2020년 3월 기준) |

동영상 플랫폼 순 방문자 수 TOP 10 (unit: 만 명)			동영상 플랫폼 평균 실행 횟수 TOP 10 (unit: 회)			동영상 플랫폼 평균 체류시간 TOP 10 (unit: 분)		
APP			**APP**			**APP**		
01	유튜브	2,887.1	01	트위터	290.7	01	유튜브	1,464.5
02	네이버 밴드	1,585.6	02	페이스북	131.7	02	트위터	966.7
03	인스타그램	1,105.8	03	인스타그램	123.0	03	트위치	713.3
04	페이스북	929.5	04	유튜브	111.7	04	웨이브	625.1
05	넷플릭스	342.5	05	틱톡	76.7	05	아프리카TV	571.2
06	웨이브	256.2	06	트위치	70.1	06	페이스북	543.1
07	트위터	231.0	07	네이버밴드	62.6	07	넷플릭스	494.8
08	틱톡	209.4	08	아프리카TV	53.4	08	틱톡	452.0
09	U+모바일TV	176.2	09	웨이브	32.5	09	티빙	354.3
10	네이버TV	172.3	10	넷플릭스	31.7	10	인스타그램	328.6
WEB			**WEB**			**WEB**		
01	유튜브	1,340.0	01	유튜브	99.6	01	유튜브	124.3
02	페이스북	564.1	02	트위텔	87.3	02	라프텔	78.8
03	네이버TV	436.6	03	라프텔	74.4	03	트위터	60.9
04	카카오TV	282.5	04	웨이브	50.9	04	웨이브	36.5
05	인스타그램	267.4	05	아프리카TV	32.9	05	넷플릭스	26.9
06	트위터	187.5	06	넷플릭스	32.8	06	트위치	24.4
07	넷플릭스	157.1	07	트위치	23.7	07	아프리카TV	22.1
08	티빙	152.9	08	밴드	21.0	08	네이버TV	19.1
09	밴드	137.1	09	티빙	18.7	09	밴드	18.9

| 10 | 아프리카TV | 126.4 | 10 | 인스타그램 | 18.0 | 10 | 티빙 | 13.6 |

자료: 인크로스(2020), https://www.incross.com/insight/?pageid=1&mod=document&keyword=%ED%94%8C%EB%9E%AB%ED%8F%BC&uid=210

중국에서는 숏폼 콘텐츠 플랫폼 틱톡의 인기에 힘입어 1인미디어 시대를 화려하게 장식하고 있고, 미국, 인도, 태국, 베트남 등 국가에서 인기가 높다. 또한 중국 알리바바는 2016년 타오바오 라이브를 만들어 현재 라이브 커머스[56] 산업을 이끌고 있다. 구글 역시 2020년 7월 메이크업 · 스킨케어 · 헤어 · 네일 등 뷰티 제품을 판매하는 V(비디오)커머스 쇼핑 플랫폼 숍룹(shoploop)을 출시하며 라이브 커머스 시장에 가세하고 있다. 그 외에도 각 국의 유통업체, 방송국, 이커머스, 포털 등이 라이브 커머스 플랫폼 구축에 참여하고 있으며 코로나 확산으로 인한 비대면 소비는 라이브 커머스를 성장을 앞당기고 있다.

| 중국 생방송 시장 주요 플랫폼 |

분류	로고	주요특징
비리비리 (Bilibili)	bilibili	- 2009.6.26. Mikufans로 설립, 2020.1.24. bilibili로 개명 - 국내 및 해외 커뮤니티에서 중국의 유튜브라는 별칭이 있음 - 2010년 이후부터 지속적으로 일본 애니메이션 판권을 구입해 이용자수 확대 - 2018년 모바일 시장에 대한 중국 당국의 검열이 강화되면서 방영 중이던 상당수의 애니메이션 서비스가 종료되는 문제가 발생
또우위 (Douyu TV)	Douyu	- 2014.1.1. 설립 - 중국에서 가장 일찍 게임 생중계를 시작한 플랫폼이자 후야와 함께 게임 플랫폼 1,2위를 다툼 - 게임 생중계 중심 스포츠, 개인방송, 엔터테인먼트 등 다양한 콘텐츠 보유
후야 (Huya)	虎牙直播 Huya.com	- 2014.11.24. 설립. - 생방송 서비스기업 환쥐시대 산하의 생중계 플랫폼 - 게임 생중계를 중심으로 먹방, 개인방송, TV생중계, 쇼케이스 중계, 스포츠 중계 등 다양한 콘텐츠 보유
롱주 (Longzhu)	龙珠直播 Longzhu.com	- 2015.2.1. 설립 - 한국 e스포츠협회인 KeSpa 산하의 7대 프로 선수 팀의 중국 내 독점방영권을 획득하며 운영 시작 - 한국 유명 프로선수 초청, 미녀 BJ 개인방송 방영 등 한국과 가장 많은 교류 진행

---

56) 라이브 커머스란 오프라인 매장 상품을 모바일에서 실시간 방송으로 소개하고 판매하는 방식으로 중국에서 가장 먼저 시작되었다.

중국에서는 1인미디어의 인플루언서로서 왕홍을 주목하고 있다. 왕홍은 왕뤄홍런(網絡紅人)의 약자로 인터넷 상(網絡)의 유명한 사람(紅人)을 의미한다. 왕홍의 경우 SNS 팔로워 수백만에서 수천만 명 수준이며, 팔로워 규모에 따라 막대한 경제적 수익을 창출하고 있다. 유명 왕홍은 이들의 패션, 소품이 모두 화제가 되며 해당 제품의 매출에 영향을 준다. 왕홍은 중국 경제를 움직이는 새로운 패러다임으로 작용하고 있다.

국내 1인미디어 관련사업자로는 다이아TV, 트레져헌터, 샌드박스네트워크, 캐리소프트 등이 있다. 다이아TV는 국내 최초, 최대 규모의 MCN 사업자로서 에코시스템을 통해 채널 운영현황을 정기적으로 분석하여 저작권 관리, 세금업무, 음원, 외국어 등의 종합적인 서비스 지원 등 크리에이터에 컨설팅을 제공하고 있다. 2017년 1월에는 케이블 채널 다이아TV 개국했다. 트레져헌터는 국내 최초로 크리에이터 전용 스튜디오를 개설하고 뷰티 엔터테인먼트 MCN인 레페리를 인수하는 등 사업을 확대하고 있다. 크리에이터가 직접 기획하고 제작한 상품을 판매할 수 있는 온라인 커머스 크리마켓을 런칭한 바 있다. 샌드박스네트워크는 2014년 마인크래프트 관련 유튜버 진행자 도티가 설립했는데, 기존 광고 수입모델 이외에도 인디게임 개발사와의 협력을 추진하고 있다. 도티 외에도 유명 크리에이터 360여 팀이 소속되어 있다. 자체 콘텐츠 제작뿐 아니라 커머스, 유튜브 교육, e스포츠 구단 운영 등 다양한 분야로 사업 영역을 확장하고 있다.

4. PPL 광고

PPL은 화면 속에 제품이나 브랜드, 서비스를 배치하여 관객들의 무의식 속에 상품의 이미지를 심어 상품을 자연스럽게 인지시키는 것이다. PPL은 특히 방송에서 자주 사용하는 광고 형태이다. 드라마에서 지속적으로 노출 되는 PPL 광고는 주인공이 직접 먹고, 입고, 만지면서 제품의 실제 사용 장면을 소비자들에게 보여줌으로써 자연스럽게 소비욕구를 가지도록 유도함과 동시에 브랜드에 대한 긍정적인 인식을 갖고 조금 더 쉽게 받아들일 수 있는 특징을 갖는다.

| 방송 속의 PPL |

PPL의 광고 배치 기준으로 보면 온셋배치와 크리에이티브 배치가 있다. 온셋배치는 인위적인 배치를 통해 시청자에게 직접적으로 광고를 보여주는 것이고, 크리에이티브배치는 제품, 브랜드가 자연스럽게 배경으로 노출되는 것을 말한다.

유형	개념
온 셋 배치 (on-set placement)	인위적인 배치를 통해 제품이나 상표를 두드러지게 보여주거나 제품이 주연 배우에 의해 언급 또는 사용 연출과의 구체적 관련성, 단서 제공 소품으로서 등장
크리에이티브 배치 (creative placement)	제품, 브랜드가 배경으로 자연스럽게 노출 무대, 화면의 구성요소로서 비교적 짧은 시간 동안 우연히 제품 브랜드 노출

    PPL 광고는 일반적인 TV 광고에 비해 시청자의 저항감이 낮고, 수개월 간의 방송으로 제품이나 브랜드에 반복 노출로 친밀감과 호감도가 상승하며, 해외로 수출될 경우 별도의 마케팅 비용 없이 해외 시장에서 상품 광고가 가능하다는 장점을 가지고 있다. 그러나 방송프로그램의 품질 및 완성도를 저해시키고, 시청자들의 시청권을 침해하며, 광고주의 영향력이 방송프로그램 제작에 직접적으로 영향을 끼친다는 단점이 있다.

    이와 같이 PPL은 시청권을 침해하므로 각국 정부가 규제하고 있다. 우리나라에서는 특별한 규제법이 없다가 언론통폐합이 실시된 1980년대에 규제가 생기고, 2009년에 방송통신위원회가 방송시간의 5% 이내로 한 브랜드당 30초 이내로 노출하도록 PPL을 허용하도록 규제를 풀어 본격적으로 광고가 진행되었다. 현재 어린이 대상, 보도프로그램에서는 PPL 광고를 할 수 없고, 크기는 화면의 4분의 1 이내로 제한되어 있다.

| 국내 방송의 PPL 광고 준수 규정 |

분류	내용
정의	방송프로그램 안에서 상품을 소품으로 활용해 그 상품을 노출시키는 형태의 광고
대상	방송법상 오락, 교양 분야 (어린이 대상, 보도 프로그램 제외)
크기	화면의 4분의 1 이내
시간	해당 방송 프로그램 시간의 100분의 5이내
고지의무	해당 프로그램 방송 전에 자막으로 고지
제한사항	해당 상품의 언급, 구매, 이용 권유 금지

5장

게임산업

1. 정의 및 분류

정의

게임이란 단어는 인도유럽어 계통의 GHEM(흥겹게 뛰놀다)에서 유래했다고 한다. 게임은 정의상 규칙을 정해 놓고 승부를 겨루는 놀이인데, 스포츠게임, 카드게임 등 게임의 종류는 다양하다. 여기에서 게임은 전자적 방법에 의해 수행되는 게임을 의미하는 것이다.

게임콘텐츠는 컴퓨터프로그램을 이용하여 움직이는 영상이나 지정된 텍스트로 양방향 커뮤니케이션을 통해 미리 정해진 스토리의 게임을 사용자가 해결해나가며, 그에 따른 오락적 감흥을 느끼게 하는 대중 문화상품을 의미한다. 게임콘텐츠는 문자, 영상, 음악 등의 구성요소와 컴퓨터 기술이 합쳐진 종합 문화 형태로 볼 수 있으며, 현대를 대표하는 주요 놀이문화로 성장했다. 특히 게임은 인터넷을 통한 쌍방향식(Interactive) 접근이어서 영화, 음악, 애니메이션 등의 다른 장르에 비하여 사용자가 보다 적극적으로 참여할 수 있는 콘텐츠라고 할 수 있다. 게임콘텐츠산업이란 게임콘텐츠의 제작, 유통, 소비와 관련된 모든 사업 부문을 지칭한다.

분류

게임을 플랫폼에 따라 분류하면 아케이드, PC게임, 콘솔게임(consol game, 비디오게임), 모바일게임 등이 있다. 이들 게임은 오프라인 혹은 온라인상에서 작동된다. 특히 PC 온라인에서 작동하는 게임을 과거에는 온라인게임이라고 명명했다.

| 게임의 분류 |

		접속형태	
		오프라인	온라인
하드웨어 플랫폼	아케이드	아케이드게임	(온라인) 아케이드게임
	PC	PC게임[1]	(온라인) PC게임[2]
	콘솔	콘솔게임	(온라인) 콘솔게임
	모바일	모바일게임	(온라인) 모바일게임

아케이드게임은 흔히 오락실이라고 불리는 컴퓨터 게임장에 설치된 게임물을 의미하며, 조이스틱을 사용하거나 체감형으로 진행된다. 업소용 게임이라고도 불리며 가정용 게임이 보급되기 전까지 게임시장의 주류를 차지하고 있었다. 아케이드게임은 다시 전자게임과 기타게임 두 가지로 나뉜다. 전자게임은 영상출력장치(모니터 등)가 있는 게임 기구에 저장장치(ROM,

---

1) 과거에는 오프라인 PC게임만을 PC게임이라 명명했다.
2) 과거에는 온라인 PC게임을 온라인게임으로 명명했다.

CD, DVD)가 장착되어 있어 저장장치에 기억된 게임만 할 수 있는 게임기구이며, 기타게임은 전자게임에 속하지 않는 게임 기구로 체련용 게임기, 경품게임기 등이 포함된다.

아케이드게임은 가정용 비디오게임과 경쟁하기 위해 화려한 배경화면, 3차원 그래픽 처리와 시간 렌더링을 구현하기 위한 전용 그래픽보드를 사용하고 있으며, 최근에는 모션 캡쳐 장비를 이용한 3차원 가상캐릭터를 인간 동작과 유사하게 자연스러운 동작으로 표현할 수 있을 정도로 발전했다. 또한 기존 캐주얼게임 위주에서 DDR 형태의 체험형 게임으로 변화하여 이를 수용하기 위해 게임장이 대형화되고 있는 추세이다. 최근 아케이드게임에는 VR(가상현실), AR(증강현실), MR(혼합현실), XR(확장현실) 게임이 유행하는데, HMD(Head mounted Display)와 같은 기기를 착용하여 가상의 세계에서 게임을 즐기는 것으로 시각, 청각, 촉각을 사용하여 마치 현실에서 게임을 하는 것과 같은 경험을 주는 게임이다.

PC게임은 PC상에서 진행하는 게임을 말한다. PC게임에는 PC를 이용해 컴퓨터와 대전하는 Stand-Alone Game과 PC상에서 온라인으로 게임하는 경우가 있다. Stand-Alone PC게임은 개인용 컴퓨터를 기반으로 작동하는 게임으로서 게임 프로그램이 DVD, 인터넷 다운로드 등의 형태로 유통된다. 한편 온라인 PC게임은 네트워크에 기반을 둔 PC 상에서 이루어지는 게임으로 일반적으로 인터넷을 통해 이루어지는 게임을 가리킨다. PC 사양이 높아지고 그래픽과 사운드가 고성능화되면서 3D 게임이 등장해 시장을 주도하고 네트워크 및 온라인화가 빠르게 진행되어 PC Stand-Alone 게임과 PC 온라인게임의 구분이 없어지고 있다. 또한 5G시대로 네트워크 용량이 확대되면서 PC로만 가능했던 게임을 모바일이나 콘솔 등 여러 플랫폼에서 연동하여 즐길 수 있는 크로스 플레이가 가능해져 PC게임과 모바일게임의 구분이 콘텐츠 상에서는 큰 차이가 없고, 플랫폼상의 차이만 있다.

콘솔게임은 가정의 텔레비전 혹은 모니터에 게임기를 연결하고, 조이스틱, 조이패드 등을 이용하여 게임을 진행하는 것을 의미하며 비디오게임, 패키지 게임이라고도 한다. 전용 단말기에 DVD, 블루레이(Blue-Ray) 디스크, 인터넷 다운로드 등의 형태로 게임을 제공하므로 선택적으로 즐길 수 있다. 크게 하드웨어와 소프트웨어 시장으로 구분되는데, 별도의 콘솔이 있기 때문에 게임을 제작하는 소프트웨어 개발사와 하드웨어 플랫폼을 만드는 게임콘솔 제작업체가 유기적인 관계를 맺지 않을 수가 없는 구조이다. 하드웨어가 2~5년마다 신기종으로 교체되기 때문에 하드웨어의 보급에 맞추어 게임소프트웨어 시장이 형성되고 성장-성숙-쇠퇴를 반복하는 특징을 가지고 있다. 즉 하드웨어 견인형으로 성장해 하드웨어 판매 시점부터 만 3년이 경과하면 소프트웨어 견인형으로 전환되는 반복 순환 과정을 거치고 있다. 콘솔게임은 1980년대 중반부터 닌텐도의 페미콤(Famicom) 시리즈가 등장하면서 널리 보급되기 시작하여, 현재 닌텐도, 마이크로소프트, 소니 등 주요 콘솔게임기 업체들이 경쟁하고 있다.

모바일게임은 휴대용 전화기, 스마트폰 등을 통해 통신망에 접속하여 진행하는 게임으로 스마트폰에서 앱을 다운받아 게임하는 방식이 주류이다. 카카오톡 게임하기 등의 모바일 소셜 플랫폼 기반으로 출시된 게임들이 시장을 주도하고 있다. 소셜 플랫폼과 연계된 모바일게임은 게임 자체가 목적인 타 플랫폼 게임과는 달리 게임을 통해 플랫폼 내 사용자간 사회적 네트워크를 강화하는 특징을 가지고 있다. 또한 모바일게임은 이동성이 강하기 때문에 시간과 공간의 제약을 받지 않고 언제 어디서나 간편하게 즐길 수 있다. 이동시 여유시간에 저렴한 비용으로 게임을 즐길 수 있어 고객층이 넓다. 게임개발사의 입장에서 모바일게임은 스마트폰이 플랫폼이기 때문에 시스템이 단순하고, 게임을 저렴한 비용으로 제작할 수 있다는 장점이 있고, 제작 기간도 짧아 사용자의 니즈에 맞는 게임을 제작할 수 있으며, 대부분 유료로 서비스되므로 수익 확보도 용이하다. 타게임에 비하여 제작비가 적게 들고 기간이 짧아 진입장벽이 낮은 시장이라 할 수 있다. 그렇지만 최근에는 대작용 게임 제작비가 크게 증가하고 있고, 게임 운영 노하우를 갖추지 못하면 시장 진입장벽을 구축하는 데 많은 한계가 따르는 시장이다.

접속 방식에 따라 온라인과 오프라인 게임으로 나뉜다. 오프라인은 온라인이 아닌 접속 방식으로 진행되는 게임으로 아케이드게임, 스탠드어론 PC 게임, 온라인으로 연결되어 있지 않은 콘솔게임, 온라인으로 연결되어 있지 않은 모바일게임 등으로 되어 있다. 온라인게임은 인터넷이나 기타 네트워크를 통해 실시간으로 하는 멀티 플레이 비디오게임이며, 컴퓨터, 휴대전화, 휴대용 게임기 등 다양한 기기에서 각자 다양한 장르의 온라인게임을 지원한다. 일반적으로 온라인게임이라고 하면 주로 PC 온라인게임을 의미한다.

게임을 게임 장르(내용)에 따라 분류할 수 있다. 먼저 RPG(Role Playing Game)게임은 게임 이용자가 게임상의 한 캐릭터로서 특정 역할을 맡아 주어진 목표를 수행하는 게임을 말한다. 특히 MMORPG(Massively Multiplayer Online RPG)는 네트워크를 통해 게임 속 세계 안에서 다른 여러 사람의 캐릭터와 협동하거나 경쟁하며 생활하는 RPG 게임이다. SS(Strategy Simulation)게임은 전투와 같은 모의 상황에서 나름의 전략을 가지고 겨루는 게임이고, RTS(Real Time Strategy Simulation)게임은 상대방과 교대로 공격을 하는 형식이 아니라 상대방과 동일한 시간에 동시에 모션을 취할 수 있는 전략 게임이다. 이어서 FPS(First Person Shooting)게임은 총이나 포 등을 쏘아 목표를 격추시키는 슈팅 게임의 일종으로 일인칭시점의 게임을 의미하나 최근에는 대부분 일인칭시점이나 삼인칭시점 모두를 지원한다. 스 포츠게임은 축구, 야구, 농구 등 스포츠를 소재로 하는 게임이다.

건설·경영·육성 시뮬레이션 게임은 도시나 문명을 건설하는 게임, 상품 을 제작 유통하는 경영 체험을 할 수 있게 한 게임, 목표에 맞는 인물이나 대 상을 성장시키는 게임 등이 여기에 해당한다. 어드벤처게임은 게이머가 소 설 속의 주인공이 된 듯한 느낌으로 스토리를 진행해나가며 목적을 달성하 는 게임이다. 캐주얼게임은 간단하게 할 수 있는 게임을 통칭하며 일반적으 로 낮은 연령층이나 여성층에게 인기가 많다. 웹(Web)게임은 인터넷만 연 결되어 있으면 웹브라우저를 통해서 쉽게 이용할 수 있고, 게임의 구조도 일 반적인 PC게임소프트웨어에 비해 간단해서 컴퓨터 사양의 제약을 크게 받 지 않는다. 게임에는 이외에도 보는 관점에 따라 다양한 장르가 있다.

| 게임 장르 |

장르	정의
RPG	게임 이용자가 게임상의 한 캐릭터로서 특정 역할을 맡아 주어진 목표를 수행하는 게임 MMORPG(Massively Multi-player Online RPG)는 네트워크를 통해 게임 속 세계 안에서 다른 여러 사람의 캐릭터와 협동하거나 경쟁하며 생활하는 RPG게임
SS	전투와 같은 모의 상황에서 나름의 전략을 가지고 겨루는 게임
RTS	상대방과 교대로 공격을 하는 형식이 아니라 상대방과 동일한 시간에 동시에 모션을 취할 수 있는 전략 게임
FPS	총이나 포 등을 쏘아 목표를 격추시키는 슈팅게임의 일종으로 일인칭시점의 게임을 의미하나 최근에는 대부분 일인칭시점이나 삼인칭시점 모두를 지원
스포츠	축구, 야구, 농구 등 스포츠를 소재로 하는 게임
시뮬레이션	도시나 문명을 건설하는 게임, 상품을 제작 유통하는 경영 체험을 할 수 있게 한 게임, 목표에 맞는 인물이나 대상을 성장시키는 게임
어드벤처	게이머가 소설속의 주인공이 된 듯한 느낌으로 스토리를 진행해나가며 목적을 달성하는 게임
캐주얼	간단하게 할 수 있는 게임을 통칭하며 일반적으로 낮은 연령층이나 여성층에게 인기가 많음
웹	인터넷만 연결되어 있으면 웹브라우저를 통해서 쉽게 이용할 수 있고, 게임의 구조도 일반적인 PC 게임소프트웨어에 비해 간단해서 컴퓨터 사양의 제약을 크게 받지 않음

특성

게임산업의 특성은 문화콘텐츠산업의 일반적 특성과 유사하다. 다만 몇 가지 게임이 지닌 두드러진 특성이 존재한다. 상품적인 특성을 보면, 첫째, 쌍방향적인 특성이 있다. 게임 유저가 직접 게임 프로그램상의 상대와 상호 작용하며 진행하는 형태이므로 게임은 雙方向性이 강하다. 같은 게임을 한다고 하더라도 동일한 게임 과정을 거치는 것이 아니라 雙方向性의 특성으로 수많은 경우의 수가 나타난다. 둘째, 몰입성이 높다는 점이다. 雙方向性으로 지속적으로 게임 속 상황에 대응하지 않으면 게임이 끝나기 때문에 몰입하지 않으면 안 된다. 이런 높은 몰입성으로 게임중독이 문제시된다. 셋째, 문제해결형의 특성이다. 게임을 플레이하는 것은 문제를 해결하는 것이다. 주어진 문제를 해결해야만 다음 단계로 넘어가서 게임을 지속할 수 있는데, 게임은 배경일 뿐이고 문제해결 방식은 게임플레이어가 스스로 찾아야만 한다.

산업적인 특성을 보면, 첫째, 게임의 흥행 여부에 따라서 수익의 폭이 매우 큰 대표적인 벤처산업이라 할 수 있다. 게임산업은 수요의 불확실성과 사업 실패 위험도가 상대적으로 높은 벤처성 요소가 있는 산업이다. 따라서 성공한 대형 게임이나 소수의 주도적 제품에 의한 시장 지배가 일반적이다. 벤처형 산업이기 때문에 성공한 게임은 규모의 경제가 작용하여 부가가치나 수익률이 매우 높다. 게임산업에서 활약하고 있는 대기업들은 대부분 처음에 벤처형 기업으로 출발했으나 현재는 높은 수익률로 주식시장에서 높은 시가총액을 자랑하고 있다. 둘째, 네트워크 외부효과가 존재한다. 네트워크 외부성이 존재하는 시장에는 경로의존성(path- dependence)[3] 때문에 선점하는 자가 시장을 독식하는 부익부 빈익빈 현상이 나타난다. 게임에도 네트워크 외부효과가 적용된다. 게임 사용자가 증가하면 할수록 하나의 유행이 형성되어 게임콘텐츠에 대한 소비자의 효용을 증대시키고 이는 다시 새로운 소비자를 끌어들이는 역할을 한다. 이런 이유로 승자독식(winner takes all)의 원칙이 적용된다. 셋째, 게임과 기술의 결합도가 높다. 콘솔게임은 기술 발전에 따라 높은 용량을 가진 고사양의 게임기가 탄생하면 이에 따라 시장이 형성되는 특징을 가지고 있다. 온라인기술이 발전하면서 온라인게임이 탄생했다. 모바일게임도 스마트폰의 성능에 따라 구동 환경의 변화, 게임의 질적인 향상과 대작 게임의 개발, 게임 제작업체의 수익성 개선 등이 가능하기 때문에 휴대폰 제작 기술과 네트워크 기술이 모바일게임산업에 직접적인 영향을 주고 있다. 최근 들어서는 VR, AR, MR, 모션 캡쳐 등의 기술을 결합한 개발에 따라 체험형 게임들이 나오고 있다. 넷째, 일부의 마니아적인 소비자들이 게임 매출의 대부분을 차지한다. 게임 헤비유저들은 전체 소비자 중의 극히 일부로서 이들의 게임 소비액이 게임업체 매출의 대부분을 차지한다.

---

3) 경로의존성이란 우연에 의해 하나의 길(경로)이 정해지면 다른 길로 바꾸는 것이 어렵다는 것을 뜻한다. 이는 고착효과(lock-in effect)라고도 한다.

- 60%의 개발사는 앱 당 월 매출 500$ 이하(2012년의 경우 67%)
- 게임 다운로드 이후 단 한 번만 실행되는 경우 19.3%
- 60~64% 유저가 하루만에 게임을 그만둔다.
- 부분 유료화 게임 지출의 54.9%가 게임 설치 일주일 안에 발생
- 90일 이후 지출 비중은 1% 미만
- 게임을 한 달 이상 즐기는 유저는 5.5%에 불과
- 오직 2.2% 유저가 아이템을 구입한다.
- 97.8%의 게이머가 과금하지 않고 게임을 중지
- 그중 상위 10% 유자가 전체 매출의 50% 비중

출처 : visionmobile.com

2. 구조 및 가치사슬

가치사슬

게임산업의 가치사슬은 기획·개발, 1차 유통(배급), 2차 유통(유통·서비스), 소비 단계로 구분할 수 있다. 개발사가 제작한 게임을 퍼블리셔[4]가 판매 및 마케팅 전략을 기획해 운영·유통하며, 게임이 개발된 형태에 따라 애플리케이션, PC 포털, 모바일메신저 등 적합한 유통 플랫폼을 통해 서비스되고 이를 소비자가 이용한다. 그러나 가치사슬 단계별로 개발사, 퍼블리셔, 플랫폼 운영자가 별도로 존재하기보다는 운영 효율성을 높이기 위해 퍼

---

4) 퍼블리싱은 게임 개발사의 게임을 받아서 유통하는 회사다. 게임 서비스 인프라를 구축하고, 게임의 번역 및 현지화, 서버 관리, 홍보, 이벤트, 유저 관리 및 분석, 게임시장 분석, 운영체계 구축 등 게임의 서비스에 관련한 모든 사항들을 책임지고 운영하는 것이다(나무위키 https://namu.wiki/w/퍼블리싱).

블리셔가 게임 개발 및 플랫폼 사업자의 역할까지 직접 담당하거나, 개발사가 퍼블리싱 업무까지 직접 수행하고 있다.

가치사슬 각 단계별로 보자. 먼저, 게임 제작사는 게임 제작을 전문으로 하는 업체와 제작과 배급(퍼블리싱)을 함께 하는 업체로 나뉜다. 대형 게임사는 자체적으로 게임 개발과 퍼블리싱을 함께 하는 경우가 많은데, 소형 게임사 게임은 이들이 주로 퍼블리싱한다. 특히 모바일게임 개발사의 경우 중소 규모의 개발사는 퍼블리싱 업체를 거쳐 게임을 출시한다. 온라인게임은 모바일게임에 비해 투입되는 제작비와 인력, 시간이 많아 대형 제작업체가 제작하는 경우가 많다.[5]

퍼블리싱 업체는 1차 유통 채널로 그 역할은 게임의 생애주기를 관리해 마케팅 및 서비스 전략을 수립하고 이를 운영하는 것이다. 퍼블리싱 업체는 제작사의 데모 버전 게임의 사업성을 검토한 후 게임 서비스를 운영·관리한다. 판권 계약 기간은 보통 2년이며 각 국가별 판권을 따로 계약한다. 대형 퍼블리싱 업체는 능력 있는 제작사를 발굴하고 M&A를 통해 관계사로 편입시키며 사업을 확장해가기도 한다.[6]

제2유통의 경우에는, 게임 형태에 따라 가치사슬이 달라진다. 오프라인에서 게임을 즐기는 경우는 주로 아케이드게임이나 콘솔게임인데 이 경우에는 전통적인 방식으로 도매점과 소매점을 통해 소비자에게 유통된다. 콘솔게임은 DVD 등의 게임 패키지를 오프라인의 유통을 통해 판매하고 있으나 현재는 코로스로 오프라인과 온라인 모두 제공하고 있다.

모바일게임의 경우 구글의 플레이스토어나 애플의 앱스토어, 원스토어 등

---

5) 김기범 외(2018), 게임산업을 둘러싼10대 변화 트렌드, 삼정KPMG경제연구원.
6) 김기범 외(2018), 게임산업을 둘러싼10대 변화 트렌드, 삼정KPMG경제연구원.

의 플랫폼을 2차 유통 채널로 볼 수 있다. 스마트폰이 보편화되면서 모바일 게임 시장이 커지고 앱을 통한 게임뿐 아니라 카카오톡이나 라인과 같은 모바일메신저(SNS 플랫폼)가 모바일게임의 주요 플랫폼으로 자리 잡고 있다. 또한 스트리밍 서비스의 경우에는 스트리밍 플랫폼이 2차 유통 채널의 기능을 한다.

온라인과 모바일게임의 경우, 오픈망 또는 오픈 플랫폼의 비즈니스 구조를 갖기 때문에 최근에는 게임 퍼블리셔가 게임 플랫폼 운영사의 역할까지 직접 담당한다. 이는 PC게임은 자체 게임 포털에 게임을 서비스하는 것을 의미한다. 또한 온라인 PC게임은 스팀(Steam), 오리진(Origin)과 같은 플랫폼에 게임을 유통하여 서비스하기도 한다.

전 세계적으로 스팀이 PC게임 유통을 독점화하고 있는 추세이다. 스팀이란 밸브 코퍼레이션에서 개발하고 운영 중인 세계 최대 규모의 PC게임소프트웨어 유통망이다. 소비자들은 스팀 클라이언트를 통해 게임을 구입, 관리할 수 있으며, 채팅, 방송 및 다양한 커뮤니티 기능을 통해 다른 유저들과 소통할 수 있다. 사실상 현재 PC용으로 출시되는 대부분의 게임은 모두 스팀을 통해 판매되고 있다고 봐도 무방할 정도이다. 한국에서는 2004년 카운터 스트라이크 1.6 서비스를 기점으로 스팀이 도입되었는데, 2017년에 배틀그라운드가 흥행에 성공하면서 일반 대중에게도 알려지기 시작했다.

마지막 소비 단계에서는 개인이나 그룹이 스마트폰, PC, 콘솔 등의 단말기를 통해 게임을 즐긴다. 이들은 가정에서 게임을 하거나 게임장 또는 PC방에 가서 게임을 하기도 하고 e스포츠의 경우 방송이나 SNS를 통해 게임을 한다.

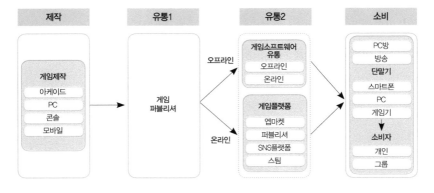

개발 과정

온라인게임은 개발 단계를 거쳐 퍼블리싱이 완료된 이후 서비스가 가능하다. 개발 단계에서는 프로토타입을 기획한 후에 게임 설계와 게임 결함을 찾는 알파 개발을 거치고 이후 클로즈 베타 서비스까지 진행한다. 퍼블리싱 단계에서는 클로즈 베타 서비스를 통해 게임을 수정 보완하고 이후 오픈 베타 서비스를 시작으로 상용화를 하며 지속적인 업데이트 관리를 한다. 이 과정에서 서비스를 위한 서버 관리나 사이트와 관련된 이해관계자들과 마케팅을 비롯한 과금 업체나 실제 구매자들이 개입되기도 한다. 게임 개발사는 게임에 대한 아이디어, 기획, 게임 개발 기술, 인력 등으로 게임을 개발하고, 퍼블리셔는 이렇게 개발된 게임을 개발사와 협력하여 게임서비스에 대한 모든 환경을 갖추고 성공적인 서비스를 이끌 수 있게 하는 의무를 가지고 있다. 개발 업체와 퍼블리싱 업체는 온라인게임의 경우에는 규모가 커서 같은 업체가 두 가지를 동시에 하는 경우가 많지만 모바일게임과 같이 작은 규모의 업체가 게임을 개발할 경우에는 개발 업체와 이를 퍼블리싱을 하는 업체가 별개로 존재한다. 영화산업에서 제작업체와 배급업체가 구분되는 경우와 유사하다.

| 게임 개발 및 퍼블리싱 과정 |

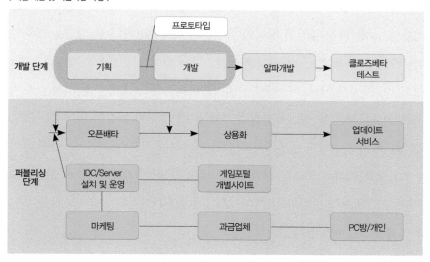

3. 역사

해외

세계 게임산업은 1970년대 오락실 아케이드게임으로 시작되어 1980년대 콘솔게임, 1990년 후반 이후 PC게임, 온라인게임, 모바일게임으로 발전했다. 그래픽 표시장치를 활용한 최초의 게임은 미국의 한 연구소에서 방문객을 위하여 윌리엄 히긴보덤이 만든 테니스포투(tennis for two)로 알려져 있다. 이후 1961년 MIT에서 모니터를 갖춘 게임이 개발되었으며, 랄프베어는 1968년 '여우와 사냥개' 라는 게임을 개발했다. 게임 역사에 큰 족적을 남긴 것은 아타리이다. 부시넬이 아타리를 설립하여 1972년에 퐁(pong)이 탄생했다. 퐁은 당시 주점의 왕이었던 핀볼을 축출하고 엄청난 성공을 거두었다. 1976년 아타리 개발자인 스티브잡스가 브레이크아웃(벽돌 깨기)을 개발했고, 이후 실적 악화로 아타리는 워너브라더스에 매각된 이후 다시 공전의 히트를 기록하는 등 성공가도에 올라섰다. 그러나 이후 질이 떨어지는 게임을 양산하기 시작하면서 위기를 직감한 아타리는 서둘러 스필버그에게 라이선스료를 지불하고 조악한 게임 ET를 제작했으나 참패로 끝난다. 소비자들도 게임을 외면하는 등 소위 아타리쇼크에 빠진다. 이후 콘솔게임산업은 일본에 주도권을 빼앗긴다.

스페이스워에서 시작된 PC게임도 진화했다. PC 대중화에 편승하여 울티마는 1981년 리차드 게리엇이, 1985년에 러시아 개발자 알렉세이 파지노프가 테트리스를 개발하여 PC게임이 발전했다. 일본은 콘솔게임의 전성기를 구가하여 1981년 화투 회사였던 닌텐도가 닌텐도 게임기인 패미콤을 출시하여 650만 대를 판매함으로써 콘솔게임산업을 주도한다. 드디어 가전업체인 소니가 콘솔게임산업에 뛰어들어 PS가 등장하면서 판매량이 당시 최고의 게임기인 닌텐도64를 추월했다. 다시 마이크로소프트가 이 시장에 뛰어들어 XBOX를 출시하면서 삼파전 양상을 보여주었다.

온라인게임은 1995년 마이크로소프트가 윈도우95와 아이렉트X의 기본소프트웨어를 개발하면서 시작되었다. 이후 인터넷 보급으로 네트워크가 발달하면서 MMORPG가 탄생했다. PC게임 시장도 성장하여 1998년 스타클래프트가 출시되었다. 온라인게임 시장은 인터넷의 보급과 함께 승승장구하며 성장한다. 그러나 게임업계에서 스마트폰 보급과 함께 모바일게임이 성장하면서 큰 영향을 받는다. 특히 PC게임은 고품질의 게임들이 등장하지만 모바일게임과 온라인게임으로 고전한다.

모바일게임은 1996년 노키아의 노키아6110 등의 휴대폰 모델에 스네이크 게임을 탑재하면서 시작되었다. 무선인터넷을 사용한 본격적인 모바일게임은 NTT도코모가 1999년 아이모드 서비스를 시작하면서부터이다. 이후 모바일게임이 폭발적으로 성장한 것은 아이폰 개발로 스마트폰용 게임의 발전이다. 게임 유통 채널이 오픈마켓으로 전환되어 이통사를 거치지 않고 모바일게임을 손쉽게 구입한 것이다. 이제는 페이스북과 같은 SNS가 게임의 플랫폼 역할을 하면서 폭발적으로 확장되고 있다.

국내

1970년대 중후반 '벽돌 깨기' 등의 아케이드게임이 전자오락실에서 유행하면서 게임산업이 시작되었다. 1980년대 중반까지 스페이스 인베이더, 갤러그, 제비우스 등이 인기를 이어갔다. 1980년대 들어 개인용 컴퓨터의 보급이 증대되면서 PC게임산업이 발전했다. 초기에는 외국산 게임을 들여와 사용했으나 1980년대 중·후반부터 국산 게임이 개발되었다.

1980년대 후반에 삼성전자의 '겜보이', 현대전자의 '컴보이' 등 대기업들이 일본의 콘솔게임기를 수입하면서 콘솔게임도 한국에서 인기를 끌었다.

당시 청계천상가나 용산상가에서 게임기와 게임 롬 패키지를 다루는 매장도 늘어났다.

1990년대 말에 초기의 온라인게임이라 할 수 있는 것은 '머드(MUD) 게임'이었으나 용량이 크고 속도가 빠른 통신 인프라를 필요로 했기 때문에 크게 성공하지는 못했다. 그러나 이런 문제를 해결한 초고속정보통신망이 구축되면서 한국의 온라인게임산업은 급격하게 성장했다. 부분유료화 요금 체계 도입, 퍼블리싱 사업 시작, 해외 시장 진출 등을 통해 한국 온라인게임산업이 성장하여 엔씨소프트 등의 대기업이 탄생했다.

모바일게임은 휴대폰이 보급되면서 시작되었는데, 용량의 한계, 통신사의 규제 등으로 발전을 하지 못하다가 애플과 구글의 오픈마켓 시스템이 도입되면서 급격하게 성장했다. 소비자들은 누구나 쉽게 앱을 다운받아 사용했고, 카카오와 같은 플랫폼에서 게임이 가능해지면서 SNS게임 시대를 맞이했다.

| 한국 게임의 변화 역사 |

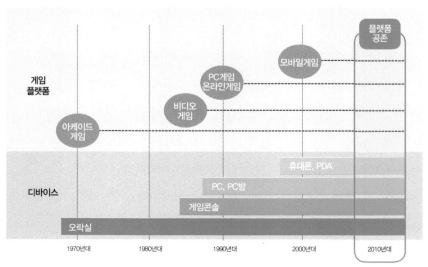

Cultural Contents Industry

시사점

기술개발에 따라 게임의 다양한 종류가 탄생하고 업계는 부침을 거듭했다. 이런 게임 발전의 역사에서 우리는 많은 시사점을 얻을 수 있다. 첫째, 플랫폼의 변화에 따라 게임의 주도권이 변화한다는 것이다. 게임산업은 새로운 플랫폼이 기존 플랫폼을 대체하면서 발전했다. 핀볼게임에서 아케이드게임으로 변화되었고, 아케이드게임에서 콘솔게임의 비중이 높아지고, PC 보급에 따라 PC게임이 발전하고 이어서 인터넷 발전에 따라 온라인게임이, 모바일 기기의 보급이 보편화되면서 모바일게임이 발전했다. 일반적인 플랫폼이 등장하면 여기에는 항상 게임콘텐츠가 유통되고 이 게임이 플랫폼의 중요한 수익원이 되고 있다. 예를 들어 텔레비전은 비디오게임, PC는 PC게임, 인터넷은 온라인게임, 휴대폰은 모바일게임, SNS는 SNS게임이 탑재가 되어 게임이 플랫폼의 확산에 중요한 역할을 했다.

| 플랫폼의 변화 역사 |

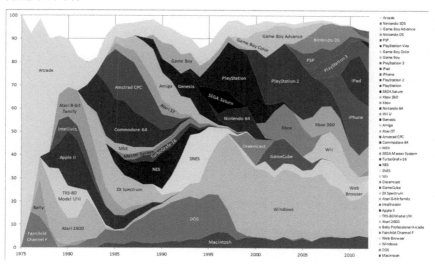

| 콘솔게임기의 변화 |

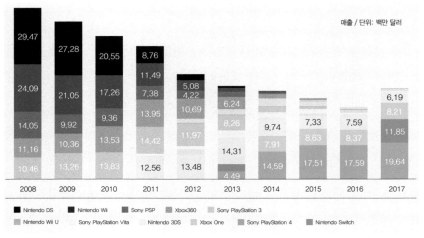

매출 / 단위: 백만 달러

자료: 2019 Video Game Industry Statistics, Trends & Data, WePC.

둘째, 플랫폼이 변화할 때마다 다양한 비즈니스모델이 탄생했다. 콘솔게임의 경우에는 하드웨어의 판매가는 낮게 책정하고 소프트를 비싸게 함으로써 소비자들이 쉽게 진입할 수 있지만 높은 소프트 비용을 지불하게 했다. 닌텐도의 경우, 하드웨어에 대한 사용료를 받는 형태로 콘텐츠 업체로부터 로열티를 받고 있고, PC게임의 경우에는 CD-ROM, DVD를 판매하는 형태의 수익모델로서 별도의 하드웨어 구매는 불필요하다. 온라인게임과 모바일게임은 정액제와 종량제, 부분유료화 등이 비즈니스모델을 가지고 있고, SNS게임은 부분유료화가 대세이다.

셋째, 개방시스템(open system)과 폐쇄형 시스템(closed system)이 경쟁하면 개방시스템이 승자로 남는다는 점이다. 일반적으로 선발 게임 기업은 자신만의 리그로 운영되는 폐쇄형 시스템으로 독점적 이윤을 확보하려고 한다. 즉 Closed System으로 자신만의 세계를 구축하고 외부 소프트 공급업체인 써드파티를 관리 및 조정하려고 한다. 게임을 개발할 수 있도록 하드웨어 사양을 한정된 소프트업체에게만 제공하고 그 대가로 많은 이윤을 획득한다. 그러나 후발자는 개방시스템으로 경쟁한다. 개발 사양을 개방하고 많은 써드파티를 유입하여 게임콘텐츠를 개발한다. 이와 같이 많은 콘텐츠를 확보함에 따라 소비자들이 후발자의 게임을 사용하면서 결국은 개방시스템이 승리했다. 예를 들어 닌텐도와 소니의 대결에서 소니가 게임시장에 진입 시 오픈 시스템으로 모든 써드파티에 개방하여 폐쇄형인 닌텐도를 추월했다. 애플과 마이크로 시스템, iOS와 안드로이드 등 IT와 플랫폼 분야에서도 동일하게 나타난다.

넷째, 하드웨어보다 콘텐츠의 질이 중요하다는 것이다. 새로운 플랫폼을 견인하는 것은 킬러 콘텐츠로서 신규 플랫폼 도입시 동시에 킬러 게임콘텐츠를 출시한다. 닌텐도 패미컴의 경우 슈퍼마리오, PS의 파이널 판타지가 여기에 해당한다. 하드웨어가 우수하더라도 게임콘텐츠가 우수하지 못하면 승자가 될 수 없다. 하드웨어 플랫폼의 성능이 아니라 콘텐츠가 중요한 것이다. 세가와 닌텐도가 경쟁할 때 세가의 콘솔이 용량이나 기능면에서 우세했으나 콘텐츠가 강한 닌텐도와 경쟁에서 패배한 바 있다.

1. 국내 시장 현황 및 전망

　2019년 국내 게임시장 규모는 15조5,750억 원으로, 2018년에 비해 9.0%
증가했다. 점유율을 보면, 모바일게임이 전체시장의 49.7%로 거의 절반을
차지하고 있고, 이어서 PC게임이 30.9%, 게임유통업인 PC방이 13.1%를
점하고 있다. 국내 시장에서 모바일게임의 급격한 성장으로 게임산업이 이
제는 모바일게임 주도로 재편되는 양상을 보여주고 있다.

　2020년 국내 게임시장 규모는 2019년 대비 9.2% 정도 상승한 17조93억
원에 달할 것으로 전망된다. 2020년에는 코로나19 팬데믹으로 인해 대표적
인 비대면 콘텐츠인 게임에 대한 소비가 증가했다. 특히 모바일과 콘솔게임
을 중심으로 게임 제작 및 배급업은 큰 폭의 시장 성장이 예상된다. 반면 PC
방과 아케이드게임장 등 유통 업소들은 사회적 거리두기 강화로 인하여 영
업을 제대로 하지 못해 마이너스 성장을 기록할 전망이다.[7]

---

7) 한국콘텐츠진흥원(2020), 《2020 대한민국 게임백서》.

(단위: 억 원, %)

구분	2018년		2019년		2020년(E)		2021년(E)		2022년(E)	
	매출액	성장률	매출액	성장률	매출액	성장률	매출액	성장률	매출액	성장률
PC게임	50,236	10.6	48,058	-4.3	48,779	1.5	48,827	0.1	49,306	1.0
모바일게임	66,558	7.2	77,399	16.3	93,926	21.4	100,181	6.7	110,024	9.8
콘솔게임	5,285	41.5	6,946	31.4	8,676	24.9	12,037	38.7	13,541	12.5
아케이드게임	1,854	3.1	2,236	20.6	766	-65.7	1,503	96.2	2,382	58.5
PC방	18,283	3.9	20,409	11.6	17,641	-13.6	19,605	11.1	23,146	18.1
아케이드게임장	686	-12.0	703	2.4	303	-56.9	532	75.4	726	36.6
합계	142,902	8.7	155,750	9.0	170,093	9.2	182,683	7.4	199,125	9.0

자료: 한국콘텐츠진흥원(2020), 《2020 대한민국 게임백서》.

2019년 국내 게임산업 수출액은 전년 대비 3.8% 증가한 66억5,778만 달러로 집계되었다. 게임 플랫폼 중에서는 모바일게임의 수출 규모가 36억 3,871만 달러로 가장 많았다. 다음으로 PC게임이 28억3,148만 달러로 집계되었다. 콘솔게임의 수출 규모는 약 1억3,745만 달러, 아케이드게임 수출 규모는 약 5,014만 달러로 나타났다. 2019년 국내 게임의 주요 수출 국가 및 권역을 보면, 중국이 40.6%로 가장 높은 비중을 차지했고, 다음으로 대만/홍콩이 14.5%, 동남아가 11.2%, 일본이 10.3%, 북미가 9.1%의 비중을 나타냈다.

| 국내 게임산업의 수출 현황 |

(단위: 천 달러, %)

구분		2013년	2014년	2015년	2016년	2017년	2018년	2019년
수출	수출액	2,715,400	2,973,834	3,214,627	3,277,346	5,922,998	6,411,491	6,657,777
	증감률	2.9	9.5	8.1	2.0	80.7	8.2	3.8

자료: 한국콘텐츠진흥원(2020), 2020 대한민국 게임백서.

국내 게임 제작 및 배급업체의 평균 수익배분 비율은 전체적으로 제작사가

72.8%로 가장 많은 수익을 차지한다.[8] 그다음으로 퍼블리셔가 13.8%, 투자자가 10.9%의 수익을 가져갔다. 플랫폼별로 살펴보면 PC게임과 모바일게임은 제작사가 각각 70.6%와 72.9%로 70%대의 수익을 차지했다. 콘솔게임은 상대적으로 제작사의 수익배분 비율이 낮고 퍼블리셔의 수익배분 비율이 높아 각각 60.3%와 32.8%를 기록했다. 사업 유형별로 살펴봐도 게임 배급만을 전문적으로 하는 업체에 비해 게임 제작만 하거나 게임 제작을 배급과 병행하는 업체가 수익배분 비율이 더 높았다.

| 국내 게임 제작 및 배급업체의 평균 수익배분 비율 |

(단위: 개, %)

제작 및 배급업체 특성		사례 수	제작사	퍼블리셔	오픈마켓	투자자	SNS
전체		(450)	72.8	13.8	0.5	10.9	2.0
주력 플랫폼	PC게임	(95)	70.6	20.3	0.6	6.5	1.9
	모바일게임	(314)	72.9	11.9	0.5	13.1	1.6
	콘솔게임	(9)	60.3	32.8	0.0	4.5	2.4
	아케이드게임	(33)	81.0	7.8	0.0	4.7	6.5
사업 유형	게임 제작	(139)	83.3	10.0	0.4	5.0	1.3
	게임 배급	(26)	47.5	35.7	2.7	8.1	6.0
	게임 제작/배급	(285)	70.1	13.6	0.3	14.0	2.0

출처: 한국콘텐츠진흥원(2019), 2019 대한민국 게임백서.

국내 e스포츠산업 규모는 2019년 기준 1,398억3,000만 원을 기록했는데, 이는 전년 대비 22.8%의 성장률을 보인 것이다. 세부 항목별로 살펴보면 게임단 예산이 463.2억 원으로 전체의 33.1%를 차지하여 가장 비중이 높은 것으로 나타났다. 그다음으로는 방송 매출 463억 원(33.1%), 인터넷/스트리밍 매출 280.2억 원(20.0%), 그리고 대회 상금 191.9억 원(13.7%) 순으로 나타났다.

---

8) 시장 현황 중 사업체와 관련된 부분은 한국콘텐츠진흥원에서 2019년 6월 5일부터 8월 22일까지 전국의 게임 제작 및 배급을 주 영역으로 하는 업체 조사를 참고했다.

(단위: 억 원, %)

구분	2018년	2019년	증감률
대회 상금	64.6	191.9	197.1
게임단 예산	366.0	463.2	26.6
인터넷/스트리밍 매출	255.0	280.2	9.9
방송 매출	453.0	463.0	2.2
합계	1,138.6	1,398.3	22.8

출처: 한국콘텐츠진흥원, 연도별 대한민국 게임백서.

2. 해외 시장 동향

시장 규모 및 성장률

2019년 기준 세계 게임시장 규모는 전년 대비 5.0% 증가한 1,864억 9,100만 달러로 최근 들어 시장 성숙화에 따라 점차 성장률이 둔화되는 추세이다. 모바일게임이 전년 대비 12% 증가하여 게임산업 성장을 견인했고, 다음으로 아케이드게임이 3.4%, PC게임이 1.1%로 소폭 성장했다. 다만 콘솔게임은 전년 대비 1.1% 감소했다.[9]

---

9) 한국콘텐츠진흥원(2020), 2020 대한민국 게임백서.

| 세계 게임시장 현황 및 전망(2017~2022년) |

(단위: 백만 달러, %)

구분		2017년	2018년	2019년	2020년(E)	2021년(E)	2022년(E)	19~22 CAGR
콘솔게임	매출액	43,288	47,007	46,497	52,723	56,093	60,389	9.1
	성장률		8.6	-1.1	13.4	6.4	7.7	
아케이드게임	매출액	31,179	32,702	33,819	30,796	31,871	32,964	-0.9
	성장률		4.9	3.4	-8.9	3.5	3.4	
PC게임	매출액	31,646	32,532	32,896	34,483	37,109	39,588	6.4
	성장률		2.8	1.1	4.8	7.6	6.7	
모바일게임	매출액	57,586	65,425	73,278	87,447	96,824	106,425	13.2
	성장률		13.6	12.0	19.3	10.7	9.9	
합계	매출액	163,700	177,666	186,491	205,449	221,897	239,366	8.7
	성장률		8.5	5.0	10.2	8.0	7.9	

출처: 한국콘텐츠진흥원, 연도별 대한민국 게임백서.

2016년 이후 세계 게임시장에서 가장 높은 비중을 차지하고 있는 모바일 플랫폼은 2019년에도 732억7,800만 달러 규모로, 전체 게임시장에서 39.3%를 점유하고 있다. 다음으로 높은 비중을 차지하는 콘솔게임의 비중은 24.9%이며 시장규모는 464억9,700만 달러 수준이다. 아케이드게임 시장은 338억1,900만 달러로 점유율은 18.1%이고, PC게임 시장은 328억9,600만 달러로 점유율은 17.6%이다.

| 플랫폼별 세계 게임시장 점유율 비교(2019/2022) |

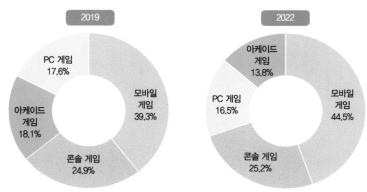

자료: PWC(2020), Enterbrain(2020), JOGA(2020), iResearch(2019), Playmeter(2016), NPD(2020).

2019년 글로벌 e스포츠산업 규모는 9억5,060만 달러(한화 약 1조960억 원)로 집계되었으며, 이는 2018년도 8억6,500만 달러 대비 9.9% 증가한 수치이다. 이는 종목사 투자, 매출 등을 광범위하게 포함하는 것이다.[10]

전 세계 상위 50개 게임업체를 기준(전체 게임 매출의 85%)으로 2019년 게임 총매출액은 2018년 1,182억 달러에 비해 2020년에는 5.3% 성장한 1,245억 달러를 기록하고 있다.[11] 이 중에서 중국의 텐센트가 1위 업체로서 중국의 PUBG Mobile(called Game for Peace in China)[12]을 통한 성공을 기반으로 해외를 집중적으로 공략한 것이 주효하여 2019년 매출이 전년 대비 10% 성장했다. NetEase 및 Perfect World를 포함한 다른 중국 기업들도 유사한 성과를 거두어, 판호 규제로 인한 2018년 9개월 동안의 라이선스 동결 이후 중국 기업의 재기가 돋보인다.

| Top 50 Public Companies 2019 |

(단위: 백만 달러, %)

Rank	Company	HQ	Q1	Q2	Q3	Q4	2019	YoY Growth
1	Tencent	CN	5,096	4,936	5,213	5,300	20,545	10
2	Sony	JP	3,452	2,865	3,047	3,769	13,133	−8
3	Apple	US	2,435	2,564	2,946	2,887	10,832	14
4	Microsoft	US	2,243	1,980	2,219	2,831	9,273	−4
5	Google	US	1,737	1,788	1,948	1,877	7,350	13
6	NetEase	CN	1,725	1,665	1,680	1,690	6,759	16
7	Activision Blizzard	US	1,706	1,279	1,107	1,749	5,841	−15
8	EA	US	1,238	1,209	1,348	1,593	5,388	2
9	Nintendo	JP	885	769	1,109	2,191	4,954	13
10	Bandai Namco Entertainment	JP	909	632	726	701	2,968	2
Total			30,762	28,404	30,852	34,446	124,464	5.3

---

10) NEWZOO(2020), 2020 Global Esports Market Report.

11) NEWZOO(2020), 2020 Global Esports Market Report.

12) PUBG에서 개발한 모바일 배틀그라운드 게임.

세계 게임시장에서의 한국의 위상

2019년 기준 한국은 전 세계 게임시장에서 6.2%의 점유율로 미국, 중국, 일본, 영국에 이어 5위를 기록하고 있다. 6위부터 10위 국가는 각각 프랑스, 독일, 이탈리아, 캐나다, 스페인 순이다. 플랫폼별로 살펴보면 PC게임 분야에서 한국은 세계시장의 12.5%를 차지하며 중국, 미국에 이어 3위를 차지했다. 2016년까지 한국은 세계 2위를 유지하다가 2017년에 미국에 역전당하며 3위로 내려왔다. 그리고 2018년에 미국을 제치고 2위로 올라섰지만, 2019년에는 다시 미국에 밀리면서 3위를 기록했다.

2019년 전 세계 모바일게임 시장에서 한국은 9.1%를 점유하여 전년과 동일하게 4위를 차지했다. 1위부터 3위는 중국, 미국, 일본 순이다. 2018년과의 차이는 미국이 일본을 제치고 2위로 올라섰다는 점이다.[13] 2019년 세계 모바일게임 시장에서 중국과 미국, 일본의 점유율은 각각 27.9%, 15.5%, 15.2%를 차지하고 있다. 이를 볼 때 우리나라는 온라인을 중심으로 하는 PC게임과 이어서 모바일게임이 강하고 콘솔게임과 아케이드게임은 약하다는 것을 알 수 있다.

| 2019년 세계시장에서의 국내 게임시장 비중(매출액 기준) |

(단위: 백만 달러, %)

구분	PC게임	모바일게임	콘솔게임	아케이드게임	전체
세계 게임시장	32,896	73,278	46,497	33,819	186,491
국내 게임시장	4,123	6,640	596	252	11,611
점유율	12.5	9.1	1.3	0.7	6.2

---

13) 한국콘텐츠진흥원(2021), 2020 대한민국 게임백서.

Cultural Contents Industry

국별 현황

2019년 세계 게임산업 매출 상위 국가는 미국, 중국, 일본 순으로 각각 20.1%, 18.7%, 11.8%의 점유율을 보이고 있다.[14] 한국은 6.2%의 점유율로 5위를 기록해 영국과 엎치락뒤치락하는 형국을 보여준다.

| 연도별 전 세계 및 주요국 게임산업 규모 |

(단위: 백만 달러, %)

구분	2015	2016	2017	2018	2019	2020	2021	2022	2023	2024	연평균 성장률
미국	18,897	20,842	22,938	25,314	27,581	29,547	31,954	34,074	35,891	37,939	6.58
일본	11,494	13,072	15,440	17,261	18,667	19,861	21,164	21,780	22,323	22,773	4.06
중국	15,161	19,159	23,638	25,887	28,938	31,801	34,394	36,301	38,074	39,768	6.56
전 세계	827,000	956,000	1,087,000	1,201,000	1,317,000	1,429,000	1,548,000	1,638,000	1,726,000	1,815,000	6.63

자료: PwC(2020); 한국콘텐츠진흥원(2021), 〈2020 해외 콘텐츠 시장 분석〉.

(1) 미국

미국 게임시장은 2015~2018년까지 매년 10% 이상 성장하는 시장이었으나 2019년 9.0%로 예년보다 다소 낮았으며 2020년 7.1%, 2021년 8.1%, 2022년 6.6%, 2023년 5.3%, 2024년 5.7% 등으로 향후 성장세도 다소 둔화될 것으로 예측된다.[15] 그러나 2020년 시장규모가 급격히 떨어질 것으로 예상되는 다른 콘텐츠 분야와 달리 미국 게임시장은 코로나19 사태로 인한 시장의 충격을 거의 받지 않고 있는 것으로 파악된다.

소셜/캐주얼 등 모바일게임은 제일 큰 시장규모를 보이고 있고, 향후에도 빠른 성장이 예상된다. 미국의 모바일게임산업은 2010년 이후 빠르게 성장

---

14) 한국콘텐츠진흥원(2021), 2020 대한민국 게임백서.
15) PWC(2019), *Global Entertainment & Media Outlook 2019~2023*.

했으며, PC게임을 위협하는 규모의 시장으로 성장하기까지 긴 시간이 걸리지 않았다. 모바일게임은 장비 및 게임 타이틀의 접근성이 PC게임, 콘솔게임과 비교해 높기 때문에 남녀노소가 모두 게임 이용자인 동시에 잠재적 소비자로 분류되며, 콘솔게임, PC게임과 비교해 여성 게이머의 비율이 높은 특징이 있다. 2010년 이후 이처럼 모바일게임이 인기를 유지했던 이유는 모바일 기기의 보급 및 사용의 특성 때문이다. PC에 비해 모바일 기기는 개인당 소비하는 특징을 가지고 있어 기업이나 가족 단위로 소유하는 PC에 비해 사용 개수가 많을 뿐만 아니라 교체 주기가 빨라 여기에 탑재되는 모바일게임 시장의 규모가 PC게임보다 빠르게 성장해왔다. 그러나 보급이 어느 정도 완성되는 2020년 이후에는 성장률의 둔화가 예상된다.

| 소비 측면에서의 PC와 휴대폰의 비교 |

PC Industry, Internet	Mobile Industry, Internet
2012년 PC 350m대 판매	2012년 17억대 판매
16억대 사용중	32억 모바일 유저
4-5년 주기 교체	2년 주기 교체
여러명이 같이 쓰기도	최소 1인 1기기
업무용	개인용
매우 큰 화면	스마트폰/타블렛

블록버스터 영화보다도 더 큰 비디오게임의 세계적 인기가 계속되고 있다. 코로나 시대에 외부 활동보다는 집에서 보내는 시간이 많아진 사춘기 무렵의 청소년들에게 특히 많은 인기를 얻고 있으며, 미국의 콘솔게임 시장은 과거 그 어느 때보다도 더 활발한 성장세를 보이고 있다. 현재 미국에서 잘 팔리는 3대 콘솔게임 회사는 소니, 닌텐도, 마이크로 소프트이다.

| 미국 비디오게임 시장 점유율 상위 7개 브랜드 |

이미지							
브랜드	Playstation 4	Nintendo Switch	Xbox One	Call of Duty	League of Legends	Clash of Clans	Candy Crush Saga
기업명	Sony	Nintendo	Microsoft	Activision Blizzard	Riot Games	Supercell*	King**
점유율	약 16%			약 8%			

*Supercell의 모회사는 Tencent(지분 84.3%), **King의 모회사는 Activision Blizzard
자료: Euromonitor, 각 사 웹사이트, Wikipedia.

향후 모바일·클라우드 플랫폼의 영향력이 점차 커질 것으로 전망된다. 2012년부터 현재까지 PC 및 콘솔 전용 게임의 매출은 세계적으로 점차 줄어드는 경향이 있으며 동시에 모바일게임 매출은 지속적인 성장세를 이어오고 있는 것으로 나타난다.[16] 꾸준히 증가하는 스마트폰 보급률과 점차 더 널리 사용되는 태블릿 등 모바일 기기의 영향으로 모바일게임은 소비자들 사이에서 매우 친숙한 취미로 여겨지고 있으며 시장의 성장을 이끌고 있다. 또한 구글은 사용자 기기에 설치해 플레이하는 것이 아니라 스트리밍으로 게임을 진행하는 새로운 플랫폼인 '클라우드 게이밍'(브랜드명 Stadia)을 서비스 중이다. 구글뿐만 아니라 Microsoft, NVIDIA, Sony 등의 주요 기업들 또한 이 새로운 시장에서의 입지를 다지는 중이기에 향후 꾸준한 경쟁이 예상된다. 과거부터 점차 게임 CD 혹은 게임팩이 필요 없는 '디지털·모바일' 형식의 게임이 성장세를 보인 것과 같이 이제는 급격히 발전하는 5G 기

---

16) Newzoo, 연도별 Global Games Market Report; 우은정(2019), 美 비디오 게임 시장 살펴보기, KOTRA 해외 시장 뉴스, https://news.kotra.or.kr/user/globalBbs/kotranews/782/globalBbsDataView.do?setIdx=243&dataIdx=174834

술에 힘입어 그 어떤 형태의 게임도 설치할 필요가 없는 '게임 스트리밍의 시대'가 시작되고 있다.[17]

(2) 일본

2019년 일본 게임시장 규모는 전년 대비 8.1% 증가한 186억6,700만 달러를 기록했다. 코로나19 창궐로 어려움을 겪고 있는 2020년에도 일본 게임시장은 전년 대비 6.4% 증가하여, 성장 폭은 다소 줄어들었으나 여전히 매출 규모 자체는 성장할 것으로 전망된다.

비디오게임 시장만 살펴보면, 콘솔게임과 PC게임을 합친 전통적인 게임 (traditional game) 시장이 디지털과 온라인 유료 시장을 중심으로 여전히 견실한 성장세를 유지할 것으로 예상된다. 이는 게임시장이 모바일게임을 중심으로 성장하면서 전통적 게임시장이 상대적으로 위축되거나 규모가 감소하는 미국 등 여타 선진국 게임시장과 일본 시장의 차이점이라고 할 수 있다. 또한 일본 게임시장에서의 특징은 실물 게임의 비중이 높다는 점이다. 일본에서는 전통적으로 닌텐도, 세가 등 콘솔게임기와 게임장에서 이루어지는 아케이드게임이 일본 게임산업을 이끌어왔다. 현재까지도 일본의 게임시장은 콘솔게임 등의 비중이 높은 것은 일본의 콘텐츠산업이 새로운 방식이나 패턴으로 이동하지 않고 전통을 고수하는 시장 특성에 기인한 것이라 할 수 있다. 음악의 경우에도 아직 CD의 비중이 높고, 영화의 경우 애니메이션 영화의 비중이 상대적으로 높은 것도 맥락을 같이 한다.

일본 콘솔게임 시장의 주요 하드웨어 업체로는 소니, 닌텐도가 있으며, 소

---

17) 우은정(2019), 美 비디오 게임 시장 살펴보기, KOTRA 해외 시장뉴스, https://news.kotra.or.kr/user/globalBbs/kotranews/782/globalBbsDataView.do?setIdx=243&dataIdx=174834

프트웨어 업체로는 '반다이 남코(Bandai Namco)', '코나미(Konami)', '스퀘어 에닉스 홀딩스(Square Enix Holdings)', '캡콤(Capcom)', '세가 게임(SEGA Game)' 등이 있다. 2020년 일본 콘솔게임 시장은 코로나에 의해 긍정적인 영향을 받아, 소니의 닌텐도가 출시한 닌텐도 스위치, 닌텐도 스위치 라이트 두 기종에 탑재된 소프트웨어의 매출이 압도적이다.

일본 게임 시장에 최근 변화가 일어나고 있다. 일본은 콘솔게임의 강세가 이어왔으나 이제는 모바일게임이 강세여서 앱 기반의 모바일게임만으로도 일본 전체 시장의 50% 이상을 차지할 정도로 성장했다. 일본의 모바일게임은 유력 IP(Intellectual Property)를 탑재한 몇 개의 게임 타이틀이 항상 애플스토어 랭킹 상위를 차지했고, 장기간 인기를 유지하고 있다. 그 외 해외 제작사나 가정용 게임 시장을 주목표로 해온 닌텐도(任天堂) 등 일본 국내 제작사도 본격적으로 참여함으로써 시장이 확대되고 있다. 한편 경쟁 격화로 신규 타이틀의 히트 창출 난이도가 높아져 신규 진입이 점점 어려워, 지금까지 높은 지지를 얻어왔던 유력한 타이틀임에도 수익성이 낮아지고 있는 경우도 많다. 일본의 스마트폰 게임 유저를 '무과금', '과금·무과금 양쪽', '과금'의 세 가지로 구분해서 각각의 구성비를 보면, 전체의 80.9%가 '무과금' 플레이어이고, '과금·무과금 양쪽'이 13.4%, '과금'의 유저는 5.7%로 나타나고 있다. '과금·무과금 양쪽'과 '과금'의 합계가 19.1%인데, 이 층이 스마트폰게임 시장을 지탱하고 있다.[18]

---

18) 야노경제연구소(2020), 〈2019~2020년 일본 스마트폰 게임 시장동향과 과제〉.

(3) 중국

2019년 중국의 게임시장 규모는 전년 대비 11.8% 증가한 289억3,800만 달러를 기록했다. 중국 게임시장은 지속적인 성장세를 기록해 왔으며 코로나19사태로 인해 시장에 직접적인 시장규모 하락이 발생하지 않을 것으로 예상된다.

중국은 전 세계에서 가장 큰 게임시장으로 2018년 중국 게임 이용자 수가 6억2,600만 명에 달한다. 중국의 게임 이용자들은 빠른 속도로 모바일게임으로 이동하고 있으나 MOBA, FPS 장르를 중심으로 PC게임 플랫폼에서도 충성도 높은 게임 이용자들이 여전히 남아 있다. 특히 스팀(Steam), 위게임(Wegame)과 같은 온라인 플랫폼을 중심으로 중국 이용자들을 위한 결제 시스템 탑재 등 중국 시장을 겨냥한 편의성 개선이 이루어짐에 따라 중국의 PC게임 시장은 증가할 것으로 예상된다. 한편 e스포츠 분야에서 2003년 중국 정부가 e스포츠를 공식적인 스포츠로 인정한 이래 최근 2년간 프로 스포츠화가 급속도로 이루어지며 본격적인 성장세를 보이고 있다.

중국의 게임산업 전체적으로는 성숙 단계에 접어들고 있으나 모바일게임 시장은 아직 그 성장세가 뚜렷하다. 최근 10년간 모바일 인터넷이 활성화되고 스마트폰이 보급되면서 모바일게임 시장 규모가 크게 확대되었는데 2019년 모바일게임의 매출 비중은 중국 게임시장 매출 총액의 약 70%를 차지했다. 더구나 코로나19로 인해 모바일게임은 폭발적으로 증가하고 있는 추세이다. 중국은 코로나19로 '비대면 · 비접촉' 트렌드 확산에 힘입어 게임산업이 크게 발전하고 있는 것이다. 이른바 '집콕 문화'가 엔터테인먼트 분야에서는 주요 소비 추세로 자리 잡으면서 게임 업종의 가파른 성장세를 견인했다.

그러나 중국산업정보망(中國産業信息網)에 따르면, 지난 2017년 9,368건에 달했던 판호[19] 발급 건수는 2019년 1,570건으로 대폭 줄었다. 당국은 판호 발급 총량 제한과 함께 게임업계에 대한 규제를 강화하는 추세다. 이에 게임업계는 신규게임 출시 감소에 따른 직격탄을 맞았다. 특히 영세 게임업체 중에서는 '판호 가뭄'에 따른 실적 악화에 운영을 중단하는 사례도 늘어났다.

| 판호 획득을 위한 중국 국가광전국 심의 서류 및 절차 |

판호 획득을 위한 중국 국가광전국 심의 서류 및 절차

1. ICP증서 및 소프트웨어 저작권 제출
2. 출판 자격을 보유한 중국 회사가 소재지 성급 광전출판국에 신청서를 대리 제출
3. 국가광전총국에서 출판번호 발급여부 최종 결정
4. 판호 획득 후에 중국 문화부가 발급하는 비안 번호를 획득

· 총 10가지 서류 제출이 필요하며 관련 내용은 문화부 사이트에서 조회 가능

이 같은 악재에 맞서 중국 게임사들은 해외 시장에서 돌파구를 모색했다. 중국 게임업체의 자체 개발 게임의 해외 매출은 점차 증가하면서 괄목할 만한 성과를 거두었다.[20] 2020년 상반기 기준 중국 게임사들의 해외 시장 수출 시장은 국가별로 미국(28.23%)이 최대 시장으로 꼽힌 가운데, 일본(23.26%)과 한국(9.97%) 시장이 그 뒤를 이었다.

---

[19] 판호는 게임서비스 허가권으로 중국 정부의 콘텐츠 심사를 통과해야만 발급받을 수 있는데, 판호가 없으면 모바일게임의 경우 앱스토어에 등록할 수 없다.

[20] 뉴스핌(2020), 중국 게임 코로나 뚫고 승승장구, '집콕' 바람에 게임 산업 활황 지속, https://www.newspim.com/news/view/20200731000972

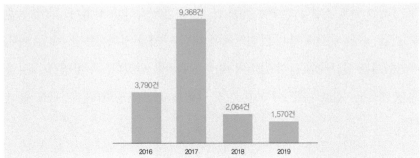

중국 모바일게임 시장 상위 10대 기업(매출액 기준)의 시장점유율은 2016
년 67.0%, 2017년 73.8%, 2018년 78.8%로 점차 그 비중이 높아지고 있다.
그 중 텐센트는 최근 3년 내 점유율을 10% 가까이 높이면서 선두 자리를 유
지하고 있다.[21]

| 중국 모바일게임 기업 시장점유율(2018년) |

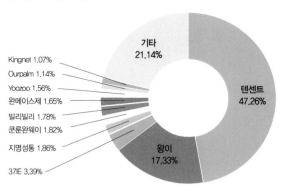

자료: iReaserch.

---

21) Chen Yuan(2020), 코로나19와 중국 모바일게임 시장, KOTRA 해외 시장뉴스, https://news.kotra.or.kr/
  user/globalAllBbs/kotranews/list/781/globalBbsDataAllView.do?dataIdx=181178&column=&search=&
  searchAreaCd=&searchNationCd=&searchTradeCd=&searchStartDate=&searchEndDate=&searchCate
  goryIdxs=&searchIndustryCateIdx=&page=1&row=10

중국 롤플레잉 게임은 모바일게임 중 최고의 인기를 누리고 있다. 2019년도 기준 롤플레잉 게임은 54%, 전략게임은 14%의 점유율을 기록했으며 카드류, 레저류, 시뮬레이션류, 바둑, 장기류의 점유율은 점차 축소되고 있다.

| 모바일게임산업 장르별 점유율(2019년) |

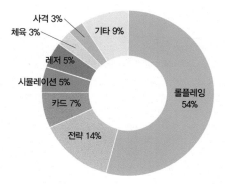

자료: GPC IDC 산업전망연구원 통계.

3. 업체 현황

사업체 현황 및 주요 업체 매출

2019년도에 매출이 발생한 국내 게임 제작 및 배급업체는 916개로 추산된다.[22] PC방을 비롯한 게임의 유통업체 수가 압도적으로 많으나 매년 줄어드

---

22) 한국콘텐츠진흥원(2021), 2020 대한민국 게임백서.

는 추세로서 2020년에는 코로나19로 인한 폐업 및 도산으로 더욱 줄 것으로 예상된다. 주요 게임업체별 매출 및 영업 이익을 살펴보면 2019년 기준 넥슨이 2조6,840억 원으로 가장 높았고 그다음 넷마블이 2조1,755억 원, 엔씨소프트가 1조7천억 원을 기록했다.

| 국내 주요 게임 기업 매출 및 영업이익(2019) |

(단위: 억 원, %)

NO	회사명	TOTAL	
		매출	영업이익
1	넥슨	26,840	10,208
2	넷마블	21,755	2,017
3	엔씨소프트	17,012	4,790
4	크래프톤	10,875	3,593
5	스마일게이트	8,128	3,383
6	펄어비스	5,359	1,506
7	더블유게임즈	5,139	1,546
8	컴투스	4,692	1,260
9	NHN(게임)	4,180	0
10	카카오게임즈	3,910	350

출처: 한국콘텐츠진흥원(2019), 2019 대한민국 게임백서.

기업전략 사례

(1) NCSOFT(엔씨소프트)

엔씨소프트는 1997년 설립된 게임 개발사이자 퍼블리셔로 리니지, 블레이드&소울 시리즈를 개발해 서비스하고 있다. 국내뿐 아니라 해외에도 게임을 서비스하며, 2000년 미국을 시작으로 북미, 유럽, 일본, 대만 등에 법인을 세우고 60여 개국에 게임을 서비스하고 있다. 대표작 리니지는 1998년 출시한 MMORPG게임으로 2008년 누적 매출 1조 원, 2016년 누적 매출 3

Cultural Contents Industry

조 원을 달성했다.[23]

엔씨소프트의 2020년 총 매출은 2조4,162억 원 규모로 2019년까지 지속된 감소세에서 반등해 큰 폭의 성장률을 보여주었다. 특히 영업이익은 2019년에 비해 두 배에 가까운 기록이었다. 이는 2020년 코로나19의 영향으로 집에 머무는 시간이 길어지며 게임업계가 호황을 누린 영향으로 보인다. 또 2021년 리니지 2M, 블레이드&소울 2, 아이온 2 등 인기 후속작들이 출시되기도 했다.

| 엔씨소프트 매출 및 이익(2017~2020) |

(단위: 천 원)

구분	2017	2018	2019	2020
매출액	1,758,721,722	1,715,115,508	1,701,185,423	2,416,184,212
영업이익	585,018,962	614,929,312	478,992,419	824,793,706
순이익	444,043,112	421,467,651	359,154,723	586,612,599

자료: 엔씨소프트 연도별 사업보고서.

MMORPG게임인 리니지는 신일숙 작가의 동명의 만화를 원작으로 하여 제작된 게임으로 1998년 출시되었다. 이후 2003년 풀 3D로 제작된 리니지 2가 출시되어 북미 및 유럽, 중국, 일본 등 세계 각국으로 진출했고, 리니지의 모바일 버전인 리니지 M이 2017년, 후속작 리니지 2M이 2019년 출시되었다. 게임산업은 제품의 수명주기가 짧고 이용자의 이탈이 잦아 시장 환경이나 점유율도 급변한다. 이런 환경 속에서 엔씨소프트는 리니지 시리즈를 업데이트하며 20년 이상 서비스를 유지해오고 있다. 이는 곧 엔씨소프트가 변화하는 환경과 이용자의 요구에 적합한 게임을 지속적으로 제작해오고

---

23) NC Soft, https://kr.ncsoft.com/kr/whatWeCreate/lineage.do

있음을 의미할 것이다. 2020년 리니지 시리즈의 매출 비중은 전체 매출의 90%에 육박했다.[24]

| 엔씨소프트 게임별 매출액(2018~2020) |[25]

(단위: 억 원)

연도	PC					모바일	
	리니지1	리니지2	블레이드&소울	아이온	길드워2	리니지M	리니지2M
2018	1,497	639	1,196	634	802	9,093	–
2019	1,741	936	839	460	587	8,347	1,439
2020[27]	1,620	1,052	798	355	584	7,925	8,784

자료: 이창영(2020), K-게임의 글로벌화를 꿈꾼다, 유안타증권.

엔씨소프트가 주력하는 MMORPG게임은 IP 사업으로의 확장에 용이하고, 또 점차 그 수명주기가 길어지고 있다. MMORPG게임은 업데이트를 통해 새로운 캐릭터 추가나 세계관 확장이 가능해 후속작 제작이나 IP 사업에 용이하다. 리니지는 태생은 만화 IP를 기반으로 했지만, 만화의 스토리가 끝난 이후의 스토리를 창작해 게임의 세계관을 확장하고 있고, 엔씨소프트의 또 다른 대표작인 블레이드&소울 시리즈는 게임의 인기에 힘입어 뮤지컬로 제작되기도 했다. 또 MMORPG게임은 매몰 비용이 커 이용자들이 쉽게 이탈하지 못해 수명주기가 긴 편이다. MMORPG게임은 이용자가 어떤 방식으로 게임을 플레이하느냐에 따라, 그리고 게임 내 다른 이용자들과 어떤 관계를 형성하느냐에 따라 각기 다른 게임 진행이 가능한데, 플레이 방식이 다양해짐에 따라 게임에 들이는 시간과 비용은 더욱 커진다. 이렇게 게임

---

24) 현대차증권(2020), 게임계의 방탄, 리니지.
25) 로열티 매출이 미포함되어 전체 매출과 수치가 상이하다.
26) 2020년은 추정치.

Cultural Contents Industry

내에서 사회적인 상호작용이 일어나고 이런 시간의 축적은 이용자의 이탈을 막는 기제가 된다.[27] 또 해외 진출 역시 이런 게임 수명의 장기화에 보탬이 되고 있다.

엔씨소프트는 2021년 CJ ENM과 MOU를 체결하고 합작법인 설립 계획을 발표했다. 엔씨소프트의 플랫폼 및 IT 기술을 CJ ENM의 엔터테인먼트 콘텐츠와 결합해 엔터테인먼트 서비스를 제공하는 것이다. 엔씨소프트의 게임 제작 역량이 아티스트의 캐릭터화 및 음성합성 서비스 등으로 활용되고 K-pop 아티스트의 IP가 다양한 게임으로도 활용될 수 있으며, 향후 엔씨소프트의 게임 IP를 드라마나 영상화하는 합작 역시 기대할 수 있다. 2021년 K-pop 팬덤 플랫폼인 '유니버스'가 론칭했는데, 사전예약자가 186개국에서 모여들었으며 이들의 수만 100만 명을 돌파했다고 알려졌다.[28]

엔씨소프트의 성공 전략은 먼저 대규모 R&D 투자라고 할 수 있다. 엔씨소프트는 게임 개발에 필요한 연구 과제를 해결할 때 대학교나 공공연구기관과 산학협력을 하기보다는 R&D 인력을 자체적으로 확보하는 방향으로 투자한다.[29] 매출액 대비 R&D 비용의 비중은 2010년대 초반에 20%를 상회했으며 점차 줄어 2019년에는 18%를 기록했다. 이는 국내 500대 기업 중 5위를 차지하는 비중으로 2019년 R&D 투자비용은 3,097억 원으로 알려졌다.[30]

---

27) DB금융투자(2020). 롱런의 비결.

28) 한국경제(2021). 엔씨소프트, 엔터사업 첫발⋯CJ ENM과 합작. https://www.hankyung.com/it/article/2021010500481

29) 배준희, 구동모(2015), 〈온라인게임 회사의 전략적 양면성: 엔씨소프트의 활용과 탐험〉, 《한국게임학회 논문지》, 15(1).

30) 인사이트 코리아(2020), 엔씨소프트에는 뭔가 있다? 실력파 개발자들이 몰리는 까닭, http://www.insightkorea.co.kr/news/articleView.html?idxno=83110

| 엔씨소프트의 매출액 대비 R&D 비용 비중(2015~2019) |

(단위 : %)

	2015	2016	2017	2018	2019
매출액 대비 R&D 비용 비중	20	19	16	16	18

자료: 엔씨소프트 연도별 사업보고서.

엔씨소프트가 R&D에서 특히 관심을 갖는 분야는 AI, 차세대 그래픽, 사운드 분야이다. 엔씨소프트는 2011년부터 AI센터를 설립해 투자하여 2020년 현재까지 150여 명의 AI 전문가를 영입했으며 게임과 언어처리 기술, 음성합성 기술을 연구하고 있다.[31]

엔씨소프트의 또 다른 성공 전략은 과금 체계라 할 수 있다. 엔씨소프트는 국내 게임업체 중 최초로 현금을 주고 게임 아이템을 구입하는 비즈니스모델을 도입한 업체이다.[32] 엔씨소프트가 리니지를 서비스하기 시작한 1990년대 후반은 인터넷망이 빠르게 보급되어 게임산업의 비즈니스모델이 게임 패키지 판매에서 온라인게임으로 이동하던 시기였다. 엔씨소프트 역시 온라인게임의 비즈니스모델인 월정액제도를 오랫동안 유지했다. 월정액제도는 7일부터 90일까지 기간별로 무제한 사용 가능한 제도와 시간 정량제가 있고, 게임 아이템이나 캐릭터 변경 등 부가적인 서비스에 대해서는 별도로 과금되었다. 월정액제도는 MMORPG게임과 같이 이용자가 시간과 정성을 들여 게임 내 캐릭터를 육성하고 또 다른 이용자들과의 관계를 맺는 시스템에 적합한 체제였다. 또 장기간 결제를 유도해 타 게임으로의 이탈을 방지하는 효과도 있었다.

---

31) 동아닷컴(2020), 엔씨, 연 매출액 16%를 R&D에 투자.. 글로벌 종합게임 기업 '출사표', https://www.donga.com/news/It/article/all/20200330/100418829/1

32) 동아비즈니스리뷰(2009), '글로벌 인프라, 로컬 콘텐츠' 전략, https://dbr.donga.com/article/view/ 1203/article_no/1600/ac/magazine

엔씨소프트의 과금 체계는 2019년 대대적으로 변화했다. 월정액제도를 게임 내 부분유료화 모델로 바꾼 것인데, 부분유료화 모델은 월정액제도가 효과적이지 않았던 캐주얼게임의 비즈니스모델이었다. 엔씨소프트는 리니지 시리즈에서 2012년 19개의 정액제도를 운영했지만 점차 이를 간소화시켜 2018년에는 5개의 제도를 운영했고, 2019년에는 엘코인 패키지 외에는 모두 게임 내 부분유료화 모델을 적용해 사실상 월정액제도를 폐지했다.[33] 리니지 시리즈에 부분유료화 모델이 적용되며 이용자는 단계별로 아이템을 추가할 때 비용을 냈다. 이는 이용자가 게임을 진행하고 성장시킬수록 수익으로 이어지는 시스템이다. 월정액제도에서는 이용자가 게임을 진행할수록 아이템이나 이벤트 등 콘텐츠가 소진되어 게임의 매력이 떨어지고 이용자가 이탈할 수 있었는데, 부분유료화 모델을 통해 게임 이용자가 게임을 진행할수록 수익이 향상되는 구조를 형성한 것이다.[34] 또 부분유료화 모델은 게임을 처음 시작하는 이용자가 무료로 게임에 접근할 수 있다는 점에서 진입 장벽을 낮추는 효과도 있다.[35]

최근에 엔씨소프트는 '확률형 아이템'이라는 비즈니스모델을 고안했다. 확률형 아이템은 금액을 지불하면 확률에 따라 아이템을 랜덤으로 얻는 방식으로 희귀 아이템이 포함되어 이용자들을 유혹했다. 하지만 이런 시스템은 사행성과 관련된 비판을 받고 있다. 실제 리니지2M 랜덤박스는 11번 뽑기가 3만3,000원이며, 여기서 최상위 클래스인 '영웅' 등급이 나올 확률은

---

33) 엔씨소프트, 연도별 사업보고서.
34) DB금융투자(2020), 롱런의 비결.
35) 비즈니스와치(2020), [리니지 경제학]③영업이익률 30% '게임사 수익구조는'.

0.09%로 확률상 1,100번 이상 뽑으면 얻을 수 있다.[36] 즉 최소한 330만 원이 있어야 '영웅' 등급을 뽑을 확률이 생기는 것으로, 실제 확률을 고려하면 더욱 많은 금액이 투입되어야 하는 것이다. 이에 따라 정치권에서 이런 과금 체계에 대한 규제 주장이 나오고 있다.

(2) Electronic Arts(EA)

Electronic Arts(이하 일렉트로닉 아츠)는 1982년 설립된 미국의 게임 개발사 및 퍼블리셔로 전 세계 3억 명 규모의 이용자를 보유하고 있다.[37] 일렉트로닉 아츠의 2020년 수익은 55억3,700만 달러 규모로 예상되며 2019년에 비해 크게 성장했다.[38] 이는 전 세계적인 팬데믹 현상으로 집에 머무는 시간이 길어진 데 따른 영향으로 보인다.

| 일렉트로닉 아츠 수익 현황(2018~2020) |

(단위: 백만 달러)

	2018	2019	2020
매출액	5,150	4,950	5,537
순이익	1,043	1,020	3,039

자료: Electronic Arts 2018~2020 Annual Report.

일렉트로닉 아츠의 대표작은 FIFA 시리즈와 Sims 등이 있고 PC게임뿐 아니라 콘솔게임도 서비스한다. 퍼즐게임과 같은 장르부터 전략, 시뮬레이션, 슈팅, MMORPG, 호러 등 다양한 게임을 서비스하고 있고, PC, 모바일, 플레이스테이션, Xbox, 닌텐도 등 다양한 플랫폼의 게임을 서비스한다.

---

36) IT 조선(2019), 리니지2M 과금 모델의 그늘, http://it.chosun.com/site/data/html_dir/2019/11/29/2019112902400.html
37) 일렉트로닉아츠 홈페이지, https://www.ea.com
38) Electronic Arts 2020 Annual Report

FIFA 시리즈는 1994년 처음 출시된 슈팅 게임으로 지금까지 후속작이 이어지고 있는 전통적인 인기 게임이다. 라이선스를 획득해 실제 축구 선수를 모델로 한 캐릭터를 제공하고 실제 클럽이나 리그, 국가 이름이 등장해 현실감 있는 플레이를 할 수 있는 점이 특징이다. FIFA 시리즈는 일렉트로닉 아츠의 전체 매출 중 약 12%를 차지하며 2020년에도 새로운 버전 FIFA 21이 PC, 플레이스테이션 4, Xbox 1, 닌텐도 스위치 등에서 플레이할 수 있도록 출시되었다.[39] 국내에는 넥슨을 통해 FIFA 온라인 시리즈를 유통한다. 이외에도 미식축구게임 Madden NFL, 농구게임 NBA LIVE, 아이스하키게임 NHL 시리즈 등 현실 스포츠와 연계한 게임을 지속적으로 출시하고 있다.

일렉트로닉 아츠는 게임 구독 서비스를 지속적으로 확대하고 있다. 2014년 게임 구독 서비스인 'EA 액세스'를 Xbox를 통해 서비스하기 시작했고, 2019년에는 플레이스테이션, 2020년에는 스팀을 통해 서비스하기 시작했다. 일렉트로닉 아츠는 서비스하는 게임의 종류가 다양해 이런 구독 서비스는 월정액으로 여러 게임을 즐기고자 하는 이용자에게 충분히 매력적이다. 사실 일렉트로닉 아츠는 2011년 자체 플랫폼 '오리진'을 론칭해 플랫폼 서비스에 뛰어들며 스팀을 통해서는 자사의 게임을 서비스하지 않았다. 하지만 '오리진'의 실적이 기대 이하를 나타냄에 따라 2020년 서비스를 중단하고 관련 사업을 PC 앱으로 전환하며 동시에 스팀을 통해서도 인기 게임을 서비스하기로 결정했다.[40] 일렉트로닉 아츠는 플랫폼 사업보다는 게임 제작 및 유통 사업에 더욱 강하며 향후에도 이런 라이브 서비스로 사업을 발전시

---

39) 뉴스핌(2020), 일렉트로닉 아츠, FIFA · 매든NFL로 유명한 게임 회사, https://m.newspim.com/news/view/20201110001262
40) 박성현(2020), '밸브야, 남는 자리 있어?' 스팀과 공생하는 EA, 디스이즈게임닷컴, https://www.thisisgame.com/webzine/news/nboard/11/?n=106972

킬 것으로 보인다.

일렉트로닉 아츠의 성공 전략은 먼저 현실과의 접목이다. 일렉트로닉 아츠는 스포츠게임을 제작하며 라이선스를 통해 현실의 스포츠와 연결했다. FIFA 시리즈에서 국제 축구 연맹(FIFA)과 계약을 맺어 '월드컵'이라는 명칭을 사용하고 월드컵이 개최될 때 이와 연계한 이벤트나 게임 업데이트를 진행했다. 또 월드컵 본선에 진출한 32개국 축구 대표팀 협회와 계약을 체결해 유니폼과 로고 등을 게임 속에서 구현해 현실감을 높였다.[41]

월드컵뿐 아니라 전 세계 축구 리그도 게임 속에 등장한다. FIFA 시리즈는 스페인의 '라 리가', 영국 '프리미어리그' 등 유럽의 축구 리그, 그리고 여기에 참가하는 구단, 축구 선수 협회 등과도 라이선스 계약을 맺고 리그와 구단의 이름, 선수 정보까지 사실적으로 보여준다. 이용자는 실제 선수들의 스탯을 갖춘 캐릭터를 다양하게 운영하며 마치 감독이나 구단주가 된 듯 자신만의 드림팀을 구성해 게임을 즐길 수 있는 것이다. 일렉트로닉 아츠는 전통적인 인기 게임인 FIFA 시리즈는 물론 미식축구, 농구, 아이스하키 등 미국 내 인기 스포츠를 게임화하며 IP 라이선스를 얻어 구단명이나 선수 정보를 현실감 있게 제작했다. 이런 현실감 있는 게임은 스포츠 팬들도 게임을 쉽게 접할 수 있도록 하는 효과도 있다.

이렇게 라이선스를 통한 현실감 있는 게임의 제작은 대형 게임 제작사의 대규모 투자가 아니면 상상할 수 없는 기획이다. 월드컵의 경우 국제축구연맹과 32개국 축구대표팀과 각각 계약을 맺어야 하며, 여기에 더해 유럽의 축구 리그와 거기에서 경기를 하는 수많은 축구팀의 라이선스를 획득하려면

---

41) 게임뷰(2018), '피파온라인4'로 보는 축구게임 라이선스 이야기, http://www.gamevu.co.kr/news/articleView.html?idxno=9501

수십, 수백 건의 계약을 체결해야 한다. 일렉트로닉 아츠는 장기간에 걸쳐 계약을 체결하고 갱신해오며 라이선스를 늘려가고 있다. 피파온라인 4의 경우 유럽의 리그는 물론 스코틀랜드나 오스트리아 등 상대적으로 덜 알려진 유럽의 리그와 남미, 한국 등 아시아의 리그도 라이선스를 통해 구현했다.[42] 이런 장기적이고 막대한 노력과 비용이 드는 투자는 경쟁 업체가 나타나기 어려워 독보적인 경쟁력이 될 수 있다.

또 다른 성공 전략은 적극적인 인수·합병이다. 일렉트로닉 아츠는 1992년 윙커맨더 시리즈의 제작사 '오리진 시스템즈'를 3,700만 달러를 주고 인수했고 1997년 심시티의 '맥시즈', 1998년 듄의 '웨스트우드'를 1억 달러 이상의 금액으로 인수했다.[43] 이후 2006년에는 모바일 회사인 JAMDAT, 2009년에는 소셜 게임 번처 'playfish' 등 유망 게임 기업을 계속해서 인수하며 인수·합병을 통해 게임계 안에서 사업 영역을 확장해갔다. 2020년에는 레이싱게임에 강한 'Codemasters'를 12억 달러에 인수하기도 했다.[44]

이런 인수·합병의 결과에 관해서는 평가가 엇갈린다.[45] 일렉트로닉 아츠가 인수한 회사의 대표작 중 지속적으로 서비스된 게임은 얼마 되지 않으며 2010년대 후반까지 서비스한 게임은 Simcity와 Sims, Battlefield, Plants vs. Zombies 시리즈 정도에 그친다.

---

42) 게임뷰(2018), '피파온라인4'로 보는 축구게임 라이선스 이야기, http://www.gamevu.co.kr/news/articleView.html?idxno=9501

43) Pitchbook(2018), The M&A deals behind EA's gaming empire, https://pitchbook.com/news/articles/the-ma-deals-behind-eas-gaming-empire-interactive-timeline

44) siliconrepublic(2020), EA to acquire UK developer Codemasters for $1.2bn, https://www.siliconrepublic.com/companies/ea-codemasters-acquisition-offer

45) 한경닷컴게임톡(2018), 인수하는 회사마다 폐업…EA는 'Eat All?', http://gametoc.hankyung.com/news/articleView.html?idxno=47141

(단위: 백만 달러)

연도	회사명	인수 규모	대표작
1992	Origin	37	Wing commander
1997	Maxis	–	Simcity
1998	Westwood	123	Dune
2001	Pogo	43	Monopoly
2006	JAMDAT	680	Jamdat Sports
2006	Mythic	76	Warhammer Online
2006	DICE	–	Battle field
2008	VG Holdings	775	Dtagon age / Starwards
2009	Playfish	400	Pet Society/Sims
2011	Pop Cap	750	Plants vs. Zombies
2017	Respawn	455	Titanfall
2020	Codemasters	1,200	Collin McRae Rally

자료: Pitchbook(2018), The M&A deals behind EA's gaming empire.

1. e스포츠

정의

e스포츠(전자스포츠) 진흥에 관한 법률에 따르면 e스포츠란 게임물을 매개로 하여 사람과 사람 간에 기록 또는 승부를 겨루는 경기 및 부대활동[46]이라고 정의하고 있다. e스포츠 주관 단체인 한국e스포츠협회에서는 범위에 따라 e스포츠를 정의하고 있는데, 협의적 의미로는 실제 세계와 비슷하게 가상적으로 구축한 전자적인 환경에서 경쟁과 유희성 등의 요소를 포함하며 정신적, 신체적인 능력을 활용하여 승부를 겨루는 여가활동을 통틀어 이르는 말로 정의하고 있고, 광의적으로는 이런 활동과 관계되는 커뮤니티활동 등의 온 · 오프라인 문화활동 전반을 내포하는 의미로 정의하고 있다.

---

46) 이스포츠(전자스포츠) 진흥에 관한 법률 제2조.

특성

e스포츠는 새롭게 나타난 놀이문화의 일종으로 다양한 특성을 지니고 있다. 첫째, 스포츠의 속성과 유사한 특성을 지니고 있다. 즉 경쟁과 규칙성이 가미된 놀이라는 점에서 축구, 격투기 등의 기존 스포츠가 가진 속성을 보유하고 있다. 경기규칙, 승패를 위한 대결과 경쟁, 정신적·육체적 노력의 투입 등 스포츠 종목이 가진 대부분의 속성들을 가지고 있으며, 비전문적으로 e스포츠를 즐기는 아마추어와 직업적으로 활동하는 프로게이머의 구분 또한 스포츠와 e스포츠가 가진 유사성이라고 할 수 있다. e스포츠는 선수, 구단, 기업(스폰서), 미디어, 관중, 시청자 등 프로스포츠로서의 틀을 보유하고 있으며 전문성을 도모하고, 미디어 및 대기업과 결합하는 등 프로스포츠의 형태를 갖추고 있다.

둘째, e스포츠는 IT 기술의 발달과 밀접한 연관성을 지닌다. 디지털 기술과 정보통신 인프라의 기반 아래서 탄생한 종목이다. e스포츠는 인터넷, 게임, IT 기술 등 디지털 및 정보통신 분야 각 산업의 발전과 밀접한 상관관계가 있는 분야이며, 대표적인 디지털 콘텐츠인 게임이 네트워크 인프라와 결합되어 e스포츠가 탄생했다.

셋째, 오락적 특성이다. e스포츠는 젊은 세대의 대표적인 놀이문화인 게임에 스포츠적 요소가 가미되면서 형성된 것으로 게임의 대표적 속성인 유희적 속성을 보유하고 있다. e스포츠를 체험하는 행위뿐만 아니라 e스포츠 관전, 팬클럽, 커뮤니티활동 등 e스포츠를 즐기는 문화도 유희적 성격이 강하다고 할 수 있다.

역사

국내 e스포츠는 1990년대 후반 스타크래프트의 확산과 함께 시작되었다. 스타크래프트의 등장과 PC방, 초고속 인터넷 등 온라인게임 인프라의 확대에 힘입어 배틀넷(Battle Net)[47]을 통한 게이머간 대전이 확산되었다. 1998년 하반기부터 KPGL(Korea Pro Game League)을 비롯해 배틀탑, 넷크럽 등 전국적인 규모의 대회가 생겨나면서 e스포츠가 뿌리를 내렸다. 2000년대 들어 게임방송의 출범과 함께 급성장하면서 산업화되었다. 온게임넷(2000), MBC게임(2001) 등의 게임방송이 출범하면서 '게임 관전'의 시대가 개막되었고, e스포츠의 상업적 가치가 크게 증대되었다. e스포츠가 젊은 계층에서 큰 인기를 모으고, 미디어 노출이 많아지자 국내 대기업들의 e스포츠 참여가 본격화되었다. KT, KTF, SK텔레콤, 팬택&큐리텔, 삼성전자 등 정보통신 분야 기업들을 중심으로 e스포츠 마케팅을 추진했다.

국내 e스포츠가 급성장한 것은 우수한 IT 인프라, 게임방송 등의 표면적 요인과 더불어 한국인의 독특한 기질이 작용했기 때문이다. 우리나라의 e스포츠는 세계에서 가장 발달된 모델로서 해외 e스포츠는 게임마니아들이 참여하는 게임축제의 성격인 데 반해 국내 e스포츠는 프로스포츠의 틀을 갖춘 하나의 산업이다. 세계 최초로 프로게이머, 프로게임단 등 프로게임 제도를 도입했고, PC방, 게임방송 등 e스포츠의 기초인프라가 잘 갖추어져 있고, 경기를 중계하는 방송 시스템, 기술, 노하우 등도 가장 앞서 있어 e스포츠의 종주국이라는 말이 지나친 말은 아니다.

---

47) 배틀넷(Battle net)이란 세계 각지의 게이머들이 온라인상에서 모여 팀간 또는 개인간 대전을 펼칠 수 있도록 한 환경(서버 등)을 의미.

산업구조

e스포츠는 게임산업과 밀접한 연관이 있으면서도 독자적인 특징을 가진 비즈니스 영역이다. e스포츠는 게임을 매개로 이루어지는 활동이라는 점에서는 큰 틀에서 게임산업의 범주에 포함되나 독자적인 특징을 가진 비즈니스 영역으로 진화하고 있다. e스포츠는 프로게이머, 게임단, 미디어, 후원 기업 및 단체, 전용 경기장 등 다양한 주체들의 집합으로 구성된다. 실제 경기를 행하는 프로게이머, 선수들의 훈련과 관리를 담당하는 프로게임단(감독, 코치 등) 등은 e스포츠를 구성하는 생산 주체이다. 프로게이머는 주로 게임단에 소속되어 e스포츠 각 종목의 경기활동을 수행하면서 연봉과 상금을 획득하는 직업군이다. 프로게임단은 e스포츠 선수들을 발굴·육성하고 연습을 통해 선수들의 기량을 향상시키고 대회에 출전하여 다른 게임단과 경쟁을 펼친다. 프로게임단은 대부분 e스포츠에 관심이 있거나 e스포츠를 통해 기업의 이미지 제고를 시도하는 기업에 의해 창단되어 이들 모기업의 후원을 받아 운영된다.

미디어(게임 전문 채널, 온·오프라인 e스포츠 전문 매체 등) 및 전용 경기장은 e스포츠 중계와 경기 개최 등을 통해 경기를 관람자에게 직·간접적으로 전달하는 유통 주체이다. 게임 전문 채널과 e스포츠 전문 매체는 e스포츠 경기 중계, 경기 전망 및 결과를 보도하여 e스포츠에 대한 주목과 관심을 유발한다. 전용 경기장은 e스포츠 경기가 열리는 공간으로 e스포츠 경기에 적절한 시설을 구축하고 e스포츠 경기를 개최하여 입장료, 방송 중계, 광고 등을 통해 수익을 발생시킨다.

e스포츠를 통해 수익을 창출하고자 하는 기업, e스포츠를 후원하는 기업,

e스포츠 협회 및 기관 등 지원 주체도 e스포츠의 주요 구성원이다. 협회 및 기관은 대회 개최, 경기규칙 제정, 선수 등록, 법·제도 정비, 국제교류 등 e스포츠의 발전 및 활성화를 위한 관리와 지원 활동을 수행한다. 게임 기업은 자사 게임의 이용 확산 및 수익 창출을 위해 e스포츠를 활용해 대회를 개최하는 등 자사의 게임에 대한 프로모션 활동을 수행한다. 후원 기업은 기업의 이미지 제고와 자사 브랜드 및 제품의 홍보를 위해 e스포츠 대회를 후원하거나 구단이나 선수에 대한 지원을 한다.

유통된 e스포츠를 소비하고 또 다른 새로운 문화를 생산해내는 e스포츠팬들은 관람 스포츠로서 e스포츠를 구성하는 소비 주체에 해당한다. 소비자는 다양한 방법으로 e스포츠를 소비하는데, e스포츠를 관람하는 관중, e스포츠 중계를 시청하는 시청자, e스포츠 선수나 구단을 지지하는 팬 등으로 구분된다. 이들 소비 주체는 e스포츠 관람, 시청 등을 통해 e스포츠를 적극적으로 소비하여 e스포츠가 지속될 수 있는 토대를 제공한다.

| e스포츠 구성 주체 및 범위 |

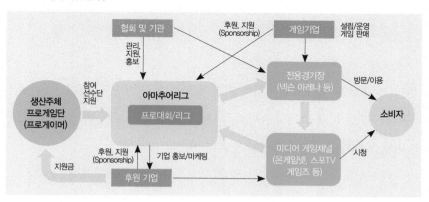

시장

e스포츠는 미래의 유망한 시장으로 전 세계에서 주목을 받고 그 위상이 나날이 커지고 있다. 2020년 전 세계 e스포츠 시장의 규모가 약 11억 달러, 글로벌 시청자 수가 약 5억 명에 도달하고 있다. 이런 성장이 앞으로도 지속된다면 2023년에는 e스포츠산업 규모가 약 15억5,000만 달러에 이를 것이라고 전망된다. [48]

| e스포츠 매출 추이 |

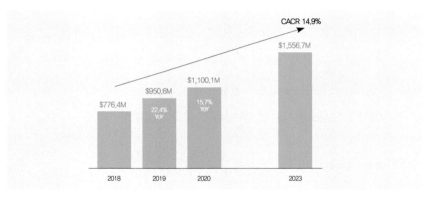

자료: NewZoo.

수익의 내용을 보면 스폰서십이 가장 많고 이어서 방송 수익(미디어판권), 머천다이즈 및 티켓 수익의 순이다. 역시 기업이 자사 제품이나 이미지 제고를 위해 지원하는 스폰서가 가장 많은 수익으로 되어 있다.

---

48) 한국콘텐츠진흥원(2021), 2020 이스포츠 실태조사.

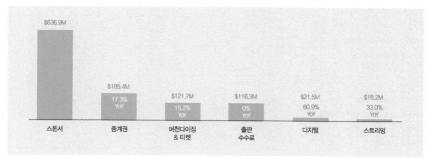

자료: NewZoo.

국내외 인터넷 방송 플랫폼으로 아프리카TV, 카카오TV, 트위치, 유튜브, 페이스북, 믹서, 유스트림, 네이버TV, 네이버TV, V앱 등이 서비스 진행 중이다. 이 중에 국내에서는 아프리카TV, 트위치, 유튜브가 주류 인터넷게임 방송 플랫폼으로 이용되고 있다. 세계적으로 트위터, 유튜브, 믹서 등의 미디어에서 가장 많이 중계되는 e스포츠는 LOL, 카운터스트라이크, 도타2의 순이다.

| Top 25 Games by Live Esports Hours Watched on Twitch, YouTube, and Mixer 2019 |

(단위: 백만 시간)

Game	Main Devie Competed on	Hours Watched
League of Legends	PC	348.8
Counter-Strike: Global Offensive	PC	215.0
Dota 2	PC	198.9
Overwatch	PC	109.9
Hearthstone	PC	37.0
Tom Clancy's Rainbow Six: siege	PC	32.4
Arena of Valor	Mobile	31.6
PUBG Mobile	Mobile	27.9
Fortnite	PC	27.5
PLAYERUNKNOWN'S BATTLEGROUNDS	PC	26.8
Starcraft II	PC	22.8
Rocket League	PC	20.4

Super Smash Bros. Ultimate	Console	18.6
Garena Free Fire	Mobile	17.8
Call of Duty: Black Ops 4	Console	13.3
Magic: The Gathering	PC	12.9
World of Warcraft	PC	10.3
FIFA 19	Console	7.7
Street Fighter V	Console	7.0
Super Smash Bros. Melee	Console	5.2
Mobile Legends: Bang Bang	Mobile	4.0
Tekken 7	Console	3.8
Clash Royale	Mobile	3.8
Teamfight Tactics	PC	3.4
FIFA 20	Console	3.0
Total Top 25		1209.6

2018년 2018 자카르타-팔렘방 아시안게임(2018 Jakarta-Palembang Asian Games)에서 아시안게임 역사상 최초로 e스포츠가 시범 종목으로 채택되었다. 게임 종목은 리그 오브 레전드(League of Legends), 아레나 오브 발러(Arena of Valor), 프로 에볼루션 사커 2018(Pro Evolution Soccer 2018), 스타크래프트 2(Star Craft 2), 클래시 로열(Clash Royale), 하스 스톤(Hearth Stone)의 여섯 개 게임이었다.[49] 세계대회에서 한국 프로게이머가 1위를 주로 차지하다가 2018, 2019년 위상이 크게 하락했으나 2020년에 다시 회복하는 분위기이다.

글로벌기업의 e스포츠 및 게임 영상 콘텐츠 분야에 대한 투자도 확대되고 있다. 아마존, 월트 디즈니, 인텔(Intel) 등의 기업들이 e스포츠의 중계권을 사거나 대회를 후원하기 시작했고, 국내에서도 KT, SKT와 같은 통신 관련 기업과 그 외 여러 기업이 e스포츠 팀을 조직 및 운영하고 있다. 정부에서도

---

49) 한국콘텐츠진흥원(2019), 2018 대한민국 게임백서.

Cultural Contents Industry

성장하는 e스포츠산업을 겨냥하여 문화체육관광부와 한국콘텐츠진흥원이 2019년 'e스포츠 상설경기장 구축' 사업을 통해 수도권을 제외한 광역지방자치단체를 공모했으며, 부산, 광주, 대전광역시를 최종 선정하여 경기장 건설을 지원하고 있다.

2. 게임중독[50]

게임을 많이 하면 중독현상[51]이 나타나는가에 대한 논란은 지금도 이어져 오고 있다. 게임을 중독이라고 보는 입장과 그렇지 않다는 입장이 오랫동안 팽팽하게 대립하고 있다. 중독이라고 보는 입장은 인터넷 게임을 도박, 마약, 알코올과 함께 4대 중독 차원에서 관리하자는 것이다. 일반적으로 도박, 마약, 알코올 등의 국가기관은 5년마다 중독 실태를 조사한 뒤 이를 기초로 중독 예방·치료와 방지 및 완화 정책의 기본 목표, 추진 방향을 수립하고 시행하고 있다. 또한 해당 산업의 광고와 판촉에 제한을 둘 수 있으며 생산, 유통, 판매도 관리한다. 논란이 되는 부분은 인터넷게임 등 미디어 콘텐츠를 중독 유발 물질로 규정할 수 있느냐에 대한 문제이다. 게임 과몰입에 대한 폐해는 "아이의 게임중독으로 수백만 가족이 고통을 받고 있다", "게임중독에 빠진 아이를 둔 학부모, 알코올·도박 중독에 빠진 사람의 가족 등 중독

---

50) 한국콘텐츠진흥원(2019), 2019 대한민국 게임백서.
51) 게임중독은 '게임 탐닉', '게임 과몰입', '게임 남용', '게임 과잉의존' 등 다양한 용어로도 사용된다.

으로 고통받는 수백만의 가족을 생각해야 한다", "중독은 중독일 뿐 인터넷이든 약물이든 착한 중독은 따로 없다"라는 입장이다.

한편 게임은 몰입성을 가지고는 있지만 중독은 아니고, 중독에 대한 규제로 미래산업의 싹을 잘라서는 안 된다고 생각하는 입장이 있다. 즉 "창의적 문화콘텐츠를 마약 취급해서는 안 된다", "도박, 알코올, 마약 등은 명확한 중독물질이 있지만, 게임을 비롯한 인터넷 미디어 콘텐츠에서 중독물질을 찾기는 어렵다", "만약 게임과 인터넷 미디어 콘텐츠에 중독물질이 있다면 인간이 영위하는 행위 전반을 규제해야 한다"라는 입장이다.

현재 우리나라에서는 게임중독에 대한 피해를 막기 위해 셧다운제가 운영되고 있다. 이는 게임 접속 제한 조치로 과도한 게임중독으로부터 청소년을 보호하기 위해 온라인게임 서비스 이용 시간을 일부 제한하는 제도이다. 일정 시간이 넘으면 온라인게임 화면에 경고문이 뜨면서 성인 인증을 받지 않은 계정의 접속을 차단한다. 최근에는 강제적 게임 셧다운제를 폐지하고 자율적 방식의 '게임시간 선택제'로 청소년 게임시간 제한 제도를 완화했다.

| 게임중독에 질병코드를 부여하는 것에 대한 찬반 의견 | [52]

찬성
· 청소년의 게임중독 문제 심각 · 세계보건기구(WHO)가 내년에 게임 이용 장애를 공식 질병으로 분류할 예정 · 알코올, 마약 등 물질 중독뿐 아니라 도박 등 행위 중독에도 이미 질병코드를 부여했음 · 게임중독 문제를 양성화해 적극 치료해야 청소년 피해자 감소
반대
· 금단 증상이 있다기보다 일상생활에 방해가 되는 정도여서 질병으로 보기 어려움 · 게임중독은 게임 자체가 아니라 가족과 친구 관계, 학업 스트레스 등이 주원인 · 가족 간 대화나 교육으로 치료 가능 · 질병코드 부여 시 전체 콘텐츠 수출의 56.7%를 차지하는 게임산업 위축 우려

52) 동아일보(2018), "게임중독, 질병 분류해 치료" vs "병으로 낙인 찍으면 부작용 커", https://news.naver.com/main/ranking/read.nhn?rankingType=popular_day&oid=020&aid=0003177431&date=20181029&type=1&rankingSectionId=102&rankingSeq=19

이런 찬반 논란에 기름을 부은 것은 세계보건기구(WHO)가 2019년 5월 '게임이용장애(gaming disorder)'를 질병 항목에 포함시킨 국제질병표준분류기준(ICD: International Classification of Disease)의 개정안을 통과시킨 것이다. 이는 11차 개정안으로 ICD-11로 표시하는데, 게임이용장애는 여기서 '6C51' 코드를 부여받았고 정신, 행동, 신경발달 장애 영역에 하위 항목으로 포함되었다.[53]

WHO가 게임이용장애를 판정하는 주요 기준은 지속성과 빈도, 통제 가능성이다. '통제능력이 손상된 채로 다른 일상보다 게임을 중시하고 이런 행위가 12개월 이상 지속된다면' 게임이용장애로 판단할 수 있다는 것이다. 또 게임이 일상생활에 부정적인 영향을 미치는 정도가 심각하면 12개월이 지나지 않았어도 장애 판정을 내릴 수 있다고 본다.

WHO가 게임이용장애를 질병코드에 포함시키는 것으로 발표하자 국내에서는 이 기준을 도입하는 과정에 대한 논의가 시작되었다.[54] ICD의 체계를 참고로 작성되는 한국표준질병분류(KCD: Korean Standard Classification of Disease)는 통계청이 관계부처 협의를 거쳐 5년마다 개정하는데 이번 개정안(ICD-11)은 2022년 1월부터 발효된다.

민간에서도 관련 논의가 진행되며 게임계와 의료계가 정면으로 충돌했다. 의료계에서는 2019년 6월 "세계보건기구의 게임이용장애 진단 등재를 지지한다"는 내용의 공동성명서를 발표했고, 이어 보건 단체들[55]도 지지성명을 발표했다. 이로써 의료 단체 대부분이 게임이용장애의 질병 등재를 찬성했

---

53) 한국콘텐츠진흥원(2019), 2019 대한민국 게임백서.

54) 한국콘텐츠진흥원(2019), 2019 대한민국 게임백서.

55) 대한보건협회, 한국정신사회재활협회, 대한간호협회정신간호사회, 한국정신건강사회복지학회, 대한소아청소년정신의학회, 대한청소년정신의학회, 한국중독관리센터협회, 한국중독정신의학회.

지만, 일부 정신과 의사들은 아직 충분한 연구와 근거가 부족하다는 입장을 나타내기도 했다.

게임계는 게임에 대한 질병코드 부여에 반대해 게임 질병코드 도입 반대를 위한 공동대책위원회(공대위)를 발족했다. 이 공대위에는 게임산업협회를 비롯한 게임산업계와 전국 게임 관련 대학교, 나아가 다른 콘텐츠산업 장르의 협회나 단체들 등 콘텐츠산업 전반에 걸쳐 광범위한 주체들이 참여했고, 공대위는 2019년 하반기부터 게임 질병코드 등록에 대응하기 위한 다양한 활동들을 기획하여 진행하고 있다.

게임이용장애를 질병으로 분류할지에 대한 논쟁은 통계청이 KCD를 수정하는 2025년까지 지속될 것으로 보인다. 이제까지 KCD는 ICD의 질병 분류체계를 모두 한국에 적용해왔기 때문에 게임산업계에서는 게임이용장애가 한국에서도 질병으로 등록될 가능성이 높다고 보고 크게 반발하고 있는 상황이다.

3. 인디게임

인디게임(Indie Games)은 개인이나 소규모의 개발팀이 게임 퍼블리셔로부터 금전적인 지원을 받지 않고 자유롭게 창작한 게임을 가리킨다. 인디게임(Indie Games)은 독립비디오게임(Independent video games)의 약자로 영화산업에서 가리키는 인디영화를 지칭하는 것과 비슷하다. 인디게임은 대

규모 자본과 수많은 개발 인력이 투입되는 상업적인 게임들과는 전혀 다른 방식으로 제작되며, 따라서 상업적인 성공 여부보다 혁신적인 아이디어를 게임으로 만들어내는 데 주안점을 두고 있다. 인터넷 발달과 온라인 유통 플랫폼의 등장, 스마트폰과 태블릿PC와 같은 스마트 단말기의 등장으로 인디게임의 유통 활성화 및 확산이 촉진되고 있다. 자본의 제약에서 자유로운 인디게임은 게임을 통한 혁신적인 아이디어와 창의성의 구현이 특징으로 게임산업의 실험장 역할을 한다.

인디게임은 자본력 부족으로 인해 전통적인 오프라인 매장에서는 사실상 판매가 어렵다. 그러나 스팀 등의 플랫폼이 등장해 상품의 거래와 보관 문제를 넘어서 저가격으로 인디게임의 디지털 유통을 시작하면서 인디게임들은 대중에게 접근성이 높아졌다. 또한 브레이드나 마인크래프트 등 히트작이 등장한 것도 인디게임 시장이 크게 확대되는 계기가 되었다. 콘솔 플랫폼을 소유한 마이크로소프트와 소니도 인디게임 유통에 관심을 갖고 개발에 적극적으로 나서고 있으며, 이런 배경하에 점점 인디게임도 수익 창출을 향해 발전하고 있다. 다만 이 때문에 대부분이 더 이상 유통이나 스폰서에 완전히 독립적이라고 할 수가 없어 실질적인 인디게임이라 보기 힘들어졌다. 인디게임은 사실 완전한 제작비 자가 조달 내지는 기부에 의존하지 않기 때문이다.[56]

---

56) 나무위키, 인디게임.https://namu.wiki/w/인디%20게임.

■ 인디게임 역사상 가장 큰 성공을 거둔 마인크래프트

마인크래프트는 스웨덴의 게임 프로그래머인 마르쿠스 페르손(Markus Persson)이 개발한 인디게임으로, 가상
의 공간 속에서 게이머가 레고블럭 쌓듯이 다양한 건물이나 사물 등을 만드는 오픈 월드형 샌드박스 게임.
2009년 5월 PC용 최초 버전이 출시되었고, 점차 업데이트를 거쳐 2011년 12월 18일에는 정식 버전이 출시,
2011년 11월 안드로이드 버전, 같은 해 12월 iOS용 버전을 거쳐 2012년 5월에는 콘솔게임기인 Xbox Live 버전
으로도 출시되어 다양한 플랫폼으로 발매.
2011년 게임개발자회의(Game Developers Conference)에서 최고혁신상(Best Innovation)을 수상했으며 게임 역
사상 가장 성공한 인디게임으로 손꼽히고 있음.
마르쿠스 페르손의 1인 인디게임 개발 프로젝트로 시작된 마인크래프트는 게임의 성공이 바탕이 되어 모장
(Mojang)이라는 게임 개발사 설립으로 이어졌으며 2014년 9월 마이크로소프트는 25억 달러(한화 약 2조8천억
원)에 모장을 인수.

4. 수익모델의 변화

게임의 수익모델은 역사적으로 변화를 거듭했다. 1977년 아타리가 게임을
출시할 때는 하드웨어와 소프트웨어를 분리하여 소비자들은 하드웨어를 일
단 사고, 이후에 계속 나오는 소프트웨어를 구매하는 모델이었다.[57] 이런 모
델은 콘솔게임에서 일반적으로 적용되는 모델이다. 닌텐도는 특히, 하드웨
어는 저렴하게 공급하는 반면, 소프트웨어를 게임팩이라는 CD-ROM 등의

---

57) 고정민(2019), 콘텐츠산업의 경영전략, 인터넷사이트 https://brunch.co.kr/@hamquixote/21

형태로 고가로 판매하여 수익을 확대시켰다. 이런 전략이 주효하여 기종이 개발될 때마다 많은 이익을 실현했다. 이런 수익모델은 닌텐도에 이어 소니, 마이크로소프트로 이어져 왔다.

　Stand-alone PC게임이 개발되면서 콘솔게임과 유사하게 게임소프트웨어를 별도로 사는 수익모델이 유지되었다. 콘솔게임은 게임기가 별도로 존재하나 PC는 범용이므로 소비자로서는 부담이 적지만 개발자 입장에서는 불법다운로드가 문제가 되었다. 확장팩을 판매하는 경우도 있는데, 수익모델의 강화를 위해 등장한 확장팩은 기존에 출시된 게임에 새로운 스토리, 스테이지, 또는 기능을 추가해 판매하는 것이다.[58] 블리자드 사의 스타크래프트, 워크래프트, 디아블로 시리즈가 대표적이다.

　이후에 다시 PC 기반 온라인게임이 등장했다. 여기에서는 회원제를 중심으로 월정액을 지불하는 정액제가 도입되었다. 정액제는 게임을 판매하는 것이 아니라 이용료를 받는 것으로 이용료 모델이라고 할 수 있다. PC게임에 PC방 사업도 무시할 수 없는데, 게임 회사는 PC방으로부터 수수료를 받고, 소비자는 게임에 대한 이용료는 없지만 PC방 사용에 대한 시간당 사용료를 지급하여 사용하는 새로운 형식의 수익모델이 등장했다. 그러나 라이트유저 입장에서는 캐주얼게임 등 몰입도가 낮은 게임의 경우 정액제를 사용하려 하지 않을 것이다. 따라서 게임사들은 게임 자체는 무료로 플레이할 수 있게 하여 유저들을 모으고, 아이템 판매로 수익을 얻는 전략을 사용하는 부분유료화 모델이 등장했다. 지금은 부분유료화 모델이 대세이다. 그러나 부분유료화 모델은 아이템이 현금으로 거래되거나 게임머니를 현금화하는

---

58) 중앙시사매거진(2018), [논란의 게임 수익모델, 어떻게 변했나] '게임기→타이틀→월정액→ 광고→가챠 … 다음은?, https://jmagazine.joins.com/economist/view/323461

도박과 같은 거래가 문제점으로 나타났다.

한편 스팀과 같은 온라인 플랫폼을 통해 게임소프트웨어를 다운받아 게임을 하는 경우, 게임사는 불법복제의 위험을 덜고, 소비자는 하나의 사이트에서 다양한 게임을 플랫폼에서 보고 선택하여 할인된 가격으로 구매할 수 있는 수익모델(DLC: download content)이 나왔다. 이는 온라인쇼핑과 같은 온라인상에서의 직거래 모델이라고 할 수 있다.

모바일게임이 등장하면서 부분유료화 모델, 광고 모델 등이 주로 사용된다. 즉 게임소프트웨어 자체는 무료로 이용하게 하고 앱 내에서 아이템을 팔거나 게임 중간에 광고를 보도록 유도하는 수익모델이다. 리그오브레전드, 배틀그라운드 등은 저렴한 패스권을 사서 게임 플레이에 아무런 영향을 끼치지 않는 단순한 꾸미기용 아이템을 살 수 있는데, 게임을 꾸준히 플레이만 한다면 다양한 외형 아이템을 가격 대비 상당히 많이 얻을 수 있는 이점이 있다.[59]

| 온라인게임산업의 비즈니스모델 |

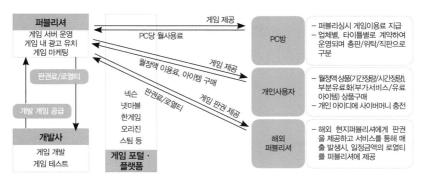

자료: 삼정KPMG경제연구원.

---

59) https://blog.naver.com/maplest1021/221894785811. 게임의 수익모델 변천사.

콘솔게임을 제외한다면, 온라인과 모바일게임 모두 일정 금액을 지불하면 확률에 따라 아이템이 나오는 '랜덤박스'가 주력 수익모델이다. 여러 아이템을 무작위 함수가 적용된 패키지(박스) 하나에 묶어서 판매하는 시스템을 말하는데, 부분유료화 게임에서 랜덤박스는 거의 필수처럼 적용되고 있지만, 이런 랜덤박스 모델은 자칫 도박과 같은 문제를 초래하기 때문에 규제를 하고 있다. 우리나라에서는 현재 게임업체가 자율적으로 확률형 아이템에 대해 확률을 공개하도록 하는 자율규제를 하고 있는데, 게임법 개정으로 아이템의 구성 비율과 종류, 아이템이 나올 확률 등을 의무화한다.

5. 인게임(in-game) 광고

게임 속 광고(in-game 광고)란 현실에서 스포츠 경기장에 위치한 전광판이나 드라마 속에 등장하는 PPL(Product Placement: 간접광고)과 같이 온라인, 콘솔, 모바일 등 게임 속 가상 공간에서 시행되는 광고를 의미한다.

게임 속 광고의 형태에는 배너광고 형태와 게임내재광고 형태가 있다. 배너광고 형태는 온라인을 이용한 형태로서 게임을 플레이마다 플레이어에게 보이는 내용이 수시로 달라지는 형태로 온라인 배너 광고와 비슷한 개념이다. 게임내재광고 형태는 게임 속에 기본적으로 내재되어 항상 같은 내용의 PPL(Product Placement: 간접광고)을 반복적으로 보여주는 것이다.

게임 속 PPL이 등장하는 위치는 게임 시작 전과 게임 진행 중, 게임 종료

후로 나누어진다. 게임 시작 전은 게임을 하기 전에 접속 단계 및 해당 게임으로 접속하는 동안에 등장하는 것이고, 게임 진행 중은 게임 플레이하는 동안 게임 속 아이템, 게임 속 스킨, 배경, 게임 속 아바타 등장 등을 통해 광고가 이루어진다. 마지막으로 게임 종료 후는 게임이 로그아웃 및 종료되면서 플래시 등을 통해 광고가 등장하는 것이다.

| 게임 과정 중 광고 등장 방식 |

게임 시작 전	게임을 하기 전 접속단계 및 해당게임으로 접속하는 동안에 등장
게임 내부	게임을 플레이하는 동안 게임 속 아이템, 스킨, 배경, 아바타 등장
게임 종료	게임에서 로그아웃 및 게임을 종료하면서 플래시 등을 이용해 등장

일반적으로 광고주로부터 광고비를 받고 광고를 게재하는 것이지만 특이한 경우도 있는데, 자동차게임의 경우 게임 개발사가 자동차의 메이커로부터 라이선스를 받아야 하며, 또한 게임으로 얻어지는 수익 일부를 라이선스 비용(평균2~3%)으로 지불해야 한다. 또한 라이선스 비용을 지불하고도 각 자동차 메이커들로부터 각각 서로 다른 제약조건을 받아들여야 한다.

게임업체와 일반 기업이 콜라보레이션하는 경우도 있다. 예를 들어 (주)네오위즈게임즈가 자사 포털 사이트 피망에서 서비스하고 ㈜제이투엠소프트가 개발한 패션 댄스게임 '데뷔(Debut)'가 오프라인에서 만나볼 수 있는 제품들을 게임 속에서 선보이는 광고이다.

인앱광고는 이용자의 결제 부담을 덜어주고, 대신 높은 DAU(일 이용자 수)를 기반으로 한 광고 노출 수익으로 매출을 보완하는 형태이다. 소비자 입장에서는 광고를 보는 불편함이 있더라도 무료로 게임을 할 수 있거나 아이템을 획득할 수 있으므로 이점이 있다. 그러나 게임을 가볍게 즐기는 일반 이용자들을 타깃으로 하는 하이퍼 캐주얼 장르에 잘 어울리는 수익모델이지만, 하드코어 게이머들을 타깃으로 만든 게임에서는 인앱 결제 모델에 영향을 줘 오히려 매출이 줄어들 위험이 있다[60]. 서비스 중에 인광고 모델을 도입하는 것은 더욱 위험도가 크므로 처음 기획 단계부터 인앱 결제와 인앱 광고 모델의 혼합을 고려할 필요가 있다. 따라서 RPG와 같은 대작 중심으로 시장이 형성되어 있는 한국에서는 많이 도입되지 않고, 해외에서는 캐주얼 게임과 같은 가벼운 게임에서 사용된다.

6. 게임 스트리밍(클라우드게임) 서비스[61]

클라우드게임은 서버 컴퓨터에서 실행 및 연산 처리되는 게임을 인터넷을 통해 스트리밍 방식으로 전송받아 즐기는 게임 서비스이다. 클라우드게임은 게임 서비스 제공 업체가 게임 이용자가 접속할 수 있는 게임 서버를 마련해 두면 시간이나 장소, 기기에 관계 없이 게임을 즐길 수 있는 서비스로, PC나 콘솔게임기 내부에 게임을 저장할 공간이 필요하지 않고, PC나 콘솔게임기의 CPU나 그래픽카드 등 성능에 구애받지 않는 서비스가 가능하다. 또한 TV, 스마트폰, 태블릿 등 다양한 디바이스에서 끊김 없이 게임을 즐길

---

60) 동아닷컴, 2019. 7. 19. 일자, 전 세계 게임시장 이끄는 인앱 광고, 한국에서는 왜 찾기 힘든가?
61) 한국콘텐츠진흥원(2019), 2019 대한민국 게임백서.

수 있는 멀티 플랫폼 플레이 기능도 제공된다. 인터넷 전송 속도 향상, 서버 처리 속도 향상, 데이터전송 시 지연 시간 최소화 등 클라우드게임 스트리밍 서비스 구현에 필요한 기술 발전에 힘입어 상용화 단계에 있다. 클라우드게임 서비스의 본격화는 게임콘텐츠를 소비하는 데 있어서도 '소유'에서 '접속'으로 패러다임이 전환하고 있음을 시사하고 있다.

| 클라우드게임 시장 규모 전망 |

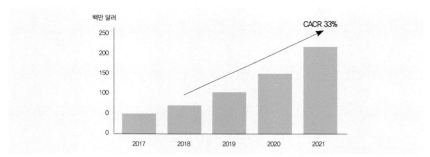

향후에는 자사 IP의 판매 방식을 클라우드 기술에 접목시킬 수 있는 구독(subscription) 기반으로 점진적으로 바꿀 가능성도 높아 안정적인 매출원 확보도 가능할 것으로 판단된다. 스트리밍게임은 '게임'에만 영향을 주는 것은 아니며, 향후에는 게임을 넘어 미디어를 동시에 소비할수 있는 OTT 플랫폼으로 진화할 것으로 예상된다.[62]

클라우드 게이밍의 콘셉트는 게임의 미래로 각광받았고, 실제 많은 업체들이 2000년대 후반부터 개발에 뛰어들었다. 소니는 2015년부터 '플레이

---

62) 이상오 외(2019), 〈북미 및 유럽 주요국 게임 현황조사〉, 한국콘텐츠진흥원.

스테이션 나우' 라는 클라우드게임 서비스를 시작했고, 엔비디아는 2015년 엔비디아 '쉴드(shield)' 기기(쉴드 포터블, 쉴드 태블릿, 쉴드 콘솔 등)로 이용할 수 있는 스트리밍게임 서비스 '지포스 나우'를 출시했다. 마이크로소프트 역시 엑스박스게임을 PC, 콘솔, 모바일 기기에서 즐길 수 있는 'xCloud' 게임 스트리밍 서비스를 준비 중이다.

구글, 애플, 아마존, 마이크로소프드 등 글로벌기업들은 모두 2019년에 게임 스트리밍 서비스에 대한 계획을 발표했다. 게임 스트리밍 서비스는 클라우드 기술을 기반으로 구독의 형태를 통해 정해진 기간 동안 일정 비용을 내고 다양한 게임들을 선택하여 즐기는 방식이다. 클라우드 기술이 잘 구축되어 스트리밍이 안정적으로 서비스된다면 모바일과 PC 등 디바이스의 종류와 사양을 막론하고 고품질 게임을 즐길 수 있게 될 것이다.[63]

구글이 기존 클라우드게임과 다른 점은 '크롬 브라우저-유튜브-플레이스토어' 라는 글로벌 플랫폼들을 모두 보유하고 있고, 이를 기반으로 클라우드게임 서비스를 제공하려 한다는 점이다. 구글은 스타디아(Stadia)를 통해 무료 서비스인 '베이스' 와 월 9.99달러의 유료 구독 서비스인 '프로' 로 구분하여 스트리밍 서비스를 제공하며 해상도와 사운드를 각각 다르게 지원한다. 애플의 스트리밍 서비스 아케이드(Arcade)는 구독료를 지불하면 100여 개의 독점 게임을 자유롭게 이용할 수 있도록 하고 애플 계정을 가족으로 묶으면 하나의 요금제에서 최대 여섯 명이 플레이할 수 있도록 했다.

게임 스트리밍의 장점으로는 먼저 일정 비용을 내면 고품질의 게임을 자유롭게 즐길 수 있다는 점이다. 또 스트리밍 기업은 구독료를 통해 매달 일

---

63) 이상오 외(2019), 〈북미 및 유럽 주요국 게임 현황조사〉, 한국콘텐츠진흥원.

정한 수익을 확보할 수 있고, 이에 따라 사업의 안정성을 높이면서 다른 서비스로 구독자를 확대할 수 있는 기회를 마련할 수 있다. 게임 개발사의 입장에서도 스트리밍 서비스를 통해 새로운 게임시장이 형성되고 유명한 대작 게임은 물론 소규모 캐주얼게임이 필요해지면 게임 소싱 경쟁이 치열해지고, 그 중에서 견실한 개발사들의 게임들이 주목받을 수도 있는 가능성이 열리는 셈이다. 이런 상황이 되면 스트리밍 서비스에 게임을 공급하는 개발사는 글로벌기업이 확보한 대규모 구독자 풀을 새로운 시장으로 확보할 수 있다. 그러나 한편으로 현재 게임 퍼블리싱을 하고 있는 국내의 대형 게임사에는 게임 스트리밍 서비스는 새로운 경쟁 요인으로 글로벌 거대 기업과 직접 경쟁하는 상황도 발생할 수 있다.

다만 게임 스트리밍 서비스는 아직 기술적 한계를 보여주고 있다. 스트리밍 서비스에서는 원활한 네트워크 환경이 절대적으로 중요하고 이를 위해 대용량의 데이터를 초고속으로 처리할 수 있는 기반이 필요하다. 실제로 구글의 스타디아 출시 이후 많은 게이머들이 호기심에 서비스에 가입했다가 실망하고 떠나면서 한계점을 아직 돌파하기에는 빠르다는 인식을 심어주었다. 2020년 들어서도 구글 스타디아는 기대에 미치지 못한 성과를 내고 있다. 출시 초반에는 입력 지연이나 화질 저하 현상이 예상보다 심해 서비스 품질에 대한 비판이 이어졌다. 꾸준한 보완 작업을 거쳐 이제는 출시 초반보다는 안정적인 서비스가 진행되고 있다고 하지만 여전히 가야 할 길이 멀다.

7. 실감형 게임

실감형 콘텐츠는 이용자의 오감을 자극하여 몰입도를 향상시키는 기술
(immersive technology)에 기반을 둔 콘텐츠를 통칭하는 것으로 가상현
실(Virtual Reality, VR), 증강현실(Augmented Reality, AR), 혼합현실
(Mixed Reality, MR) 등이 대표적이다.[64] 실감형 게임은 실감형 콘텐츠 중
에서 게임콘텐츠를 말하는데, 여기에는 실제체험형 게임과 가상체험형 게임
으로 나눌 수 있다. 실제체험형 게임은 아케이드게임의 자동차게임에서처럼
자동차 경주를 체험할 수 있는 게임으로 여기에도 다양한 VR, AR 기술이
접목되어 가상공간 연출도 가능하다. 가상체험형 게임은 VR, AR 기술 등
을 활용하여 촉각, 미각, 후각 등을 가상으로 체험할 수 있는 게임을 말한다.
VR HMD(Head Mounted Display)를 이용해 즐기는 PC게임, 콘솔게임, 모
바일게임의 형태가 일반적이다.

| 가상현실, 증강현실, 혼합현실 비교 |[65]

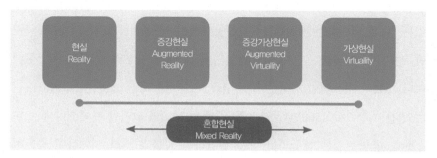

---

64) 권구민(2019), 〈5G 도입에 따른 실감형 게임산업의 변화와 대응〉, 코카포커스, 한국콘텐츠진흥원.
65) 삼성전자뉴스, https://blog.naver.com/ansansamsung/221037654279

실감형 게임은 VR, AR, XR 등 세 가지의 환경을 구현하는 것이다. 첫째, 가상현실(VR, Virtual Reality)은 컴퓨터 등을 사용한 인공적인 기술로 만들어낸 것으로 실제와 유사하지만 실제가 아닌 특정 환경이나 상황 또는 기술 그 자체를 의미한다. 가상현실은 어떤 특정한 환경이나 상황을 가상으로 만들어, 이를 접하는 사람이 마치 실제 환경과 유사한 상호작용을 하는 것처럼 느끼도록 하는 기술(스크린 골프, 닌텐도 Wii 스포츠게임, 온라인 RPG 등)이다. 페이스북이 인수한 오큘러스VR(Oculus VR)사가 개발한 기기인 오큘러스 리프트(Oculus Rift)는 게임을 사실적으로 즐길 수 있도록 돕는 장비에 머물지 않고 일상생활 속에서도 유용하게 쓸 수 있는 도구로 발전 중이다. 가상현실 기술과 기기를 통해 게임은 물론 영화, 교육, 전시, 헬스케어를 비롯한 다양한 분야에서 활용되면서 관련 콘텐츠의 혁신을 불러올 것으로 기대된다.

둘째, 가상현실(Virtual Reality)이 이미지, 주변 배경, 객체 모두를 가상의 이미지로 만들어 보여주는 반면, 증강현실(AR)은 추가되는 정보만 가상으로 만든다. 가상현실은 가상세계가 주가 되지만 증강현실은 현실이 주가 되고 가상이 추가된 것이라 볼 수 있다. 게임의 예를 들어보면, 가상현실의 게임은 '나를 대신하는 캐릭터'가 가상공간에서 '가상의 적'과 싸우는 것이지만, 증강현실의 게임은 '내가' '현실의 공간'에서 가상의 적과 싸우는 형태이다. AR의 대표적인 게임은 2016년 7월 출시된 게임 포켓몬고로, 2018년에 연간 매출 7억9,500만 달러와 누적 매출 22.0억 달러를 기록했다.

셋째, 혼합현실은 현실과 가상을 결합하여 실물과 가상 객체들이 공존하는 새로운 환경을 만들고 사용자가 해당 환경과 실시간으로 상호작용을 함으로써 다양한 디지털정보들을 보다 실감 나게 체험할 수 있도록 하는 기술이다. 혼합현실은 현실과 가상이 상호작용하는 환경으로 현실과 가상이 모두 주가 된다. MS사는 2015년 홀로렌즈에 이어, 2019년에는 홀로렌즈2를 출시하여 게임뿐 아니라 교육용, 의료용 등 다양한 콘텐츠를 시도하고 있고, 인텔은 2016년 개발자회의를 통해 MR 컨트롤러인 '프로젝트 알로이'를 공개했다.

| 마이크로소프트의 로보레이드 혼합현실 게임[66] |

　실감형 게임은 아직은 여러 한계점을 갖고 있다. 시야가 좁다거나 화질의 해상도가 떨어지며, 가상현실의 경우, HMD를 장착하고 게임을 할 때 어지럼증이 유발되는 한계가 존재한다. 이런 한계점은 5G가 활성화되고 메타버스가 발전하면 향후 실감형 게임 시장이 빠르게 성장할 것으로 예상된다.

---

66) 마이크로소프트사의 혼합현실(MR) 장비인 '홀로렌즈'를 끼고 로봇 게임인 '로보레이드'를 시작하면 여러 방면에서 로봇들이 공격해 온다. 우리 집은 곧바로 전쟁터가 된다. 한 로봇은 집 벽에 구멍을 내고 달려든다. 내가 적에게 시선을 맞추고 손가락을 움직이면 레이저가 날아가 공격할 수 있다.(서울신문(2017), 우리 집 벽에서 로봇이 툭… 이젠 '혼합현실'이다, https://www.seoul.co.kr/news/newsView.php?id=201702 16021014)

6장

공연산업

1. 정의 및 특성

정의

공연 혹은 공연예술이란 무대에서 관객을 대상으로 춤, 음악, 연기를 비롯한 다양한 볼거리를 직접 제공하는 현장 예술을 의미한다. 공연법에 따르면 공연이란 음악 · 무용 · 연극 · 연예 · 국악 · 곡예 등 예술적 관람물을 실연(實演)에 의하여 공중(公衆)에게 관람하도록 하는 행위를 말한다.[1]

따라서 공연산업이란 관객 앞에서 실연하는 형태로 표현되는 장르 예술의 기획, 제작, 상연, 홍보, 유통과 관련된 모든 산업이다. 전통적인 공연예술 장르에 마케팅 개념과 경영 논리 등 산업적 개념을 도입한 것이라 할 수 있다.[2] 이런 맥락에서 공연(예술)산업은 공연의 기획 및 창 · 제작에서부터, 마케팅, 배급, 티켓 판매 활동 등 유통영역 그리고 최종소비자의 향유에 이르

---

[1] 공연법.
[2] 김평수, 윤홍근, 장규수(2016), 《문화콘텐츠산업론》, 커뮤니케이션북스.

기까지의 전 과정을 말한다.[3]

공연산업에서 가장 산업화된 것은 대중음악 콘서트와 뮤지컬산업이다. 이 중에서 대중음악 콘서트는 이 책의 음악산업 영역에 속한다. 뮤지컬은 공연 예술 중에 산업화가 가장 진전된 분야이다. 뮤지컬이란 20세기 대중적 음악 극 작품의 주요 형식으로서 오페레타에서부터 뮤지컬플레이에 이르는 음악 적인 공연 작품을 말한다. 노래, 춤, 연기가 어우러지는 무대극 공연 양식으로서 넓게는 레뷔(revue)[4], 보드빌(vaudeville)[5] 등 연극성이 없는 작품을 포함한다. 뮤지컬은 대중적인 공연으로 음악을 중심으로 춤과 연극적 요소(드라마)가 결합된 대중 종합예술이다. 특히 뮤지컬은 극적 진행에서 음악의 역할이 두드러지기 때문에, 음악적 특성과도 밀접한 관계가 있다.

분류

공연산업은 장르의 범위를 어떻게 정하느냐에 따라 대중음악 콘서트 등 대중예술을 포함하는 콘텐츠산업으로서의 공연산업과 순수기초예술만을 대상으로 하는 협의의 공연산업으로 구분될 수 있다. 전자의 경우 산업적 규모와 구조를 갖추고 있는 대중 콘서트나 뮤지컬 등을 가리키는 경우가 일반적이며, 이때 순수공연예술 장르는 포함되기도 하고 배제되기도 한다. 문화체육관광부의 문화산업백서에서 정의하듯이 공연 콘텐츠를 기획·제작·실

---

3) 김선영, 이의신(2017), 〈공연예술산업의 유통부문 지원 개선방안〉, 《한국산학기술학회논문지》, 18(11).
4) 시사풍자희극, 노래와 춤, 촌극을 결합.
5) 프랑스어 통속희극에서 유래된 것으로 음악, 댄스, 콘트, 공예, 만담 등이 결합된 대중예술.

연·유통하는 모든 관련 분야를 총칭할 때 이는 콘텐츠산업에 초점을 맞춘 광의의 공연예술산업이라고 할 수 있다.

한편, 매년 예술경영지원센터 주관으로 문체부에서 발간되는 공연예술실태조사의 경우 공연 단체의 주요 활동 장르를 연극, 무용, 양악, 국악, 복합의 다섯 개 장르로 구분했고 공연 시설의 입장 수입 파악에서는 연극, 뮤지컬, 무용, 발레, 양악, 오페라, 국악, 대중음악, 복합, 기타의 열 개 분야로 구분하여 조사를 수행하고 있다. 또한 예술경영지원센터에서 운영을 담당하는 공연예술통합전산망에서는 연극, 뮤지컬, 클래식, 오페라, 무용, 국악, 복합의 일곱 개 장르를 대상으로 발권과 입장 수입을 집계하고 있다.

특성

공연산업의 특성은 문화콘텐츠 산업의 특성과 유사하지만 문화콘텐츠산업보다는 산업적인 성격이 약하고 순수문화예술의 특성이 강하다.

먼저 상품으로서의 특성을 보면, 첫째, 공연예술은 일회성, 현장성의 특징이 있다. 따라서 공연예술은 책이나 필름 같은 매개체를 거치지 않으며, 원칙적으로 복제될 수 없다. 공연예술은 가장 원초적인 예술 행위이면서 현장성과 일회성을 특징으로 하고 있다는 점에서 문학 및 영상 예술을 비롯한 다른 예술과 구별된다. 공연의 일회성과 현장성은 이 장르들을 가장 독창적인 예술실험장이 될 수 있게 하며, 그런 점에서 디지털시대에도 독자적인 가치와 생명력을 지닌다. 공연장은 수백 명이 출연하는 대형 무대에서부터 일인 연기자가 출연하는 스튜디오 무대까지 다양한 규모로 되어 있다. 공연 장소도 화려한 건축미를 자랑하는 전통 오페라 무대에서 거리극이나 카페의 임시무대에 이르기까지 다양하다.

둘째, 다른 콘텐츠와 마찬가지로 소비가 이루어진 이후에야 상품의 특성이나 만족감을 파악할 수 있는 경험재로서의 성격을 가지고 있으며 상품에 만족할 경우 여러 번의 반복 소비가 이루어지는 약간의 중독성을 가진 흥행 경험재이다.

셋째, 관람객의 마니아적인 소비로 타상품에 쉽게 대체되지 않는 비대체성의 특성도 가지고 있다. 공연예술은 다른 콘텐츠에 비해 비교적 가격이 비싼 고가의 고관여 상품으로 시장 확산이 마니아층을 중심으로 인적 네트워크에 의해 이루어지며 공연에 대한 기호는 후천적으로 개발되고 교육되기 때문에 타상품에 쉽게 대체되지 않는 비대체성의 특성을 가지고 있다.

산업으로서 공연은 첫째, 공연장을 매개로 생산과 소비가 동시에 이루어지는 서비스형 산업으로, 둘째, 콘텐츠산업의 기초산업이자 노동 집약 산업의 특징을 가지고 있으며 셋째, 사유재로서의 상품과 공공재로서의 예술이라는 양면적 특성을 동시에 지니고 있고 넷째, 성공 확률은 낮으나 한번 성공하면 높은 수익이 보장되고 투자 회수 기간 짧은 하이리스크 하이리턴의 콘텐츠이다. 일단 성공한 공연이나 뮤지컬의 경우 오랜 기간 동안 흥행이 지속되는 롱런 비즈니스 성격을 가지고 있다. 예를 들어 〈오페라의 유령〉은 수십 년간 흥행을 이어오지만 영화의 경우 극장에서의 흥행은 단기간에 끝난다. 이는 영화는 개봉 당시 많은 상영관 스크린을 확보하여 단기간 내에 상영이 되지만, 공연은 복제가 불가능하여 극장이라는 공연 유통의 양적 제한으로 오랫동안 무대에서 매번 새롭게 공연이 올려진다. 따라서 한번 흥행에 성공하면 많은 수익을 확보할 수 있는 산업이라 할 수 있다. 공연 작품 중에서 뮤지컬 〈라이온킹〉은 역대 흥행 수입에서 가장 높은 것으로 기록되고 있다. 당시 역대 최고의 흥행 영화인 〈아바타〉의 극장 수입이 28억 달러인 데 비해 〈라이온킹〉은 62억 달러를 기록한 것도 바로 이런 이유에서이다.[6]

2. 구조 및 가치사슬

문화콘텐츠산업의 가치사슬이란 콘텐츠가 창작자로부터 소비자에게 전달되기까지의 과정을 단계별로 구분하여 정리한 것으로 볼 수 있다. 공연예술산업의 가치사슬 또한 이런 맥락에서 공연의 기획 · 제작 단계, 유통 단계, 소비 단계로 구분하는 것이 가능하다. 기획 · 제작 단계에서는 공연 제작사, 작가, 작곡가 등 창작자군, 배우, 연출가, 스태프 등 다양한 제작구성원들이 모여서 공연 콘텐츠를 만들어내는 과정이다. 이처럼 공연산업은 프로젝트형 제작 시스템의 특징을 가지고 있는데, 각자 흩어져 있던 작가, 배우, 연출가 등이 프로젝트를 중심으로 모여 일정 기간 동안 제작에 참여하고 제작하고 공연을 한 이후에는 흩어지는 구조를 가지고 있다.

유통 단계의 경우 주로 공연장을 중심으로 이루어지는데 공연장은 예술단체가 공연을 하는 장소이자 공연 기획 · 제작의 핵심적인 주체이며, 홍보 · 마케팅 등의 다양한 기능을 수행한다. 또한 교육을 위한 공간이자 장내

---

6) 한국뉴스투데이(2014), 엔터테인먼트 분야 역대 최고 흥행기록 작품은?, http://www.koreanewstoday. co.kr/news/articleView.html?idxno=41324

음료 및 기념품 매장 운영 등을 통해 관객호응과 직결되는 공간이기도 하다. 공연예술산업은 이런 공연장을 중심으로 예술가 및 예술 단체, 기획사, 제작사, 프로모터, 홍보마케팅대행사, 배급사, 온·오프라인 티켓판매대행사 등이 유기적인 관계를 맺고 유통이 되는 구조를 가진다. 일반적으로 공연 프리젠팅(presenting)을 담당하는 공연장은 그 자체가 유통을 담당하기도 하지만 프로모터, 기획사, 티켓판매대행사, 홍보마케팅대행사, 배급사 등을 통해 공연 작품을 유통하기도 한다.

공연장의 유통 형태는 ① 공연장이 책임지고 직접 제작과 흥행을 하는 경우, ② 제작비용을 단체에 지불하고 공연장은 흥행을 책임지는 경우(초청공연 형식), ③ 대관비와 연습실 사용료 등 일부를 지분 참여하고 단체가 흥행을 주도하는 경우(공동 주최 또는 지분 투자), ④ 기획 대관 또는 순수 대관 등으로 나눌 수 있다. 그러나 국내의 공연장들은 자체 기획보다는 대관을 하는 경우가 더 많으며, 전속 단체가 있는 극장과 자체 제작 기능을 하는 극장들은 소수에 그치고 있다.

공연기획사는 주로 공연의 기획·제작을 비롯하여 홍보마케팅, 콘텐츠 개발, 재원 조성, 회원 관리 등의 업무를 수행한다. 주로 공연장을 대관하여 공연을 기획하거나 제작된 공연을 유통한다. 공연 제작사와 비교할 때 기획사는 상대적으로 제작보다 유통에 더 많은 비중을 둔다고 할 수 있다.[7]

---

7) 김선영, 이의신(2017), 〈공연예술산업의 유통부문 지원 개선방안〉, 《한국산학기술학회논문지》, 18(11).

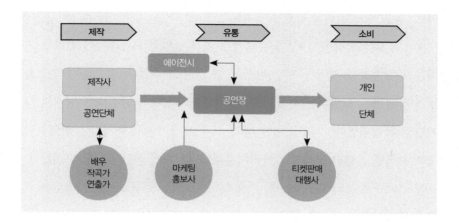

3. 역사

해외

고대의 공연은 춤과 노래를 통해 신에게 감사하고 기도하는 의식을 행하는 종교적 목적에서 시작되었다. 서양의 그리스 시대에는 고대극장에서 대중을 위한 공연이 이루어졌고, 중세 시대에는 기독교의 의식을 통해 공연이 행해졌다. 르네상스 시대에는 고전의 부활이라는 차원에서 그리스 · 로마 시대의 공연이 재현되었고, 새로운 창작물도 나왔다. 19세기 이후 과학기술의 발달에 힘입어 교류가 활발해지자, 내용과 형식 면에서 장르별 표준화 현상이 강화되었으며, 오늘날 연극, 오페라, 마임, 카바레, 인형극, 무용극, 서커스, 퍼포먼스, 거리극 등으로 정착되었다.

한편 뮤지컬의 경우, 19세기 유럽에서 인기 있었던 오페레타나 발라드 오페라가 대중화된 것이 뮤지컬 탄생에 큰 영향을 주었다. 유럽에서 인기를 누리던 뮤지컬 코미디는 미국으로 전파되었으며, 더욱 발전되어 현재의 뮤지컬로 완성되었다. 이후 150여 년의 역사를 거치면서 뮤지컬은 상업적이고 대중적인 공연산업 분야로 자리매김해오면서 대중적인 인기를 누려왔다. 1980년대 이후 〈오페라의 유령〉, 〈캣츠〉 등 영국산 대규모 블록버스터 작품은 뮤지컬산업의 새로운 부흥으로 이어지며 본격적인 산업적 성장을 가져왔다.

국내

한국 공연예술은 제사를 지내고 종교의식을 행하는 과정에서 공연이 이루어지는 등 종교적인 목적에서 시작되었다. 부여의 영고, 고구려의 동맹, 동예의 무천, 마한의 춘추농경제, 가락의 계욕 등 우리나라 부족국가에서 제천과 아울러 가무백희를 했다고 하는 것으로 미루어볼 때 공연은 이 시기에도 행해졌음을 알 수 있다. 이후에도 불교와 관련한 기악, 탈춤 그리고 샤머니즘을 통한 굿놀이 등 다양한 형태의 공연이 이루어졌다. 백제의 기악은 일본에도 전해져 일본 연극의 기원을 이루었다. 이후 고려 시대와 조선 시대를 거쳐 탈춤과 판소리 등이 유행했다. 연극을 중심으로 발전한 한국의 공연사는 1910년대 이후에 신파극이 출현했고, 해방 후 1960년대에 들어서면서 점차 중흥의 시기를 맞이하여, 국립극장이 개관되었고 연극계에서는 서양 연극의 모방이 아닌 창작 작품이 등장했다. 이후 뮤지컬, 오페라 등 다양한 장르가 나타나 공연이 대중화와 함께 소비의 폭을 넓혀왔다. 우리의 창작 공연 작품이 오랫동안 무대에 올려져 흥행에 성공한 작품도 나타났다.

뮤지컬산업은 1960년대 시작하여 국내기반 조성 단계→산업화 단계→해외 진출 단계 등 3기에 걸쳐 발전했다. 1기는 1960년대 이후 1990년대 말까지로 국내 기반 조성 단계로 〈살짜기 옵세예〉, 〈사랑은 비를 타고〉 등 중소 작품의 창작이 이루어졌고, 2기는 1990년대 말부터 2000년대 말까지의 산업화 단계로 〈오페라의 유령〉, 〈캣츠〉 등 수입 라이선스 작품이 시장을 주도한 시기이다. 3기는 2010년 이후 현재까지로 〈레 미제라블〉, 〈모차르트〉 등 여전히 라이선스 작품이 우세하지만 창작 작품도 선을 보이면서 해외 수출이 시작된 시기라고 할 수 있다.

| 한국 뮤지컬의 발전 과정 |

	1기	2기	3기
키워드	국내 기반 조성	산업화	해외 진출 초기
기간	1960~1998년	1999~2009년	2010년~현재
형태	중소작품의 창작	수입, 라이선스, 창작	라이선스, 창작
대표 콘텐츠	살짜기옵서예 사라은 비를 타고 명성황후	오페라 유령 캣츠 난타	레미제라블 모짜르트 위키드

1. 국내 시장 현황

2019년도 공연 시장을 보면, 공연 시설의 경우 시설 수는 총 1,028개, 종사자 수 13,370명, 매출액 3,220억 원이다. 공연 단체는 단체 수 총 3,972개, 종사자 수 51,109명, 매출액 5,310억 원으로 파악되었다.

| 공연 시장규모(2019년 기준) |

구분	시설/단체수(개)	종사자 수(명)	매출액(백만원)
전체	5,000	64,479	852,985
공연 시설	1,028	13,370	322,007
공연 단체	3,972	51,109	530,978

자료: 예술경영지원센터(2021), 2020 공연예술조사.

공연 시설의 매출액은 2015년 3,874억 원에서 2019년 3,220억 원으로 감소한 것으로 나타났으며, 공연 단체의 매출액은 2015년 3,941억 원에서 2019년 5,310억 원으로 증가한 것으로 나타났다.

(단위: 백만 원)

구분	2015	2016	2017	2018	2019	전년대비증감	
						증감액	증감률(%)
전체	781,491	747,991	813,218	823,255	852,985	29,730	3.6
공연 시설	387,433	343,458	350,004	339,489	322,007	△17,483	△5.1
공연 단체	394,058	404,533	463,214	483,765	530,978	47,213	9.8

자료: 예술경영지원센터(2021), 2020 공연예술조사.

중앙정부와 지방자치단체에서 지원하는 공연예술 예산의 규모는 총 2조 4,659억 원으로 이 중 중앙정부의 예산이 3,339억 원, 지방자치단체의 예산이 2조1,320억 원으로 나타났다. 중앙정부의 문화예산 중 문화예술 예산은 78.7%, 공연예술 예산은 10.4%를 차지하고 있으며, 지방자치단체는 문화예산 중 문화예술 예산은 46.7%, 공연예술 예산은 20.2%의 비중을 차지하는 것으로 나타났다.

| 공연 시설 및 단체 매출액(2018년 기준) |

구분	문화예산	문화예술예산	공연예술예산
전체(억 원)	137,745	74,565	24,659
중앙정부	32,127	25,273	3,339
지방자치단체	105,618	49,292	21,320

자료: 예술경영지원센터(2021), 2020 공연예술조사.

공연 시설에 따른 장르별 공연 실적을 보면 연극 장르의 경우 연간 5,969건의 작품이 4만5,818일 동안 5만9,930회 공연이 이루어졌으며, 약 595만 명이 공연을 관람한 것으로 나타났다. 뮤지컬 장르는 연간 약 4,757건의 작품이 2만8,494일 동안 4만2,166회 공연이 이루어졌으며, 약 953만 명의 관객이 공연을 관람한 것으로 나타났다.

공연 건수가 가장 많은 장르는 1만3,678건을 기록한 양악이었으며 공연일

수는 4만5,818일의 연극이 가장 많은 것으로 나타났고 2만8,494일의 뮤지컬이 그다음으로 나타났다. 관객수가 가장 많은 장르는 약 953만 명을 기록한 뮤지컬이 차지했다.

| 공연 시설 장르별 공연 실적(2019년 기준) |

구분	공연건수(건)	공연일수(일)	공연횟수(회)	관객수(명)
연극	5,969	45,818	59,930	5,948,625
뮤지컬	4,757	28,494	42,166	9,532,957
무용	1,999	3,288	3,668	774,488
발레	512	780	885	370,216
양악	13,678	14,865	15,767	4,577,420
오페라	400	648	714	375,464
국악	3,949	4,799	5,262	1,141,007
복합	3,454	7,247	10,471	2,979,671

자료: 예술경영지원센터(2021), 2020 공연예술조사.

주요 활동 장르별 공연 단체의 공연 실적을 보면, 연극 단체는 연간 7,812건의 작품을 5만0,363회 공연했으며, 약 1,321만 명이 공연을 관람했다. 양악 단체는 1만2,235건의 작품을 1만4,635일 동안 1만5,366회 공연, 약 630만 명의 관객이 관람한 것으로 나타났다.

| 공연 단체 주요 활동 장르별 공연 실적 |

구분	공연건수(건)	공연일수(일)	공연횟수(회)	관객수(명)
연극	7,812	50,367	71,103	13,207,976
무용	3,049	4,380	5,001	1,916,863
양악	12,235	14,635	15,366	6,303,520
국악	10,613	13,291	13,936	4,917,210
복합	1,980	3,053	3,218	1,111,002

자료: 예술경영지원센터(2021), 2020 공연예술조사.

공연예술통합전산망에 데이터를 제공하는 공연산업 결과에 따르면 2019년 한 해 동안 총 공연 건수는 1만1,671건이었으며 개막 편수는 9,304편,

상연횟수 8만2,960회로 집계되었다. 총매출액은 약 2,377억 원이고 예매 건수는 833만 건으로 파악되었다. 2020년에는 코로나19로 인해 공연 건수는 6,679, 개막 편수는 4,829, 상연 횟수는 5만1,870, 매출액은 1,735억 원으로 줄어들었다.

| 공연예술통합전산망으로 집계한 연도별 공연 실적 |

년	공연건수	개막편수	상연횟수	매출액(천원)
2019	11,671	9,304	82,960	237,744,425
2020	6,679	4,829	51,870	173,514,939

자료: 공연예술통합전산망.

　2020년 통계를 자세히 보면, 코로나19로 인한 비대면·비접촉이 확산되면서 공연산업은 직접적인 타격을 받았다는 것을 알 수 있다. 코로나19로 인해 2020년 공연 매출은 전년 대비 27.1%의 마이너스 성장을 했다. 오프라인 공연을 온라인으로 전환하는 등 자구책을 마련하고 있지만 대중음악 콘서트를 제외하고는 무료가 대부분이므로 위기를 극복하기에는 많은 한계가 있다. 그나마 더 하락폭을 경감시킨 것은 코로나19가 본격적으로 유행하기 전인 1월과 2월의 매출이 높았던 점과 정부의 지원으로 공연이 일부 이어져 왔다는 점이다. 특징을 보면, 대중성이 낮은 장르의 공연이 더 큰 피해를 보았고, 서울 외 지역의 공연이 서울지역보다 감소되었으며, 공공보다 민간이, 대형보다 중소 규모 공연장의 더 큰 어려움을 겪었다.

기간	공연건수		계약편수		상연횟수		매출액	
	건	%	편	%	회	%	천원	%
2020.01	699	10.4	476	9.8	8,018	15.4	40,697,204	23.5
2020.02	550	8.2	346	7.1	5,440	10.4	22,022,238	12.7
2020.03	190	2.8	63	1.3	2,322	4.5	9,187,655	5.3
2020.04	182	2.7	87	1.8	2,200	4.2	4,700,587	2.7
2020.05	346	5.2	223	4.6	3,901	7.5	11,516,981	6.6
2020.06	451	6.7	306	6.3	3,602	6.9	10,554,222	6.1
2020.07	579	8.6	433	8.9	4,581	8.8	17,148,474	9.9
2020.08	691	10.3	505	10.3	5,053	9.7	17,050,372	9.8
2020.09	290	4.3	183	3.7	2,636	5.1	7,019,264	4.1
2020.10	800	11.9	665	13.6	4,308	8.3	12,681,405	7.3
2020.11	1,184	17.7	1,001	20.5	5,339	10.3	15,602,515	9.0
2020.12	745	11.1	593	12.1	4,664	9.0	5,024,895	2.9
합계	6,707	100.0	4,881	100.0	52,064	100.0	173,205,812	100.0

자료: 공연예술통합전산망.

공연 티켓 예매 대행업체인 인터파크의 통계[8]에 따르면 콘서트를 포함해서 2019년 5,276억 원의 시장규모를 나타내고 있고, 이 중에서 콘서트가 1위로서 늘 1위를 하던 뮤지컬보다 2019년에는 많은 관객을 모았다. 성별로 보면, 여성이 72%, 남성이 28%의 비중이고, 여성 중에서는 20대(25%), 30대(24%), 40대(12%) 순으로 높은 예매자 비중을 보였다.

---

8) 인터파크의 티켓 판매 비율은 우리나라 전체의 약 70%를 차지한다고 알려져 있다.

(단위: 백만 원)

장르	2019년	2018년	2017년	2016년	2015년
콘서트	247,407	223,340	182,600	180,900	179,300
뮤지컬	213,740	257,130	198,900	199,300	191,500
연극	29,688	29,200	27,200	26,200	25,300
클래식/오페라	26,404	24,100	23,900	14,600	16,200
무용/전통예술	10,409	10,460	8,500	6,100	6,500
합계	527,648	544,150	441,100	427,100	418,700

자료: 인터파크 자료.

2. 국내 뮤지컬 시장의 특징 및 전망

특징

한국의 뮤지컬 시장은 공연 중에서 관람객들이 많고 수익성을 확보한 작품도 많은 산업화된 분야이다. 외국에서 한국의 뮤지컬을 평가할 때 독특한 시장이라고도 하는데, 그 특징을 살펴보면 다음과 같다.

첫째, 20대, 30대 여성 관객이 중심이다. 공연 총관람객 수 중에서 20~30대가 약 50%를 차지하고 있다. 장르별로 보면 30대는 뮤지컬을 특히 선호하고 있다. 전체 공연에서 여성 예매자가 72% 차지하고 있는데, 한국의 뮤지컬 티켓 가격이 미국 브로드웨이와 비슷한 가격인데도 불구하고 이처럼 많은 여성이 많은 것은 공연이 여성 취향인 데다가 출산율 저하와 결혼을 늦게 하는 추세에 따라 여성들이 관람할 시간과 금전적 여유를 가지고 있기 때문이다.

둘째, 창작 뮤지컬보다는 라이선스 뮤지컬이 시장을 주도하고 있다. 한국의 소비자들이 이미 세계적으로 인지도가 있는 유명 뮤지컬을 선호하고 있다. 과거부터 한국인들은 해외에서 유명 공연을 관람하고 한국에서 다시 이 뮤지컬을 반복해서 보는 관객들이 많다. 또한 유명 라이선스 작품을 몇 개월간 공연한 후에 다시 1~2년 뒤에 재공연하는 패턴이 반복되고 있다. 반복적인 공연 방식은 신규 캐스팅을 가능하게 하고 수요가 많지 않은 한국의 공연 시장을 활성화하는 계기가 되기도 한다.

〈오페라의 유령〉 이후 라이선스 뮤지컬이 국내 시장의 대세를 이루는 가운데 가끔 흥행에 성공한 창작 뮤지컬이 나오긴 했으나 큰 성공을 거두지는 못하고 있다. 수입 뮤지컬이 흥행을 보장하는 경우가 많아지다 보니 해외 공연 수입에 있어 과당경쟁이 나타나고 높은 로열티를 지불하는 현상들이 나타났다. 앞으로도 창작 뮤지컬의 활성화는 국내 뮤지컬계가 풀어야 할 과제이다.

셋째, 아이돌 가수가 뮤지컬 주연배우로 캐스팅되어 시장이 확대되었다는 것이다. 뮤지컬은 스타 배우의 영향력이 크다. 뮤지컬 스타 파워 1위인 조승우는 출연하는 작품마다 예매 매진을 기록하고 있는 것이 그 예이다. 뮤지컬의 스타 파워는 아이돌 가수들이 뮤지컬에 등장하면서 더욱 가속화되고 있다. 해외 시장에서 각광을 받고 있는 K-pop 주역들이 뮤지컬 시장으로 유입되면서 그 스타의 팬이 대거 뮤지컬 관객으로 유인되어 뮤지컬의 파이 자체를 키웠을 뿐 아니라 해외의 관객을 유치하는 데에도 긍정적인 영향을 끼쳤다. 한국 뮤지컬 시장은 20~30대의 여성 관객으로 이루어져 있다 보니, 한국 남성 아이돌 배우가 주로 뮤지컬 주연을 맡고 있다.

넷째, 뮤지컬이 대형화되고 있다. 2000년대 말까지만 해도 제작비 50억 원 정도의 규모이면 대형 뮤지컬에 속했지만 이제는 100억 원대에 이르는 제작비의 뮤지컬도 다수 등장하고 있다. 이는 뮤지컬 전용 극장이 확충되면서 대형 공연의 레퍼토리가 갖추어졌기 때문이기도 하다. 이는 반대로 중소형 공연의 소외로 나타나기도 하지만, 뮤지컬의 유형과 규모가 다양화되면 그만큼 뮤지컬 관객이 다양화되고 뮤지컬 시장의 질과 폭이 커질 수 있다는 장점도 있다.

다섯째, 해외에서 뮤지컬 한류가 형성되고 있다. 한류 붐을 타고 국내 뮤지컬 제작사들이 일본 등 해외에서 공연을 활발하게 전개함에 따라 한국 뮤지컬에 대한 해외 팬들이 생겨나고 있다. 물론 대부분 국내 한류 스타들을 캐스팅하여 출연하기 때문에 한류팬들이 주요 관객이 되지만 〈영웅〉 등과 같이 지극히 한국적인 소재도 브로드웨이에 진출하고 있어, 국내 창작 뮤지컬의 위상이 높아지고 있음을 알 수 있다. 창작 뮤지컬뿐만 아니라 국내에 제작한 라이선스 뮤지컬로 해외에 진출하는 경우도 있는데, CJ ENM이 중국과 합작으로 만든 〈맘마미아〉가 대표적인 예이다.

여섯째, 뮤지컬 공연의 낮은 수익률이다. 한류 스타들이 뮤지컬에 출연하면서 시장의 규모는 커졌지만, 이는 스타들의 출연료가 상승하는 작용을 하면서 수익성에는 큰 도움이 되지 못하고 있다. 라이선스 뮤지컬에 대해서는 과당경쟁으로 인해 10% 이상의 로열티를 지불해야 하는 어려운 여건으로 많은 공연 제작업체가 적자를 기록하고 있다.

전망

　뮤지컬 시장은 향후에도 성장은 지속될 것으로 보이나 성장률은 둔화될 것이다. 뮤지컬 연령층이 과거 20대에서 점차 30~40대로 확장되면서 해외에서와 같이 중·장년층의 시장이 형성될 것이다. 특히 일인당 국민소득이 높아지면서 고가의 문화상품에 속하는 뮤지컬의 소비가 증가할 것으로 예상된다. 지금까지는 라이선스 뮤지컬의 시장이 주도했지만 점차 창작 공연의 입지가 높아질 것으로 보여 창작 뮤지컬에 대한 잠재수요는 존재한다. 무엇보다도 한국인들은 극장형 엔터테인먼트(영화, 공연)에 대한 선호가 있어 뮤지컬에 대한 애정이 매우 높다. 《뉴욕타임즈》는 "한국인들의 뮤지컬에 대한 에너지와 상업성은 놀랄 만하다"라고 표현한 적이 있다. 또한 공급 측면에서도 샤롯데, 블루스퀘어, 디큐브아트센터, 코엑스아티움 등 뮤지컬 전용극장의 설립과 지방 뮤지컬 인프라가 확충되어 공연일수가 증가하고 있는 점도 긍정적으로 작용할 것이다. 이런 요인들로 앞으로 한국의 뮤지컬 시장은 꾸준히 성장할 것으로 보인다.

| 한국 뮤지컬 시장의 전망 |

3. 해외 시장 현황

미국

미국은 이미 가장 공연의 산업화가 진전된 국가로서 많은 공연 인구를 가지고 있을 뿐 아니라 브로드웨이를 중심으로 뮤지컬산업이 발전하여 외부의 관광객들이 많이 찾고 있다. 브로드웨이는 3대 극장 체인이 시장을 주도하고 있는데, Shubert Organization, Nederlander Organization, Jujamcyn Theaters 등이 있다. 디즈니도 디즈니극장을 소유하여 〈라이온킹〉, 〈미녀와 야수〉 등 애니메이션영화를 공연 작품으로 제작 공연하고 있다. 브로드웨이에는 브로드웨이와 오프브로드웨이 등으로 나뉜다. 오프브로드웨이란 브로드웨이를 약간 벗어난 지역에 있는 소규모 극장(주로 100~499석)에서 상영되는 뉴욕의 공연을 말하는데, 오프브로드웨이는 중·장년층 관객이 압도적으로 많은 브로드웨이에 비하여 젊은 관객이 많고 소재도 진취적이며 모험적이다. 브로드웨이에 비해 훨씬 적은 제작비로 제작되고 있으며 여기서 공연된 작품이 브로드웨이에 다시 올려 성공하는 경우도 있다.

미국의 뮤지컬산업 수익구조[9]를 보면, 한 편의 뮤지컬이 탄생하기까지는 수많은 창작자와 제작진의 작업이 수반되므로 수익 배분도 복잡하다. 오픈

---

[9] 더 뮤지컬(2012), 성공의 몫을 나누는 기준, 브로드웨이의 로열티, https://www.themusical.co.kr/Magazine/Detail?enc_num=pQA0ppPTYmUSGb3SSlM1ag%3D%3D

런[10]을 전제로 브로드웨이 뮤지컬이 손익분기점을 넘기는 시점은 짧게는 1년 길게는 2~3년이 걸린다.[11] 수익 배분의 기준은 로열티인데, 주간매출(box office)을 기준으로 하는지, 주간수익(profit)으로 하는지에 따라 지급 방식이 달라진다. 주간매출은 한 주간 티켓 수입에서 기타수수료와 세금을 공제한 금액이고, 수익은 주간매출에서 한 주간 프로덕션 운영에 소요되는 모든 비용을 공제한 금액을 말한다.

　로열티 수혜자는 대체로 작가군(극작가, 작곡가, 작사자), 연출가, 안무가, 무대디자이너, 의상디자이너, 조명디자이너, 음향디자이너, 오케스트라 그리고 경우에 따라 초연을 제작한 공연 단체나 작품의 초기 제작 과정에 중요한 역할을 한 프로듀서, 원작자, 오리지널 프로덕션의 창작자와 프로듀서 등이 포함된다. 작가가 받는 로열티는 손익분기점을 넘기기 전까지는 주간매출의 4.5% 선에서 책정되고 손익분기점을 넘긴 경우에는 6%로 상향 조정된다. 극작가와 작곡가 작사자 사이의 로열티 배분은 일반적으로 각 파트에 따라 3분의 1의 역할을 담당한다고 보지만 유명 작가가 참가했을 경우는 달라질 수 있다. 뮤지컬 연출가의 최저 로열티는 매출의 0.5%, 또는 수익의 1%로 책정되나 주간매출 기준으로 1,300달러, 주간수익 기준에서는 650달러의 최저금액이 보장된다. 연극의 경우에는 연출가의 역할이 크므로 좀 더 높다. 디자이너들의 로열티는 각각 주간수익의 최저 0.425%와 277달러 중 높은 쪽을 지급하는 것을 원칙으로 한다.

---

10) 오픈런이란 공연이 끝나는 날짜를 지정하지 않고 지속적으로 공연하는 것을 말한다. 오픈 런은 상연 기간을 미리 확정하는 '리미티드 런(Limited Run)'과 반대되는 개념으로, 흥행 여부에 따라 공연이 몇 달 혹은 몇 년 동안 지속될 수도 있다.
11) 더 뮤지컬(2012), 성공의 몫을 나누는 기준, 브로드웨이의 로열티, https://www.themusical.co.kr/Magazine/Detail?enc_num=pQA0ppPTYmUSGb3SSlM1ag%3D%3D

일본

일본의 라이브엔터테인먼트 시장은 음악 콘서트와 무대 퍼포먼스를 포함하여 2018년 2,685억 엔으로 전년 대비 10.4% 증가했다.[12]

| 일본 라이브 엔터테인먼트 시장규모 |

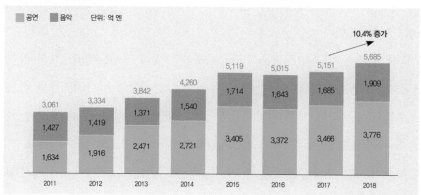

자료: 뻬아총연(ぴあ總研).

콘서트 등을 제외한 순수공연예술이라 할 수 있는 뮤지컬, 연극, 전통공연 등의 시장은 2008년도의 671억 엔(약6,800억 엔)을 정점으로 매년 시장규모가 감소하고 있는 실정이다. 일본에서 대표적인 뮤지컬 기업은 다카라즈카 가극단(寶塚歌劇團)과 극단 사계(劇寶 四季)이다[13]. 다카라즈카 가극단은 1914년 첫 무대를 시작하여 창업 100년을 넘기며 현재도 연 900회 이상의 공연을 일본 각지에서 하고 있고, 극단사계는 1953년 창단하여 연간 3천 회 이상의 자체 공연을 하고 있다. 이외에도 도호(東寶)와 주식회사 호리프로

---

12) 뻬아총연(2019), 〈일본 라이브엔터테인먼트 시장조사〉.
13) 한국콘텐츠진흥원(2019), 〈일본콘텐츠산업동향〉(2019-19호).

(株式會社ホリプロ) 등이 있다.

　다카라즈카 가극단은 무대의 미술, 의상, 조명 등의 화려함이 작품의 특징이라고 할 수 있는데, 정식 회원 수가 18만 명이 넘는 절대적인 팬덤을 바탕으로 남자배우 없이 여자배우들만으로 캐스팅이 정해진다. 만화 원작인 〈베르사이유의 장미〉가 가장 대표작이며 '2.5차원 뮤지컬'(만화나 애니메이션을 원작으로 하며 등장 캐릭터의 특성을 활용하여 제작하는 뮤지컬)의 원조라고도 할 수 있다.

　극단 사계는 〈라이온킹(The Lion King)〉, 〈알라딘(Aladdin)〉 등의 라이선스 디즈니 뮤지컬로 유명한데, 자체적으로 양성하여 매니지먼트를 하는 배우들로 구성되어 일본 관람객들의 공연 만족도가 매우 높다. 도쿄는 물론 오사카(大阪)에서 홋카이도(北海道)까지 전국에 대규모 상설 극장을 보유하고 있으며 지방공연도 많다. 위 두 작품 이외에도 〈오페라의 유령(The Phantom of the Opera)〉 역시 극단 사계의 대표작이며 상설 극장에서 일본 전국 어딘가의 상설극장에서 항상 상연하고 있다고 볼 수 있다.

　두 회사를 중심으로 하는 일본의 뮤지컬산업의 특징[14]은 첫째, 자체 교육 시스템을 통한 전문 배우들의 양성, 매니지먼트 시스템이다. 이는 음악에서 한국의 기획사들이 교육훈련 시스템으로 연습생 기간을 거쳐 가수로 데뷔하는 방식과 비슷하다. 일본에서는 공연에서도 이런 교육훈련 시스템이 도입되어 양질의 배우들을 배출하여 자신들의 공연에 출연하고 있다. 둘째, 독점적 IP 확보, 자체 프로듀싱을 통한 작품의 개발이다. 일본에서는 만화 등 타작품의 IP를 구입하여 공연화하는 경우가 많고, 창작 작품보다는 라이선스

---

14) 한국콘텐츠진흥원(2019), 〈일본콘텐츠산업동향〉(2019-19호).

작품이 많다. 셋째, 자사 소유 극장에서의 작품 배급이다. 우리나라는 공연
사들이 비교적 영세하여 자체 극장을 확보하고 있는 경우는 거의 없으나 일
본은 기획사가 극장을 소유하고 자신들이 만든 작품은 이곳을 통해 유통된
다. 우리나라에서 영화산업에서의 수직계열화와 유사한 형태라 볼 수 있다.
넷째, 일본의 대표적인 대기업 및 공기업이나 브랜드가 장기적으로 공연의
스폰서 역할을 한다는 것이다. 일본 공연업계가 이처럼 스폰서로 일부 수입
원을 확보하고 있어, 일본의 공연 시장이 안정성을 유지하고 있다. 다섯째,
로열티가 높은 팬클럽 성격의 회원 유지 시스템이다. 극단 사계 등이 운영하
는 팬클럽의 회원은 충성도가 높아 공연이 새롭게 올려질 때마다 안정적인
관객으로서의 역할을 하고 있다. 여섯째, 일본의 작품은 공연의 세부적인 면
까지 완벽을 추구하는 특성을 가지고 있다. 관객에 대한 배려를 비롯하여 음
악, 음향, 조명 등 공연 내용, 배우들의 동선 등 모든 분야에 있어서 연출과
무대 감독이 분업화되어 철저하게 관리되고 있다. 일곱째, 일반적으로 일본
의 관객층은 연령대가 높다. 다카라즈카는 50, 60대 이상의 관객(회원)이 대
부분이고, 극단 사계는 월트디즈니 애니메이션 작품의 뮤지컬 리메이크 작
품으로 거의 독자적인 관객층을 확보하고 있지만, 30, 40대가 주류를 이루
면서 가족 뮤지컬로 자리를 잡고 있다.

최소한 1,000석 이상의 극장에서 상연되는 대형 작품의 경우, 작품의 기
획과 제작, 홍보의 방식에 있어서 한국과 크게 다르다고는 볼 수 없으나 한
국의 대학로를 중심으로 이루어지는 창작 뮤지컬의 장기 공연은 일본에 거
의 없다. 이런 장기 공연 시스템은 팬층을 서서히 확보해 나가면서 어느 정
도 작품에 대한 반응이 있을 경우에 작품을 더 크고, 규모 있게 성장시킬 수
있는 장점이 있다. 그러나 일본에서 창작물의 오픈런 공연을 하지 않는 것

은, 결과적으로 일본 뮤지컬의 발전을 저해하는 하나의 요인이 된다고도 볼 수 있다.

일본에서 현재 가장 주목받고 있는 뮤지컬 형태는 '2.5차원 뮤지컬' 이다. 2차원의 만화 애니메이션을 원작으로 하는 3차원 무대 콘텐츠를 총칭하는 것이다. 원작의 인기, 아이돌 출신 배우들의 인지도, 애니메이션 팬들의 후광에 힘입어 인기 있는 일본의 독특한 공연이다. 공연 내용을 보면, 원작에 충실하면서 캐스트들이 코스튬플레이에 가까운 메이크업과 무대 의상으로 연기하는 것이다. 2.5차원 뮤지컬 시장은 2010년부터 매년 상승세를 보이면서 2012년부터는 급상승하면서 성장을 계속하고 있다. 2018년 기준 전년 대비 21.0% 증가한 156억 엔(약 1,600억 원)의 시장규모로 향후에도 매년 높은 성장이 예상되고 있다.[15] 이처럼 독특한 장르의 성공을 기반으로 일본은 이런 형태의 무대예술의 수출에도 박차를 가하고 있다. 2.5차원 뮤지컬의 시발점이 되었던 작품인 〈테니스의 왕자님(テニスの王子様)〉은 2.5차원 뮤지컬의 최초의 해외 공연 사례로 손꼽을 수 있으며 2008년에 이루어진 한국과 대만 공연의 성공에서도 볼 수 있듯이 애니메이션과 만화의 인기, 일본 아이돌의 인기가 융합된 콘텐츠로서 일본이 아닌 해외에서도 충분한 가능성이 있다고 판단된다. 다만 원작과 비주얼에 충실한 나머지 가창력과 연기력에서는 한계를 보이고 있으며 인기 아이돌의 캐스팅이 편중되어 있어 작품이 폭넓게 공감을 가질 수 있는 보편성의 측면에서는 취약점이 있다고 볼 수 있다.

---

15) 한국콘텐츠진흥원(2019), 〈일본콘텐츠산업동향〉(2019-19호).

중국

중국의 공연산업은 타 문화콘텐츠산업의 발전에 비해 더딘 면이 있으나 민영기업이 문화 부문 참여, 뮤지컬에 관심 증대 등으로 빠르게 성장하고 있다. 중국의 공연산업은 무대극, 콘서트, 음악페스티벌, 관광공연, 전통공연, 무용공연 등으로 나누어져 있고, 다시 무대극에는 연극, 뮤지컬, 아동극 등이 포함된다. 공연 시장의 규모는 2018년 기준 총 514.1억 위안[16]으로 과거 3년간 연평균 4.8%의 증가율을 보이고 있다. 공연 장르 중에서 콘서트 음악페스티벌이 21.9%로 가장 많으며, 관광공연이 20.6%, 연극 14.4%로 나타났다.

---

16) 1위안은 169.68원(2021.1.19. 기준).

(단위: 억 위안, %)

구분	공연 티켓 매출액	비율
콘서트/음악 페스티벌	39.9	21.9
관광공연	37.5	20.6
연극	26.2	14.4
기타	21.9	12.0
음악회	14.3	7.8
곡예잡기류	11	6.0
아동극	10.8	5.9
무용공연	9.2	5.0
전통 공연	8.1	4.4
뮤지컬	3.3	1.8
총계	182.2	99.8

자료: 예술경영지원센터(2019), 중국공연 시장진출 A to Z.

이 중에서 연극 시장을 보면 몇 가지 특징을 가지고 있다.[17] 먼저 여성과 청년층 관객의 증가이다. 25~34세의 관객이 전체 연극 관객의 58%를 차지하고 있다. 젊은 층의 증가로 연극의 내용도 관객이 직접 공연에 참여하는 참여형 연극이 인기를 끌고 있다. 이에 따라 공연장도 참여형 연극에 맞추어 소극장의 보급이 활발하다. 또 하나의 특징은 점차 질적으로 우수한 작품을 소비자들이 찾고 있다는 점이다. 중국의 연극 관객들은 이미 검증된 작품을 원하고 브랜드화된 작품을 선호하는 경향이 강해지고 있다. 어린이 공연의 수요가 증가했다는 것도 특징 중의 하나이다. 자녀들을 소중하게 여기는 중국 사람들의 성향과 아동을 위한 교육을 공연으로 연결시키는 기획사들의 전략이 맞아떨어져 부모와 자녀가 함께 관람하는 어린이 공연이 크게 증가하고 있다.

뮤지컬 시장의 경우, 아직 초기 단계에 머물러 있지만 베이징, 상하이, 광

---

17) 예술경영지원센터(2019), 중국공연 시장진출 A to Z.

저우 등을 중심으로 매우 빠르게 성장하고 있다. 이들 지역은 전체 시장의 70%를 차지하며, 뮤지컬 공연에 적합한 대형 공연장 등의 인프라가 갖추어져 있다. 베이징의 경우 전통공연 중심이지만 뮤지컬의 수요가 늘고 있고, 광저우는 광저우대극원 중심으로 뮤지컬 시장이 발전하고 있다. 상하이는 오페라, 뮤지컬의 안정적인 시장이 조성되어 있어 가장 활발한 뮤지컬 시장이다. 2018년 기준 뮤지컬 시장은 4.3억 위안으로 오리지널의 비중이 가장 높아 63%, 라이선스 23%, 창작 뮤지컬은 14%를 점유하고 있다. 뮤지컬 관객 수는 2018년 기준 160만 명으로 여성 67%, 남성은 33%로 구성되어 있다. 중국에서의 뮤지컬은 고급문화로 인식되고 있고, 뮤지컬 팬덤 현상도 나타나고 있다.

| 중국 도시별 뮤지컬 시장의 특징 |

도시	특징
베이징	전통공연예술의 선호도가 높음
	뮤지컬 공연 작품 수가 증가하고 있고 장기 공연 횟수가 가장 높음
	텐차오예술센터, 세기극원, 극공간극장 등에서 공연
광저우	광저우대극원 위주로 뮤지컬 시장이 발전
상하이	오페라 및 뮤지컬의 안정적 관객층 확보
	공연예술인력 밀집도가 높고 해외 공연 단체와의 교류활동이 활발함
	자유무역시범지구 조성을 통해 지정된 권역 내 해외투자자의 외자지분 비율 규제하지 않음

자료: 예술경영지원센터(2019), 중국공연 시장진출 A to Z.

중국에서도 한국과 마찬가지로 영화, 드라마 등의 스타들이 뮤지컬에 진입하는 사례들이 나타나기 시작하고 있으며, 역으로 뮤지컬에서 성공한 배우들이 대중적인 스타가 되기도 한다. 인터넷, 모바일과 같은 뉴미디어가 공연산업에 활용되어 새로운 유형의 공연들이 등장하고 있고, 크라우드 펀딩을 사용하여 재원을 확충하는 등 세계적인 트렌드를 빠르게 중국 시장에서 적용하고 있으며, 새로운 기술변화를 응용한 새로운 시도들도 적극 이루어지고 있다.

4. 업체 현황

공연 시설 및 종사자 수

최근 5년간(2015~2019년) 국내 공연 시장 규모를 살펴보면, 공연 시설은 2015년 1,026개에서 2019년 1,028개 시설로 현상 유지하고 있으며, 공연 단체는 2015년 2,293개 단체에서 2019년 3,972개로 크게 증가했다.

| 공연 시설 및 단체수 |

구분	2015	2016	2017	2018	2019	전년대비증감	
						증감수(개)	증감률(%)
전체	3,319	3,356	3,880	4,663	5,000	337	7.2
공연 시설(개)	1,026	992	1,019	1,029	1,028	−1	−0.1
공연 단체(개)	2,293	2,364	2,861	3,634	3,972	338	9.3

자료: 예술경영지원센터(2021), 2020 공연예술조사.

공연 시설 종사자 수는 2015년 1만2,513명에서 2019년 1만3,370명으로 다소 증가했으며 공연 단체의 종사자 수 또한 2015년 4만9,663명에서 2019년 5만1,109명으로 증가한 것으로 나타났다.

| 공연 시설 및 단체 종사자 수 |

구분		2015	2016	2017	2018	2019	전년대비증감	
							증감수(명)	증감률(%)
전체(명)		62,176	62,589	62,702	63,488	64,479	786	1.3
공연 시설		12,513	11,394	12,377	12,206	13,370	−171	−1.4
공연 단체		49,663	51,195	50,325	51,281	51,109	956	1.9
	단원	43,383	44,534	43,641	45,001	44,966	1,360	3.1
	지원인력	6,280	6,661	6,684	6,280	6,144	−404	−6.0

자료: 예술경영지원센터(2021), 2020 공연예술조사.

주요 업체 현황

(1) CJ ENM

영화, 음악, 미디어 분야의 대표적 기업으로 뮤지컬을 중심으로 공연 분야에서 투자와 프로듀싱, 마케팅을 진행하고 있다. 크게 주도적으로 작품을 프로듀싱하는 자체제작과 브로드웨이, 런던 등 주요 해외 시장에 진출하여 제작, 투자 등을 진행하는 글로벌 사업을 전개하고 있는데 글로벌 사업의 경우 브로드웨이 〈킹키부츠〉에 이어 〈물랑루즈〉 공동 프로듀서로 참여하면서 2018년 한국 최초로 브로드웨이리그협회 정회원 자격을 획득했다. 주요 작품으로는 〈키사라기미키짱〉, 〈위키드〉, 〈오페라의 유령〉 오리지널 공연 외에 뮤지컬 〈삼총사〉, 〈맨 오브 라만차〉, 〈김종욱 찾기〉, 〈비밥〉, 〈그리스〉, 〈지킬 앤 하이드〉, 〈살짜기 옵서예〉 등이 있다.

(2) 오디뮤지컬컴퍼니

2001년 설립된 이래 뮤지컬을 중심으로 다양한 공연예술 콘텐츠를 선보이고 있는 전문 기획제작사로 2014년에는 한국 최초로 브로드웨이 프로덕션의 리드 프로듀서로 참여한 〈Holler If Ya Hear Me〉가 브로드웨이 극장에서 공연되었으며 2015년에는 〈닥터 지바고〉를 브로드웨이 무대에 올리기도 했다. 오디컴퍼니의 주요 작품으로는 〈드라큘라〉, 〈스트리트 오브 마이 라이프〉, 〈타이타닉〉, 〈지킬 앤 하이드〉, 〈맨 오브 라만차〉, 〈그리스〉, 〈페임〉 등이 있다.

(3) 에이콤

1991년 한국 최초의 전문 뮤지컬 프로덕션으로 설립되었으며 1995년 국내 최초로 대형 뮤지컬 〈명성황후〉를 제작했고 가족 뮤지컬 〈둘리〉, 안중근 의사 의거 100주년을 기념하는 뮤지컬 〈영웅〉 등을 제작했다. 주요 작품으로는 〈영웅〉, 〈명성황후〉, 〈완득이〉, 〈맘마미아〉, 〈페임〉, 〈아가씨와 건달들〉 등의 작품을 선보였다.

(4) 신시컴퍼니

1987년 극단신시로 창단하여 1999년 뮤지컬 전문 기획·제작사로 전환했고 1998년 뮤지컬 〈더 라이프〉를 해외에서 들여와 초연하면서 국내에 라이선스 뮤지컬을 소개했다. 주요 작품으로는 〈아리랑〉, 〈빌리 엘리어트〉, 〈헤어 스프레이〉, 〈맘마미아〉, 〈시카고〉, 〈유린타운〉, 〈노틀담의 곱추〉 등의 뮤지컬과 〈햄릿〉, 〈렛미인〉, 〈아버지와 나와 홍매와〉, 〈가을소나타〉, 〈피아프〉 등의 연극이 있다.

(5) PMC프로덕션

1992년 전문기획극단 환 프로덕션으로 출발하여 뮤지컬 〈우리 집 식구는 아무도 못말려〉, 〈96 고래사냥〉을 제작했고 1997년 넌버벌퍼포먼스인 〈난타〉가 국내외에서 성공을 거두며 한국 공연계의 다양한 기록을 세웠다. 대표작인 〈난타〉는 1997년 최초 공연 이후 1999년에는 해외 공연을 시작했고 2000년 난타 전용관 개관, 2002년 관객 100만 명 돌파, 2003년 브로드웨이 진출, 2014년에는 누적 관객 천만 명을 돌파했다.

(6) EMK뮤지컬컴퍼니

브로드웨이와 웨스트엔드 뮤지컬이 주를 이루던 국내 라이선스 뮤지컬 분야에 〈모차르트〉, 〈레베카〉와 같은 정통 유럽 뮤지컬을 소개하며 입지를 다졌고 오리지널 창작 뮤지컬인 〈마타하리〉, 〈웃는 남자〉를 통해 해외 시장 진출을 본격적으로 추진하고 있다. 주요 작품으로는 라이선스 뮤지컬로 〈레베카〉, 〈모차르트〉, 〈마리 앙투아네트〉, 〈엘리자벳〉, 〈몬테 크리스토〉, 〈햄릿〉 등이 있으며 오리지널 뮤지컬로는 〈마타하리〉, 〈웃는 남자〉, 〈엑스칼리버〉를 선보였다.

주요 뮤지컬

(1) 〈캣츠〉

1981년 웨스트엔드, 1982년 브로드웨이에서 초연되어 30여 개국 300여 개가 넘는 도시에서 공연되며 관람객이 전 세계 8,000만 명이 넘는 〈캣츠〉는 현재도 세계 여러 도시에서 공연 중에 있다.

뮤지컬 〈캣츠〉는 한국 뮤지컬 역사상 처음으로 누적 관객 200만 시대를 연 작품이다. 〈캣츠〉가 국내에서 첫선을 보인 것은 1994년으로, 소위 4대 뮤지컬 중 처음 한국 땅을 밟은 〈캣츠〉는 3~4년마다 꾸준히 공연되어 24년 간 서울에서만 10시즌(본 공연 8시즌, 앙코르 2시즌) 공연을 했으며 2017년 12월 16일 대구 공연에서 200만 명을 돌파했다. 누적 관객 200만 명을 동원하기까지 서울과 지방 22개 도시에서 공연한 횟수는 총 1,450회에 이른다.

〈캣츠〉는 4대 뮤지컬 중 처음으로 2003년 지방공연에 나서 9개월에 걸쳐 공연한 바 있다. 당시 대구 공연은 뮤지컬 지방공연 중 처음으로 전석 매진한 사례로 남아 있다. 〈캣츠〉는 2000년대 초반, 뮤지컬 시장이 존재하지 않았던 국내에 다양한 뮤지컬 관객을 양산해 왔는데 특히 지방의 뮤지컬산업의 견인차 역할을 했다. 22개 도시에서 공연된 〈캣츠〉의 200만 관객을 분석해보면, 서울과 지방 관객이 약 6 대 4 비율을 점유한다.

또한 2030세대에 편중된 국내 뮤지컬 시장에서 40대 이상의 관객층까지 주소비층으로 부각시키며 다양한 관객층을 확산시켰다. 〈캣츠〉의 관객 분포는 20대, 30대, 40대 이상 관객층이 각 30%에 해당하는 고른 분포를 보이고, 여성과 남성의 비율 역시 55% 대 45% 선으로 전 세대를 아우르고 있다.

(2) 〈맘마미아〉

스웨덴 혼성 그룹 아바(ABBA)의 22개 히트곡을 엮은 〈맘마미아〉는 1999년 런던에서 초연한 이래 세계 50개 프로덕션에서 16개 언어로 공연되었으며 중·장년층의 노스텔지어를 불러일으키는 '아바의 음악'이 남녀노소 모두가 공감할 수 있는 이야기와 절묘하게 어우러져 전 세대가 관람할 수 있는 뮤지컬로 완성되어 세계적으로 흥행에 성공한 뮤지컬로 자리매김했다.

2004년 1월 17일 예술의전당에서 초연된 뮤지컬 〈맘마미아〉는 서울을 포함해 전국 33개 지역에서 공연되며 2019년 현재까지 15년간 1,659회 공연을 이어왔고 그동안 1,600여 명의 스태프와 350여 명의 배우가 참여했다. 그리고 2019년 8월 22일 오후 8시 서울 LG아트센터에서 열린 1,672회차 공연을 기점으로 누적 관객 200만475명을 기록했는데 이는 2017년 12월 국내 뮤지컬 사상 첫 200만 관객을 돌파한 〈캣츠〉 이후 두 번째에 해당하는 기록으로, 최단 기간에 최다 관객을 모은 국내 최초의 뮤지컬로 이름을 올렸다. 국내의 경우 30대 여성이 주요 소비자인 뮤지컬 시장에서 중장년층과 남성까지 아우를 정도로 관객층이 넓다는 점도 장기흥행을 이끈 요소라 할 수 있다.

(3) 〈명성황후〉

〈명성황후〉는 명성황후의 일대기를 바탕으로 한 국내 창작 뮤지컬로 1995년 예술의 전당 오페라하우스에서 초연되어 큰 성공을 거두었으며 1996년에는 제2회 한국뮤지컬대상에서 대상, 연출상, 미술상, 의상상, 연기상을 수상했다. 1997년 8월 15일에는 미국 뉴욕 링컨센터에 있는 뉴욕주립극장에서 상연되었으며 영국 웨스트엔드에 2002년 2월 1일 처음 진출하며 국내 최초로 영어 버전을 선보였다.

상연 12년 만인 2007년 3월에는 국내 뮤지컬 사상 처음으로 100만 관객을 넘어섰으며 2016년 2월에는 누적관객 175만 명을 돌파하며 국내 창작 뮤지컬 중 가장 성공한 작품이 되었다.

(4) 〈난타〉

〈난타〉는 한국의 전통 가락인 사물놀이 리듬을 소재로 칼과 도마 등의 주방기구를 멋진 악기로 승화시켜 주방에서 일어나는 일들을 코믹하게 드라마화함으로써 국적과 남녀노소 누구나 즐길 수 있는 한국 최초의 비언어극 공연이다.

〈난타〉는 1997년 10월 초연부터 폭발적 반응으로 한국 공연사상 최다 관객을 동원했고, 해외 첫 데뷔 무대인 1999년 에딘버러 프린지 페스티벌에서 최고의 평점을 받기도 했다. 이후 계속되는 해외 공연의 성공을 발판으로 2004년 2월 아시아 공연물 최초로 뉴욕 브로드웨이에서 성공적으로 진출을 이루어냈고 2017년 기준 총 57개국 310개 도시에서 투어를 진행했다.

서울의 전용관에서 연중 상설공연 중인 〈난타〉는 기존의 전용관 이외에 명동, 홍대, 충정로, 제주도 등에 전용관을 개관했고 해외로도 진출하여 태국 방콕과 중국 광저우에도 전용관을 개관했다.

2017년 10월에 공연 20주년을 맞이한 〈난타〉는 연간 약 75만 명의 외국인이 관람하며 한국을 대표하는 문화관광 상품으로 외국인 관광객들의 필수 방문 코스가 되었으며 첫 공연 이후 2002년에 국내외 총관객 100만 명을 돌파했고 2006년에 300만 명, 2012년에 800만 명, 마침내 2014년 12월에는 천만 관객을 돌파했다.

기업 사례

(1) 신시컴퍼니

신시컴퍼니는 1987년 '극단 신시'로 출발해 1999년 뮤지컬 전문 제작사 '신시컴퍼니'로 전환했다. 라이선스 및 창작 뮤지컬을 제작하며 대표작으로는 〈맘마미아〉, 〈시카고〉, 〈아이다〉 등이 있다. 〈시카고〉는 2000년 초연 이후 누적 공연 횟수 1,000회를 돌파했고 평균 객석 점유율 85%를 기록했으며(2018년 기준)[18], 〈맘마미아〉는 2004년 초연 이후 1,779회 공연, 200만 명의 관객이라는 기록을 보유했다(2019년 기준).[19]

신시컴퍼니는 해외 뮤지컬의 라이선스 뮤지컬을 주로 제작한다. 〈맘마미아〉, 〈시카고〉 등 대표작은 대부분 해외 라이선스를 획득해 제작한 뮤지컬이고 아시아 최초로 〈마틸다〉의 라이선스를 획득하기도 했다. 그리고 이런 뮤지컬로 한국뮤지컬대상이나 예그린뮤지컬어워드 등에서 다수의 상을 수상했다.

신시컴퍼니의 2020년 총 매출은 115억 원으로 2019년 219억 원에 비해 큰 폭으로 하락했다. 2019년 영업이익과 순이익은 32억 규모로 2017년의 대규모 손실을 만회하고 회복하는 양상을 보였으나, 코로나19로 인한 매출 급감으로 다시 어려움을 겪고 있다. 영업이익과 순이익 역시 50억 원 가량의 손실을 입어 공연계의 막대한 피해를 짐작할 수 있다.

---

18) 문화뉴스(2021), 가상 캐스팅으로 알아보는 2021 뮤지컬 '시카고', http://www.mhns.co.kr/news/articleView.html?idxno=426510

19) PLAY DB(2019), "200만 관객 만난 '맘마미아!', 남편·애인·자식 같은 공연이죠" 최정원·김문정·황현정·이재은, http://m.playdb.co.kr/MobileMagazine/ListicleDetail?magazineno=3599&subcategory=067003

| 신시컴퍼니 매출 및 이익(2016~2019) |

(단위: 천 원)

구분	2016	2017	2018	2019	2020
매출액	22,648,334	17,394,426	27,904,574	21,878,287	11,538,224
영업이익	3,429,977	−2,705,193	1,747,804	3,298,173	−4,917,204
순이익	3,567,654	−2,802,771	1,472,264	3,239,822	−5,513,796

자료: 신시컴퍼니 연도별 감사보고서.

2000년 전후는 한국 뮤지컬 시장이 팽창하기 시작하던 시기로 이때 시장에 갓 진입한 신시컴퍼니는 한국 뮤지컬 시장과 함께 성장하며 여러 뮤지컬 스타를 배출했다. 〈맘마미아〉의 최정원, 남경주, 전수경은 한국 뮤지컬의 중견으로 자리잡았고, 〈아이다〉를 통해 가수에서 뮤지컬 배우로 데뷔한 옥주현, 〈시카고〉의 '록시' 역을 맡은 아이비 등은 한국의 대표 뮤지컬 배우로 성장했다.

2000년대 한국 뮤지컬 시장이 성장하며 신시컴퍼니 역시 뮤지컬 시장의 인프라 확대를 위해 노력했다. 2005년 대학로의 콘서트 전문 극장 폴리미디어씨어터(Polimedia Theater)를 인수해 '신시뮤지컬극장'이라는 이름으로 운영했고, '신시트레이닝센터'를 운영하며 오디션을 통해 발굴한 배우들의 트레이닝을 위해 노력하기도 했다.[20] 현재는 다양한 사업은 정리하고 뮤지컬 제작에만 집중하고 있다.

신시컴퍼니의 성공 전략은 먼저 규모의 경제를 추구한 점이라고 할 수 있다. 신시컴퍼니의 대표작은 해외 유명 뮤지컬의 라이선스 공연이 많은데, 이런 해외 라이선스 뮤지컬은 관객 동원과 수익 창출에 유리하다. 오리지널 팀이 내한하는 공연은 관객을 동원하기는 쉽지만 손익분기점이 높고, 창작 뮤

---

20) 문화포털 지식백과, https://www.culture.go.kr/knowledge/encyclopediaView.do?code_value=J&vvm_seq=8241&ccm_code=J011&ccm_subcode=J333

지컬은 관객들에게 익숙하지 않아 공연장으로 관객들을 모으기가 어렵다. 신시컴퍼니는 해외 인기 뮤지컬의 라이선스를 획득해 이를 대형 공연장에서 장기간 공연하는 방식으로 규모의 경제를 창출하고 수익을 거두었다. 신시컴퍼니의 대표작들은 LG 아트센터나 디큐브아트센터, 샤롯데씨어터 등 뮤지컬 전문 극장이나 대극장에서 주로 공연되며 3개월 이상의 장기 공연인 경우가 많다.

규모의 경제를 추구하는 전략은 공연 스케일과 투자금 규모에서 나타난다. 신시컴퍼니는 2004년 〈맘마미아〉 제작 당시 대기업 CJ 엔터테인먼트의 투자를 이끌어냈고[21], 〈맘마미아〉의 성공으로 다른 투자사들도 설득할 수 있었다. 2005년 라이선스 뮤지컬 〈아이다〉 초연 당시 제작비는 130억 원에 달했는데, 브로드웨이 공연의 무대 매커니즘은 그대로 공수해 무대장치는 물론 의상까지 재현하여 볼거리를 제공했기 때문이었다.[22] 장기간 공연 전략 역시 규모의 경제와 관련이 있다. 한 번 준비한 공연을 수개월 동안 진행하여 제작비 회수 가능 기간을 늘리고 또 해당 기간 동안 입소문이나 새로운 관객들이 유입될 수 있는 시간을 확보했다.

또 다른 전략으로는 같은 뮤지컬을 반복하는 것이다. 신시컴퍼니의 대표 라이선스 공연은 2000년대 초반부터 지금까지도 진행되는 공연이 많고 한 번 공연 후 1~2년 후 새로운 형태로 재공연하는 경우가 많다. 같은 공연이지만 캐스팅과 공연장 규모에 따른 무대장치, 연출, 안무 등에 변화를 주어 공연의 이름이 가지는 브랜드가치는 유지하면서 매 공연마다 다른 느낌을

---

21) 시사저널(2004), 뮤지컬.짝짓기 잘해야 대박 난다?, http://www.sisajournal.com/news/articleView. html?idxno=89574

22) 신시컴퍼니 홈페이지, http://www.iseensee.com/Home/Perf/MakingDetail.aspx?IdPerf=1119

줄 수 있다. 이런 방식은 위험을 최소화하면서 새로운 창작 실험을 가능하게 한다. 공연의 기본적인 틀은 유지한 채 새로운 캐스팅을 하거나 새로운 연출가를 통한 재해석을 할 수 있고, 이는 관객들에게 익숙함과 새로움을 동시에 줄 수 있는 것이다.

| 신시컴퍼니 대표작 재공연 현황 |

공연명	누적공연횟수	공연 연도(2000년대와 2010년대 이후 구분)
맘마미아!	1,779	2004 2006 2007 2007~2008 2009
		2010~2011 2012 2012~2013 2013~2014 2016 2019
시카고	961	2000 2007 2008 2009
		2012 2013 2014 2015~2016 2018
아이다	732	2005~2006
		2010~2011 2012~2013 2016~2017 2019~2020
고스트	–	2013~2014 2020~2021
렌트	–	2000 2001 2001 2004 2007 2009
		2011 2020

자료: 신시컴퍼니 홈페이지, 공연예술통합전산망.

이런 전략은 결국 뮤지컬 시장에서 신진 인력을 양성하는 활동이 될 수 있다. 검증된 공연으로 위험을 최소화하면서도 캐스팅을 통해 새로운 제작인력이나 배우를 유입하면, 이는 뮤지컬 신예들에게 기회가 되고 지속적인 활동 무대이자 연습 과정이 될 수 있다. 실제로 신시컴퍼니는 2005년 신시트레이닝센터를 운영하기도 했고 2014~2015년에는 충무아트홀의 청년 인력양성 지원사업을 통해 선정된 작품인 〈에어포트 베이비〉를 제작하는 등 신진 양성을 위해서도 노력하고 있다.[23]

---

23) PLAY DB(2015), 충무아트홀 '창작자 발굴' 시즌2 연다…31까지 접수, http://m.playdb.co.kr/Magazine/Detail?flag=PN&no=81426

(2) 태양의 서커스(Cirque du Soleil)

'태양의 서커스'는 1984년 곡예사였던 기 랄리베르테(Guy Laliberte)가 설립한 공연단으로 곡예와 기예 중심이었던 서커스를 주제와 스토리가 가미된 예술작품으로 재탄생시킨 공연단이다. 기존 서커스의 주요 콘텐츠였던 신체를 활용한 기예와 동물 묘기를 없애고 음악과 춤, 의상, 무대장치에 투자해 볼거리를 제공하는 동시에 곡예사들에게 캐릭터를 부여해 곡예들 사이에 연결되는 스토리라인으로 몰입도를 높였다.[24] 대표작으로는 〈알레그리아(Alegrua)〉, 〈퀴담(Quidam)〉, 〈쿠자(Kooza)〉, 〈오(O)〉 등이 있다. 2015년 설립자 랄리베르테는 15억 달러에 '태양의 서커스'를 TPG Global에 매각했다.

'태양의 서커스'는 지금까지 42개의 공연을 선보였으며 2019년에 운영하고 있는 공연의 수는 23개였다.[25] 매년 한 개 이상의 공연을 새롭게 론칭한 셈이다. 공연은 크게 상설공연과 순회공연으로 나눌 수 있는데, 상설공연의 경우 라스베이거스와 LA, 멕시코, 마카오, 항저우 등의 도시에 있는 공연장에서 이루어지며 해당 공연장에서만 볼 수 있어 관광 효과도 거두고 있다. 순회공연은 '태양의 서커스'가 세계 각지의 공연장에 찾아가 진행하는 공연이다. 순회공연은 무대장치의 규모로 인해 빅탑 구조[26] 설치가 가능한 곳에서 주로 공연이 이루어진다. 2020년 팬데믹 이전까지는 전 세계 60개국 450개 도시에서 공연되었고 1억8,000만 명의 관객을 기록한 바 있다.[27]

---

24) 박용승(2010), 태양의 서커스의 블루오션전략, 경희대학교 경영대학원 석사학위논문.

25) Ghazzawi Issam(2019), Cirque Du Soleil, Innovation is More Culture Than Just a Process, *Journal of Case Research and Inquiry*, 5.

26) 서커스 공연 시 높은 장소에서의 공연을 위한 기둥 등의 설비를 갖춘 구조.

27) Cirque du Soleil 홈페이지, https://www.cirquedusoleil.com/

(단위: 회)

	1990s	2000s	2010s
상설[29]	3	7	7
순회[30]	5	6	14

자료 : Ghazzawi Issam(2019), Cirque Du Soleil, Innovation is More Culture Than Just a Process

'태양의 서커스'의 2019년 매출은 10억 달러 수준인 것으로 알려졌다.[30] 하지만 2020년 전 세계에 걸친 팬데믹 현상의 영향으로 인력의 95%에 달하는 4,500여 명을 무급 휴직 처리하고 캐나다에서 파산 신청을 하며 큰 위기를 맞았다.[31] 그리고 11월 Catalyst Capital Group이 이끄는 채권단에 회사 매각을 완료했다.[32]

'태양의 서커스'는 블루오션 전략의 성공 사례로 잘 알려져 있다. 기존 서커스에 대한 정의를 재고하여 서커스를 새롭게 정의하고 기존의 서커스에서 중요했던 부분인 동물 묘기를 없애고 기예에 치중해 산발적으로 선보이던 곡예에 캐릭터와 스토리를 부여했다.[33] 그리고 이를 음악, 조명, 의상 등 공연의 여러 요소와 결합해 종합적인 퍼포먼스로 탈바꿈시켰다. 퀄리티가 높은 종합적인 공연이 되면서 '태양의 서커스'는 고객층을 확대했고 입장료가

---

28) 시즌 공연 포함.

29) 아레나 공연 포함.

30) The NewYork Times(2020), Will Cirque du Soleil Rise Again?, https://www.nytimes.com/2020/05/17/world/canada/cirque-du-soleil-coronavirus-debt.html

31) 조선비즈(2020), 공연 역사상 최대 흥행작 '태양의 서커스', 파산보호 신청… 배우 4500명 무급 휴직, https://biz.chosun.com/site/data/html_dir/2020/06/30/2020063003366.html

32) CBC(2020), Cirque du Soleil emerges from bankruptcy protection with sale to creditors, https://www.cbc.ca/news/business/cirque-du-soleil-sale-1.5815466

33) 김영아(2011), , 〈가치혁신으로 본 태양서커스(Cirque du Soleil)와 우리나라 서커스의 향후 과제〉, 《비교문학》, 55.

100~150$ 수준(VIP석 기준)으로 다소 높은 편임에도 훌륭한 문화예술 콘텐츠로서 소비되었다. 또 성인 전용 공연과 가족 대상의 공연 등 관객층도 구분하여 공연을 기획하기도 했다.

서커스가 종합적인 퍼포먼스로 정의되며 장르적 한계를 탈피한 '태양의 서커스'는 다양한 내용과 볼거리가 있는 서커스를 창조해냈다. 수중 서커스, 초대형 회전무대 서커스, 뮤지컬 형태나 동양적인 스토리를 가미한 서커스 등 다양한 콘셉트의 공연을 보여주고, 스포츠, 곡예, 무용 등 여러 장르를 통합한다.[34]

'태양의 서커스'는 새로운 공연을 계속 제작할 영감을 얻기 위하여 다양한 방식을 활용한다. 산학 협력은 물론 기업과의 기술 연계도 과감하게 시도한다. '태양의 서커스'는 북미 지역 12개 대학교와 산학교류를 맺어 학생들로부터 자유롭게 의견을 받고 있으며, 〈큐리어스〉에서 공중에 거꾸로 매달린 곡예사가 공중에서 바닥으로 의자와 테이블을 쌓아 올리는 장면도 이렇게 탄생했다.[35] 그리고 디즈니와 같은 기업, 마돈나(Madonna)나 제임스 카메론(James Cameron)과 같은 대중문화인과 연합해 공연을 선보이거나 스트리트 문화나 히피 문화 등 서브컬처와의 결합도 적극적으로 추진한다. 문화적 다양성 역시 영감의 원천이 된다. '태양의 서커스'의 아티스트들은 전 세계 40여 개국 출신으로 이들이 사용하는 언어의 수만 25개 이상으로 알려져 있다.[36] 이들 각각이 가진 각기 다른 문화적 배경과 그 역사가 '태양의 서

34) 박용승(2010), 태양의 서커스의 블루오션전략, 경희대학교 경영대학원 석사학위논문.
35) 조선일보 위클리비즈(2014), 매출 1조원 대기업 된 '태양의 서커스', http://weeklybiz.chosun.com/site/data/html_dir/2014/10/31/2014103101912.html
36) Ghazzawi Issam(2019), Cirque Du Soleil, Innovation is More Culture Than Just a Process, Journal of Case Research and Inquiry, 5.

커스'에 녹아드는 것이다.

이런 혁신이 가능했던 것은 과감한 투자가 있었기 때문이다. 하나의 공연이 제작될 때 기획, 연습, 세트 및 의상 제작까지 들어가는 기간은 보통 3~4년 정도이며 이익의 70% 이상을 R&D와 새로운 작품에 투자한다. 2005년 제작한 〈카(KÁ)〉는 제작비가 약 1,850억 원, 〈오(O)〉는 1,100억 원 정도 투입된 것으로 알려졌다.[37]

하지만 이런 투자와 확장은 위기의 때에 '태양의 서커스'의 발목을 잡는 요인이 되었다. '태양의 서커스'는 공연은 다양했지만, 공연 외 다른 수익 창구가 없었다.[38] 이런 단일 구조에서 2020년 팬데믹 현상으로 인해 공연을 개최할 수 없게 되자 수익이 거의 나지 않아 결국 파산 신청을 하기에 이르렀다. '태양의 서커스' 내부에서도 이런 공격적인 사업 확장이 단체를 과포화 상태로 만들어 위기 상황에 대한 대응력을 약화시켰다는 평가가 나오고 있다.[39]

'태양의 서커스'가 설립 이후 지금까지 다른 시장에 무관심했던 것은 아니다. 2000년 즈음에는 공연 콘텐츠를 미디어로 이동시켜 새로운 시장을 개척하고자 했다. 1999년에는 공연 〈알레그리아〉를 극장판으로 제작하고 2002년에는 〈바레카이〉의 제작 과정을 담은 TV 시리즈 〈파이어 위딘(Fire Within)〉이나 공연을 준비하는 과정을 담은 다큐멘터리를 제작하며 '태양

37) 김영아(2011), 〈가치혁신으로 본 태양서커스(Cirque du Soleil)와 우리나라 서커스의 향후 과제〉, 《비교문학》, 55.

38) Forbes(2020), Cirque Du Soleil Lays Off 95% Of Staff Over Coronavirus Pandemic Shutdown, https://www.forbes.com/sites/iainmartin/2020/03/20/cirque-du-soleil-lays-off-95-of-staff-over-coronavirus-pandemic-shutdown/?sh=737148335304

39) 더프리뷰(2020), 태양의 서커스, 95% 감원, http://www.thepreview.co.kr/news/articleView.html?idxno=3131

의 서커스' 콘텐츠를 미디어로 확장하기도 했다.[40] 하지만 이런 도전은 또 다른 수익 창구를 만들어내지 못하고 한때의 실험이 되고 말았다.

---

[40] 박용승(2010), 태양의 서커스의 블루오션전략, 경희대학교 경영대학원 석사학위논문.

1. 라이선스 뮤지컬

우리나라에서 뮤지컬은 크게 세 가지로 나뉜다. 오리지널(original) 공연, 라이선스(license) 공연, 창작 공연이다. 창작 뮤지컬은 한국에서 만들어 저작권을 한국 업체가 가지고 있는 뮤지컬이다. 예를 들어 〈명성황후〉나 〈난타〉 등이 여기에 속한다. 우리나라의 대형 뮤지컬 공연은 일부를 제외하고는 라이선스와 오리지널로 되어 있다. 오리지널 뮤지컬은 해외 현지에서 공연되었거나 공연 중인 작품을 원형 그대로 보여주는 것으로 현지의 멤버들이 직접 한국에 와서 공연을 하는 것이다. 흔히 내한 공연으로 지칭되기도 한다.

라이선스 공연은 해외 원작자에게 저작료를 지급하고 판권을 사들인 뒤 한국에서 공연하는 것을 말한다.[41] 엄밀하게 말하면 라이선스 뮤지컬은 초연 당시의 제작진과 출연 배우, 무대 세트가 그대로 적용되어야 하고 하나라

---

41) 월간객석(2018), 라이선스 뮤지컬의 모든 것(http: //auditorium.kr/2018/11/라이선스–뮤지컬의–모든–것/)

도 변경되어 제작되는 작품은 리바이벌(revival)이라는 명칭을 붙인다. 또한 라이선스 공연은 다시 레플리카(replica)와 논레플리카(nonreplica)로 나뉘는데, 레플리카는 음악과 가사는 물론 안무, 의상, 무대까지 똑같이 공연하되 배우만 국내에서 캐스팅하는 공연을 말하고, 논레플리카는 원작을 수정, 각색, 번안해 국내 정서에 맞도록 재구성한 작품을 말한다. 논레플리카 중에서 대본과 음악을 구매해 현지정서에 맞게 제작하는 방식은 스몰라이선스라는 용어를 사용하기도 한다.

| 라이선스 뮤지컬의 분류 |

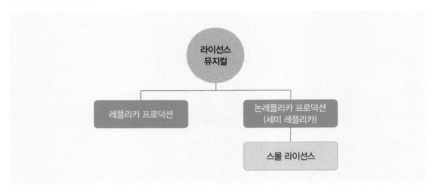

국내에서 본격적인 라이선싱 공연은 1990년대 중반 삼성에서 설립한 삼성영상사업단이 미국에서 수입한 〈브로드웨이 42번가〉 공연부터이다. 이후 극단 신시가 국내에 라이선스 공연을 하고 2004년에 〈맘마미아〉와 같은 작품을 국내에서 시작해 지금까지 공연되고 있다.

라이선스 공연이 한국에서 공연되기까지에는 여러 절차를 거친다. 먼저 작품 선정이다. 한국에 수입될 작품의 선정은 프로듀서의 기호와 한국 시장에서의 성공 가능성의 판단 등에 의해 결정된다. 한국에서는 대형 뮤지컬의 경우 이미 해외에서 인정받아온 작품을 선정하여 한국에서의 흥행 리스크를 줄이는 경향이 있다.

이어서 계약을 진행한다. 레플리카의 경우 원제작사나 현 프로덕션의 프로듀서와 라이선스 계약을 맺는다. 브로드웨이에서 공연하고 있는 작품은 다른 지역에서 공연할 수 있는 권리가 현 프로덕션의 프로듀서에게 속해 있는 경우가 대부분이다.[42] 최근 온라인으로 계약 절차를 진행하는 경우가 많으나 프로듀서가 현지에 직접 방문하기도 한다. 한편 논레플리카의 경우, 공연권 에이전시와 라이선스를 체결한다. 공연권 에이전시란 원작자들로부터 공연권을 위탁받아 라이선스 과정을 관리하는 회사로 종료된 공연의 경우

---

42) 월간객석(2018), 라이선스 뮤지컬의 모든 것(http://auditorium.kr/2018/11/라이선스-뮤지컬의-모든-것/)

이들에게 공연권을 위탁하는 경우가 많다. 본 저서의 미국 음악산업에서 설명했던 음악 퍼블리싱 회사를 말한다.

레플리카는 작품의 완성도를 높이기 위해 협업 과정을 거친다. 해외 작품을 그대로 가져오므로 별도의 국내 프로덕션[43]을 구성하지는 않지만 해외 크리에이티브 팀과의 적극적인 소통이 필요하고 연습 기간과 무대 설치 기간도 논레플리카에 비해 긴 편이다. 배우 캐스팅은 원제작사와 한국 제작사 측이 참여하여 진행한다. 무대디자인은 현지 공연에서 사용되는 무대를 그대로 가져오거나 원제작자로부터 도면을 받아 직접 제작하기도 한다.

원작에 기반하여 새로운 프로덕션을 만드는 논레플리카의 경우, 공연권 관리회사로부터 라이선스를 획득한 후 프로덕션을 구성하는 과정은 전적으로 한국 프로듀서의 자율성에 따라 진행되는데, 작품에 어울리는 연출과 디자이너를 찾는 것이 프로덕션의 시작이다.[44] 논레플리카는 음악과 대본에 대해서만 로열티를 지급하고 연출 의도는 물론 무대, 조명, 음향까지 국내 프로덕션이 추구하는 방향으로 진행된다.

---

43) 프로덕션이란 무대, 조명, 음향, 의상 등의 모든 하드웨어적인 요소와 배우들의 노래, 연기, 춤, 오케스트라의 연주 등 소프트웨어적인 요소들이 결합되어 만들어지는 뮤지컬의 제작 전 과정을 말한다.
44) 월간객석(2018), 라이선스 뮤지컬의 모든 것(http://auditorium.kr/2018/11/라이선스-뮤지컬의-모든-것/)

2. 공연과 기술의 융합

예술 중에서도 공연은 과학기술과의 융합이 가장 활발한 분야이다. 일반적으로 공연산업은 공급과 소비가 동일한 장소에서 동시에 일어나는 서비스이다. 그러나 최근에는 공연이 기술의 도움을 받아 연기자가 사람이 아닌 인공적인 가공물이거나, 공연 현장에 관객이 없이 촬영한 영상을 디지털로 소비자에게 전송되는 경우도 늘어나고 있다.

공연에 기술이 사용되는 이유는 대체로 다양한 무대효과를 구현하기 위해서이다. 무대 공간은 좁기 때문에 실제 무대장치로 공연에서의 무대효과를 다양하게 보여주는 것에는 한계가 있다. 따라서 공연에 기술이 더해지면 연출자가 의도하는 대로, 공간에 구애받지 않고 무대효과를 구현할 수가 있다. CG를 활용한 장면 전환, 무대의 특수효과나 디지털 합성 음악, 가상적 공간을 만들어내는 홀로그램 등 다양한 기술들이 사용된다. 가상으로 세상을 보여주는 가상현실기술은, 실제 현실 위에 필요한 정보를 띄워 주는 증강현실로 진화하고 있다.

또한 디지털 기술의 발전으로 아마추어도 공연을 창작할 수 있다. 스마트폰과 음악적 재능만 있으면 얼마든 음악을 창작하고 공연할 수 있다. 녹음된 음악을 편집도 가능하고 다른 사람에게 전송도 가능하다. 이른바 예술의 대중화가 이루어진 것이다. 이와 같이 예술에 대한 진입장벽이 낮아진 것은 디지털 기술과 소프트웨어의 덕분이다.

공연에서 사용되는 기술 몇 가지를 알아보자. 공연에서 홀로그램의 기술이 접목된 사례는 점점 많아지고 있다. 동대문 DDP의 K-Live에서 공연했던 싸이의 콘서트에는 싸이가 등장하지 않는다. 홀로그램 기술에 의해 싸이가 직접 나와 노래를 부르는 것처럼 재현해놓은 것이다. 그럼에도 실제와 구분이 가지 않을 정도로 섬세하고 오히려 더 역동적이기까지 하다. 비슷한 예로 SM타운 코엑스 아티움은 홀로그램 공연 등 다양한 콘텐츠를 즐길 수 있는 복합문화공간으로, K-pop 체험을 원하는 관광객들에게 한국의 첨단 정보기술과 융합한 대중문화 콘텐츠를 상시적으로 즐길 수 있는 공간을 제공하고 있다. 이외에도 LED 패널을 활용하여 환상적인 무대를 선보인 뮤지컬 〈고스트〉, 창작 뮤지컬 〈투란도트〉 등 기술과의 융합 사례는 많다.

드론 기술은 LED 조명을 탑재한 소형 드론의 공중 동시 비행기술이 개발되면서 엔터테인먼트 분야에서의 활용 폭이 넓어지고 있다.[45] 인텔은 2015년 11월 독일에서 최초로 100대의 드론이 베토벤 교향곡 5번에 맞춰 군무를 추는 대규모 드론쇼를 촬영해 2016년 CES에서 최초 공개한 바 있고, 2018년 평창 동계올림픽에서 인텔은 슈팅스타라는, 40억 개의 색 조합이 가능한 LED 조명이 탑재된 1,218대의 드론으로 올림픽 오륜기와 마스코트 수호랑 등을 연출하는 클라우드 드론 기술을 선보여 화제가 되었다.

모션캡쳐(Motion Capture) 기술도 사용된다. 인텔은 2016년 말 영국의 로열셰익스피어극단과 영화 특수효과 업체인 이미지나이움 스튜디오와 함께 셰익스피어 서거 400주년을 맞아 그의 로맨스극 마지막 작품인 〈템페스트〉 공연 시 주요 등장인물 중 하나인 괴물 에어리얼을 모션캡쳐 기술과 영화 특수효과 등을 연극 무대에 적용해 화제가 되었다.[46]

---

45) 한국콘텐츠진흥원(2018), 《해외콘텐츠산업 동향》, 21.
46) 한국콘텐츠진흥원(2018), 《미국콘텐츠산업동향》(2018-21호).

| 로열셰익스피어극단의 〈템페스트〉의 한 장면과 이를 위해 모션 캡쳐 중인 배우 |

자료: 한국콘텐츠진흥원(2018), 《미국콘텐츠산업동향》(2018-21).

프로젝션 매핑(Projection Mapping) 기술도 대형 야외공연에서 사용되는데, 영상을 무대 위의 스크린에 상영하는 대신 무대 위의 조형물이나 대상물의 표면에 영상을 투사해 다른 성격을 가진 것처럼 보이도록 하는 영상 디자인 기술이다. 프로젝션 매핑은 대상물의 표면의 차이에 따른 영상 이미지의 제어 기술과 레이저 투사 기술의 발달과 함께 조명이나 회전하는 무대 세트 등과 같은 다른 무대 요소와 결합하며 공연의 이야기를 전달하는 새로운 수단으로 각광받고 있다.[47]

첨단기술을 사용하여 공연한 사례는 많다. Beyond LIVE(비욘드 라이브)는 SM엔터테인먼트가 보여준 온라인에 최적화된 세계 최초의 온라인 맞춤형 유료 콘서트이다. 네이버의 V-Live에 JYP와의 협력으로 만들어졌다. 화려한 퍼포먼스, 첨단 AR 기술 및 실시간 3D 그래픽 기술을 활용한 생동감 있는 무대 연출을 했고, 아티스트와 글로벌 팬들이 실시간 화상토크 등을 진행하는 인터랙티브 소통 등이 어우러진 무대로 구성된다. 공연 생중계 영

---

47) 한국콘텐츠진흥원(2018), 《미국콘텐츠산업동향》(2018-21호).

상과 응원봉을 실시간으로 연동하는 싱크 플레이 서비스를 최초로 제공하는 등 온·오프라인이 연결되어 함께 공연을 즐기며 응원하는 경험을 할 수 있다. 언택트 시대에 새로운 콘서트이면서 새로운 비즈니스모델이 될 수 있을 것이다.

화려하고 특수한 공연과 서커스를 예술의 경지에 올려놓은 '태양의 서커스'는 첨단 기술력을 활용한 대규모 특수장치를 동원하여 관객을 사로잡았다. 이런 각종 무대장치를 작동하기 위한 모터, 와이어 등은 모두 콘트롤러와 소프트웨어에 의해 제어가 된다. 또 하나의 예로 랄프 로렌 패션쇼는 패션, 아트, 음악과 향수 그리고 테크놀로지가 결합하여 빛으로 새로운 디지털 공간을 연출한 초현실주의적 패션쇼이자 설치미술로 평가받고 있다. 2010년 폴로 랄프 로렌은 세계 최초로 과학기술, 아트, 패션, 음악, 향수를 통합한 4D 콜렉션을 개최한 데 이어 2014년에는 '워터스크린'을 도입한 혁신적인 4D 패션쇼를 개최한 바 있다. 중국도 이 분야에 뛰어들고 있다. 2010년 상하이에서 열린 엑스포에서 중국의 대작 회화인 〈청명상하도〉를 대형 스크린을 통해 디지털 영상으로 선보였는데, 그림 속 인물들의 생생한 움직임 표현, 디지털 복원 기술을 사용하여 원작에도 없는 야간의 모습을 보여주었다.

일본의 극작가이자 연출가 히라타는 로봇 연극 〈사요나라〉를 제작했다. 20대 여성의 모습을 하고, 65가지 표정을 지을 수 있는 '제미노사이드 F'라는 로봇이 직접 연기한다. 이는 2010년 작품으로 일본 방사능의 위험에서 소외된 외국인과 그를 간병하는 안드로이드 로봇 사이의 우정을 담고 있다. 또 하나의 예로 세계 최초의 공연 로봇이라 불리는 영국의 '로보데스피안'이 있으며 로봇이 오페라에 출연했다.

또한 ABB의 협동 양팔 로봇 '유미(YuMi)'가 이탈리아 피사의 베르디 극장(Teatro Verdi)에서 열린 이탈리아 테너 안드레아 보첼리(Andrea Bocelli)와 루카 필하모닉 오케스트라(Lucca Philharmonic Orchestra)의 협연에서 지휘를 했다. 스위스의 선구적 기술 기업인 ABB가 제작한 '유미'는 보첼리의 무대에서 지휘봉을 잡았으며 보티첼리는 '유미'의 지휘에 맞춰 베르디 오페라 〈리골레토〉에 나오는 유명 아리아 '여자의 마음(La donna è mobile)'을 가창했다.

그러나 기술만 가지고는 좋은 공연이 만들어지기는 어렵다. 공연에서는 예술적 창의성이 중요하다. 작품의 성패는 얼마나 창의성이 공연에 구현되는가, 스토리가 창의적인가, 무대효과가 창의적인가에 귀결될 수 있다. 창의적인 것을 구현하는 것은 기술이지 이것이 작품의 본질은 아니다. 기술만 내세우면 작품성이 떨어질 수 있고, 현실과 괴리가 있는 공허한 작품이 될 수 있다. 창의성을 바탕으로 하는 공연이야말로 명작이 될 수 있는 것이다.

3. 브로드웨이와 웨스트엔드

브로드웨이

현재 미국 뉴욕의 브로드웨이는 뉴욕 41번가와 54번가 사이, 그리고 6th Avenue와 8th Avenue 사이에 위치한 극장들을 말한다. 오프브로드웨이는 브로드웨이와 같이 특정한 구역으로 한정되지 않지만, 분명 밀집 구역이 존재한다. 가장 밀집이 많이 되어 있는 곳은 그리니치빌리지(Greenwich Village) 일대이며, 이 외에도 브로드웨이 서쪽으로 8th Avenue와 10th Avenue 사이와 소호, 첼시 일대에 조금씩 분포되어 있다.

| 브로드웨이 |

미국 뉴욕의 브로드웨이는 세계 공연의 메카이며, 미국 고급문화의 상징이기도 하다. 브로드웨이의 역사는 1900년으로 거슬러 올라가는데 42번가에 세워진 빅토리아 극장으로부터 시작되었다. 브로드웨이 공연이 인기를 끌기 시작한 때는 1920년대 이후부터이다. 현재는 타임스퀘어를 중심으로 40여 개의 극장이 모여 있으며, 세계적으로 유명한 뮤지컬들을 공연하고 있다. 하루 관객도 3만 명이 넘는다. 전 세계의 연극과 뮤지컬을 하는 사람들이 동경하는 공연의 중심지로서 각 교차점에는 화려한 극장, 레스토랑, 영화관이 늘어서 있다. 브로드웨이 연극(Broadway theatre), 혹은 흔히 말하는 브로드웨이는, 뉴욕 맨해튼 씨어터 디스트릭트에 위치한 500석 이상의 좌석을 갖춘 대형 극장에서 상연되는 공연을 뜻하는 것으로 소규모 공연을 하는 오프브로드웨이나 오프오프브로드웨이와는 다른 의미로 사용된다. 그러나 넓은 의미로 브로드웨이하면 브로드웨이, 오프, 오프오프브로드웨이를 모두 포함하고 있다.

브로드웨이는 2018~2019 시즌에 18억 달러의 매출을 기록했고, 1,500만 명의 관객을 동원했다. 2018~2019시즌 동안 뉴욕시 경제에 147억 달러의 경제효과를 창출했고, 9만6,900명의 일자리를 제공했다.[48] 매년 높은 성장률을 보이고 있는 브로드웨이의 뮤지컬이지만, 2020년에는 코로나19로 인해 많은 타격을 입었다.

---

48) 브로드웨이 연맹(Broadway League)(2020), Broadway's Economic Contribution to New York City 2018-2019 SEASON, https://www.broadwayleague.com/research/research-reports/

Season	Gross (by millions)	Attendance (by millions)	Playing Weeks	New Productions
2018–19	$1,829	14.77	1,737	38
2017–18	$1,697	13.79	1,624	33
2016–17	$1,449	13.27	1,580	45
2015–16	$1,373	13.32	1,648	39
2014–15	$1,365	13.10	1,626	37
2013–14	$1,269	12.21	1,496	44
2012–13	$1,139	11.57	1,430	46
2011–12	$1,139	12.33	1,522	41

자료: 브로드웨이 연맹 홈페이지(https://www.broadwayleague.com/research/statistics-broadway-nyc/)

브로드웨이는 뉴욕에서 가장 큰 관광지 중의 하나로 브로드웨이 공연을 보기 위해 뉴욕을 찾는 관광객에 의해 2018~2019시즌 동안 850만 이상의 티켓이 팔려나갔다. 브로드웨이 관광객들 중에 뉴욕 내 로컬 관광객들은 35%에 불과하고 65%에 해당하는 사람들은 외부에서 온 관광객들이다. 61%의 관객이 최소한 두 번 이상의 공연을 관람하고 있고, 평균적으로 네 번의 공연을 보고 있어, 반복구매가 타지역에 비해 많은 헤비유저로 구성되어 있다. 여성의 비율이 높아 전체 68%를 차지하고 있어 여성의 영향력이 매우 높은 시장이다. 시즌 기간 동안 15회 이상을 관람한 관객이 전체 관람객 수의 5%에 이르는데 이들의 박스오피스는 전체의 28%를 차지하여 파레토 곡선형의 시장이다.

브로드웨이에서 가장 오랫동안 공연되는 뮤지컬은 〈오페라의 유령〉, 〈시카고〉, 〈라이온킹〉, 〈캣츠〉, 〈위키드〉 등이 있다. 한국의 뮤지컬도 브로드웨이 입성을 위해 여러 작품이 진출했다. 〈명성황후〉로 시작하여 〈닥터지바고〉, CJ ENM의 〈킹키부츠〉 등이다. 〈명성황후〉와 〈킹키부츠〉가 그나마 성공한 예라고 볼 수 있고 나머지는 실패를 경험했다. 이는 브로드웨이 입성이 한국 뮤지컬의 꿈이지만 높은 장벽이기도 한 현실을 보여준다.

Show	of Performances	Opening Date	Closing Date
The Phantom of the Opera	13,370	1988.01.26	(present)
Chicago	9,692	1996.11.14	(present)
The Liong King	9,302	1997.11.13	(present)
Cats	7,485	1982.10.07	2000.09.10
Wicked	6,836	2003.10.30	(present)
Les Misérables	6,680	1987.03.12	2003.05.18
A Chorus Line	6,137	1975.07.25	1990.04.28
Oh! Calcutta!	5,959	1976.09.24	1989.08.06
Mamma Mia!	5,758	2001.10.18	2015.09.12

자료: www.livebroadway.com

웨스트엔드

미국에 브로드웨이가 있다면 영국에는 웨스트엔드가 있다. 이 두 곳이 세계 뮤지컬 시장을 양분하고 있다. 웨스트엔드는 템스의 북쪽에 위치한 레스터 스퀘어(Leicester Square)와 코벤트 가든(Covent Garden)의 두 축을 중심으로 구성된 영국이 자랑하는 대중문화의 중심지다. 웨스트엔드라는 명칭은 런던의 역사가 시작된 '더 시티(The City)'를 기준으로 해서 볼 때 이 지역이 서쪽 끝부분에 자리 잡고 있다.

웨스트엔드는 영국 런던에서 가장 번화한 상업지구이며, 영화관과 극장이 집중되어 있는 오락지구다. 웨스트엔드는 영국 대중문화의 중심지이기도 하다. 웨스트엔드에만 100여 개에 달하는 각종 공연장이 군락을 이루고 있고 이 가운데 30여 개가 뮤지컬 극장으로 세계에서 온 관광객들이 주요 관객층을 이루고 있다. 지금도 뮤지컬의 고전인 〈오페라의 유령(The Phantom of the Opera)〉이나 〈레 미제라블(Les Miserables)〉 또는 요즘 가장 각광을 받고 있는 〈맘마미아(Mamma Mia)〉 등이 공연되고 있다.

웨스트엔드 공연장 중 1000석 이상의 대규모 공연장 28개, 500석 이상의 중규모 공연장 30개 정도로 중규모 이상의 공연장이 주로 밀집해 있으며, 대형 뮤지컬을 중심으로 연극, 퍼포먼스, 클래식 등 다양한 장르로 공연물이 연중 상시 상연되고 있다.[49] '뮤지컬' 하면 뉴욕의 브로드웨이를 연상하지만 사실 뮤지컬의 본고장은 런던의 웨스트엔드이다.[50] 뮤지컬산업은 제2차 세계대전 이후 한때 미국이 브로드웨이의 대형 뮤지컬을 앞세워 맹주 역할을 하다 앤드루 로이드 웨버(Andrew Lloyd Webber)라는 영국의 천재 작곡가가 1980년대 이후 〈지저스 크라이스트 수퍼스타〉, 〈오페라의 유령〉, 〈캣츠〉, 〈미스 사이공〉 등 공전의 히트작들을 선보이면서 다시 런던 웨스트엔드로 돌아왔다. 현대 뮤지컬의 신경향으로 자리 잡고 있는 팝송을 엮어서 만

---

49) 원용석(2006), 〈클러스터 연구 사례-웨스트 엔드〉.
50) 우리가 아는 유명 뮤지컬 작품 중에 사실 웨스트엔드 초연 작품이 많다. 세계 4대 뮤지컬인 캣츠, 오페라의 유령, 레 미제라블, 미스 사이공도 웨스트엔드에서 처음 만들어졌고, 지저스 크라이스트 슈퍼스타, 빌리 엘리어트 등 유명 대작 뮤지컬들도 웨스트엔드에서 만들어져서 브로드웨이까지 진출한 것이다.

든 뮤지컬들, 예를 들어 스웨덴 출신 4인조 혼성 그룹 아바(ABBA)의 히트 곡으로 만든 〈맘마미아〉와 영국 록 그룹 퀸(Queen)의 〈위 윌 록 유〉, 엘비스 프레슬리의 히트곡들로 구성한 〈제일 하우스 록(Jail House Rock)〉 등이 인기를 끌면서 영국 뮤지컬 시장을 주도하고 있다.

4. 공연한류

한류는 주로 음악, 드라마를 중심으로 해외에 퍼져 나갔다. 그러나 공연이나 뮤지컬도 늦기는 했지만 2011년 이후 일본이나 중국 등으로 해외 진출을 활발하게 하여 새로운 한류로서 부각되고 있다. 한국에서 라이선스 뮤지컬의 매출이 한국 시장에서 대부분을 차지하지만 재정적인 문제로 관객의 신뢰도를 잃기도 한다. 따라서 한류붐에 힘입어 창작 뮤지컬의 해외 진출이 대안으로 떠오르기도 한다.

일본에서는 2006년 조승우의 〈지킬 앤 하이드〉가 일본 유포트 홀에서 상연되었다. 일본 뮤지컬 업계는 이 공연을 보고서 한국 뮤지컬의 제작 능력과 배우들의 실력을 인정하기 시작했다.[51] 2007년 조승우 주연의 〈맨 오브 라만차〉가 아오야마극장에서 상연되면서 다시 한번 한국 뮤지컬이 주목을 받았다. 그해 국내 창작 뮤지컬 〈사랑은 비를 타고〉가 일본 토호와 M뮤지컬컴

---

51) 한국콘텐츠진흥원(2019), 〈일본콘텐츠산업동향〉(2019-19호).

퍼니와 라이선스 계약을 맺었다. 같은 해에 〈달고나〉 제작사 PMC프로덕션은 순매출의 5%를 받는 조건으로 라이선스 계약을 체결했다. 2010년대 초에는 다양한 제작 형태의 뮤지컬이 일본에 진출했는데, 특히 일본에 불어닥친 한국 드라마의 제2차 붐 및 K-pop의 성공과 함께 급격한 인지도 상승을 보여주던 아이돌 아티스트들이 일본에서 상영되는 한국 뮤지컬에 대거 출연했다. 아이돌 캐스팅이 원동력이 되어 매 공연마다 호평을 받아 손익분기점을 넘기기도 했다.

2012년 말에서 2013년 초에 오사카와 도쿄에서 〈광화문 연가〉가 동방신기 유노윤호 등이 나와 아이돌 마케팅을 하여 인기를 얻었고, 2013년 초에는 〈젊은 베르테르의 슬픔〉이 아이돌 캐스팅 없이 도쿄에서 공연했지만 흥행에 실패했다. 2011년에는 〈빨래〉가 라이선스로 일본에 진출했고, 〈총각네 야채가게〉도 2013년에 일본 초청공연을 하는 등 다양한 형태로 일본 시장에 진출했다. 2010년대 중·후반에도 〈프랑켄슈타인〉이 창작자 브랜드로 라이선스 수출되어 한국 버전과 다른 느낌의 일본 공연으로 연출되었다. 〈프랑켄슈타인〉이 성공한 이유는 스타 출연이 영향을 주기도 했지만 타 작품과는 다르게 9개월의 지속적인 홍보와 마케팅에 힘입은 것이기도 하다.

그러나 일본에 진출한 한국 뮤지컬 40여 편이 공연되었으나 많은 경우 일본에서 흥행에 성공하지 못하고 있는데, 성공하기 위해서는 다음과 같은 일본 시장의 이해가 선행되어야 할 것이다.[52] 첫째, 상연 작품의 선정, 공연의 형태, 팬의 구성에 차이 등 한국과 일본의 시장의 상황이 다르다는 점, 둘째, 현지 프로모터와의 단발적인 제휴로는 노하우의 공유에 어려움이 있다

---

52) 한국콘텐츠진흥원(2019),), 〈일본콘텐츠산업동향〉〉(2019-19호).

는 점, 셋째, 흥행의 다양한 경우의 수로 인하여 논리적 사업 방향 설정에 어려움이 있다는 점, 넷째, 한국의 창작 뮤지컬의 장점을 효과적으로 어필 해야 하고, 배우들의 연기력, 가창력, IP의 다양함 등 소구의 목적을 분명히 해야 하는 점 등이다.

| 〈빨래〉 일본 공연 포스터 |

중국한류의 경우, 2013년에 〈김종욱 찾기〉가 중국으로 라이선스를 처음 수출한 한국 창작 뮤지컬로서 원작을 훼손하지 않는 선에서 일부 내용을 현 지화했다. 이는 한국 뮤지컬 최초로 중국에서 장기 공연을 진행한 작품이다. 2016년 상반기와 하반기에 중국 초청공연을 진행했으나 사드 문제로 투어 가 중단되었다가 2017년 6월 라이선스 공연이 재개되었다. CJ ENM은 당 시 중국과 공동합자회사 설립하여 뮤지컬 〈맘마미아〉, 〈김종욱 찾기〉 등 라 이선스 수출을 적극적으로 추진했다.

2018년에는 한국 창작 공연 〈팬레터〉가 진출했는데, 2017년 진행된 한국

재공연에 중국 음악회사인 'Block 2 Music'이 투자하면서 중국 진출이 성사되었다. 제작사 '라이브'는 기획 단계부터 해외 관계자들의 참여를 통해 해외 진출을 시도했다. 2018년 4월, 〈벤허〉와 〈프랑켄슈타인〉 두 작품은 중국 투자사로부터 각각 100만 달러(약 21억 원)씩 투자를 받았다. 한국에서 공연되는 대극장 뮤지컬에 중국 자본이 현금으로 투자되는 첫 사례이다. 중국 투자자가 〈벤허〉의 무대 스케일은 물론 넘버, 무대 연출적 요소 등을 높게 평가한 것이다. 〈프랑켄슈타인〉은 〈벤허〉에 대한 관심에서 시작되어 동일 연출가의 작품으로 투자 범위가 확장된 경우라 할 수 있다.

| 중국에서의 〈빨래〉 공연의 포스터 |

이처럼 중국의 뮤지컬 시장이 상하이, 베이징, 광저우 등 대도시를 중심으로 확산되면서 〈프랑켄슈타인〉, 〈인터뷰〉, 〈라흐마니노프〉, 〈빨래〉, 〈마이 버킷 리스트〉 등 한국 창작 뮤지컬 진출이 부각되고 있는데 국내 작품에 중

국 자본이 투자되거나, 대만이나 홍콩 등 다른 경로로 중국에 진출하는 형태가 나타나고 있다. 또한 국내에서 공연을 관람한 외국인 관광객이 연간 250만 명 이상이며, 티켓 판매액도 580억 원을 넘어서며 관광산업에 촉진제 역할을 하고 있다는 평을 받고 있다.

그러나 중국의 해외 기업에 대한 배타적 시선, 자국민 중심 보호법과 사치 풍조를 반대하는 한사령(限奢令) 정책 등의 영향은 부정적으로 작용하고 있으며 공연 제작자에게는 중국 시장의 잠재력이 큰 편이나 사드와 같은 정치적 이슈 등으로 국제관계가 어려워질 수 있다는 불안감도 존재한다. 또한 중국 진출을 희망하는 작품이 늘어나면서 중국의 태도가 변한 점도 공연 제작사들이 경계심을 늦추지 못하는 이유가 되고 있다. 중국이 자국 문화콘텐츠에 대한 보호와 자부심이 강하기 때문에 자칫 국내 제작사의 노하우만 넘겨주고 모방 콘텐츠로 한국 콘텐츠가 대체될 가능성에 대해 위기감을 느끼고 있는 것이다. 중국 내 콘텐츠 관리 감독이 강화될 전망으로 공연 내용과 극 성격에 따른 허가 여부를 확신할 수 없는 분위기도 리스크로 작용할 것으로 보인다.

중국은 여전히 큰 잠재력과 가능성을 가지고 있지만 중국 본토와의 정치 이슈 관련 불안 요소가 배제되기 어려워 보이며, 이에 리스크를 분산시키기 위한 여러 가지 전략이 제시되고 있는데, 거리가 가깝고 문화적으로 비슷한 분모를 갖는 대만, 싱가포르, 말레이시아 등 중화권을 중심으로 한 시장으로의 진출 가능성도 모색하고 있다.

7장

출판산업

1. 정의 및 분류

정의

출판(publishing)이란 판매 · 배포를 목적으로 문서나 도화(圖畵)를 복제해, 이를 서적이나 잡지의 형태로 발행하는 것을 말한다.[1] 출판한 제품을 출판물이라고 하고, 출판을 전문적으로 하는 회사를 출판사라고 한다. 출판사그 자체나, 만들어진 출판물 등을 판매하는 가게를 서점 또는 책방이라고 한다. 전통적으로 출판은 문자나 정지화상 정보를 주로 종이에 인쇄하여 유통시켰으나, 전자출판의 출현으로 음성이나 동영상의 정보까지 데이터베이스화하여 여러 가지 매체에 가공하거나 데이터를 온라인으로 독자에게 제공할수 있게 되어 출판의 영역이 크게 확대되었다. 전자출판은 곧, 집필 · 조판과정에서 컴퓨터에 의해 전자화된 문자정보를 비롯해 음성 · 정지화상 · 동

---

1) 《표준국어대사전》, 국립국어원, 2020년 9월 28일에 확인하다.

영상·도형 등의 디지털정보 등을 각종 전자 기억매체를 사용하여 데이터를 기록한 것을 배포한다. 전자출판에 의해 만들어지는 전자책[2]은 문자나 화상과 같은 정보를 전자 매체에 기록하여 서적처럼 이용할 수 있는 디지털 도서를 총칭한다.

출판산업이란 출판물을 제작, 유통, 소비와 관련된 모든 산업을 의미한다. 따라서 출판산업에는 출판물을 만드는 작가, 저자가 있고, 출판사는 저자가 작성한 원고로 간행물을 만들고, 인쇄를 통해 오프라인이나 온라인으로 대량 배포하는 과정을 거친다.

출판산업은 크게 출판업, 인쇄업, 출판도소매업, 온라인 출판유통업, 출판임대업으로 나누어 진다. 이 중에서 출판업은 다시 일반서적(종이매체), 교과서 및 학습서적, 신문발행업, 잡지 및 정기간행물 발행업, 기타인쇄물 출판업으로 나누어진다. 출판산업진흥원의 실태조사에서는 출판사업, 출판유통사업, 전자책사업으로 나누고, 출판사업은 다시 일반단행본, 학술/전문서, 교과서 및 학습참고서, 아동도서, 학습지, 전집, 전자출판으로 나누었다. 출판유통사업은 도매/총판, 오프라인서점, 온라인서점으로, 전자책사업은 전자책출판, 전자책유통으로 나누었다. 결국 출판산업은 제작, 유통, 소비로 나누어지는데, 제작은 출판업과 전자책사업으로, 유통은 오프라인에서는 도매와 소매, 그리고 온라인 유통으로 나누어짐을 알 수 있다.

출판산업은 전통적으로 지식 전달 수단의 역할이 커서 교육사업과 밀접한 관련성을 가진다고 볼 수 있다. 공부를 한다는 것 자체가 책을 본다는 의미로 쓰일 정도로 출판은 지식을 전수하는 중요한 수단이다. 역사 이전에는 구

---

2) e-book이라고도 한다.

전을 통해 지식이 전달되었으나 정확성이 떨어지고, 지속성에서 한계가 있었으나 글로 써서 후대에 남김으로써 효율적 지식 전수로 인해 문명이 크게 발전한 것이다. 이 외에도 출판산업은 부익부 빈익빈, 긴 생명력, 경험재 등 다양한 특성은 모두 문화산업과 동일하다고 볼 수 있다.

책의 최초의 재료가 된 것은 BC 3000년경부터 이집트에서 사용되기 시작한 파피루스인데, 갈대 줄기로 만든 펜에 검댕이나 숯을 물에 탄 잉크를 묻혀 문자를 썼다.[3] 105년 후한(後漢) 시대에 채륜이 종이를 발명했는데, 7세기 당(唐)나라 초기에 목판인쇄가 발명되자 책은 비로소 종이와 인쇄에 의해 만들어졌다. 우리나라는 13세기에 세계 최초로 금속활자를 발명했고, 15세기 중반에 독일의 구텐베르크가 납활자에 의한 활판인쇄술을 발명하자 전 유럽에 독서가 확산되었다. 이를 계기로 많은 사람들이 책을 접하게 됨으로써 출판인쇄는 인류 역사 발전의 중요한 촉매제가 되었다.

| 기원전 1250년 파피루스에 쓰인 글 |

---

3) 두산백과.

2. 가치사슬

출판산업의 가치사슬은 유통형태에 따라 크게 두 가지로 나누어진다. 오
프라인의 유통망을 거치는 종이책 중심의 출판과 온라인유통망을 거치는 전
자책 중심의 출판이다. 오프라인의 경우, 소설가, 기자 등 저자가 원고를 쓰
고 편집을 거쳐 서적 등의 출판물이 완성되면 이를 대량으로 인쇄하여 도매
점이나 소매점에 보낸다. 독자들은 소매점인 서점에서 서적을 구입하여 읽
는다. 온라인의 경우, 저자가 전자책 출판사나 혹은 직접 온라인 플랫폼에
글을 써서 책이 완성되면 독자들은 단말기를 통해 전자책을 읽는다. 이때 단
말기는 e-북 전용단말기, 모바일폰, 혹은 컴퓨터 등 다양하다.

| 출판산업의 가치사슬 |

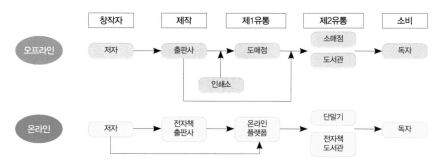

1. 국내 시장 현황

매출

　출판산업은 문화산업 중에서 규모는 크지만 저성장 업종이다. 출판산업은 2018년 매출액 약 21조 원으로 문화산업에서 차지하는 비중이 17.5%로서 가장 크다. 그러나 2014년부터 2018년까지 연평균 성장률은 0.4%로 문화산업 중에서 가장 낮은 편이다. 즉 출판산업은 규모는 크지만 성장성은 낮은 문화산업이다.

　중분류별로 살펴보면, 출판업 매출액은 9조1,357억 원으로 전체 매출액의 43.6%를 차지했다. 다음으로 출판 도소매업 매출액은 7조5,007억 원(35.8%), 인쇄업 매출액은 4조20억 원(19.1%), 온라인출판 유통업 매출액은 2,597억 원(1.2%), 출판임대업 매출액은 557억 원(0.3%)으로 나타났다. 증감률을 보면, 온라인출판 유통업의 매출액은 2016년 2,152억 원에서 2018년 2,597억 원으로 연평균 9.8%로 매우 높은 성장률을 보이고 있고, 출판도소매업은 마이너스 0.9%를 기록하고 있다. 출판업도 2016년부터 2018년까지 연평균 1%에 머물고 있다. 전체적으로 볼 때 전통 오프라인 출판산업은 정체되어 있지만 전자출판업은 매우 빠르게 성장하고 있음을 알 수 있다.

| 출판산업 업종별 연도별 매출액 현황 |

(단위: 백만 원, %)

중분류	소분류	2016년	2017년	2018년	비중	전년대비 증감률	연평균 증감률
출판업	일반 서적 출판업 (종이매체 출판업)	1,173,242	1,169,848	1,153,340	5.5	△1.4	△0.9
	교과서 및 학습서적 출판업	2,824,427	2,828,654	2,857,646	13.6	41.0	0.6
	인터넷/모바일 전자출판제작업	292,488	340,357	383,026	1.8	12.5	14.4
	신문 발행업	2,854,688	2,854,363	2,884,617	13.8	1.1	0.5
	잡지 및 정기간행물 발행업	1,123,325	1,122,841	1,148,805	5.5	2.3	1.1
	정기 광고간행물 발행법	492,221	491,792	504,443	2.4	2.6	1.2
	기타 인쇄물 출판업	201,314	201,033	203,844	1.0	1.4	0.6
	소계	8,961,705	9,008,888	9,135,721	43.6	1.4	1.0
인쇄업	인쇄업	3,895,442	3,932,866	4,001,951	19.41	1.8	1.4
출판 도소매업	서적 및 잡지류 도매업	2,664,220	2,630,776	2,577,298	12.3	△2.0	△1.6
	서적 및 잡지류 소매업	4,975,420	4,888,813	4,923,440	23.5	0.7	△0.5
	소계	7,639,640	7,519,589	7,500,738	35.8	△0.3	△0.9
온라인 출판 유통업	인터넷/모바일 전자출판서비스업	215,236	238,846	259,677	1.2	8.7	9.8
출판 임대업	서적 임대업(만화제외)	53,855	55,145	55,685	0.3	1.0	1.7
합계		20,765,878	20,755,334	20,953,772	100.0	1.0	0.5

자료: 출판산업진흥원(2021), 2020 상반기 출판산업 동향.

만19세 이상 성인 중 1년간(2018.10~2019.9) 교과서·학습참고서·수험서를 제외한 일반 도서를 한 권 이상 읽은 연간 독서율은 '종이책' 기준으로 성인 52.1%, 초·중·고 학생 90.7%이고, '종이책과 전자책을 합한 연간 독서율'은 성인 55.4%, 초·중·고 학생 91.9%이다. 성인 중의 반 정도

는 1년간 책을 한 권도 읽지 않는 것으로 나타난 것이다.[4]

2020년 출판 시장은 코로나19 사태로 지난 몇 년간보다 훨씬 더 큰 변화를 겪고 있다. '언택트' 문화가 확산되면서 오프라인서점의 매출은 줄어든 대신 온라인서점의 매출은 늘어나고 있다. 2020년에는 코로나19로 인해 집 안에서 생활하는 시간이 많아져 전자책을 중심으로 하는 시장이 크게 향상되었을 것으로 예상된다.

수출

국내 출판산업의 해외수출은 장르로서는 아동서적이 1위이고, 이어서 문학이 2위이다. 문학은 최근 몇 년 사이에 한국 소설이 해외 유명 시상식에서 수상하는 등 괄목할 만한 성과를 거두었다. 한국문학이 한류의 하나로 인식되기 시작한 것이다.

2018년 출판산업의 수출액은 2억4,899만 달러로 전년대비 12.7% 증가했으며, 2016년에서 2018년까지 연평균 15.3% 증가한 것으로 나타났다. 2018년 출판산업의 지역별 수출액 현황을 보면, 북미로 7,282만 달러 규모를 수출해 전체 수출액의 29.2%를 차지했다. 다음으로 동남아에 5,203만 달러(20.9%), 일본에 3,991만 달러(16.0%), 중화권에 1,777만 달러(7.1%), 유럽에 1,135만 달러(4.6%)를 수출한 것으로 조사되었다.

---

4) 문화체육관광부(2020), 《2019년 국민독서실태조사》.

(단위: 천 달러, %)

연도 지역	2016년	2017년	2018년	비중	전년대비 증감률	연평균 증감률
중화권	28,375	17,402	17,765	7.1	2.1	△20.9
일본	46,585	33,606	39,911	16.0	18.8	△7.4
동남아	22,416	30,047	52,034	20.9	73.2	52.4
북미	50,389	75,917	72,818	29.2	△4.1	20.2
유럽	10,295	12,304	11,351	4.6	△7.7	5.0
기타	29,328	51,665	55,107	22.1	6.7	37.1
합계	187,388	220,951	248,991	100.0	12.7	15.3

자료: 문화체육관광부(2020), 2019 콘텐츠산업 통계조사 보고서.

수출을 통해 한국문학이 해외에서 인기를 끌면서 한국문학도 해외에서 인지도를 높여가고 있다. 과거에는 고은, 이문열 등 원로 시인이나 작가들이 알려졌으나 2010년대 들어 젊은 작가들이 해외에서 더욱 유명세를 타고 있고, 한국문학을 찾는 외국인들이 늘어났다.

한국문학이 세계에 널리 알려지기 시작한 건 2011년 미국에서 출판된 신경숙의 《엄마를 부탁해》부터이다. 이 책은 현재 34개국에 번역·출간됐고, 미국에서 발행된 지 한 달이 안 되어 현지 베스트셀러 최상위권에 올랐다. 2016년에는 한강 소설 《채식주의자》가 맨부커인터내셔널상을 수상해 문학 한류의 맥을 이어갔다. 맨부커상은 노벨문학상, 공쿠르 문학상과 함께 세계 3대 문학상으로 꼽힌다. 2020년에는 미국이 시사주간지 타임이 '올해 꼭 읽어야 할 책 100' 작품에 조남주 작가의 소설 《82년생 김지영》이 포함되었다. 이 책은 국내에서 130만 부, 일본에서 10만 부 이상 팔리는 등 17개국에 번역되며 인기를 끌고 있다. 이와 같은 한국문학의 인기로 영미의 펭귄랜덤하우스와 하퍼콜린스, 프랑스의 갈리마르와 로베르 라퐁 등 세계 각국의 대형 출판사들이 한국문학을 출판하고 있다. 한국 작가에 대한 반응이 좋아지면서 선인세는 이전과 비교할 수 없이 높아졌다.

해외에서의 한국문학 인기는 사실 번역에 힘입은 것이라고 할 수 있다. 신경숙의 《엄마를 부탁해》는 탁월한 번역가가 있었기에 가능했고, 한강의 《채식주의자》는 한국어 공부를 독학으로 시작한 케임브리지대학교 출신의 번역가가 번역한 것이었다. 문학은 한글로 쓴 것이기 때문에 외국인들에게 원문의 감성을 그대로 전달하기 어려운, 문화적 할인율이 높은 분야이다. 그래서 한국의 출판 수출은 아동용이 많았던 것이 사실이다. 향후에도 문학한류가 지속되려면 우수한 번역이 뒷받침되어야 할 것이다.

2. 해외 시장 현황

전 세계 출판산업의 규모는 2017년 1,125억 달러를 기록했고 1%대의 저성장 추세를 보이고 있다.[5] 세계 출판 시장의 특징은 전자책이 비중이 꾸준히 증가하고 있다는 점이다. 디지털 부문은 242억 달러로 전체의 20.7%를 차지하고 있고, 향후에도 빠른 성장이 예상된다. 이는 전자책의 성장률은 높은 데 비해 인쇄/오디오 책은 마이너스 성장을 계속하고 있기 때문이다. 과거 전자책은 두 자릿수의 성장률에서 이제는 한 자릿수의 성장률로 둔화되

---

5) PWC(2018), 한국출판문화산업진흥원(2019), 2018 해외출판 시장조사보고서. 한편 한국콘텐츠진흥원에서는 출판산업의 세계시장 규모를 2019년 2,764억 달러로 보고 2024년까지 마이너스 2.04% 성장할 것으로 보고 있다(한국콘텐츠진흥원(2021), 2020 해외 콘텐츠시장 분석). 이처럼 기관마다 시장 규모를 다르게 측정하는 것은 출판산업의 범위를 다르게 정의하기 때문이다. 한국출판문화산업진흥원에선 도서를 중심으로 시장 규모를 파악하여 신문이나 잡지 부문이 제외된 것으로 보이고, 한국콘텐츠진흥원에서는 교육도서를 제외하고 신문과 잡지를 포함하여 규모를 산정했기 때문으로 보인다.

고 있는데, 이는 전자책 리더의 판매감소, 가격 상승 등에 기인한 것으로 여겨진다. 그러나 코로나19로 인해 전자책의 수요는 다시 두 자릿수 성장률을 회복할 것으로 보인다.

또 하나의 특징은 타매체에 대한 영향력이 크다는 점이다. 출판은 영화나 드라마로 만들어져 흥행하고 이런 흥행이 다시 서적의 판매 증가로 이어진다. 출판은 원천 콘텐츠로서의 역할이 앞으로도 계속될 것이고, 특히 웹소설 등 인터넷 문학은 그 영향력이 더욱 확대될 것으로 보인다.

| 세계 출판산업 규모 및 전망(2013~2022) |

(단위: 백만 달러)

구분	2013	2014	2015	2016	2017	2018	2019	2020	2021	2022	2017-22 CAGR
인쇄/오디오	94,472	93,897	94,019	94,420	94,562	94,857	94,937	94,862	94,562	94,317	-0.1
디지털	13,771	16,238	18,515	20,341	22,335	24,221	26,153	28,004	29,853	31,531	7.1
합계	108,243	110,135	112,534	114,761	116,898	119,078	121,090	122,866	124,415	125,847	1.5

자료: 한국출판문화산업진흥원(2019), 2018 해외출판 시장조사보고서.

미국시장은 2017년 368억 달러로 세계 최대 출판 시장 규모인 만큼 글로벌 출판 기업들이 다수 존재하고 있으며 최근 독립출판 활성화와 전자책과 오디오북, 소비자 일반도서 시장의 빠른 성장이 시장을 견인하고 있다. 일반도서 시장에서 디지털 출판의 성장 속도가 둔화되고 있지만 인쇄 · 오디오 부문 성장세는 오히려 꾸준히 높아지고 있는 것으로 나타났다. 모바일 오디오북 시장에서는 다운로드보다 스트리밍 오디오북 서비스가 판매 측면에서 주목받고 있다. 오디오북은 지난 수년간 성장세를 보였으며 출퇴근 직장인을 중심으로 빠르게 전파되고 있기 때문에 향후 성장 가능성도 높게 평가되고 있다.

일본 출판 시장은 2017년 기준 110억8,600만 달러 규모로 전년과 대비해 1.6% 증가한 것으로 나타났다. 인쇄 · 오디오 시장 감소에도 불구하고 디지털 출판 시장 성장이 매출 감소를 상쇄하면서 시장 성장을 견인하고 있어 미국시장과 정반대의 현상을 보여주고 있다. 전자책은 일본 시장에서 더디게 도입되었지만, 최근 성장이 가속화되고 있다. 특히 도서 소비에 있어 전자책 비중이 25%를 넘어섰으며, 2022년에는 약 30%에 달하는 23억 달러 규모까지 성장할 것으로 예상된다. 일본에서 전자책은 종이책과 달리 도서정가제가 적용되지 않기 때문에 소매업자들은 상대적으로 저렴한 가격을 책정해 매출을 증가시킬 수 있는 여지가 있다.

일본 출판 시장의 유통구조는 출판사 직접 판매와 도매상 및 전문 딜러를 통한 유통으로 크게 구분된다. 출판사가 도매상을 통해 서점, 편의점, 대학기관, 온라인서점 등에 위탁판매하는 방식이 가장 많은 비중을 차지하고 있다. 주요 유통채널별 매출 비중은 서점이 64.6%로 가장 높으며 편의점과 출판사의 직접 거래가 10.6%를 차지했다. 인터넷 유통의 경우 9.6%로 비중이 크지 않아 일본 독자들의 경우 여전히 오프라인서점을 통한 도서 구매 비중이 가장 높은 것으로 이해할 수 있다.

중국 출판 시장은 2017년 기준 149억1,700만 달러 규모로 전년과 대비해 0.1% 증가한 것으로 나타났다. 중국 출판 시장은 디지털 유통이 빠른 성장세를 보이고 있으며 온라인서점이 20% 이상의 시장을 점유하고 있다. 중국이 특히 강세를 보이는 분야는 웹소설로 통칭되는 인터넷 문학 분야이다. 종이책의 경우 정부가 강하게 규제하고 있으나 온라인 웹소설은 상대적으로 규제가 적으며 온라인 플랫폼을 통한 빠른 출간이 가능해 지속적인 증가세를 보이고 있다. 대부분 시리즈물 형태를 지니고 있는 웹소설의 주요 독자층은 30대 이하이며 판타지와 무협을 중심으로 SF, 로맨스 장르도 인기를 얻고 있다. 웹소설은 대중적인 인기에도 낮은 가격으로 최근까지 유의미한 수익을 내지 못했으나 웹소설이 중국 콘텐츠산업의 IP 원천으로 기능하면서 웹소설을 기반으로 제작된 드라마, 영화, 게임 등이 제작되고 있다.

| 해외 및 주요국 출판산업 규모 및 전망(2015~2024) |

(단위: 백만 달러, %)

	2015	2016	2017	2018	2019	2020	2021	2022	2023	2024	연평균 성장률 2017-22
미국	34,788	35,862	36,070	36,335	36,827	37,524	38,292	39,034	39,640	40,177	1.8
일본	10,377	10,425	10,724	10,911	11,086	11,228	11,340	11,411	11,470	11,513	0.8
중국	10,979	11,503	12,852	13,960	14,917	15,719	16,330	16,852	17,291	17,674	3.5
전 세계	108,243	110,135	112,534	114,761	116,898	119,078	121,090	122,866	124,415	125,847	1.5

자료: PWC(2018), 한국출판문화산업진흥원(2019), 2018 해외출판 시장조사보고서.

Cultural Contents Industry

1. 국내

국내 출판산업의 사업체 수는 2018년 기준 약 2만5,000개로 매출액에 비해 많은 수의 사업체가 사업을 하고 있어, 대부분 중소업체로 보인다. 사업체 수가 가장 많은 분야는 소규모 영세기업으로 구성된 인쇄업이고 이어서 서점 형태의 출판소매업이 이를 잇고 있다.[6]

2018년 출판산업의 종사자 수는 총 18만 4,554명으로 전년 대비 0.1% 감소했고, 2016년부터 2018년까지 연평균 0.1% 감소했다. 출판 도소매업을 중심으로 매출액 감소에 따라 종사자가 감소했으나, 전자출판 제작업과 서비스업 종사자는 지속적으로 증가하는 경향이 뚜렷하다.[7]

2019년 25개 주요 단행본 출판사의 매출액은 3,613억 원으로 2018년에 비해 8.9% 증가했다. 영업이익은 337억 원으로 12.3% 증가했다. 매출 순위 1위는 문학동네(300억6,100만 원), 2위는 북이십일(285억1,700만 원), 3위

---

6) 출판산업진흥원(2020), 출판산업 동향(2019).
7) 출판산업진흥원(2020), 출판산업 동향(2019).

는 시공사(278억1,900만 원), 4위는 창비(269억8,000만 원), 5위는 김영사(224억1,800만 원)였다.[8] 물론 교과서 시장은 단행본 시장에 비해 훨씬 크다. 교원이나 웅진 등의 업체가 국내에서 학습교재 시장에서 큰손이지만 단행본 출판사 통계에서는 이들이 제외되어 있다.

| 주요 단행본 출판사(25사)의 매출액과 영업이익(2018~2019) |

(단위: 백만 원, %)

'19 매출 순위	'18 매출 순위	기업명	2019년					2018년		
			매출액	매출액 증감률	영업 이익	영업이익 증감률	영업 이익률	매출액	영업 이익	영업 이익률
1	2	문학동네	30,061	18.5	4,136	89.5	13.8	25,369	2,183	8.6
2	3	북이십일	28,517	14.3	2,317	−14	8.1	24,951	2,695	10.8
3	1	시공사	27,819	6.1	1,549	133.3	5.6	26,221	664	2.5
4	5	창비	26,980	26.7	1,470	186.5	5.4	21,302	513	2.4
5	4	김영사	22,418	4	1,346	30.3	6.0	21,564	1,033	4.8
6	7	도서출판길벗	21,614	12.7	1,772	−16.8	8.2	19,186	2,130	11.1
7	6	웅진씽크빅(단행본)	17,802	−7.6	2,296	−17.2	12.9	19,256	2,772	14.4
8	10	다산북스	17,287	21.3	2,654	99.5	15.4	14,253	1,330	9.3
9	12	마더텅	16,303	25.3	3,255	158.5	20.0	13,008	1,259	9.7
10	14	성안당	15,836	42.4	2,189	12.1	13.8	11,121	1,953	17.6

자료: 대한출판문화협회(2020), 2019 출판시장통계.

국내 서점은 단행본 출판사에 비해 규모가 훨씬 크다. 매출액 기준으로 교보문고가 1위를 차지하고 있고, 예스24, 알라딘커뮤니케이션, 인터파크 등 온라인 3사의 매출이 1조 원을 넘어섰으며, 특히 영업이익 면에서는 오프라인을 압도하고 있다.

<hr>

8) 대한출판문화협회(2020), 2019 출판 시장통계.

(단위: 백만 원, %)

기업명	2019년					2018년		
	매출액	증감률	영업이익	증감률	영업이익률	매출액	영업이익	영업이익률
1. 교보문고	609,989	7.3	5,621	13.4	0.92	568,448	4,958	0.87
2. 예스이십사	512,012	5.4	8,024	351.1	1.57	485,629	1,779	0.37
3. 알라딘커뮤니케이션	356,974	0.2	16,848	0.6	4.72	356,292	16,739	4.70
4. 인터파크 (도서부문, 연결)	188,627	0.9	3,355	1,251.4	1.78	187,037	248	0.13
5. 영풍문고	144,897	0.4	2,737	−31.6	1.89	144,304	4,001	2.77
6. 서울문고	69,248	−16.3	1,462	112.9	2.11	82,685	687	0.83
합계	1,881,747	3.1	38,047	33.9	2.02	1,824,395	28,412	1.56
온라인 전문 3사(=2+3+4)	1,057,613	2.8	28,227	50.4	2.67	1,028,958	18,766	1.82
온/오프병행 3사(=1+5+6)	824,134	3.6	9,820	1.8	1.19	795,437	9,646	1.21

자료: 대한출판문화협회(2020), 2019 출판시장통계.

2. 해외

미국 출판 전문지 《Publishers Weekly》가 세계 50대 출판사의 랭킹을 발표한 바에 따르면[9], '글로벌 50대 출판사' 랭킹에서 부동의 1위를 지키고 있던 Pearson(영국)이 2위로 밀려나고 1위 자리를 RELX Group(영국/미국/네덜란드)이 차지했다. 우리에게 구몬학습으로 잘 알려진 한국의 교육문화사업체인 교원그룹은 2017년만 해도 매출이 2억 6,000만 달러에 불과했으나 2018년에는 무려 10억5,700만 달러로 네 배 이상 급증하여 43위에서

---

9) Publishers Weekly et al.(2019), *Global 50 The World Ranking of the Publishing Industry 2019*, *https://www.publishersweekly.com/binary-data/Global502019.pdf*

19위로 껑충 뛰어올라 1위의 5분의 1 수준을 기록했다. 교원그룹이 이처럼 매출을 비약적으로 늘릴 수 있었던 것은 플랫폼 중심 사업으로 경영전략을 재조정하면서 구몬학습 부문과 교원 크리에이티브 부문에 주력한 결과로 분석된다.

| 세계 출판사 순위 |

Rank 2019 (Data 2018)	Publishing Company (Group of Division)	Country Publ. Company	Parent Corporation Owner	Country Mother Corporation	2018 (Rev mEUR)	2018 (Rev mUSD)	2017 (Rev mEUR)	2016 (Rev mEUR)
1	RELX Group (Reed Elsevier)	UK/NL/US	Reed Elsevier PLC & Reed Elsevier NV	UK/NL/US	€4,613	$5,278	€4,691	€4,600
2	Pearson	UK	Pearson PLC	UK	€4,583	$5,244	€5,077	€5,312
3	ThomsonReuters	US	The Woodbridge Company Ltd.	Canada	€4,486	$5,133	€4,116	€4,593
4	Bertelsmann	Germany	Bertelsmann AG	Germany	€3,628	$4,150	€3,548	€3,503
5	Wolters Kluwer	NL	Wolters Kluwer	NL	€3,285	$3,758	€3,342	€3,206
6	Hachette Livre	France	Lagardère	France	€2,252	$2,576	€2,289	€2,264
7	Springer Nature	Germany	Springer Nature	Germany	€1,658	$1,897	€1,637	€1,625
8	Wiley	US	Wiley	US	€1,570	$1,796	€1,432	€1,646
9	Harper Collins	US	News Corp.	US	€1,536	$1,758	€1,363	€1,569
10	Scholastic(corp.)	US	Scholastic	US	€1,423	$1,628	€1,451	€1,594

자료: Publishers Weekly et al.(2019), Global 50 The World Ranking of the Publishing Industry 2019.

1. 전자책의 확산

전자책이란 종이 형태로서의 책이 아닌, 디지털로 변환되어 전자기기 등으로 읽거나 들을 수 있는 형태로 만든 책을 의미한다. electronic(전자)의 첫 글자인 'e'와 'book(책)'을 조합한 'e-book'이라고도 한다. 전자책을 읽는 방법은 전용단말기인 e-book reader 단말기를 활용하거나 스마트폰이나 태블릿, PC 등 일반적인 IT단말기에 앱을 다운받아 이용할 수 있다. 전용단말기로는 전 세계적으로 아마존에서 판매하는 킨들이 가장 인기가 높다. 한국에서는 리디북스가 만든 리디페이퍼 등의 리더기와 이외에 교보문고, 한국이퍼브, 아이리버 등에서 나온 리더기가 있다.

우리나라의 전자책 시장 규모는 한국콘텐츠진흥원이 2018년 기준 3,800억 원으로 추정하지만 한국출판산업문화진흥원은 2,800억 원으로 보고 있다. 이는 전체 출판 시장 7조8037억 원의의 3.5%에 불과하다. 향후에도 출판 시장의 정체에서 벗어나 빠른 성장을 보일 분야가 바로 전자책 시장이다. 현재 우리나라에서는 리디북스가 전자책 서점 1위 자리를 유지하고 있는데,

예스24, 교보문고, 알라딘 등 주요 온라인서점도 전자책 프로모션을 강화하고 대여나 세트 판매 등을 공격적으로 추진하면서 리디북스를 빠른 속도로 추격하고 있다.

　전자책이 종이책에 비해 장점은 많다. 가격이 저렴하다는 점, 언제 어디서든 책을 볼 수 있다는 점, 내용검색이 가능하다는 점, 휴대가 간편하다는 점, 가볍다는 점 등 매우 많다. 특히 자신이 늘 휴대하는 스마트폰이나 태블릿으로 볼 수 있는 장점이 있어 시장이 빠르게 성장해왔다.

| 전자책 활성화에 있어 중요한 사항(전문가 의견) |

항목	매우 중요	중요
디바이스	59%	38%
콘텐츠 활용력	69%	24%
낮은 가격	38%	55%
소비자 행태 변화	46%	43%
모바일 연결성	45%	34%
추가적 콘텐츠	18%	46%
사용 편의성	31%	31%
무료콘텐츠	11%	33%

자료: PWC(2020), Turning the Page: The future of eBooks.

　그러나 최근 들어 전자책은 성장률이 예상보다 낮아지고 있는 것이 사실이다. 따라서 전자책은 종이책을 대체하기는 어렵고 성장의 한계가 있을 것으로 보고 있다. 전자책이 저렴한 가격 · 휴대성 등 장점을 두루 갖추었음에도 불구하고 종이책을 뛰어넘지 못하는 이유는 첫째, 종이책만이 갖는 감성이다.[10] 소비자들은 종이책을 접하면서 종이 특유의 냄새, 재질 등을 즐기고

---

10) PWC(2020), Turning the Page: The future of eBooks, https://www.pwc.co.uk/assets/pdf/ebooks-trends-and-developments.pdf

소비하는데, 이것이 종이책만의 강점이라 할 수 있다. 이외에도 전자책의 단점으로는 먼저, 가독성과 해상력이 부족하다. 스마트폰으로는 종이책 한 페이지가 한 화면에 들어오지 않는다. 그리고 전자책을 읽는 데 피로감이 있다. 오랜 시간 전자책을 보면서 시각적 피로감을 느낀 독자들이 눈의 건강을 유지하기 위해 피로감을 줄일 수 있는 종이책으로 다시 돌아서기 시작하고 있다는 것이다. 또한 전용단말기가 각각 다르고, 앱도 서로 다르다는 표준화 문제도 있다. 각 전자책 출판사별로 다른 앱을 적용하고 있어 소비자들은 해당 업체가 제공하는 기기나 포맷만을 사용해야 한다. 전자책으로 발매되지 않은 도서가 아직은 많다는 것도 단점 중 하나다. 전자책의 페이지당 가격이 종이책에 비해 그렇게 낮지 않고, 전용기까지 사야 하니 금전적 부담이 크다는 것이다.

| 전자책 활성화에 방해가 되는 요소(전문가 의견) |

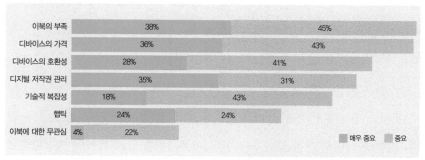

자료: PWC(2020), Turning the Page: The future of eBooks.

한계를 인식하고 있는 국내 전자책 서비스업체들은 판매 대신에 월정액 서비스 이용자를 확보해 나가고 있다. 최근 구독경제가 일반화되는 추세에 맞춰 전자책 시장에서도 월정액 서비스가 일반화되고 있다. 또 하나의 돌파구는 여러 가지 다기능이 복합된 귀로 듣는 책 '오디오북(audiobook)'이다. 최근 휴대폰, 단말기 등을 통해 도서이용 기회가 늘어나면서 전문 성우 등이 책을 읽어주는 오디오북 서비스가 독서 마니아들을 중심으로 새로운 독서 콘텐츠로 부상하고 있다.

2. 웹소설

웹소설은 문자 그대로 웹(Web)과 소설(Novel)이라는 용어가 합쳐진 것으로, 인터넷을 통해 가볍게 읽을 수 있는 소설이다. 웹소설이 최근에 나타난 것은 아니다. 과거 1990년대 PC통신 시대에도 인터넷소설이 인기를 끌었던 시대가 있었다. 다만 최근의 웹소설은 SF와 판타지가 대세였던 PC통신문학 시대와는 달리, 10대 여성이 독자층인 하이틴로맨스 장르가 부각되고 있다.

웹소설은 다른 문학 장르나 콘텐츠와 달리 창작자의 진입장벽이 낮다. 누구나 어느 정도의 역량을 갖추고 있으면 쉽게 인터넷소설가로 등단할 수 있다. 또한 인터넷의 장점을 가지고 있어 순수문학과 달리 독자와 쌍방향으로 소통하는 장르이고, 삽화를 통해 작품의 이해를 도우며, 마치 만화를 보는 듯한 즐거움을 줄 수 있다.

인터넷 독자의 특성에 맞추어 재미있게 써야만 독자들의 관심을 끌 수 있으므로 독자들의 몰입감이 높고, 드라마 형식을 띠고 있어 대중화와 영상화에 적합하기 때문에 IP 확장 가능성이 높은 특징이 있다. 중국에서는 인터넷소설이 IP 원작으로 많이 활용되고 있다. 이처럼 웹소설은 오리지널 콘텐츠에 갈증을 갖고 있던 영상사업자에게는 훌륭한 원천 스토리의 역할을 하고 있다. 많은 인터넷소설이 실제로 영화와 드라마로 제작되었다. 〈옥탑방고양이〉는 2001년 인터넷 사이트 마이클럽(miclub)에서 연재를 시작했고, 같은 해 도서로 출판되면서 베스트셀러가 되었다. 당시 인터넷소설 중 드라마화가 결정된 첫 번째 작품으로 2003년 MBC 월화드라마로 방영되었으며, 연극으로도 제작되었다. 인터넷소설 〈내 이름은 김삼순〉 또한 동명으로 드라마화되었다. 이 작품은 국내뿐 아니라 해외에서도 인기를 얻어 더욱 화제가 되었다. 이외에도 2010년 KBS2에서 방영된 드라마 〈성균관 스캔들〉, 2012년에 MBC에서 방영된 드라마 〈해를 품은 달〉 등 높은 시청률과 화제를 가져왔던 많은 드라마의 원작이 인터넷소설이었다.

　인터넷 유료 연재가 시작되면서 현재의 웹소설은 큰 변화를 겪었다. 과거에는 대중에게 인터넷에서 이용하는 콘텐츠는 무료라는 인식이 강했기 때문에 인터넷소설도 이용자에게 대부분 무료 혹은 불법으로 유통되었다. 인터넷소설 연재를 통한 실제 수익은 출판에 의존하는 형태였지만, 출판산업의 위축으로 수익이 감소하면서 인터넷소설은 새로운 수익모델을 찾아야 했다. 이런 상황에서 나타난 수익모델이 유료화였다. 웹소설은 네이버, 카카오페이지, 조아라, 문피아 등 대형 플랫폼이나 전문 플랫폼 중심의 시대로 넘어오면서 유료 콘텐츠가 되었다. 인터넷 교보문고, 예스24, 인터파크, 알라딘 등 대형 온라인서점들이 인터넷소설에 순수문학 장르 작가들의 작품을 연재하기 시작했으며, 출판사가 포털사이트나 온라인서점과 연계하여 온라인상에서 소설을 연재하기 시작했다. 전자책의 보급은 웹소설의 활성화에 기여한 것이다.

현재 웹소설 플랫폼은 네이버, 카카오 등의 대형 플랫폼, 조아라, 문피아 등 웹콘텐츠전문 플랫폼, 리디북스 등 출판도서 유통사의 플랫폼 등으로 되어 있다.

| 주요 웹소설 플랫폼 유형 구분 |

구분	사례	특성
대형 포털사의 웹콘텐츠 플랫폼	시리즈(series) 카카오페이지 코미코(comico)	네이버와 카카오 등 대형 포털사업자로 웹소설을 웹툰 등 다른 웹콘텐츠와 같이 배열
웹콘텐츠 전문 플랫폼	조아라 문피아 북팔	무협, 판타지, 로맨스 등 장르 문학 중심의 커뮤니티가 상업적으로 발전
출판 및 도서 유통사 플랫폼	브릿G(황금가지) 톡소다(교보문고) 리디북스	기존 출판 및 도서 유통사가 만든 웹소설 전문 플랫폼

우리나라에서 주요 웹소설 플랫폼의 매출 규모 또한 2014년 199.4억 원, 2015년 567.4억 원, 2016년 999.1억 원으로 매년 평균 약 130%의 높은 성장세를 이어가고 있다. 웹소설의 산업적인 가치[11]로는 첫째, 투자비용 대비 큰 확장가능성이다. 경제적 투자의 관점에서 보았을 때, 물리적인 투입 비용이 다른 콘텐츠에 비해 상대적으로 낮아 투자자의 관점에서나 잠재적인 창작자의 관점에서 큰 부담을 주지 않는다. 둘째, 2차 콘텐츠 창작 과정에 있어서 IP 확장의 유연성이다. 시각화에 있어 제약조건이 상대적으로 적기 때문에 2차 창작 과정에서 유연성을 발휘할 수 있다. 셋째, 잠재적 이용자층 발굴 효과이다. 모바일 기기와 웹소설 플랫폼을 이용하는 대중이 접근하기 쉬운 환경이 마련되어 있기 때문에 웹소설의 잠재적인 이용자층을 발굴할 수 있다.

---

11) 이정엽 외(2020), 〈웹소설 활성화를 위한 정책 연구〉, 한국콘텐츠진흥원.

Cultural Contents Industry

웹소설은 특히 중국에서 인기 있는 콘텐츠이다. 중국의 인터넷 사용자 중약 50%가 웹소설을 읽고 있다고 한다. 역사적으로 중국 문화의 중심은 텍스트 문학에 있다고 할 수 있다. 활자와 책에 익숙한 중국인들의 독서습관은 인터넷과 모바일 기기의 확산과 맞물려 웹소설이 성장할 수 있는 근간이 되었다.[12]

본격적으로 중국 웹소설 시장이 성장하기 시작한 것은 영화, 드라마, 게임 등 중국 콘텐츠산업 규모가 빠른 속도로 커지면서 콘텐츠 공급이 수요를 따라가지 못하자 원천 IP로서 소설의 가치가 높아지기 시작하면서부터이다. 특히 웹소설이 드라마, 게임, 영화, 캐릭터 시장 등으로 활용되어 큰 성공을 거두며 다양한 경제적 효과를 가져오자 중국 대형 인터넷 기업들이 웹소설에 대한 투자는 물론 시장에 직접 진출하는 계기가 되었다. PC 기반 웹소설 시장은 치뎬중원왕, 윈치수위안 등의 주요 플랫폼이 텐센트가 보유한 웨웬 그룹 산하에 있어, 실질적으로 텐센트가 시장의 절반 이상을 점유하고 있다고 볼 수 있다.

---

12) 한국콘텐츠진흥원(2018), 2017 해외콘텐츠시장 동향조사.

8장

만화산업

1. 정의 및 특성

정의 및 분류

만화란 그림과 글이 어우러져 스토리를 전달하는 시각예술로 만평과 같이 한 컷으로 메시지를 전달하는 경우부터 긴 스토리에 그림이 곁들여진 경우까지 다양한 양식이 있다. 만화는 여러 장르가 혼합된 복합적 예술이기도 하다. 만화가 보여주는 결과물은 인물 및 배경을 윤곽선과 색채, 명암으로 처리한 그림이고, 그림에서 화풍을 느낄 수 있다는 점에서 미술의 형식으로 되어 있다. 동시에 화면 구성, 시점, 장면의 편집과 연결 등으로 스토리를 전달하는 점은 영화의 형식도 보여주며 인물 내면의 독백, 장면을 설명하는 지문, 의성어와 의태어 등에서 문학의 형식이 차용되기도 한다.

만화산업은 과거에는 책의 형식으로 출판되는 출판만화산업을 지칭했으나 IT의 발전에 따라 디지털 플랫폼을 통한 만화의 유통이 확산되며 현재는 출판만화와 디지털만화(웹툰)를 모두 포괄하고 있다. 한국콘텐츠진흥원의 만화산업 분류에 따르면 출판만화 안에서는 만화출판업, 만화 도소매업, 만화 임대업으로 구분할 수 있고, 디지털만화는 콘텐츠 제작과 유통으로 구분할 수 있다.

| 만화산업 분류 |

구분	구분	세부
출판만화	만화출판업	만화전문출판사
		일반출판사
	만화책 임대업	만화책 임대
		서적 임대
	만화 도소매업	서적 및 잡지 도매
		서적 및 잡지 소매
디지털만화	디지털만화 제작업	인터넷/모바일 만화 콘텐츠 제작 및 제공
	디지털만화 유통업	인터넷/모바일 만화 콘텐츠 서비스

자료: 한국콘텐츠진흥원(2019), 2019 만화산업백서.

특성

만화산업은 몇 가지 특성을 가지고 있는데, 먼저 상품으로서 만화는 매체의 이동에 따라 형식의 변화를 크게 겪었다. 다른 문화콘텐츠는 매체가 변한다고 해도 콘텐츠를 구성하는 형식에서는 큰 변화가 나타나지 않는 반면, 만화는 출판에서 디지털로 매체가 이동함에 따라 형식이 상당히 달라졌다. 출판만화의 페이지뷰 형식은 한 면 혹은 양면에 그림이 배치되기 때문에 한 페이지에 여러 컷이 들어가고 컬러보다는 흑백 모노톤으로 제작되는 경우가 대부분이다. 하지만 디지털만화는 모바일 기기의 크기 제약으로 인해 한 면에 한 컷이 들어가고 컬러로 제작되는 경우가 많다. 이에 따라 세로로 이어지는 스크롤 형식의 컬러만화가 기존 출판만화 시장의 일반적인 형식과 차

Cultural Contents Industry

별화된, 디지털만화 시장의 보편적인 형식이 되었다.

산업적 특성으로서 만화산업은 첫째, 저작권이 밀접하게 관련된 산업이다. 문화콘텐츠 산업은 대부분 저작권과 관련이 깊지만 만화는 제작자가 소수여서 저작권 소유자 문제가 명료하고, 불법복제를 통한 유통이 쉽게 이루어질 수 있다. 둘째, 다른 산업으로 확장되기에 용이한 산업이다. 캐릭터가 스토리를 이끌어가는 기본적인 구조는 다른 문화콘텐츠도 마찬가지의 구조이지만, 만화는 상대적으로 낮은 제작비로 인해 더 실험적이고 독창적인 캐릭터와 스토리 전개가 가능하다. 이런 점 때문에 만화로 먼저 흥행과 산업성을 점검한 후 보다 고위험의 문화콘텐츠산업으로 이동하는 경우가 많이 나타나고 있는 추세다. 셋째, 출판산업과 정보통신산업, 양 산업의 특성을 모두 포괄한다. 출판만화는 출판되는 인쇄물로 출판산업과 관련되지만 디지털만화는 인터넷 유통망을 통해 유통되는 정보통신산업과 관련된다. 따라서 출판만화는 출판문화산업진흥법에 따르며 간행물윤리위원회 심의, 도서정가제 등 출판만화에 적용되는 규제를 받고, 디지털만화는 콘텐츠전송법을 따르며 정보통신망을 통해 유통되는 정보로서 방송통신심의위원회의 심의를 받는다.[1]

---

[1] 한국콘텐츠 진흥원(2019), 2019 만화산업백서.

2. 구조 및 가치사슬

가치사슬

만화산업의 가치사슬은 출판만화 시장과 디지털만화 시장으로 나누어 볼수 있다. 디지털만화 시장이 커지면서 점차 출판만화 중심의 창작―제작―유통―소비 구조와 디지털만화 중심의 콘텐츠―플랫폼―네트워크―디바이스 구조로 가치사슬이 분화되고 있다.

출판만화를 먼저 살펴보면 창작단계에서 작가가 만화를 창작하고 제작 단계에서 창작된 만화가 형식에 맞게 가공된다. 작가의 원본 원고를 출판사나 신문사가 단행본이나 잡지 형식, 신문 형식으로 제작한다. 이렇게 제작된 만화는 제작 형식에 따라 단행본이나 잡지의 경우 서점으로, 신문에 실린 만화의 경우 신문유통 방식으로 유통된다. 그리고 소비자는 실물 형태의 매체로 만화를 접한다.

디지털만화의 가치사슬은 출판만화의 제작 단계가 축소되고 유통단계가 증가한 구조이다. 디지털만화는 제작방식 역시 디지털로 이루어지는 경우가 많아 지정된 포맷에 맞춰 가공하는 과정이 최소화되어 있다. 디지털만화 시장은 제작된 작품이 플랫폼에 업로드되면 네트워크를 통해 전송되어 소비자에게 이른다. 그리고 소비자는 개인 디바이스를 통해 만화를 접한다.

최근 웹툰산업은 작가 및 작품을 관리하는 에이전시의 등장과 IP 사업의 확장으로 가치사슬에서도 변화를 겪고 있다. 에이전시는 개별 작가 혹은 팀이 제작하는 웹툰을 수렴해 플랫폼에 공급하고 웹툰이 다른 콘텐츠로 확장될 때 IP를 관리한다. 나아가 웹툰 및 웹툰 기반 콘텐츠의 기획 및 제작을 시도하며 에이전시가 스튜디오를 세우고 배경이나 채색 작업, 옛날 만화의 컬러화 작업 등도 서비스하고 있다. 따라서 역동적으로 변하는 디지털만화 산업에서 가치사슬의 변화가 더 나타날지 지켜볼 필요가 있다.

| 만화산업 가치사슬 |

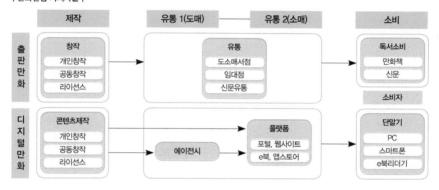

수익구조

만화산업의 수익구조 역시 출판만화 시장과 디지털만화 시장이 차이를 보인다. 출판만화 시장에서 수익은 도서의 판매로 발생하며 이런 수익구조는 출판산업과 동일한 형태로 오랫동안 지속되어 온 구조이다. 반면에 디지털만화 시장은 초창기 무료로 웹툰을 서비스하며 형성한 구조에서 콘텐츠 자체를 유료로 서비스하는 구조로 변화하고 있다. 네이버와 다음은 2011년부터 기존에 무료로 볼 수 있었던 웹툰을 부분 유료화하거나 완결작 유료화 등으로 구조를 전환하기 시작했다. 그리고 이어 2013년에는 레진코믹스와 같은 유료 웹툰 플랫폼이 등장했다.

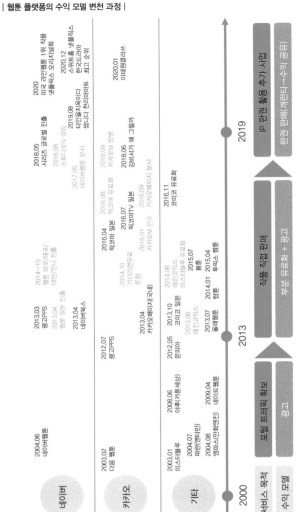

자료: 박정엽(2019), 모바일시대 웹툰은 새로운 대세 콘텐츠, 미래에셋 대우리서치센터.

출판만화에서 보기 어려운 디지털만화의 독특한 수익모델 중 하나는 PPL 이다. PPL은 협찬사의 제품을 작품 속에서 자연스럽게 노출하는 광고기법 의 하나로 주로 방송 프로그램에서 사용되었다. 그러나 웹툰에서도 PPL을 접할 수 있다.[2] 이런 PPL은 또 다른 수익창출의 창구가 되기도 하지만 과할 경우 작품 전체의 퀄리티를 떨어뜨릴 수 있어 주의가 필요하다.

| 유미의 세포들 332화 속 PPL |

출처: The PR News.

수익의 구성비를 살펴보면 전통적 만화 시장은 출판산업과 같은 구조를 보여준다. 도서의 경우 대체로 작가의 인세 10%, 출판사의 제작비 30%, 판매비와 관리비 30%, 유통비(대행수수료) 30%로 구성된다.[3] 웹툰 시장의 경우에는 에이전시나 결제 대행사 등 기존 구조에 포함되지 않는 업체들이 수익구조에 들어오면서 전통적인 만화 시장과는 다른 수익구조를 형성했다.

| 만화 시장 수익 구조 |

전통적인 만화산업	작가	출판사		유통사
	인세	제작비	판매비와 관리비	유통비
디지털 기반 만화산업	저작권료		중개료	판매료	결제료
	작가			매체사	대행사
		에이전시			

출처: 한국콘텐츠진흥원(2016), 2015 만화산업백서.

---

2) The PR News(2018), 웹툰 PPL, 호평과 혹평 가르는 요인, https://www.the-pr.co.kr/news/articleView.html?idxno=41170

3) 한국콘텐츠진흥원(2016), 웹툰 내용 규제 체계 개선 방안에 대한 연구.

1. 국내 시장 현황

매출

국내 만화 시장은 2018년 기준 매출 1조 1,786억 원, 사업체 수 6,628개, 종사자 수 10,761명이다.[4] 세부 분야별 매출액은 만화출판업이 5,424억 원, 만화책 임대업은 778억 원, 만화 도소매업은 2,926억 원, 디지털만화 제작 및 유통업은 2,656억 원 규모이다. 출판만화에서 디지털만화로 주도권이 넘어갔다고 하나 아직까지 만화출판업의 매출이 디지털만화의 매출에 비해 규모가 크고 출판만화 유통까지 합치면 그 격차는 더욱 크다.

---

4) 한국콘텐츠진흥원(2019), 2019 한국만화산업백서.

(단위: 백만 원, 개, 명)

구분	세부	매출액	사업체 수	종사자 수
만화출판업	만화출판사	163,258	83	783
	일반출판사	379,209	98	1,821
만화책 임대업	만화임대	27,258	690	981
	서적임대	50,621	1,806	2,785
만화 도소매업	서적 및 잡지 도매	63,735	162	792
	서적 및 잡지 소매	228,874	3,675	2,676
디지털만화 제작,유통업	인터넷/모바일 만화 콘텐츠 제작 및 제공	46,669	72	299
	인터넷/모바일 만화 콘텐츠 서비스	218,989	42	624
전체		1,178,613	6,628	10,761

자료: 한국콘텐츠진흥원(2019), 2019 만화산업백서.

출판만화와 디지털만화를 분류해 매출액과 비중을 살펴보면 출판만화의 비중이 아직은 만화콘텐츠 시장에서 차지하는 비중이 높으나 디지털만화 시장의 성장세가 가파름을 알 수 있다. 출판만화는 전체 비중의 77.4%를 차지하고 디지털만화는 22.6%를 차지하지만 연평균증감률은 출판만화 4.9%, 디지털만화 33.9%로 디지털만화 시장이 급격히 성장하고 있다.[5]

| 만화콘텐츠 산업 세부 분류별 매출액 추이 |

(단위: 백만 원, %)

구분	구분	세부	2016년	2017년	2018년	비중	연평균 증감률
출판 만화	만화출판업	만화출판사	143,655	155,016	163,258	13.9	6.6
		일반출판사	341,225	365,076	379,209	32.2	5.4
		소계	484,880	520,092	542,467	46.0	5.8
	만화책 임대업	만화임대	23,288	24,748	27,258	2.3	8.2
		서적임대	44,228	48,541	50,621	4.3	7.0
		소계	67,516	73,289	77,879	6.6	7.4
	만화 도소매업	서적 및 잡지 도매	61,056	62,897	63,735	5.4	2.2
		서적 및 잡지 소매	214,662	223,006	228,874	19.4	3.3
		소계	275,718	285,903	292,609	24.8	3.0
	소계		828,114	879,284	912,955	77.4	4.9

5) 한국콘텐츠진흥원(2019), 2019 한국만화산업백서.

디지털 만화	디지털만화 제작, 유통업	인터넷/모바일 만화 콘텐츠 제작 및 제공	27,255	37,876	46,669	4.0	30.9
		인터넷/모바일 만화 콘텐츠 서비스	120,888	165,067	218,989	18.6	34.6
	소계		148,143	202,943	265,658	22.6	33.9
전체			976,257	1,082,228	1,178,613	100.0	9.9

자료: 한국콘텐츠진흥원(2019), 2019 만화산업백서에서 재구성.

수출입

　국내 만화콘텐츠의 수출은 2014년 국내 웹툰 플랫폼들이 해외 진출에 나선 이후 지속적으로 성장하고 있다. 2016년부터 2018년까지 수출액의 연평균성장률은 11.7%로 2018년 4,050만 달러 규모를 기록했다. 수입액은 658만 8천달러 규모로 연평균성장률 0.3%에 그치고 있다.[6] 최근 10년간 수출액도 880%가 급증했는데, 2018년을 기준으로 만화콘텐츠의 수출액은 전체 콘텐츠 수출액의 0.4%에 불과하나 성장률은 14.4%로 애니(19.5%)에 이어 2위를 기록했다.[7] 수출입액 규모를 지역별로 살펴보면 수출은 유럽과 일본의 비중이 29.5%와 28.6%로 가장 큰 비중을 차지했고 매출액 규모도 유럽이 1,194만 8천 달러, 일본이 1,160만 달러 규모를 나타냈다.[8] 그다음 지역은 동남아 지역으로 수출액은 824만 4천 달러, 수출액 비중은 20.4%였다. 중화권은 수출액은 246만 달러 규모로, 6.1%로 수출액은 작았지만 연평균성장률이 36.3%로 향후 수출액 비중에 변화가 생길 것으로 보인다.

　수입의 경우 일본에서 수입하는 만화콘텐츠가 91.5%로 압도적이며 수입

---

6) 한국콘텐츠진흥원(2019), 2019 한국만화산업백서.

7) 문화체육관광부(2019), 만화산업 발전 계획.

8) 한국콘텐츠진흥원(2019), 2019 한국만화산업백서.

액 규모도 2018년 기준 612만 9천 달러를 기록했다.[9] 중화권과 북미에서 수입하는 만화콘텐츠는 마이너스 성장률을 보여 일본에 대한 만화콘텐츠 수입액 비중이 더 커질 것으로 전망된다.

| 만화콘텐츠 지역별 수출입액 추이와 비중 |

(단위: 천 달러, %)

		2016년	2017년	2018년	비중	연평균 증감률
수출액	중화권	1,325	1,367	2,461	6.1	36.3
	일본	9,154	9,742	11,601	28.6	12.6
	동남아	6,352	7,094	8,244	20.4	13.9
	북미	4,602	5,036	5,295	13.1	7.3
	유럽	10,324	11,093	11,948	29.5	7.6
	기타	725	929	952	2.4	14.6
	합계	32,482	35,262	40,501	100.0	11.7
수입액	중화권	68	71	35	0.5	−28.4
	일본	5,947	5,967	6,029	91.5	0.7
	동남아	–	–	70	1.1	–
	북미	305	308	225	3.4	−14.2
	유럽	132	134	138	2.1	2.3
	기타	102	91	91	1.4	−5.5
	합계	6,554	6,570	6,588	100.0	0.3

자료: 한국콘텐츠진흥원(2019), 2019 만화산업백서.

2. 해외 시장 현황

매출

세계 만화 시장 규모는 2019년 78억7,900만 달러(약 9조2,500억 원)로 추

---

9) 한국콘텐츠진흥원(2019), 2019 한국만화산업백서.

정된다.[10] 이는 만화 시장을 추산한 수치로 IP산업과 부가가치를 더하면 만화콘텐츠 시장 규모는 더욱 커진다. 이 중에서 일본이 40억1,800만 달러(약 4조7,000억 원), 미국이 10억2,700만 달러(약 1조2,062억 원)로 세계 시장에서 1, 2위를 차지하고 있고, 이어 중국이 8억6,000만 달러(약 1조100억 원) 규모로 전망되며 3위를 차지했다.[11]

| 세계 만화 시장 국가별 비중 |

주요국 매출액 및 성장률(일본, 미국, 중국)[12]

일본의 만화콘텐츠 시장은 2019년 전년 대비 10.4% 증가한 45억9,600만 달러의 매출을 기록했다. 일본에서 만화콘텐츠는 가장 대중적인 콘텐츠 중 하나로 만화를 기반으로 애니메이션, 영화, 드라마 등이 제작되며 만화콘텐

---

10) 매일경제(2019), 만화시장서 디지털비중 10% →25%, 추정치이므로 2019 만화산업백서와는 수치가 다르다. https://www.mk.co.kr/news/it/view/2019/10/878492/
11) 출판만화와 만화콘텐츠만을 대상으로 하므로 2장에서 살펴본 국내 만화산업 규모와는 수치상 차이가 있다. 이 기준에 따르면 한국 만화 시장 규모는 3억 달러 규모로 세계 시장 5~6위에 해당한다.
12) 한국콘텐츠진흥원(2019), 2019 한국만화산업백서.

츠를 IP콘텐츠로 활용하는 산업이 발달해 있다. 하지만 일본 역시 만화 단행본의 수익이 줄어들고 만화잡지의 휴간이나 폐간이 이어지는 등 출판만화 시장은 위기를 겪고 있으며 디지털만화로의 전환이 가속화되고 있다.

　미국 만화콘텐츠 시장의 2019년 매출액은 11억6,000만 달러로 추정되며 전년 대비 10.6% 성장했다. 미국 코믹스는 마블코믹스(Marvel Comics)와 DC코믹스(DC Comics)의 슈퍼히어로 장르 만화가 주요 콘텐츠이며 만화뿐 아니라 IP를 활용한 콘텐츠로 전 세계적으로 인기 있는 콘텐츠로 자리 잡고 있다. 우리나라나 일본에서 만화콘텐츠가 매니아 중심으로 소비되는 데 비해 미국에선 대중적으로 만화콘텐츠가 소비된다는 점이 미국 만화콘텐츠 시장의 특성이다.

　중국의 만화콘텐츠 시장은 2019년 9억7,700만 달러의 규모로 전년 대비 10.2% 성장했다. 중국의 만화콘텐츠 시장은 미국이나 일본에 비해 크진 않지만 최근 디지털만화를 중심으로 재편되며 이용자가 급증하고 있다.

| 주요국 디지털만화 규모 및 전망 |

(단위: 백만 달러, %)

지역	구분	2016	2017	2018	2019p	2020	2021	2022	2023
미국	출판	949	885	953	1,073	1,034	1,088	1,096	1,112
	디지털	86	86	96	86	90	92	92	94
	합계	1,035	971	1,049	1,159	1,124	1,180	1,188	1,206
중국	출판	864	814	870	958	860	917	915	910
	디지털	11	14	16	19	20	21	21	22
	합계	875	828	886	977	880	938	936	932
일본	출판	2,732	2,304	2,185	2,190	2,018	2,075	2,053	2,031
	디지털	1,375	1,558	1,814	2,379	2,507	2,537	2,593	2,648
	합계	4,107	3,862	3,999	4,596	4,525	4,612	4,646	4,679

자료: 한국콘텐츠진흥원(2020), 2020 만화산업백서.

　출판만화에서 디지털만화로 전환되는 현상은 전 세계적인 추세이나 그 속도는 나라마다 상이하다.[13] 먼저 일본의 디지털만화 시장은 2019년 출판만화를 추월했다. 만화 감상이 일반적인 취미인 일본의 특성이 디지털만화 시장에도 반영되어 일본의 전자책 시장의 80% 이상을 디지털만화가 차지하고 있다.

미국은 디지털만화로의 전환이 더딘 상황이다. 미국의 디지털만화는 마블코믹스와 DC코믹스 등 인기 콘텐츠를 사진 업체가 디지털만화를 제공하지만, 국내 웹툰과 같이 만화를 감상하는 포맷을 변화시킨 것이 아니라 기존의 출판만화를 그대로 옮긴 형식으로 이용자의 관심을 끌 만한 차별화된 콘텐츠를 제작하지 못했다.

중국의 디지털만화 시장은 그 규모는 작지만 콰이칸 만화, 텐센트, 웨이보 등 대형 플랫폼을 중심으로 시장이 재편되는 중이며 콘텐츠 이용자 역시 증가하는 추세이다.[14] 또 만화 자체의 판매 수익은 크지 않지만 다른 문화콘텐츠로 IP 수익을 올리는 사례 역시 늘어나고 있어 시장 규모는 더욱 커질 가능성이 있다.

---

13) 한국콘텐츠진흥원(2019), 2019 한국만화산업백서.
14) 한국콘텐츠진흥원(2020), 〈중국[심천] 콘텐츠산업동향〉(2020-05호).

1. 국내

출판만화 주요 업체 및 동향

(1) 서울미디어코믹스와 대원씨아이

서울미디어코믹스는 서울미디어그룹의 계열사로 서울문화사를 전신으로 한다. 서울문화사는 1988년 만화사업을 시작해 만화잡지 《아이큐점프》, 《윙크》를 출판했고 〈진짜사나이〉, 〈오디션〉, 〈궁〉, 〈하백의 신부〉 등의 작품을 탄생시켰다. 그리고 〈드래곤볼〉, 〈명탐정 코난〉, 〈후르츠바스켓〉 등의 해외 만화를 라이선스로 수입했다. 최근에는 새로운 사업 방향을 모색하며 만화뿐 아니라 웹소설도 출판하고 있고 빅툰과 마녀코믹스라는 웹툰 서비스도 제공했으나 2020년 빅툰의 서비스는 중단했다.[15] 사업 범위를 만화콘텐츠를 중심으로 한 OSMU로 확장하고 서비스 콘텐츠를 웹소설과 웹툰으로

---

15) 서울미디어코믹스 홈페이지, http://www.seoulmediacomics.com/

확장함에 따라 콘텐츠 수급을 위해 '2020 웹툰 원작 공모전' 을 개최하기도 했다.[16]

대원씨아이는 애니메이션 IP를 활용해 OSMU 사업을 하는 대원미디어의 자회사로 〈검정고무신〉, 〈열혈강호〉 등 국내 작품을 비롯해 〈슬램덩크〉, 〈도라에몽〉, 〈원피스〉, 〈나루토〉 등의 해외 작품을 출판했다. 기존 출판만화 사업에서 만화콘텐츠를 중심으로 한 사업으로 영역을 확장하며 웹툰과 OSMU 사업도 함께 진행하고 있다. 2019년 〈일단 뜨겁게 청소하라〉가 드라마로 제작된 이후 모회사 대원미디어의 완구사업과 더불어 IP 사업도 본격화할 것으로 보인다.[17] 대원씨아이는 2017년 매출액 378억 원을 기록했으나 2019년에는 328억 원으로 매출이 감소했다. 대원미디어의 자회사로 〈미스터 초밥왕〉, 〈신의 물방울〉, 〈진격의 거인〉 등 해외 만화를 수입했던 학산문화사도 2017년 매출 300억 원을 기록했다가 2018년에는 272억 원으로 줄었다.[18]

두 기업 모두 출판만화사업으로 출발하여 1990년대에서 2000년대 초반까지 상당한 성과를 냈고 IP 사업도 함께 진행하고 있다. 또 2010년대 웹툰의 부상에 따라 웹툰과 웹소설 사업으로 사업을 확장하고 있으나 웹툰과 웹소설에서는 상대적으로 후발주자이고 네이버나 다음 등 대형 포털 기업에 비해 접근성이 떨어져 고전하는 상황이다.

---

16) IT 조선(2020), 서울미디어코믹스 "웹툰 제작 가능한 원작 찾습니다'. http://it.chosun.com/site/data/html_dir/2020/02/14/2020021401299.html
17) 김한경, 정홍식(2019), 키즈산업 보고서, 이베스트투자증권.
18) 더벨(2020), '오프라인 강자' 대원미디어, 온라인 중심으로 전환. https://www.thebell.co.kr/free/content/ArticleView.asp?key=202009081505321560103216&lcode=00

(2) 카카오페이지의 출판만화 업체 인수

2019년 카카오페이지는 여러 콘텐츠 업체를 인수하거나 주요 업체에 투자했다. 카카오페이지가 투자한 대원씨아이, 학산문화사, 서울미디어코믹스는 모두 출판만화의 주요 업체이며 카카오페이지는 각각 14억6,000만 원, 14억7,000만 원, 10억 원을 투자해 20% 가량의 지분을 확보했다.[19] 카카오페이지는 만화콘텐츠 사업에 오랜 역사를 가진 이들 기업에 투자하여 기존 콘텐츠를 이북, 웹툰 등의 온라인 콘텐츠로 발간해 새로운 성장을 꾀할 것으로 전망된다.[20]

| 카카오페이지의 주요 만화출판업체 투자 현황 |

(단위: 십억 원, %)

투자회사	사업영역	투자금액	지분율
서울미디어코믹스	만화/도서출판업체	10.0	22.2
대원씨아이	만화/도서출판업체	14.6	29.8
학산문화사	만화/도서출판업체	14.7	29.8
디앤씨미디어	웹소설/웹툰제작업체	12.6	18.5

자료: 이민아(2019), 익숙한 탭 웹툰의 재발견, KTB투자증권.

디지털만화 주요 업체 및 동향

(1) 네이버웹툰과 카카오

2019년 10월 기준, 네이버웹툰은 월간 순방문자 1억7,400만여 명으로 1위, 카카오페이지는 7,300만여 명으로 2위, 레진코믹스가 1,802만여 명으로 3위, 다음웹툰이 1,370만여 명으로 4위, 탑툰이 1,230만여 명으로 5위를

---

19) 이민아(2019), 익숙한 탭 웹툰의 재발견, KTB투자증권.
20) 한상웅(2019), 대원미디어, IP가치의부각 : 카카오페이지와의협업과콘텐츠제작까지, 유진투자증권.

차지하고 있다. 순방문자 기준 네이버웹툰은 55.5%, 카카오페이지와 다음 웹툰이 합쳐 27.9%를 차지하고 있다.[21]

다음웹툰은 2003년 '만화 속 세상' 서비스를 론칭하며 국내 웹툰 시장을 개척했고 연재작은 무료, 완결작은 유료로 서비스하며 웹툰 이용자들을 모았다. 웹툰 작가들에게는 원고료를 지급하고 작품에 광고를 실어 광고 수익을 창출했다. 초기에는 웹툰 자체로 수익을 내기보다는 웹툰을 기반으로 한 생태계 조성에 주력해 웹툰의 IP 판권 판매나 광고 수익도 작가와 나누었다.[22]

네어버웹툰은 2004년 서비스를 시작해 다음웹툰보다 한 해 뒤졌으나 다음 웹툰과 경쟁하기 위한 세부적인 전략으로 현재 국내 1위 업체가 되었다. 네이버가 운영하는 기본적인 사업모델은 다음웹툰과 동일했다. 연재 중인 웹툰은 무료로 제공하되 트래픽을 유입시키는 대가로 작가들에게 원고료를 지급했다. 그리고 전체 작가와 독점계약을 맺고 작품을 독점으로 제공했다. 네이버는 웹툰 유료화함으로써 작가에게 70~90%의 배분하고, 광고 수익을 작가와 50 대 50으로 나누거나 웹툰 IP를 활용한 OSMU로 인기 작가에게 많은 수익을 배분하는 것을 포함해 콘텐츠 수급과 웹툰 생태계 마련에 주력했다.[23]

---

21) 한국콘텐츠진흥원(2019), 2019 한국만화산업백서.

22) 한국콘텐츠진흥원(2019), 2019 한국만화산업백서.

23) 이민아(2019), 익숙한 탭 웹툰의 재발견, KTB투자증권.

(단위: 십억 원)

	3Q 2019	4Q 2019	1Q 2020	2Q 2020	3Q 2020	4Q 2020
네이버[24]	87.2	83.8	93.4	112.9	115.0	138.9
카카오[25]	91.9	103.6	97.0	119.0	148.4	163.6

자료: 네이버, 카카오. 각 사의 실적 발표 자료.

(2) 수익모델의 변화

레진코믹스는 무료콘텐츠 제공에 반기를 들면서 웹툰 에이전시 회사로 탄생했다. 레진코믹스는 2013년 서비스를 시작하며 웹툰을 유료로 제공하고 작가에게 최저 수익 보장금을 분배했다. 레진코믹스는 이런 창작자 중심의 수익 배분으로 창작자와 만화 마니아들에게 지지를 얻으며 점유율을 높여 갔다.[26] 그리고 네이버웹툰과 다음웹툰에서 상대적으로 마이너 장르인 성인 대상 콘텐츠나 마니아적인 콘텐츠를 서비스해 충성이용자를 확보했다.

네이버와 카카오의 수익모델도 최근 변화하기 시작했다. 다음웹툰과 카카오페이지를 합칠 경우 업계 2위인 카카오페이지는 2014년 '기다리면 무료' 서비스를 런칭해 새로운 수익모델을 보여주었다. 이 서비스는 이용자가 작품을 본 시점부터 일정 시간이 지나면 1회차를 무료로 감상할 수 있다. 처음에는 무료콘텐츠를 감상하던 이용자가 다음 회차에 대한 궁금증을 참지 못하고 유료 콘텐츠를 이용하도록 유도하는 시스템이다. 이는 밀레니얼세대가 콘텐츠를 몰아서 본다는 특징을 공략한 방식으로, 카카오페이지가 '기다리

---

24) 네이버웹툰, 라인망가, 네이버뮤직, V live, 스노우 포함.

25) 카카오페이지, 다음웹툰, 픽코마 포함.

26) 그러나 최저 수익 보장금과 수익배분이 신진작가의 열악한 위치를 이용한 계약이며 작품이 최저 수익 이상을 내면 오히려 작가에게 손해라는 주장이 제기되었다. 아이뉴스24(2015), 레진 일부 작가들 '계약 부당' 주장 논란. http://www.inews24.com/view/919809

면 무료' 서비스를 도입한 후 연간 거래액은 2014년 130억 원에서 2018년 2,190억 원으로 증가했다.[27] 카카오의 '기다리면 무료' 서비스가 성공을 거두며 네이버도 이전과 다른 수익모델을 탐색하며 웹툰과 웹소설을 함께 서비스하는 네이버 시리즈(SERIES)에 '너에게만 무료'라는 유사한 방식의 서비스를 론칭했다.

2. 해외

일본

일본의 출판만화는 주요 잡지사가 주도하고 있으며 주요 업체는 슈에이샤의 《주간 소년 점프(週刊少年ジャンプ)》, 코단샤의 《주간 소년 매거진(週刊少年マガジン)》, 쇼가쿠간의 《주간 소년 선데이(週刊少年サンデー)》 등이다. 이 잡지사의 작품들로는 《슬램덩크》, 《원피스》, 《블리치》, 《터치》, 《명탐정 코난》 등이 있으며 이런 작품들은 일본 만화 시장뿐 아니라 세계적으로도 큰 인기를 끌었고 만화 문법에도 영향을 미쳤다.

하지만 일본에서 디지털만화의 점유율이 출판만화를 넘어서고 전 세계적으로도 디지털만화의 강세가 지속되는 만큼 이들 업체도 새로운 사업 방향

---

27) 이민아(2019), 익숙한 탭 웹툰의 재발견, KTB투자증권.

을 모색하고 있다. 슈에이샤는 '소년점프+(少年ジャンプ＋)', 코단샤는 '마가포케(マガポケ)', 쇼가쿠간은 '망가원(マンガワン)'이라는 앱을 각각 론칭하고 기존 웹툰 플랫폼의 수익모델을 흡수해 수익을 창출하고 있다.[28] 이들은 역사가 깊은 작품 콘텐츠를 다양하게 보유하고 있는 강점이 있다. 이를 활용해 슈에이샤는 타깃을 다섯 개로 나누어 각각의 앱을 제작해 타깃층에 적합한 만화를 제공하고 있고, 쇼가쿠칸은 잡지에 연재된 인기 작품을 일정 기간 동안 전권 무료 열람이 가능한 '한 번에 읽기(イッキ讀み)' 서비스를 제공하며 차별화된 콘텐츠로 경쟁에 나서고 있다. 다만 출판만화를 기본으로 하기 때문에 여전히 출판도서와 같은 가로보기 방식으로 제공되고 있다.

일본의 디지털만화는 한국의 웹툰 시스템을 벤치마킹해 발전했으며 주요 업체들도 모기업이 한국인 곳이 많다. 일본 디지털만화 상위 업체인 라인망가(LINEマンガ), 코미코(Comico), 픽코마(ピッコマ) 모두 각각 네이버, NHN, 카카오의 자회사이다. 이들 업체는 한국에서의 웹툰 플랫폼 운영 경험을 바탕으로 세로 스크롤 방식을 일본에 도입하고 다양한 비즈니스 모델을 적용하며 성과를 내고 있다. 그중 라인망가는 2013년 모바일 서비스를 시작한 이후 앱스토어 도서 앱 부문 수익 순위 1위를 꾸준히 기록하고 있다.

| 일본 모바일 만화 어플리케이션 매출액 규모(2018년 기준) |

(단위: 십억 엔)

	라인망가	픽코마	소년 점프+	코미코	Renta!	망가박스	기타
매출액	21.8	5.7	2.4	1.5	1.1	1.1	3.4
국내 모회사	NHN	Kakao	–	NHN	–	–	–

자료: 이민아(2019), 익숙한 탭 웹툰의 재발견, KTB투자증권.

---

28) 한국콘텐츠진흥원(2020), 2020 한국만화산업백서.

미국

미국의 출판만화는 마블코믹스와 DC코믹스가 주도하고 그 뒤를 이미지 코믹스(Image Comics)가 따르고 있다. 점유율로는 마블코믹스가 40% 이상을 차지하고 DC코믹스가 20%대, 이미지코믹스가 10% 미만의 점유율을 보여준다.

| 미국 출판만화 시장 업체별 점유율 |

(단위: %)

	마블코믹스	DC코믹스	이미지 코믹스	기타
판매액	40.98	27.34	6.17	25.51
판매부수	46.76	27.58	6.4	19.26

자료: 한국콘텐츠진흥원(2020), 2020 만화산업백서.

최근 미국 출판만화 업체는 디지털 친화적 사업을 추진하고 있다. DC코믹스는 그간 미국 만화 소매점 유통을 독점해온 유통사 다이아몬드 코믹스와 계약을 종료하고 새로운 유통사와 계약했다. 코로나19로 셧다운되는 주가 늘어나 소매점 매출이 급감했고 여기에 더해 배송이 늦어지면서 공급에도 문제가 발생했다. 만화는 빠른 호흡으로 소비하는 콘텐츠인데 이런 공급체인의 마비는 만화 소비에 큰 영향을 미쳤다. DC코믹스는 다이아몬드 코믹스와의 계약 종료 후 USC(UCS Comic Distributors), 루나(Lunar Distribution), EE(EE Distribution), 사이드쇼(Sideshow) 등의 유통사와 계약했다. 이들 유통사는 다이아몬드 코믹스보다 규모는 작지만, 온라인 유통이나 일반 서점 유통에 전문성이 있는 기업들이라는 점에서 DC코믹스의 향

후 사업 방향을 짐작할 수 있다.[29]

한편 마블코믹스는 신작을 디지털 버전으로만 출시하기로 했다.[30] 여기에는 〈앤트맨(Ant-Man)〉, 〈고스트-스파이더(Ghost-Spider)〉, 〈호크아이(Hawkeye: Freefall)〉와 같은 인기 시리즈가 포함되어 마블코믹스 역시 디지털만화로의 전환을 준비하는 모습을 보여주고 있다.

중국

중국의 만화 시장은 대기업의 적극적인 투자로 시장 확산을 계속하고 있다. 콰이칸만화(快看漫畵), 텐센트동만(騰訊動漫), 웨이보동만(微博動漫) 등 디지털만화 플랫폼들이 텐센트, 시나 웨이보(新浪微博) 등 대기업의 투자 지원을 받아 적극적으로 사업을 추진하고 있고, 이런 대기업의 자본이 만화 제작 스튜디오에도 유입되어 자국 콘텐츠에 대한 지원도 이루어지고 있다. 또 텐센트동만은 태국의 욱비코믹스(Ookbee Comics)를 인수하여 태국 시장에 진출하기도 했다.

시장 규모가 확산되는 역동적인 환경에 따라 주요 업체 순위는 수시로 바뀌고 있다. 유료 회원 수를 기준으로 2017년 중국의 3대 웹툰 플랫폼으로는 우이치, 텐센트동만, 장웨커지(掌閱科技)가 뽑혔으나, 콰이칸 만화가 1억 7,700만 달러(한화 약 2,130억 원)의 투자를 유치하며 적극적인 사업을 펼쳐 1위의 자리를 차지했다. 2019년 기준 유료 회원 수가 가장 많은 웹툰 플

---

29) 한국콘텐츠진흥원(2020), 2020 한국만화산업백서.

30) Marvel(2020), Marvel Comics to Release Select New Digital-Only Titles on May 13th and May 20th. https://www.marvel.com/articles/comics/marvel-comics-to-release-select-new-digital-only-titles-on-may-13th-and-may-20th

랫폼은 콰이칸만화(약 3,000만 명), 텐센트동만(약 1,300만 명), 웨이보동만(약 1,200만 명)이다.[31]

주요 업체들은 유료 회원을 놓치지 않기 위해 콘텐츠 확보에도 힘을 기울이고 있다. 콰이칸만화는 투자금을 기반으로 수백 명의 작가와 독점계약을 맺으며 독점 콘텐츠 보유 전략을 보여주고 있다. 또 샤오밍타이지(후베이) 국민문화유한회사는 2017년 즈인만커(知音漫客)에 5.67억 위안(약 970억 원), 삽만화(颯漫畫)에 2억 위안(약 343.5억 원)을 투자하고, 선만(神漫)의 모든 작품의 독점연재권을 확보하여 3대 만화잡지 플랫폼의 온라인 연재권을 보유하게 되었다.

이런 디지털만화 플랫폼은 시장을 확산하며 수익모델도 변화해가고 있다. 과거 중국의 웹툰 플랫폼은 중국의 웹소설 플랫폼의 수익모델을 차용해 VIP용 유료 작품을 별도로 제공하는 방식을 사용했으나, 최근에는 한국 웹툰 플랫폼의 사례를 적극 벤치마킹하고 있다. 콰이칸만화는 미리보기 방식의 유료 모델을 도입했고, 텐센트동만은 카카오페이지의 '기다리면 무료' 모델을 벤치마킹했다.[32]

---

31) 한국콘텐츠진흥원(2020), 2020 만화산업백서.
32) 웹이코노미(2017), 중국 웹툰 시장, 우리나라 비즈니스모델 그대로 도입…거시적 계획 필요, http://m.webeconomy.co.kr/view.php?ud=2017090411271232309d488cea5c_7

1. 웹콘텐츠 플랫폼으로 통합화

웹툰 플랫폼은 점차 웹툰과 웹소설 등 디지털콘텐츠를 통합해 하나의 플랫폼으로 변화하고 있다. 네이버는 웹툰과 웹소설의 주력 분야인 장르소설, 영화와 방송, e북 콘텐츠를 통합해 서비스하는 플랫폼인 네이버 시리즈 (SERIES)를 론칭했다. 다음은 다음웹툰과 카카오페이지의 웹툰이 별도로 존재하지만 카카오페이지에서 웹툰과 웹소설, 영화와 방송, e북 콘텐츠를 통합해 서비스하고 있다. 이외에도 상당수의 웹툰 플랫폼이 웹소설을 함께 서비스하고 있다.

콘텐츠로 통합화되는 흐름은 새 브랜드의 이름에서도 확인할 수 있다. 기존 '네이버웹툰'과 '다음웹툰' 처럼 '웹툰' 을 주요 콘텐츠로 표방하던 서비스들은 '네이버 시리즈', '카카오페이지' 등 '웹툰' 을 전면에 내세우지 않는 새로운 브랜드를 론칭하며 다양한 콘텐츠를 제공하는 플랫폼으로 바뀌어 가고 있다.

이처럼 콘텐츠 통합 플랫폼의 경쟁이 심화되면 양질의 콘텐츠를 수급하기 위한 경쟁 또한 더욱 치열해질 것으로 보인다. 또 카카오페이지의 '기다리면 무료' 과금 정책이 수익성이 있는 것으로 나타남에 따라 기존에 네이버가 했던 트래픽 유도 사업모델보다는 콘텐츠에 직접 과금하는 수익모델이 자리를 잡아가면 양질의 콘텐츠 확보 경쟁은 더욱 심화될 것이다. 2019년 카카오페이지는 국내 웹소설 1위 업체인 디앤씨미디어에 투자해 18.5%의 지분을 보유하고 주요 출판만화 업체의 지분을 인수하는 등 적극적인 콘텐츠 수급 및 확보에 나서고 있는데, 이런 활동 역시 콘텐츠 확보 경쟁의 일환일 것이다.[33]

웹툰과 웹소설이 웹콘텐츠로 통합되어 하나의 플랫폼 안에서 상호작용하는 것은 자연스러워 보인다. 웹툰은 영상물의 원작이 되기도 하지만 웹소설의 IP를 확보해 탄생하기도 하며 제작비가 많이 드는 영상물 제작 이전에 콘텐츠의 잠재력을 확인할 수 있는 계기가 되기도 한다. 2014년 카카오페이지의 웹소설로 시작한 〈김비서가 왜 그럴까〉는 2016년 웹툰으로 제작되었고, 2018년 드라마로 제작되었다. 웹소설은 200만 명, 웹툰은 600만 명의 독자가 작품을 보았고 드라마는 최고 시청률 8.7%를 기록하며 150억 원 이상의 수익을 올렸다. 드라마의 성공은 다시 웹소설과 웹툰에 대한 관심으로 이어져 웹소설과 웹툰의 누적 매출액은 100억 원을 기록했으며, 판권이 해외로 수출되었다.[34]

33) 이민아(2019), 익숙한 탭 웹툰의 재발견, KTB투자증권.
34) 한국콘텐츠 진흥원(2019), 2019 만화산업백서.

2. IP 기반의 제작사 설립

웹툰은 독특한 소재와 스토리, 탄탄한 캐릭터로 영화나 드라마로 영상화되는 주요 콘텐츠이다. 2020년 방영된 JTBC의 〈이태원 클라쓰〉, 〈쌍갑포차〉는 둘 다 다음의 웹툰을 원작으로 한 드라마로 이 중 〈이태원 클라쓰〉는 최고 시청률 16.548%로 흥행에 성공했다.[35]

이에 네이버웹툰, 카카오페이지, 레진엔터테인먼트 등 대형 웹툰 플랫폼 기업은 웹툰을 영상화하는 자회사를 설립해 영상제작 시장에 진입하고 있다. 이들 기업은 각각 다른 투자 방식과 전략으로 자사의 웹툰 IP 관리 및 영상제작에 참여하고 있다. 카카오는 2017년 CJ 계열의 드라마 제작사 '스토리플랜트'를 인수해 '메가몬스터'로 사명을 바꾸고 카카오M의 자회사로 편입시켜 영상콘텐츠 제작 사업을 시도하고 있다. 2018년 네이버웹툰은 자회사 형태로 드라마 제작사 '스튜디오N'을 설립해 OCN 드라마 〈타인은 지옥이다〉(2018~2019년), tvN 〈쌉니다 천리마 마트〉(2019년) 등을 제작했다. 레진엔터테인먼트도 2018년에 제작사 '레진스튜디오'를 설립해 독립영화 〈밤치기〉로 부산국제영화제에서 비전감독상, 2018년 올해의 배우상을 수상하며 웹툰의 영상화 사업을 본격적으로 확장시키고 있다.

이들 웹툰 IP 기반 영상제작 기업은 아직은 초창기라 외부의 기업들과 공동제작 형태로 사업을 시작하고 있다. 동명의 네이버웹툰을 드라마화한 〈스위트홈〉은 스튜디오N과 스튜디오드래곤의 공동제작 작품으로 넷플릭스에

---

35) 매일경제(2020), 이태원 클라쓰 16회 자체 시청률 기록하며 종영, https://www.mk.co.kr/news/culture/view/2020/03/294262/

서 상당한 인기를 얻었고, 2020년 tvN에서 방영된 〈여신강림〉도 네이버웹툰 원작에 스튜디오N과 드라마제작사 본팩토리[36]의 공동제작 작품이다. 또 메가몬스터는 KBS와 MOU를 맺고 2020년부터 매년 한 편씩 드라마를 제작해 방영하기로 했다.[37]

이런 흐름은 원천 IP부터 영상 제작, 유통까지 수직계열화로 이어질 수 있다. 메가몬스터의 모회사 카카오M은 2019년 CJ ENM의 대표이사를 역임한 대표를 카카오M 대표이사로 영입하고 공격적으로 영화 제작사와 연예인 소속사를 인수합병하고 있다.[38] 이는 IP(소재)→배우(출연진)→제작→유통으로 이어지는 가치사슬을 형성할 수 있다는 것을 의미한다. 2021년 1월 카카오M은 다시 카카오프렌즈와 합병하여 카카오엔터테인먼트 회사가 되었다. 카카오페이지와 카카오M 합병은 그동안 쌓아온 지적재산(IP) 역량과 플랫폼 네트워크의 결합으로 수직계열화는 더욱 강화될 것으로 보인다.

3. 수출 활성화

콘텐츠의 디지털화가 가속화되는 환경에 선제적으로 대응한 국내 웹툰산

---

36) CJ ENM의 자회사이다.

37) 연합뉴스(2019), '망자의 서' 드라마로 제작…다음웹툰, 메가몬스터 · KBS와 협약, https://www.yna.co.kr/view/AKR20190612052600017

38) 씨네21(2019), 카카오M, 영상 콘텐츠 업계의 공룡 될까, http://m.cine21.com/news/view/?mag_id=92132

업은 전 세계 디지털만화 시장을 주도하고 있다. 다른 국가의 디지털만화콘 텐츠가 출판만화 방식의 페이지뷰 방식을 고집한 데 비해 국내 웹툰산업은 스마트폰에 적합한 스크롤 방식으로 빠르게 전환해 세계 만화콘텐츠의 디지 털화에 앞장서고 있다. 국내 웹툰 플랫폼은 플랫폼 자체의 진출, 합작회사를 통한 진출, 퍼블리셔로서의 진출 방법으로 해외 시장에 진출하고 있다.

특히 웹툰 앱은 전 세계적인 성과를 거두고 있다. 특히 1990년대 국내 만 화 시장을 장악하고 세계 만화 시장을 주도했던 일본에서의 성과는 주목할 만하다. 2013년 네이버 라인은 일본에 자회사 형식으로 라인 디지털 프런티 어 주식회사를 설립하여 만화 애플리케이션을 출시하며 일본 시장에 진출했 다. 이어 2016년 카카오의 자회사 픽코마가 일본에 진출했고 두 기업의 웹 툰 감상 애플리케이션은 일본 만화 애플리케이션 순위 1, 2위를 차지했다.[39] 특히 픽코마는 2020년 일본 애플리케이션 비게임 부문 매출에서 1위를 차 지하기도 했다.[40]

네이버웹툰은 서구 시장에서도 성과를 내고 있다. 네이버의 라인웹툰은 북미 만화 애플리케이션 1위이며 네이버웹툰은 2019년 유럽 시장에 진출해 2020년 프랑스, 독일, 영국에서 모바일 만화 감상 애플리케이션 1위를 차지 했고, 스페인, 이탈리아에서는 2위를 차지했다.[41] 또 독일에서는 국내 웹툰 업체 '타파스미디어'의 어플리케이션 '타파스 코믹스 앤 노블' 어플리케이 션이 5위에 오르기도 했다.

또 레진코믹스가 2015년 미국 시장에 진출했으며 2018년 미국 지역에서

---

39) 한국콘텐츠진흥원(2020), 〈위클리글로벌 185호〉.

40) 한국콘텐츠진흥원(2020), 〈위클리글로벌 185호〉.

41) 이민아(2019), 익숙한 탭 웹툰의 재발견, KTB투자증권; 한국콘텐츠진흥원(2020), 〈위클리글로벌 199호〉.

105억 원의 매출을 기록했다.[42] 또 2020년에는 미국의 만화플랫폼 Anime Planet과 협약을 맺었다.[43] Anime Planet은 디지털만화와 웹소설을 제공하는 온라인 플랫폼으로 월 500만 명 이상의 이용자가 참여하는 플랫폼이다.

42) 이민아(2019), 익숙한 탭 웹툰의 재발견, KTB투자증권.
43) 한국콘텐츠진흥원(2020), 〈위클리글로벌 187호〉.

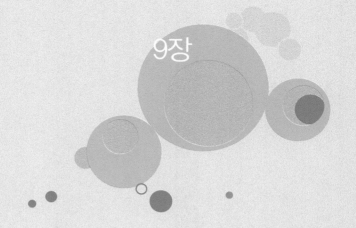

9장

애니메이션산업

1. 정의 및 특성

정의 및 분류

애니메이션은 그림을 연속으로 나열해 움직이는 듯한 효과를 낸 영상으로, 여기에 소리 또는 음악이 더해지는 경우가 많다. 애니메이션은 입체감 정도, 사용 도구, 제작방식, 유통채널, 제작 목적에 따라 다르게 분류할 수 있다. 먼저 입체감이 어떻게 느껴지느냐에 따라 2D 애니메이션과 3D 애니메이션으로 분류할 수 있다. 간단히 설명하면 2D 애니메이션은 평면성을 강조해 작품의 배경과 등장인물을 선이나 면으로 처리하고, 3D 애니메이션은 배경과 등장인물의 입체감을 강조해 좀더 사실적인 형태로 표현한다. 하지만 최근에는 인물은 2D 애니메이션과 유사하지만 배경은 입체감을 살려 3D 애니메이션으로 제작하는 등 두 영역을 넘나드는 애니메이션도 많이 나타나고 있다.

제작방식에 따라 분류하면 크게 셀애니메이션과 디지털애니메이션, 기타 애니메이션으로 분류할 수 있다. 셀애니메이션은 주요 배경 위에 셀룰로이드 비닐을 올리고 투명한 셀룰로이드 비닐에 캐릭터의 움직임을 손으로 그려 넣어 배경과 캐릭터를 합성시키는 방식으로 영상의 한 컷 한 컷을 사람이 손으로 그려내어 제작된다.[1] 디지털애니메이션은 컴퓨터를 활용한 애니메이션 제작방식 전체를 포괄하는데, 셀애니메이션의 제작 과정을 컴퓨터로 대체하거나 프로그램을 사용하여 3D 오브젝트를 만든 후 거기서 정지화상을 얻고 이를 다시 나열해 영상으로 제작하는 방식이다.[2]

| 제작방식 기준 애니메이션 분류 |

분류	제작방식	특성
2D 애니메이션	셀애니메이션	배경 그림 위에 셀룰로이드 비닐을 올리고 투명한 셀룰로이드 비닐에 캐릭터의 움직임을 손으로 그려 넣어 배경과 캐릭터를 합성시키는 방식
	디지털애니메이션	셀애니메이션과 마찬가지로 캐릭터의 움직임을 컴퓨터로 그리는 방식
3D 애니메이션	디지털애니메이션	디지털 상에서 움직이는 가상의 오브젝트로부터 정지화상을 만들어 내고 이를 다시 나열해 움직이는 영상으로 제작하는 방식
2D+3D 애니메이션	디지털애니메이션	필요에 따라 2D의 효과와 3D의 효과를 섞어서 제작하는 방식
기타 애니메이션	클레이 애니메이션, 샌드애니메이션, 페이퍼애니메이션 등 사용 도구에 따라 다양함	

자료: 김민중, 곽노준(2017), 2D 애니메이션과 3D 애니메이션의 융합.

플랫폼(유통채널)에 따라서도 애니메이션을 분류할 수 있다. 애니메이션은 영상콘텐츠로서 어느 플랫폼을 통해 공개되느냐에 따라 TV 애니메이션, 극장 애니메이션, DVD/홈비디오 애니메이션 등으로 분류될 수 있으며, 최근 OTT 시장 확장에 따라 OTT 플랫폼 오리지널 애니메이션 역시 이 분류 안에 포함될 수 있다.

---

1) 김민중, 곽노준(2017), 〈2D 애니메이션과 3D 애니메이션의 융합〉, 《만화애니메이션 연구》, 48.
2) 문화체육관광부(2008), 애니메이션산업 중장기 발전전략 추진 현황 및 보완계획; 김민중, 곽노준(2017), 〈2D 애니메이션과 3D 애니메이션의 융합〉, 《만화애니메이션 연구》, 48.

분류	특성
TV 애니메이션	TV 방송용 애니메이션으로 30분 이내의 여러 편으로 된 시리즈로 제작
극장 애니메이션	극장 상영을 전제로 1~2시간 내외의 단독, 혹은 짧은 편수로 제작
DVD/홈비디오 애니메이션	Straight-to-Video, Original-Video-Animation 등 극장이나 TV를 거치지 않고 DVD 등 다른 비디오 매체로 판매되는 애니메이션. 주로 부가판권 시장이 형성되어 있고, 선진국 위주로 되어 있으나 점차 쇠퇴
OTT 전용 애니메이션	OTT 업체가 투자해 제작되거나 TV나 극장을 거치지 않고 OTT 플랫폼에서 최초 공개
기타 애니메이션	인터넷, 모바일 등에서 공개

자료: 문화체육관광부(2008), 애니메이션산업 중장기 발전전략 추진 현황 및 보완계획에서 재구성.

특성

애니메이션 산업은 크게 방송과 극장 애니메이션으로 나누어지므로 영화와 방송산업의 특성과 비슷하다. 애니메이션만의 특징을 보면, 상품으로서 애니메이션은 첫째, 반복적 소비가 많은 상품이다. 영화나 방송 콘텐츠 등 다른 영상콘텐츠에 비해 유행의 영향을 덜 받고 오랜 기간 반복적으로 소비되어 생명력이 길다. 둘째, 표현에 한계가 없는 상품이다. 가상의 세계관을 설정하고 이를 구현하는 데 있어 애니메이션은 물리적인 제약이 거의 없다고 할 수 있다. 실사 영화가 가지는 한계를 애니메이션은 손쉽게 처리할 수 있고 이에 따라 무궁무진한 상상력이 발휘될 수 있는 상품이다.[3]

산업으로서 애니메이션산업은 첫째 OSMU 전략을 적극적으로 활용하는 산업이다. 애니메이션산업은 캐릭터를 이용한 완구, 팬시 등 다양한 파생상품을 판매하고, TV 애니메이션의 세계관을 확장해 극장용 애니메이션을 만

---

3) 김재영, 고정민, 김미현 외(2007), 〈디지털 융합에 따른 문화콘텐츠 산업의 가치사슬 변화에 대한 연구〉, 문화체육관광부.

들거나 뮤지컬, 게임으로 제작하는 등 다른 콘텐츠로의 전환도 많이 나타난다. 둘째, 문화적 할인이 적은 편이다. 애니메이션은 실제 인물이 아닌 가상의 캐릭터가 움직이기 때문에 캐릭터의 외모나 배경, 세계관 등을 상대적으로 보편적인 형태로 제작할 수 있다. 그리고 캐릭터를 연기하는 성우가 더빙하는 점 역시 문화적 할인을 줄이는 데 작용한다. 실제 애니메이션산업의 주류인 아동 대상 애니메이션은 문화적 할인이 적어 다른 문화콘텐츠에 비해 해외 진출이 용이한 편이다.

2. 구조 및 가치사슬

가치사슬

애니메이션산업의 가치사슬은 영화와 방송산업과 유사하게 투자 및 제작→1차 유통(배급 및 편성)→2차 유통(상영 및 방영)→소비로 구성되어 있다. 먼저 투자 및 제작 단계에는 기획 단계에 있는 애니메이션에 대한 투자와 제작이 이루어진다. 애니메이션은 공동제작의 경우가 많은데 애니메이션 제작사 외에도 방송사, IP 판매 및 구매 업체, 투자사 등 다양한 주체가 참여해 각각의 영역에서 투자와 제작을 담당한다.[4] 제작사와 방송사가 캐릭터 개발

---

4) 김재영, 고정민, 김미현 외(2007), 〈디지털 융합에 따른 문화콘텐츠 산업의 가치사슬 변화에 대한 연구〉, 문화체육관광부.

이나 시나리오 집필에 공동으로 참여하기도 하고, 투자금 확보 과정에서 투자사뿐 아니라 관련 IP 판매 및 구매 업체가 참여해 애니메이션의 IP를 미리 선점하기도 한다. 이렇게 투자 및 제작 계약이 체결되면 제작사는 기획에 따라 애니메이션을 제작하고 성우를 섭외해 후시 녹음 등 후반 작업을 진행해 작품을 완성한다.

제작된 애니메이션은 제공 매체에 따라 각각 영화와 방송콘텐츠로 취급된다. 극장용은 배급 과정을, 방송용은 편성 과정을 거쳐 유통되고, OTT 플랫폼으로 직행하는 경우도 있다. 그리고 이에 따라 각각 영화관과 방송 채널 및 콘텐츠 플랫폼을 통해 공개되어 소비자에게 전달된다.

| 애니메이션산업 가치사슬 |

투자 및 제작	1차 유통(배급/편성)	2차 유통(상영/방영)	소비자
애니메이션 제작사 방송사 IP 판매 및 구매 업체 투자사 정부지원 투자조합	영화 배급사	멀티플렉스 기타 영화관	
	지상파방송사 방송 채널 사용 사업자 IPTV 콘텐츠 사업자	방송유선	TV DMB단말기
	OTT 플랫폼	인터넷망: SK, KT, LG U+	TV PC, 태블릿, 모바일 등 개인 디바이스

공동제작 구조

애니메이션산업은 다른 문화콘텐츠산업에 비해 공동제작 구조가 일반화되어 있다. 여기에는 몇 가지 이유가 있을 수 있는데, 먼저 애니메이션은 실사 영화에 비해 제작 기간이 오래 걸리고 많은 인력이 투입되어야 하기에 그만큼 제작비 역시 더 많이 발생하기 때문이다. 이런 위험을 회피하기 위하여 다양한 투자자, 제작자들이 참여하여 위험을 분산시킨다. 또 애니메이션이 문화적 할인이 적은 편이라는 특성도 이런 공동제작 구조에 영향을 준다. 문화적 할인이 적어 해외 수출에도 유리한 콘텐츠이기 때문에 기획 단계부터 해외 업체가 함께 제작에 참여하기도 한다.

| 공동제작의 분류 |

분류	자본 참여 정도	제작 참여 정도
사전판매(Pre-sale)	다액을 부담하는 한 주체가 주도적으로 출자	참여자는 출자와 내용 검토에만 참여
프로그램 교환 (Swapping)	하나의 시리즈를 공동제작자가 나누어 제작 후 프로그램 및 소재 교환	
공동자본 투자 (co-operation)	공동으로 자본 투자	주제작자와 준제작자로 나뉘어 각 분야를 공동으로 작업
트위닝(Twinning)	공동으로 자본 투자	주제작자와 준제작자 구분없이 각각 작품제작
컨소시엄 (Consortium)	공동제작 참여자들이 컨소시엄을 구성하여 협력하여 프로젝트를 진행	
공동제작 (co-production)	순수 공동제작은 공동제작자가 각자 스텝을 내어 하나의 팀을 결성하여 제작하는 경우이나, 일반적으로 분야별로 기획, 제작, 후반부 작업 등을 나누어서 진행	

자료: 윤선희(1999), 〈다매체시대 영상산업의 문호개방과 국제공동제작 연구〉, 《한국방송진흥원》.

이 공동제작에는 여러 관계자가 참여한다. 국내의 경우 애니메이션 기획·제작사, 방송사, IP 판매 및 구매 업체, 투자사 등이 컨소시엄 형태로 공동제작에 참여한다. 컨소시엄 참여 업체들은 공동투자를 통해 대규모 제작비용의 위험을 분담하며 동시에 저작권과 사업수익을 나누어 갖게 된다.[5] 일본에서는 이를 제작위원회 방식이라고 하고 애니메이션 제작 시 주로 사용했던 방식이다. 〈뽀롱뽀롱 뽀로로〉는 애니메이션 제작사 아이코닉스와 오

---

5) 김재영, 고정민, 김미현 외(2007), 〈디지털 융합에 따른 문화콘텐츠 산업의 가치사슬 변화에 대한 연구〉, 문화체육관광부.

콘, SK브로드밴드, EBS가 공동으로 제작했으며 2020년 방영된 시즌 7의 경우 SK브로드밴드의 IPTV 채널인 BTV에서 독점 방영되기도 했다.[6] 애니메이션산업은 특히 라이선스 사업이 콘텐츠 제작과 긴밀하게 연결되어 컨소시엄에 IP 관련 업체들도 참여한다.

| 뽀로로 캐릭터 저작권 보유 비율 |

아이코닉스	오콘	SK브로드밴드	EBS
27%	27%	23%	23%

자료: 정홍식, 김한경(2019), 키즈산업보고서, 이베스트투자증권.

정부가 지원사업의 방식으로 애니메이션 제작에 참여하기도 한다. 국내에서 애니메이션산업은 민간 차원의 투자보다 정부의 지원이 활성화되어, 정부가 다양한 지원사업을 통해 애니메이션 제작 및 투자, 마케팅, 해외 수출 등을 지원하고 있다. 또 지상파 채널들은 연간 전체 방송시간 중 1%, EBS는 0.3%를 신규 애니메이션 프로그램으로 편성하도록 강제하는 법령이 있다.[7] 비율은 각기 다르지만 방송채널사용사업자에게도 이 같은 원칙이 적용되며 이에 따라 방송사 역시 자사에서 방영할 애니메이션의 공동제작자로 참여하기도 한다.

---

6) 조선비즈(2020), SK브로드밴드, 뽀로로 시즌7 'B tv'에서 VOD 독점 제공, https://biz.chosun.com/site/data/html_dir/2020/11/23/2020112301862.html

7) 방송법 시행령 제57조(국내제작 방송프로그램의 편성) 제4항.

1. 국내 시장 현황

매출

 국내 애니메이션 시장은 2018년 기준 매출 6,293억 원, 사업체 수 509개, 종사자 수 5,380명인 것으로 나타났다. 세부 분야별 매출액은 애니메이션 제작업이 4,637억 원, 애니메이션 유통 및 배급업은 1,493억 원, 온라인 애니메이션 유통업은 163억 원 규모이다. 애니메이션 제작업의 매출이 전체 애니메이션 시장의 3분의 2 정도를 차지한다.

(단위: 백만 원, 개, 명)

구분	세부	매출액	사업체 수	종사자 수
애니메이션 제작업	애니메이션 창작 제작업	316,130	241	2,920
	애니메이션 하청 제작업	134,612	166	2,090
	온라인(인터넷/모바일) 애니메이션 제작업	12,927	28	57
	소계	463,670	435	5,067
애니메이션 유통 및 배급업[8]	애니메이션 유통, 배급, 홍보업	149,304	53	156
온라인 애니메이션 유통업	온라인(인터넷/모바일) 애니메이션 서비스업	16,284	21	157
전체		629,257	509	5,380

자료: 한국콘텐츠진흥원(2019), 2019 애니메이션산업백서.

애니메이션산업은 2016년 이후 사업체 수는 늘고 있으나 매출액은 감소하고 있다. 매출액은 2016년 6,770억 원 규모에서 2018년 6,293억 원을 기록해 연평균 −3.6%의 마이너스 성장률을 보였다.[9] 애니메이션 제작업과 유통업을 분류해 매출액과 비중을 살펴보면 애니메이션 제작업의 비중이 애니메이션 시장에서 차지하는 비중이 73.7%로 전체 시장의 3분의 2 가량을 차지하고 있으며 2016년 이후 성장세를 보이고 있다. 반면 애니메이션 유통업은 온라인 애니메이션 서비스업이 연평균 성장률이 5.4%로 성장세에 있었으나 애니메이션 유통 및 배급업이 −15.6%의 마이너스 성장률을 보여 전체적으로 시장이 축소된 것으로 나타났다.

---

8) 극장 및 방송사 매출액 포함.

9) 한국콘텐츠진흥원(2019), 2019 애니메이션산업백서.

| 만화콘텐츠 산업 세부 분류별 매출액 추이 |

(단위: 백만 원, %)

구분	세부	2016년	2017년	2018년	비중	연평균 증감률
애니메이션 제작업	애니메이션 창작 제작업	312,428	312,520	316,130	50.2	0.6
	애니메이션 하청 제작업	128,242	129,702	134,612	21.4	2.5
	온라인(인터넷/모바일) 애니메이션 제작업	11,854	12,380	12,927	2.1	4.4
	소계	452,524	454,603	463,670	73.7	1.2
애니메이션 유통 및 배급업10)	애니메이션 유통, 배급, 홍보업	209,774	195,475	149,304	23.7	-15.6
온라인 애니메이션 유통업	온라인(인터넷/모바일) 애니메이션 서비스업	14,662	15,384	16,284	2.6	5.4
전체		676,960	665,462	629,257	100.0	-3.6

자료: 한국콘텐츠진흥원(2019), 2019 애니메이션산업백서.

수출입

국내 애니메이션의 수출액은 2016년 1억3,562억 달러에서 2018년에는 1억7,452만 달러로 2016년에서 2018년까지 연평균 13.4%의 성장률을 보여주었다.[11] 수입액은 788만 달러 규모로 2016년에서 2018년까지 연평균성장률은 3.7%를 기록했다.

수출입액 규모를 지역별로 살펴보면 수출의 경우 북미가 9,178만 달러로 52.6%의 가장 큰 비중을 차지했다. 그다음 유럽과 일본이 각각 3,303만 달러, 3,268만 달러, 18.9%와 18.7% 비중으로 비슷한 점유율을 보여주었다. 다만 중화권과 동남아 시장에서 연평균성장률이 100% 이상을 기록하고 있는 점이 특징적이다.

10) 극장 및 방송사 매출액 포함.
11) 한국콘텐츠진흥원(2019), 2019 애니메이션산업백서.

수입의 경우 일본에서 수입하는 애니메이션콘텐츠가 97.5%로 압도적이며 수입액 규모도 2018년 기준 755만 3천 달러를 기록했다. 수출의 경우와 마찬가지로 중화권에서 수입하는 애니메이션 매출이 연평균성장률 173.2%로 폭발적으로 성장하고 있다.

| 만화콘텐츠 지역별 수출입액 추이와 비중 |

(단위: 천 달러, %)

		2016년	2017년	2018년	비중	연평균 증감률
수출액	중화권	1,825	2,188	7,629	4.4	104.5
	일본	26,254	26,461	32,681	18.7	11.6
	동남아	635	810	3,650	2.1	139.8
	북미	69,654	75,286	91,784	52.6	14.8
	유럽	28,842	31,132	33,031	18.9	7.0
	기타	8,412	8,993	5,743	3.3	−17.4
	합계	135,622	144,870	174,517	100.0	13.4
수입액	중화권	10	11	75	0.9	173.2
	일본	7,274	7,553	7,678	97.5	2.7
	북미	40	40	88	1.1	47.9
	합계	7,324	7,604	7,878	100.0	3.7

자료: 한국콘텐츠진흥원(2019), 2019 애니메이션산업백서.

애니메이션산업은 완제품 형태로 해외에 수출하는 경우와 라이선스 수출, OEM 수출 등 사업 관여 정도에 따라 다양한 방식으로 해외에 진출한다. 완성된 애니메이션을 수출하는 완제품 수출은 2017년 폭발적으로 늘어 2016년에서 2018년까지 연평균성장률 153.4%를 기록했다. 라이선스 수출은 애니메이션의 라이선스를 수출해 로열티를 받는 방식으로 국내 애니메이션 수출에서 50% 이상의 비중을 차지하고 있으나 2016년에서 2018년까지의 연평균 성장률은 −8.5%로 감소세를 보였다. OEM 수출은 주문자가 위탁한 애니메이션을 제작해 수출하는 방식으로 35%대의 비중을 유지하고 있다.

(단위: %)

	2016	2017	2018	연평균증감률
완제품 수출	1.9	12.6	12.2	153.4
라이선스 수출	62.4	51.1	52.2	−8.5
OEM 수출	35.7	36.3	35.6	−0.1

자료: 한국콘텐츠진흥원(2019), 2019 애니메이션산업백서.

2. 해외 시장 현황

매출

세계 애니메이션 시장 규모는 주로 극장 애니메이션을 대상으로 추정한다.[12] 세계 극장 애니메이션 시장 규모는 2019년 기준 83억 달러를 기록했다.[13] 이 중에서 미국이 전체 시장의 약 28.4%를 차지했고, 그다음 중국과 일본이 각각 23.0%와 10.5%의 비중을 차지하며 2위와 3위를 기록했다. 한국은 세계시장에서 8위를 차지했다. 통계에는 잡혀 있지 않지만 방송용과 OTT 애니메이션은 일본업체가 매우 강하다.

미국의 극장 애니메이션 시장은 2019년 전년과 대비해 33.6%가 증가한 23억5,500만 달러의 매출을 기록했다.[14] 미국 애니메이션 시장은 미국의 디

---

12) 방송 애니메이션은 방송 콘텐츠로 취급된다.
13) 한국콘텐츠진흥원(2020), 2020 해외 콘텐츠시장 분석.
14) 한국콘텐츠진흥원(2020), 2020 애니메이션산업백서.

즈니(Disney)와 드림웍스(DreamWorks) 등 초대형 스튜디오를 중심으로 자국 제작의 애니메이션 소비가 활성화된 시장이다. 2020년 코로나19의 영향으로 극장산업이 큰 타격을 입었지만, 집에 머무는 시간이 길어지고 OTT 시장이 커졌고, 애니메이션은 분업체계가 분명하고 컴퓨터로 작업이 이루어져 재택근무를 통해서도 어느 정도는 기존 계획된 제작을 진행할 수 있어, 매출 감소는 비교적 적었던 것으로 보인다.

중국 극장 애니메이션 시장 규모는 2019년 19억1,000만 달러를 기록했다. 이 수치는 전년 매출 6억7,900만 달러 대비 181.3%의 압도적 성장률을 보인 기록으로, 여기에는 〈나타지마동강세(Nezha: Birth of the Demon Child)〉, 〈백사: 연기(白蛇: 緣起)〉 등 중국 자체 제작 애니메이션이 흥행하고 〈겨울왕국 2〉 등 전 세계적 인기를 모은 애니메이션 흥행이 주요 원인으로 작용했다. 이에 힘입어 중국 애니메이션 시장은 2019년 극장용 애니메이션으로 총 90억 위안의 매출을 달성했고, 자국 애니메이션 매출이 수입 애니메이션의 매출을 능가하는 결과를 나타냈다.[15]

일본의 극장 애니메이션 시장은 2019년 전년 대비 79.6% 성장한 8억7,200만 달러 규모로 나타났다. 일본 극장 애니메이션 시장은 자국 애니메이션이 주도하는데, 2019년 일본에서 개봉한 극장용 애니메이션은 총 47편이며 이 중 38편이 일본 제작 애니메이션으로 전체의 80.9%를 차지했다. 이 중 TV 애니메이션을 원작으로 하는 애니메이션이 31편, 오리지널 극장 애니메이션이 7편으로 TV 애니메이션의 극장판 애니메이션이 활발하게 제작되었다는 것을 알 수 있다.[16]

---

15) 한국콘텐츠진흥원(2020), 중국 애니메이션산업 연구 보고.
16) 한국콘텐츠진흥원(2019), 2019 애니메이션산업백서.

(단위: 백만 달러, %)

		2015	2016	2017	2018	2019[18]
미국	매출액	1,592	2,354	1,643	1,763	2,355
	전년 대비 성장률	30.1	47.9	−30.2	7.3	33.6
중국	매출액	715	1,200	815	679	1,910
	전년 대비 성장률	46.1	67.8	−32.1	−16.7	181.3
일본	매출액	474	683	493	486	872
	전년 대비 성장률	−26.0	44.3	−27.9	−1.4	79.6

자료: 한국콘텐츠진흥원, 2019, 2020 애니메이션산업백서.

OTT 시장 성장의 영향(미국, 일본)

OTT 시장의 성장은 세계 애니메이션 국가에 영향을 주고 있다. 애니메이션은 키즈 · 패밀리 콘텐츠의 핵심 콘텐츠로 OTT 업체들은 애니메이션콘텐츠 확보에 나서고 있다. 특히 2020년에는 코로나19의 영향으로 극장산업이 타격을 입고 OTT 시장이 성장함에 따라 OTT 플랫폼에서 조기 개봉한 애니메이션도 있었다. 디즈니의 〈겨울왕국 2〉가 대표적이며, 디즈니는 〈겨울왕국 2〉로 구독자를 모은 후 2020년 하반기에는 〈아르테미스 파울〉을 디즈니플러스에서 독점 공개했다.

OTT 업체별로 애니메이션콘텐츠 확보 경쟁을 살펴보면, 먼저 미국의 디즈니는 처음에는 넷플릭스에 애니메이션을 공급했으나 OTT 시장이 커지는 것을 확인한 후 자체 OTT 서비스인 디즈니플러스(Disney+)를 론칭하고 2019년 이후 자사 애니메이션을 넷플릭스에 제공하지 않고 있다.

---

17) 미국과 중국은 극장 광고 포함.
18) 2019년은 추정치.

(단위: 백만 달러, %)

제작사	제목	제공 OTT플랫폼
디즈니	온워드: 단 하루의 기적(Onward)	아마존, 구글플레이, 아이튠즈, 디즈니플러스
	겨울왕국 2(Frozen 2)	아마존, 구글플레이, 부두(Vudu), 아이튠즈, 디즈니플러스
	아르테미스 파울(Artemis Fowl)	디즈니+
드림웍스 애니메이션	트롤: 월드투어(Trolls World Tour)	아마존, 구글플레이, 부두(Vudu)
워너 애니메이션	스쿠비(Scoob!)	Microsoft Movies & TV, Fandango Now, 아이튠즈, 부두(Vudu), 구글플레이
파라마운트 애니메이션	스폰지밥 무비: 핑핑이 구출 대작전 (The SpongeBob Movie: Sponge on the Run)	넷플릭스

자료: 한국콘텐츠진흥원, 2020 애니메이션산업백서.

디즈니는 1930년대부터 이어진 오랜 역사의 디즈니 애니메이션과 픽사와 마블스튜디오를 인수하며 보유한 막강한 콘텐츠를 가지고 있었고, 이를 무기로 후발주자임에도 넷플릭스와 HBO 맥스(HBO Max) 등과 경쟁하고 있다. 넷플릭스는 디즈니의 콘텐츠 중단에 대응해 애니메이션 스튜디오를 인수하거나 협약을 맺으며 애니메이션콘텐츠 수급 방안을 마련하고 있다. 일본의 애니메이션은 아시아 지역에서 인기가 높은 콘텐츠인 만큼 글로벌 사업을 전개하는 OTT 업체들은 일본의 애니메이션을 확보하기 위해 노력하고 있다.

그리고 미국의 거대 미디어그룹 워너미디어가 서비스하는 HBO맥스는 2019년 일본의 애니메이션 스튜디오 지브리 스튜디오와 독점계약을 맺고 〈이웃집 토토로〉, 〈원령공주〉, 〈센과 치히로의 행방불명〉, 〈하울의 움직이는 성〉 등 지브리 스튜디오의 대표 애니메이션 21편을 HBO맥스를 통해 서비스할 것을 예고했다.[19]

---

19) 한국콘텐츠진흥원(2019), 2019 애니메이션산업백서.

OTT 시장의 확장으로 애니메이션 제작 지형에도 큰 변화가 있을 것으로 예상된다. 넷플릭스는 일본 애니메이션에 투자하며 통상적인 제작비의 1.5배에서 2배(3,000~4,000만 엔) 수준의 제작비를 지급하는 것으로 알려졌고, 그럼에도 제작에 관여하기보다는 창작자들에게 콘텐츠 제작을 맡기는 전략으로 양질의 콘텐츠를 얻고자 하고 있다. 일본의 애니메이션 제작사들은 이런 계약 환경에 대해 그간의 저임금 고강도의 노동환경을 벗어나 새로운 창작의 동력이 될 것이라 기대하고 있다.[20]

애니메이션은 OTT 시장을 통해 이전에 비해 손쉽게 다양한 해외 시장으로 진출하고 있다. 기존에 애니메이션이 해외에 진출할 때는 각국의 해외 배급사와 계약을 각각 맺어야 했는데 글로벌 OTT 업체와의 한 번의 계약을 통해 OTT 업체가 서비스하는 다양한 국가로 애니메이션을 수출할 수 있었다. 특히나 문화적 할인이 적은 애니메이션은 많은 국가에서 노출되는 혜택을 톡톡히 보고 있어 넷플릭스의 일본 애니메이션 시리즈 수요 중 90%는 일본 외 지역에서 발생하고 있다.[21]

---

20) IT 조선(2020), 넷플릭스는 저임금 · 인력난 日 애니 업계 구세주, http://it.chosun.com/site/data/html_dir/2020/03/06/2020030602953.html
21) 한국콘텐츠진흥원(2018), 2018 애니메이션산업백서.

1. 국내

스마트스터디

콘텐츠 기업 스마트스터디의 애니메이션 〈핑크퐁 아기상어〉는 2015년 11월 유튜브에 업로드된 이후 2020년 기준 유튜브 조회수 333억, 앱 다운로드 수 3억, 빌보드 Hot 100을 기록하는 등 전 세계적으로 인기를 끌고 있다.[22] 스마트스터디는 〈핑크퐁 아기상어〉의 흥행 후 2019년 매출액 1,055억 원을 기록하며 역대 최대 매출을 달성했고, 하스브로, 스핀 마스터, 크레욜라, 크록스, 켈로그, 와위 등 북미 지역의 업체와 라이선스 제품 출시를 계약해 출시했다.[23] 또 미국의 니켈로디언과 〈아기상어〉 애니메이션을 공동제작 협약

---

22) 스마트스터디 홈페이지, https://www.pinkfong.com/ko/

23) 조선비즈(2020), '아기상어' 스마트스터디, 작년 역대 최대 매출 1000억 원, https://biz.chosun.com/site/data/html_dir/2020/03/24/2020032405088.html

을 맺기도 했다.[24)]

　스마트스터디의 매출액은 2016년 설립 후 처음 100억 원을 돌파한 후 3년 만인 2019년 1,000억 원을 돌파했다. 영업이익도 매출액 대비 33%의 비중을 차지했다. 그리고 2020년 스마트스터디는 애니메이션 제작사 레드독컬처하우스에 100억 원대 투자를 진행한다고 밝혔다.[25)] 레드독컬처하우스는 넷플릭스 오리지널 애니메이션 〈러브, 데스+로봇〉을 만든 제작사 중 하나로, 스마트스터디는 이를 통해 애니메이션 제작 역량을 키울 것으로 보인다.

| 스마트스터디 매출액, 영업이익 추이(2015~2019) |

(단위: 억 원)

	2015	2016	2017	2018	2019
매출액	95	175	272	400	1,055
영업이익	15	17	19	75	347

자료: 조선비즈(2020), '아기상어' 스마트스터디, 작년 역대 최대 매출 1000억 원.

초이락컨텐츠팩토리

　초이락컨텐츠팩토리(이하 초이락)는 〈터닝 메카드〉 시리즈와 〈헬로카봇〉 시리즈를 제작한 애니메이션 제작사로 2018~2019년 총 19개의 신규 애니메이션을 제작해 가장 많은 애니메이션을 제작한 기업이다.[26)] 초이락은 캐릭터 · 완구 업체 '손오공'의 관계사로 애니메이션 제작, 캐릭터 개발, 해외

---

24) Platum(2019), 스마트스터디, 니켈로디언과 '아기상어' 애니메이션 공동제작, https://platum.kr/archives/122635

25) 한국일보(2020), 스마트스터디, 애니메이션 제작사에 100억 원대 투자, https://www.hankookilbo.com/News/Read/202006100946321626

26) 한국콘텐츠진흥원(2020), 2020 애니메이션산업백서.

판권 판매 등의 사업을 전개하고 상품 국내 유통을 손오공과 협업한다. 그리고 애니메이션 채널인 '브라보키즈'도 자회사로 두고 있어 애니메이션을 중심으로 한 수직계열화를 어느 정도 확보하고 있다.

2018~2019년 초이락은 자사의 인기 시리즈인 〈터닝 메카드〉외 많은 신작 애니메이션을 제작했지만 매출에서는 그다지 좋은 성과를 내지 못했다. 2019년 매출은 전년보다 감소한 943억 수준이었고 영업이익이 크게 감소해 −158억 원을 기록했다.

| 초이락컨텐츠팩토리 매출, 영업이익(2018~2019) |

(단위: 백만 원)

	2018	2019
매출액	121,017	94,333
영업이익	−3,388	−15,837

자료: 초이락컨텐츠팩토리 감사보고서.

하지만 초이락은 자사의 인기 애니메이션 시리즈인 〈터닝 메카드〉와 〈헬로카봇〉시리즈를 핵심 콘텐츠로 극장판 애니메이션과 뮤지컬 등 다양한 장르로 확장시키고 있다. 2019년 개봉한 극장판 애니메이션 〈헬로카봇: 달나라를 구해줘〉와 2018년 개봉한 〈헬로카봇: 백악기 시대〉는 각각 관객 59만 명과 약 88만 명의 관객수를 기록했다.[27] 이에 더해 초이락은 뿌레쥬르, 성경김, 롯데제과 등의 브랜드와 〈헬로카봇〉의 협업 상품을 제작하며 OSMU 전략도 적극적으로 펼치고 있다.

---

27) 매일경제(2020), 애니메이션의 무한변신…콘텐츠 업계 '황금알', https://www.mk.co.kr/news/culture/view/2020/08/808160/

아이코닉스

아이코닉스는 애니메이션 〈뽀롱뽀롱 뽀로로〉, 〈꼬마버스 타요〉의 제작사로 애니메이션 제작과 IP를 활용한 사업 및 해외 애니메이션 판매 대행 등의 사업을 하고 있다. 〈뽀롱뽀롱 뽀로로〉는 2003년 방영된 후 전 세계적으로 큰 인기를 누렸고 2020년까지도 새로운 시리즈를 냈다. 아이코닉스의 2019년 매출액은 751억 원을 기록하며 성장세를 보이고 있고, 2020년 투자금 200억 원을 유치하며 기업공개(IPO)를 준비하고 있다.[28] 뽀로로 유튜브 채널은 2020년 현재 412만 명의 구독자, 세계 각국의 언어로 서비스하는 13개의 채널, 누적 조회수 54억 회를 기록하고 있다.

| 아이코닉스 매출, 영업이익(2018~2019) |

(단위: 백만 원)

	2018	2019
매출액	69,198	75,063
영업이익	3,198	5,283

자료: 아이코닉스 감사보고서.

아이코닉스는 뽀로로를 TV 애니메이션으로 제작했지만 전통적인 TV 미디어가 쇠퇴하고 개인 디바이스를 통한 미디어가 인기를 끌자 여기에 적극적으로 대응하여 앱과 유튜브를 통해 애니메이션을 방영하여 수익을 창출했다. 2013년 16%였던 유튜브를 통한 매출 비중은 2017년 40%로 급증했고, 해외 시청자 비중이 52%로 국내를 앞질렀다.[29]

---

28) 한국경제(2020), 뽀로로 제작사 아이코닉스, 200억 유치, https://www.hankyung.com/finance/article/2020032643191

29) 한국경제(2017), 뽀로로·타요 유튜브서 '잘나가네', https://www.hankyung.com/life/article/2017010993811

(단위: %)

	IPTV	수출 등	케이블 TV	유튜브	뽀로로TV 앱
2014	40.2	26.9	16.8	16.4	0
2016	22.6	20.6	7.2	39.9	9.7

자료: 한국경제(2017), 뽀로로 · 타요 유튜브서 '잘 나가네'.

아이코닉스는 유튜브 채널을 활용할 때 기존의 애니메이션을 하이라이트 요약, 교차편집 등 다양한 방식으로 편집하여 콘텐츠 자체를 다변화하고 콘텐츠의 양 자체를 늘렸다. 그리고 미공개 영상을 공개하거나 뽀로로 캐릭터 상품을 활용한 인형극을 새로 제작하는 등 자사가 가진 콘텐츠 안에서 새로운 콘텐츠를 발굴해 유튜브 채널에 공개했다. 그뿐 아니라 유튜브가 제공하는 구독자 및 시청자 정보를 적극 활용하여 필요한 국가의 자막서비스를 제공하고 키워드를 활용해 이용자들의 요구에 대응했다.[30] 그러나 2019년 유튜브가 키즈 채널 및 어린이 콘텐츠에는 상업광고를 금지하고 수익으로 연결될 수 있는 홍보도 금지함에 따라 이 같은 전략 역시 수정될 것으로 보인다.

---

30) 한국콘텐츠진흥원(2020), 2020 애니메이션산업백서.

2. 해외

미국

미국의 애니메이션 시장을 주도하는 업체는 월트 디즈니 컴퍼니(The Walt Disney Company, 이하 디즈니)와 드림웍스 애니메이션(Dreamworks Animation)으로 볼 수 있다. 디즈니는 1923년도에 설립된 애니메이션 업체로 2006년 픽사(Pixar)를 인수하며 더 거대한 애니메이션 업체가 되었다. 디즈니는 자사 애니메이션을 중심으로 스튜디오 사업(Studio Entertainment)뿐 아니라 테마파크 사업(Parks, Experiences and Products), OTT와 같은 직접 소비자 경험 사업(Direct-to-Consumer & International)을 전개하는데, 이중 애니메이션과 직접 관련된 세그먼트는 스튜디오 사업과 직접 소비자 경험 사업이다. 두 부문 모두 성장세이지만 2020년 기준 영업이익에서 스튜디오 사업은 25억 달러의 수익을 거두었고, 직접 소비자 경험 사업은 −28억 달러의 손실을 입었다.[31]

디즈니는 디즈니, 픽사, 마블 등 막강한 애니메이션콘텐츠를 보유하고 있고 이를 무기로 온라인 스트리밍 플랫폼 시장에서 후발주자임에도 넷플릭스, HBO와의 경쟁 구도를 갖추고 있다. 향후 다른 OTT 서비스업체와의 콘텐츠 경쟁은 심화될 것으로 보이며 그에 따라 디즈니플러스는 독점 콘텐츠를 점차 확대해갈 것으로 보인다.

---

31) Disney(2020), Annual Report 2019.

(단위: 백만 달러)

구분	2017		2018		2019		2020	
	수익	영업이익	수익	영업이익	수익	영업이익	수익	영업이익
Studio Entertainment	8,352	2,363	10,065	3,004	11,127	2,686	9,636	2,501
Direct-to-Consumer & International	3,075	−284	3,414	−738	9,349	−1,814	16,967	−2,806

자료: Disney Annual Report 2019, 2020.

또 다른 대형 애니메이션 제작사인 드림웍스 애니메이션은 스튜디오 드림웍스(Dreamworks)의 애니메이션 사업부로 시작되었고, 2016년 미국의 미디어그룹 컴캐스트(Comcast)에 인수되며 현재는 유니버설 스튜디오의 자회사가 되었다. 드림웍스 애니메이션은 디즈니의 애니메이션과는 달리 좀더 높은 연령층에 어필하는 이야기와 유머적 요소로 자신만의 색깔을 가지고 있다고 평가된다.

드림웍스는 코로나19로 극장 개봉이 어려워지자 아마존 프라임, 애플 TV, 유튜브 등 여러 스트리밍 플랫폼을 통해 〈트롤: 월드투어〉를 선보였다. 개봉 방식은 프리미엄 VOD(Premium Video-on-demand) 방식으로 플랫폼 이용자는 플랫폼 이용료 외에 별도로 콘텐츠 이용료를 결재하고 이를 48시간 동안 자유롭게 감상하는 방식이었다.[32] 이는 갑작스런 상황에 대한 임기응변식 대응이었으나 개봉 3주 만에 1억 달러 수준의 매출을 올리며 새로운 가능성을 보여주었다.[33] 이런 결과와 더불어 OTT 시장의 성장에 따

---

[32] 한국콘텐츠진흥원(2020), 미국 콘텐츠 산업동향.

[33] AP News(2020), 'Trolls World Tour' scores record digital debut, https://apnews.com/article/310ecdf bb9ae1644dd52684bb7c92de6

라 드림웍스 역시 디지털 플랫폼을 통한 애니메이션의 개봉을 더 적극적으로 추진할 것으로 예상된다.

일본

일본의 애니메이션 시장은 자국의 애니메이션이 주도하면서, 인기 만화가 TV 애니메이션으로 제작되고 극장판 애니메이션으로 확장되는 구조가 형성되어 있다. 토에이 애니메이션(TOEI Animation)은 인기 만화에서 출발한 애니메이션인 〈원피스〉, 〈드래곤볼〉, 〈슬램덩크〉를 제작하고 이들 작품의 IP를 보유한 업체이다. 이들 작품은 일본 내에서뿐 아니라 전 세계적으로 인기를 구가하는 일본의 대표 애니메이션이며, 특히 〈드래곤볼〉과 〈원피스〉는 토에이 애니메이션의 핵심 IP로 매출 비중에서 각각 40%와 26%를 차지하고 있다.[34] 토에이 애니메이션의 대표 IP는 대체로 1990년대 작품이지만 토에이 애니메이션은 IP를 활용해 리메이크 시리즈를 방영하거나 게임을 제작하며 작품이 가진 가치를 유지해오고 있다.

| 토에이 애니메이션 분기별 매출(2019~2020) |

(단위: 백만 엔)

	3Q 2018	4Q 2018	1Q 2019	2Q 2019	3Q 2019
매출액	11,487	16,242	13,880	13,935	15,075
영업이익	3,137	4,741	3,082	4,482	4,180

자료: 지인해(2019), Toei Animation 더욱 강화될 BIG CYCLE, 한화투자증권.

---

34) 김현용, 황현준(2018), 미디어 한일전, 이베스트투자증권.

2014년 넷플릭스 재팬과 아마존 프라임 비디오 재팬이 차례로 론칭하며 시작된 OTT 업체의 일본 진출은 일본 애니메이션 업체들에 새로운 돌파구가 되었다. OTT 플랫폼은 애니메이션 제작사들의 또 다른 콘텐츠 공급처가 되었으며, 토에이 애니메이션의 경우 OTT 시장의 확장에 따라 해외 매출이 증가해 2014년 이후 해외 매출 비중이 내수 비중을 넘어서기 시작했다.[35]

만화 기반의 애니메이션 외에도 오리지널 극장 애니메이션이 있는데, 극장용 오리지널 애니메이션 제작사 중 가장 유명한 업체는 단연 스튜디오 지브리이다. 스튜디오 지브리는 〈이웃집 토토로〉, 〈모노노케히메〉, 〈센과 치히로의 행방불명〉 등 작품성과 흥행 면에서 모두 인정받은 작품을 다수 보유하고 있다. 그러나 2014년 스튜디오 지브리는 경영상의 어려움으로 애니메이션 제작을 중단하고 IP 사업에 집중하겠다고 발표한 바 있었다.[36] 하지만 2014년 넷플릭스 등 OTT 업체가 일본에서 서비스를 시작했고, 아시아 지역은 물론 전 세계적으로도 경쟁력 있는 콘텐츠를 보유한 스튜디오 지브리는 OTT 업체들에 매력적이었다. 이에 따라 스튜디오 지브리는 넷플릭스, HBO맥스 등에 애니메이션을 공급하여 새로운 수익원을 얻었다. 그리고 2019년에는 중국에서 〈센과 치히로의 행방불명〉이 첫 개봉했는데 개봉 3일 만에 누적 수입 2,790만 달러(한화 약 323억 원)의 수익을 올려 경영상의 어려움이 다소 해결될 것으로 보이고 이에 따라 신작 애니메이션에 대한 기대감이 다시금 생기고 있다.[37] 그뿐 아니라 지브리 애니메이션 테마파크인 '지브리파크'도 2022년 개관을 목표로 건설되고 있다.

---

35) 지인해(2019), Toei Animation 더욱 강화될 BIG CYCLE, 한화투자증권.
36) 중앙일보(2014), 日 지브리, "애니 제작 안해…저작권 관리만", https://news.joins.com/article/15321078
37) 조선일보(2019), 중국에서 첫 개봉한 '센과 치히로', '토이스토리4'에 완승, https://www.chosun.com/site/data/html_dir/2019/06/26/2019062601036.html

중국

중국의 대표 애니메이션 업체로는 웨이보와 텐센트라는 거대 모회사를 가진 웨이보애니메이션(微博動漫)과 텐센트애니메이션(騰訊動漫), 그리고 2019년 기준 매월 1억2,800만 명 이상의 유저가 활동하는 애니메이션 서비스 플랫폼인 비리비리(Bilibili)가 있다.[38] 웨이보애니메이션은 신랑웨이보(新浪微博) 산하의 애니메이션 관련 계열사로 인기 애니메이션 작가들이 다수 소속되어 있다.

이들 기업은 작가와 오리지널 작품 제작을 지원하거나 직접 창작을 시도하고 있다. 업체들의 이런 창작 지원은 정치, 경제적인 상황과 관련된다. 중국 정부는 2005년부터 지속적으로 자국 애니메이션 창작을 다양한 정책으로 지원하고 있다.[39] 그리고 중국의 업체들은 최근 IP를 통한 사업의 확장에 심혈을 기울이고 있다. 예를 들어 웨이보애니메이션은 자국 애니메이션의 IP를 확보해 브랜드와 협업 상품을 제작하고 이를 웨이보의 유통라인을 통해 유통하고 있으며, 한국의 NCSOFT, MUNPIA 등과 협력해 자국의 애니메이션을 수출하고 있다. 텐센트애니메이션은 자국 애니메이션 IP를 확보해 다른 자회사를 통한 애니메이션의 영화화, 만화화 등의 사업을 연계한다. 비리비리 역시 애니메이션 제작 지원을 통해 IP를 확보하고 이를 브랜드나 팝업 스토어와 같은 장소를 연결시켜 애니메이션콘텐츠를 마케팅에 적극 활용하고 있다.

---

38) 한국콘텐츠진흥원(2020), 〈중국 콘텐츠산업동향〉(2020-17호), 2020 애니메이션산업백서.
39) 한국콘텐츠진흥원(2020), 〈중국 콘텐츠산업동향〉(2020-17호), 2020 애니메이션산업백서.

1. 신기술과의 융합

애니메이션은 컴퓨터 그래픽, 컴퓨터 테크놀로지와 밀접한 관련이 있다. 셀애니메이션에서 디지털 애니메이션으로 제작 도구가 바뀌고 더 사실적인 영상 구현이 가능해진 것은 컴퓨터 테크놀로지의 영향이었다. 애니메이션에 활용되는 뉴테크놀로지에는 여러 가지가 있다. 먼저 AR/VR은 보다 사실적인 영상을 추구한 애니메이션의 역사와 궤를 같이한다. 스크린 속에서 손에 잡힐 듯한 영상을 구현하는 것에서 더 나아가 직접 애니메이션의 상황을 겪는 듯한 체험을 제공하는 것이다. 2017년 서울 국제 만화애니메이션 페스티벌(SICAF)에서는 벤처기업들이 체험관의 형태로 AR/VR 기술로 제작한 애니메이션콘텐츠를 선보였고, 2018년 3D 애니메이션 제작사 '레드로버'는 자사의 인기 애니메이션인 〈넛잡〉의 스핀오프 스토리로 VR애니메이션

〈버디 VR〉을 발표했다.[40] 이 애니메이션은 관객이 직접 애니메이션 속 캐릭터와 상호작용하는 체험을 제공했으며 그해 베니스국제영화제에서 베스트 VR경험상을 수상하기도 했다.

그리고 AI를 통해 더 효율적인 제작방식이 실험되고 있다. 3D 애니메이션에서 사람의 움직임을 구현할 때는 각 동작을 수동으로 제어해야 했기 때문에 복잡하고 까다로우며 시간이 오래 걸렸는데, 딥러닝 기술을 통해 AI에게 여러 동작을 학습시키고 스스로 훈련하게 하여 학습시키지 않은 다른 움직임도 표현해낼 수 있게 되었다.[41] 또 AI를 통해 음성에 따라 변화하는 자연스러운 얼굴 표정이 애니메이션으로 생성되는 기술도 개발되어 앞으로 제작 과정의 효율성이 증대될 것으로 보인다.[42]

제작 과정의 효율성을 증대시키는 또 다른 기술은 게임엔진이다. 게임엔진은 상호작용이 가능한 실시간 디스플레이를 기반으로 게임 이용자의 조작에 실시간으로 반응하여 게임 내의 이미지를 움직이게 하는데, 이를 애니메이션 제작에 활용하여 효율성을 높이는 것이다.[43] 기존에 애니메이션 제작은 각 단계별 제작이 끝난 후 이를 렌더링해 결과를 확인하고 그다음 단계로 넘어가는 선형적 구조였다. 렌더링은 시간이 오래 걸리기 때문에 이 과정에서 낭비되는 시간과 인력이 있어 비효율적인 한계를 가지고 있었다. 게임엔

40) 한국경제(2017), AR · VR로 즐기는 애니메이션 "너무 신기해요", https://www.hankyung.com/it/article/201707297643p ; 중앙일보(2018), '버디 VR', 베니스영화제 '베스트 VR 경험상'..韓 작품 유일 수상, https://news.joins.com/article/22955744

41) 한겨레(2018), '사람 동작 따라 배우는' 애니메이션 알고리즘 선봬, http://www.hani.co.kr/arti/science/technology/840287.html#csidx7fec0c8c239c5a6bfb82e172731bb28

42) 한국경제(2019), 넷마블 'AI로 얼굴 애니메이션 자동 생성' 기술 공개, https://www.hankyung.com/it/article/201908053269Y

43) 한국콘텐츠진흥원(2020), 2020 애니메이션산업백서.

진의 활용은 이런 비효율성을 해결할 수 있는 방안으로 애니메이션 제작이 한 단계가 끝나고 다음 단계로 넘어가는 선형적 과정이 아니라 실시간 혹은 비교적 짧은 시간 안에 결과물을 최종 결과물과 어느 정도 유사한 형태로 확인할 수 있어 렌더링과 수정의 반복 과정을 혁신적으로 줄일 수 있다.[44]

| 기존 애니메이션 제작 과정과 게임엔진 활용 제작 과정의 비교 |

자료: 한국콘텐츠진흥원(2019), 게임 개발 엔진의 영상 제작 분야 활용 사례: 유니티 3D와 언리얼 엔진 4.

2. 유튜브 키즈의 광고 규제

전 세계적으로 숏폼 영상콘텐츠가 유행하면서 애니메이션도 짧은 형태로 제작 및 편집되어 각 사의 유튜브 채널에 업로드되었고 한때 유튜브가 새로운 수입원이 되었다. 그러나 2019년 유튜브가 키즈 채널의 콘텐츠에서 상업 광고와 홍보성 콘텐츠를 규제함에 따라 애니메이션 업체들의 수익 구조도 변화하게 되었다.

---

44) KCA(2019), 〈게임 개발 엔진의 영상 제작 분야 활용 사례: 유니티 3D와 언리얼 엔진 4〉, 트렌드리포트, 한국콘텐츠진흥원.

애니메이션산업에서 짧은 영상을 다양하게 선보일 수 있는 유튜브는 매력적인 플랫폼이었다. 애니메이션은 아동, 어린이를 주요 타깃으로 하는, 비교적 고정된 수용자 구조를 가지고 있다.[45] 저출산의 여파로 이들 수요층의 수는 줄고 있지만, 아동과 어린이는 짧은 콘텐츠를 반복적으로 시청하기 때문에 짧은 애니메이션을 다채롭게 공개할 수 있는 유튜브는 새로운 가능성을 보여준 플랫폼이었다.

그러나 2019년 유튜브는 아동용 콘텐츠에는 맞춤형 상업광고를 금지하고 댓글 등 일부 기능도 차단했다. 이에 따라 기존 유튜브 채널 매출 가운데 20~30% 정도가 감소할 것이라 예상되어[46] 유튜브를 활용해 수익을 내온 스마트스터디나 아이코닉스 등의 애니메이션 제작사들은 유튜브 관련 조직을 축소하거나, 인력을 조정하고 있다.[47] 유튜브는 이용률 1위의 온라인 비디오 플랫폼이기 때문에 애니메이션 제작사들이 쉽게 포기하지 못할 채널로서, 교육적 콘텐츠를 강화하고 OSMU 전략을 통해 매출 감소를 방어할 것으로 보인다.[48]

---

45) 김재영, 고정민, 김미현 외(2007), 〈디지털 융합에 따른 문화콘텐츠 산업의 가치사슬 변화에 대한 연구〉, 문화체육관광부.

46) 서울경제(2019), '키즈유튜브' 상업광고 규제…애니업체 어쩌나, https://www.sedaily.com/NewsVIew/1VPCQ03MWN

47) 비즈팩트(2020), 구글만 배부른 세상…한국 애니메이션 '유튜브 키즈' 수익 '0원', http://news.tf.co.kr/read/economy/1816830.htm

48) 우은정(2020), 성장 쑥쑥, 미국 온라인 키즈 콘텐츠 시장, KOTRA 해외 시장 뉴스, https://news.kotra.or.kr/user/globalBbs/kotranews/782/globalBbsDataView.do?setIdx=243&dataIdx=180809

Cultural Contents Industry

10장

캐릭터산업

1. 정의 및 특성

정의 및 분류

캐릭터[1]란 좁게는 문화콘텐츠의 한 분야로 만화, 애니메이션, 게임, 영화, 드라마 등에 등장하는 주체를 형상화한 이미지를 의미하고 넓게는 문화콘텐츠뿐 아니라 스포츠, 브랜드를 통해 대중에게 알려진 콘텐츠를 지식재산권으로 활용해 나타난 창작물로서 고유한 정체성을 가지고 차별화된 이미지로 표현될 수 있는 것을 의미한다.[2] 캐릭터의 대상으로는 문화콘텐츠에 나타난 주체뿐 아니라 실존 인물, 동식물 등의 자연, 각종 인공물 등 고유한 특성이 있는 것이라면 무엇이든 될 수 있다. 캐릭터산업은 '캐릭터를 고안, 창작한 저작자가 직접 상품화하거나 캐릭터 사용권을 타인에게 허용하여 캐릭터 상

---

[1] 캐릭터의 정의에는 소설 속 인물의 캐릭터처럼 인물의 성격이나 개성을 의미도 있으며, 이런 캐릭터는 캐릭터의 분류 상에도 '어문캐릭터'라는 항목으로 존재한다. 하지만 여기서는 산업에 중점을 두어 어문캐릭터보다는 시각적 요소를 가진 캐릭터를 중심으로 다루고자 한다.

[2] 오상훈 외(2014), 〈캐릭터 해외 진출을 위한 가이드 조사연구〉, 한국콘텐츠진흥원.

품을 제작, 판매하는 모든 사업'을 총칭한다.[3]

캐릭터의 종류는 실제 대상의 존재 여부에 따라, 시각적 요소 여부에 따라 구분된다. 단 각각이 별개의 캐릭터를 의미하는 것이 아니며 두 가지 기준에 따른 각각의 특성이 결합한 형태로 사용된다. 예를 들어 특정 인물을 그림으로 묘사한 캐릭터는 실제 캐릭터이면서 시각 캐릭터가 될 것이고, 소설 속 인물은 창작 캐릭터이면서 어문 캐릭터일 것이다.

| 캐릭터의 존재 및 시각 요소 여부에 따른 분류 |

기준	종류	특성
실제 인물 존재	실제 캐릭터 (Real Character)	실존인물을 묘사한 캐릭터, 퍼블리시티권(right ofpublicity)으로 파악
	창작 캐릭터 (Invented Character)	인간의 창작활동을 통하여 가공된 이미지를 보유
시각적 요소	어문 캐릭터 (Literary Character)	캐릭터의 특성이 모두 어문(문자)으로 나타남, 스토리텔링으로 표현
	시각 캐릭터 (Visual Character)	시각적으로 표현되어 하나의 총체적인 아이덴터티(identitiy)로 인식

자료 : 고석만, 김진규, 김락균 외(2008), 〈캐릭터산업 진흥 중장기 계획(2009-2013)〉.

캐릭터산업에서 많이 사용되는 분류는 캐릭터의 사용 목적에 따른 분류이다. 각 캐릭터가 담당하는 역할의 범위에 따라 분류된다고 볼 수 있다. 예를 들어 브랜드 캐릭터와 기업(코퍼레이트) 캐릭터는 유사해 보이지만 브랜드 캐릭터가 한 제품이나 제품군의 이미지를 형성한다면, 기업 캐릭터는 기업의 마스코트처럼 기업 전체적인 차원에서 이미지 제고를 목적으로 하는 캐릭터를 의미한다.

---

3) 고석만, 김진규, 김락균 외(2008), 〈캐릭터산업 진흥 중장기 계획(2009-2013)〉, 문화체육관광부.

| 캐릭터의 사용 목적에 따른 분류 |

종류	특성
브랜드 캐릭터	상품 특성과 관련된 스타일, 혹은 네이밍의 캐릭터 예: 펩시콜라의 펩시맨, 미쉐린 타이어의 비벤덤
광고 및 프로모션 캐릭터	상품의 이미지 자체가 되는 캐릭터 예: 오리온 치토스의 체스터, 박찬호 캐릭터
기업(코퍼레이트) 캐릭터	기업 심벌의 역할을 하는 캐릭터 예: 진로소주의 두꺼비
캠페인 캐릭터	정치·사회적 문제에 대한 의견을 확장시키기 위해 도입한 캐릭터 예: 선거시 정치인의 캐릭터, 환경캠페인 캐릭터
이벤트 캐릭터	각종 행사나 스포츠, 박람회 등에서 활용되는 캐릭터 예: 평창 동계올림픽의 수호와 반다비
팬시 캐릭터	독자적 제품군의 주인공인 캐릭터 예: 카카오프렌즈, 둘리, 헬로키티

자료 : 한국갤럽리서치(2008), 〈캐릭터 브랜드 가치평가 연구〉, 한국문화콘텐츠진흥원

특성

상품으로서 특징[4]은 첫째, 캐릭터 상품은 고부가가치 상품이다. 캐릭터 개발 비용과 인기 캐릭터로 성장시키는 초기 비용은 들지만, 캐릭터가 개발되고 인기를 얻으면 이후에는 한계생산비가 하락해 이윤이 급속도로 증가할 수 있다. 둘째, 해외 수출 시 문화적 할인이 적다. 캐릭터는 영화나 드라마보다 문화적 이질감이 적은 편이고 또 캐릭터 상품은 누구나 이용할 수 있어 소비자 확대도 쉬운 편이다.

산업으로서 캐릭터산업은 첫째, 라이선싱 산업이다. 캐릭터산업은 캐릭터 자체를 판매하는 것이 아니라 캐릭터와 결합된 상품이나 콘텐츠를 파는 산업이다. 캐릭터가 활용된 결합상품(또는 콘텐츠)은 해당 상품(또는 분야) 시

---

4) 고석만, 김진규, 김락균 외(2008), 〈캐릭터산업 진흥 중장기 계획(2009-2013)〉, 문화체육관광부.

장에서 경쟁력을 갖고 그 상품(또는 콘텐츠)을 활용한 부가수익사업자가 캐릭터 창작자에게 비용을 로열티의 형태로 지불한다. 따라서 라이선스 계약이 모든 활동에 동반되는 산업이다. 둘째, OSMU가 활발한 산업이다. 캐릭터산업은 만화, 애니메이션, 게임 등 다른 문화콘텐츠로 제작되거나 문구, 의류 등 생활용품에 적용되기도 한다. 그리고 나아가 상품이나 브랜드를 광고하는 데까지 활용되며 무한한 부가가치를 창출할 수 있다. 캐릭터는 OSMU에서 다양한 콘텐츠 및 상품 간을 연결해주는 매개체가 된다. 만화나 애니메이션에서 파생된 캐릭터가 다른 콘텐츠나 상품으로 탄생할 때, 이들 간의 유사성을 느끼게 하는 것은 캐릭터이며, 이런 특성은 캐릭터로 먼저 창조되어 다른 상품에 응용되고 확장되는 경우에도 마찬가지이다.

2. 구조 및 가치사슬

가치사슬

캐릭터산업의 가치사슬은 '창작→1차 제작→2차 제작→유통→소비'로 볼 수 있다. 먼저 창작단계에서는 개인 창작자가 캐릭터를 창작하는 경우와 기업의 내부에서 창작하는 경우가 있다. 기업 내부에서 캐릭터를 창작하는 경우는 기업 내부에서 직접 기획하고 개발하는 '기획창작'과 제3자에게 용역을 주어 개발하는 '용역창작(하청용역창작)'으로 나눌 수 있다. '기획창작'에 의해 개발된 캐릭터는 기업의 활동으로 기업이 저작권을 보유하고 라이선싱 사업을 전개할 수 있으나, '용역창작'에 의해 개발된 캐릭터는 기획자와 창작자 간의 계약조건에 따라 저작권의 귀속 여부와 라이선싱 사업자가 결정된다. 또 '기획창작'의 경우 내부 비용만 존재하기 때문에 매출이 발생하지 않으나, '용역창작'의 경우 제삼자에게 의뢰하고 납품을 받으므로 매출이 발생한다.

1차 제작 단계인 라이선싱 과정에서는 캐릭터의 저작권을 임대, 판매하는 단계이다. 캐릭터산업은 캐릭터 자체를 판매하는 산업이 아니므로 경제적 가치 창출을 위한 가공 단계가 필요하다. 라이선싱 과정에서 원저작권자는 라이선서(Licensor) 역할을 대행하는 라이선싱 에이전트를 통해 캐릭터 저작권과 관련된 계약을 맺는다. 기업에서 자체적으로 개발한 경우에는 기업의 다른 부서를 통해 캐릭터 저작권을 임대하고 판매하는 구조가 형성된다.

2차 제작 단계인 머천다이징은 캐릭터를 활용해 상품이나 콘텐츠를 제작하는 단계이다. 이때 부가수익사업자인 라이선시(Locensee)는 라이선스 에이전트에게 '라이선싱 로열티'를 지급하면 이 중 중개수수료를 제한 나머지가 원저작권자에게 돌아간다. 이 단계에서는 캐릭터 상품을 기획하는 상품기획자(MD, Merchandiser), 상품을 제조하는 생산자가 있다. 만일 생산기반이 해외에 있다면 상품기획자가 라이선시의 역할을 하고 생산자는 해외에 있는 업체가 되며 캐릭터 기획이 전달되고 이에 따라 제작된 상품이 도달하는 과정마다 매출이 별도로 발생한다. 캐릭터를 활용하여 콘텐츠를 제작하는 경우도 이와 유사하며 콘텐츠 기획자와 생산자가 콘텐츠를 제작한다.

이렇게 제작된 캐릭터 상품 또는 콘텐츠는 그 종류에 따라 유통되어 소비자에게 전달된다. 캐릭터산업은 OSMU의 다양하고 광범위한 영역에 걸쳐 있는 산업으로 생산되는 상품의 종류에 따라 그 유통과정과 소비자에게 이르는 방식이 상이하다.

| 캐릭터산업 가치사슬 |

창작	1차 제작	2차 제작	유통	소비자
캐릭터 창작	캐릭터 창작	머천다이징	상품 유통	소비
개인 창작자 기업 (기획창작/용역창작)	라이선싱 에이전트 기업 마케팅 팀	상품 제작사 / 콘텐츠 제작사	상품 도소매점 / 콘텐츠 유통	

라이선싱 구조

라이선싱은 캐릭터산업의 독특한 구조라고 할 수 있다. 캐릭터 라이선싱은 캐릭터 저작물의 사용 허락과 관련된 사업으로서 캐릭터의 이미지, 영상, 디자인, 로고, 저작권 등을 상품이나 서비스 또는 홍보에 활용할 수 있도록 제삼자에게 허가 또는 위임하고 그 대가로서 저작권료(로열티)를 받는 행위를 가리킨다.[5] 라이선싱 구조에는 캐릭터 IP를 소유한 라이선서와 IP를 필요로 하는 라이선시가 참여하는데, 라이선서는 라이선시에게 캐릭터 사용에 관한 (제한적) 권리를 부여해 금적적인 수익을 얻고 더불어 자신이 가진 캐릭터의 가치를 향상시킬 수 있는 기회를 얻을 수 있으며, 추가적인 인지도 및 다른 IP 사업 기회도 얻을 수 있다. 라이선시는 IP를 부여받아 제품이나

---

5) 한국콘텐츠진흥원 (2020), 2020 한국캐릭터산업백서.

서비스에 적용해 제품의 가치를 향상시키고 경쟁 제품과의 차별화를 시도한다. 또 이를 통해 특별한 홍보전략 없이도 시장에 진입할 때 유리한 위치를 점할 수 있고 판매 향상을 기대할 수 있다.[6]

캐릭터는 권리가 어떤 분야에서 어떻게 활용되느냐에 따라 가치가 달라질 수 있으므로 다양한 산업 분야에서 활용가치가 많은 원천소스로서, 캐릭터의 사업화를 위해서는 캐릭터의 타깃(대상)을 설정하고, 캐릭터의 잠재력과 라이센서의 역량에 대한 분석, 캐릭터를 언제, 어떻게 노출할지에 대한 계획을 세우고, 기준에 맞춰 캐릭터의 상품화 준비를 해야 한다.

| 라이선스 활용 영역에 따른 캐릭터산업의 범위 |

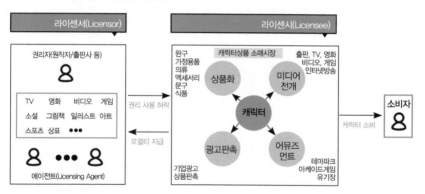

자료: 오상훈 외(2014), 〈캐릭터 해외 진출을 위한 가이드 조사연구〉, 한국콘텐츠진흥원.

라이선싱 과정에서 라이선시는 캐릭터의 특성과 캐릭터를 둘러싼 다양한 환경을 파악하고 이에 따라 적절한 상품으로 제작하여 시장성과 경쟁력이 있는 상품을 시장에 제시한다.[7] 그리고 캐릭터 로열티를 포함한 적정한 마

---

6) 박영국(2011), 〈라이센싱에 대한 기초이해와 실무〉, 한국콘텐츠진흥원.
7) 박영국(2011), 〈라이센싱에 대한 기초이해와 실무〉, 한국콘텐츠진흥원.

진을 제품에 적용해 가격을 책정하여 소비자가 자연스럽게 제품을 소비하게 끔 한다.

| 애니메이션/캐릭터 라이선싱 프로세스 예시 |

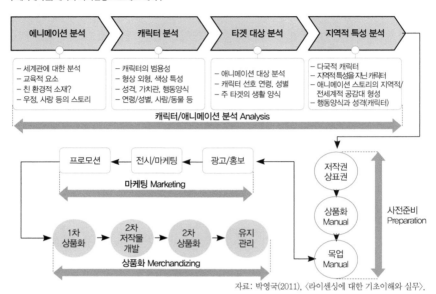

자료: 박영국(2011), 〈라이센싱에 대한 기초이해와 실무〉.

1. 국내 시장 현황

매출

　국내 캐릭터 시장은 2018년 기준 매출 12조2,070억 원으로 2014년 이후 매년 7.8%의 높은 성장을 해왔고, 부가가치액 4조9,677억 원, 사업체 수 2,534개, 종사자 수 36,306명인 것으로 나타났다.[8] 세부 분야별 매출액은 캐릭터 개발 및 라이선스업이 9,077억 원, 캐릭터 상품 제조업은 5조4,432억 원, 캐릭터 유통업은 5조 8,560억 원 규모이다. 캐릭터 자체에 대한 제작보다도 이를 통한 상품 제조업 시장 규모가 훨씬 더 큼을 알 수 있다. 캐릭터 개발은 캐릭터산업의 핵심이지만 매출에서 차지하는 비중은 7.4%에 불과해 소수의 캐릭터가 유발하는 캐릭터산업의 높은 부가가치를 확인할 수 있다.

---

8) 한국콘텐츠진흥원 (2019), 2019 한국캐릭터산업백서.

| 국내 캐릭터 시장 매출액, 사업체, 종사자 수(2018년 기준) |

(단위: 백만 원, 개, 명)

구분	세부	매출액	사업체 수	종사자 수
캐릭터 제작업	캐릭터 개발 및 라이선스업	907,768	666	4,809
	캐릭터 상품 제조업	5,443,245	465	14,191
	소계	6,351,013	1,131	19,001
캐릭터 유통업	캐릭터 상품 도매업	1,827,843	361	3,227
	캐릭터 상품 소매업	4,028,187	1,042	14,078
	소계	5,856,030	1,403	17,305
전체		12,207,043	2,534	36,306

자료: 한국콘텐츠진흥원 (2019), 2019 캐릭터산업백서.

수출입

국내 캐릭터산업의 수출은 2014년 이후 지속적으로 성장하고 있는 반면에 수입은 감소하고 있는 추세이다. 2016년부터 2018년까지 수출액의 연평균 성장률은 10.3%로 2018년 7억4,514만 달러 규모를 기록했다. 이와 달리 수입액은 2018년 1억6,763만 달러 규모로 연평균성장률이 −0.8%를 보이며 감소하고 있다.

수출입액 규모를 지역별로 살펴보면 수출의 경우 북미와 중화권이 23.7% 와 21.3%로 가장 큰 비중을 차지했으며 매출액도 2018년 기준 북미가 1억 7,652만 달러, 중화권이 1억5,842만 달러 규모를 나타냈다.[9] 그다음 수출액 과 비중이 높은 지역은 유럽으로 수출액은 1억5,384만 달러, 수출액 비중은 20.6%였다. 일본으로의 수출액은 6,824만 달러로 가장 적은 비중을 차지했 으나 연평균성장률이 28.6%로 높았다. 수입의 경우 중화권에서 수입하는

---

9) 한국콘텐츠진흥원 (2019), 2019 한국캐릭터산업백서.

캐릭터 상품이 41.9%로 가장 큰 비중을 차지했다.

| 국내 캐릭터산업 지역별 수출입액 추이와 비중 |

(단위: 천 달러, %)

		2016년	2017년	2018년	비중	연평균증감률
수출액	중화권	124,461	132,059	158,423	21.3	12.8
	일본	41,287	45,051	68,245	9.2	28.6
	동남아	76,954	86,258	109,025	14.6	19.0
	북미	164,258	175,028	176,528	23.7	3.7
	유럽	131,254	146,309	153,849	20.6	8.3
	기타	74,628	79,148	79,072	10.6	2.9
	합계	612,842	663,853	745,142	100.0	10.3
수입액	중화권	70,245	70,786	70,309	41.9	0.0
	일본	20,847	21,893	23,347	13.9	5.8
	동남아	35,143	36,640	38,318	22.9	4.4
	북미	21,245	21,887	19,745	11.8	−3.6
	유럽	3,763	3,945	7,338	4.4	39.6
	기타	19,202	17,337	8,574	5.1	−33.2
	합계	170,445	172,489	167,631	100.0	−0.8

자료: 한국콘텐츠진흥원 (2019), 2019 캐릭터산업백서.

2. 해외 시장 현황

세계 캐릭터산업(캐릭터·라이선스산업) 규모는 2019년 기준 2,928억 달러로 지속적으로 성장하고 있으나 2020년에는 코로나19로 감소할 것으로 예상된다.

미국의 캐릭터 시장은 2020년 기준 1,492억 달러 규모를 보이며 −7.3%의 성장률을 기록했다. 미국 시장은 2016년에 사상 처음으로 1,000억 달러를 돌파했고, 2019년 1,610억3,800만 달러 규모를 기록하며 세계 캐릭터산업의 50% 이상의 점유율을 보여주었다. 그러나 전 세계적으로 퍼진 코로나19로 2017년 수준으로 시장 규모가 축소되어 이후 회복에 시간이 다소 소요될 것으로 보인다.

미국의 캐릭터산업은 캐릭터 IP를 활용하는 미디어·엔터테인먼트 기업이 주도한다. License Global에 따르면, 2018년 전 세계 라이선스 매출액 순위에서 디즈니는 전년 대비 17억 달러가 증가한 547억 달러를 기록하며 1위를 차지했다.[10] 전 세계 라이선스 매출 상위 10개 기업 중에는 디즈니 외에도 메레디스, 워너미디어, 유니버설 등 영상 콘텐츠의 캐릭터와 IP를 중심으로 라이선스 사업을 전개하는 기업이 다수 포진해 있었다.

중국의 캐릭터 시장은 2020년 101억3,800만 달러로 매출이 감소했으나 다른 국가에 비해 선방한 기록을 보여주었다. 중국 캐릭터 시장에서는 캐릭터 IP를 기반으로 다양한 콘텐츠로 확장하는 트랜스미디어(transmedia) 콘텐츠가 인기를 끌며 여기에서 캐릭터 상품 구매로까지 이어져 콘텐츠와 상품의 판매가 유기적인 관계를 형성하고 있다.

일본의 캐릭터 시장은 2020년 −5.8%의 성장률로 135억3,200만 달러를 기록했다. 일본은 만화와 애니메이션 강국답게 다양한 만화, 애니메이션 IP와 '헬로키티' 등 인기 캐릭터 IP를 다수 보유하고 있다. 이에 따라 캐릭터의 상품화 및 판권 판매가 캐릭터 비즈니스 시장의 많은 부분을 차지하고 있다. 특히 일본은 마니아 문화가 발달했고, 1980~1990년대 청소년기를 보냈던 성인 소비자들이 캐릭터산업의 주요 소비자로 부상하고 있어 아동 인구의 감소라는 전 세계적인 흐름 속에서도 완구시장이 성장하는 모습을 보

---

10) 한국콘텐츠진흥원 (2020), 2020 한국캐릭터산업백서.

여주고 있다.

| 주요국 캐릭터산업 규모 및 성장률 |

(단위: 백만 달러, %) 9)

		2016	2017	2018	2019	2020
미국	매출액	144,516	149,633	154,272	161,038	149,205
	전년 대비 성장률	4.7	3.5	3.1	4.4	−7.3
중국	매출액	8,072	8,910	9,514	10,432	10,138
	전년 대비 성장률	6.1	10.4	6.8	9.6	−2.8
일본	매출액	12,494	13,264	14,029	14,364	13,532
	전년 대비 성장률	4.5	6.2	5.8	2.4	−5.8

자료: 한국콘텐츠진흥원, 2020 캐릭터산업백서.

1. 국내

카카오

2020년 캐릭터 호감도 조사[11]에서 26.9%로 1위를 차지한 카카오프렌즈는 카카오의 콘텐츠 부문 IP 비즈니스의 대표적 사례이다. 카카오의 매출 구성에서 카카오프렌즈가 포함된 IP 비즈니스의 매출은 2020년 4분기 118억 6,000만 원을 기록했다.[12] 2020년에는 카카오프렌즈의 IP를 보유한 카카오 IX의 IP 라이선스 부문이 카카오로 합병되어 카카오가 IP사업 전체를 담당하고 카카오커머스가 유통을 담당하는 구조로 전환되었다.[13] 따라서 향후 카카오의 IP 비즈니스 매출에도 변화가 있을 것으로 예상된다.

---

11) 한국콘텐츠진흥원 (2020), 2020 한국캐릭터산업백서.

12) 카카오프렌즈 외에도 음원 유통을 제외한 카카오M의 실적이 포함되어 있다.

13) 한국금융신문(2020), 카카오프렌즈, 미국 중국에 잇따라 매장 열어, https://www.fntimes.com/html/view.php?ud=202010082250048724dd55077bc2_18

| 카카오 IP 비즈니스 분기별 매출(2019-2020) |

(단위: 십억 원, %)

	3Q 2019	4Q 2019	1Q 2020	2Q 2020	3Q 2020	4Q 2020
매출액	90.1	95.1	81.9	82.7	91.5	118.6
콘텐츠 부문 비중	21	24	19	18	17	21

자료: 카카오 실적발표자료.

카카오프렌즈는 국내에서는 카카오프렌즈샵을 통해 캐릭터 상품을 직접 판매할 뿐 아니라 다양한 브랜드와의 콜라보레이션도 진행한다. 동서식품, 이디야, 더페이스샵, 반스, 원더브라, 일동제약 등 국내 유수의 브랜드와 라이선스 협업을 했다. 특히 제주도와 협업한 '프렌즈 인 제주' 에디션 라이언 인형은 2019년 전체 상품 중 누적 매출 1위를 차지했다.[14]

카카오프렌즈는 해외에서도 성과를 내고 있다. 카카오IX는 2018년부터 해외 진출을 본격화하기 시작했다. 2018년에는 일본, 미국, 중국, 영국에, 2019년에는 홍콩에 자회사를 설립했고, 오프라인과 온라인으로 팝업스토어나 카카오프렌즈샵을 열어 캐릭터 상품을 판매하고 있다.[15] 또 현지 브랜드와의 협업도 적극적으로 추진한다. 이런 인기에 힘입어 카카오IX의 2019년 매출은 1,600억 원에 달할 것으로 추정된다.[16]

---

14) IT 조선(2019), 카카오프렌즈, 글로벌 한류열풍 주역 캐릭터로 떠올라, http://it.chosun.com/site/data/html_dir/2019/10/09/2019100902141.html
15) 머니투데이(2019), 물 만난 '카카오프렌즈'…日 · 中 찍고 미국 · 유럽까지, https://news.mt.co.kr/mtview.php?no=2019062812171142823
16) 동아일보(2020), 年수입 3600억…브라운-라이언 제주 장난 아니네, https://www.donga.com/news/Economy/article/all/20200301/99951176/1

라인프렌즈

라인프렌즈는 네이버의 메신저 라인에서 출발한 캐릭터 IP 업체로 라인에 속해 있다가 2015년 라인프렌즈로 분사했고, 4년 만인 2019년 매출 2075억 원을 기록했다.[17] 라인프렌즈는 대표 캐릭터 '브라운앤프렌즈', 방탄소년단 과 함께 만든 'BT21', 슈퍼셀(supercell) '브롤스타즈'의 캐릭터 IP를 보유 하고 있다.

라인프렌즈 역시 카카오와 마찬가지로 국내외 다양한 브랜드와 협업을 하 고 있는데, 협업을 통해 새로운 캐릭터를 탄생하기도 한다. 협업을 통해 캐 릭터가 입혀진 상품이 출시되는 방식을 넘어 브랜드의 특성이 가미된 새로 운 캐릭터가 탄생하는 것이다. 라인프렌즈는 2017년 K-pop 아이돌 방탄소 년단과 협업해 BT21이라는 캐릭터를 탄생시켰다. 방탄소년단과의 협업은 '프렌즈 크리에이터스' 프로젝트의 시작으로 그룹 멤버가 캐릭터의 초안을 그리고 캐릭터의 성격과 관계, 세계관의 초안을 잡으면 라인프렌즈가 이를 캐릭터 상품에 적합하게 다듬는 방식이었다.[18]

이렇게 비전문가가 아이디어를 제공하여 라인프렌즈가 캐릭터로 탄생시 키는 작업은 '라인 크리에이터스 마켓'을 통해 실험된 바 있었다. 이런 방 식으로 라인프렌즈는 중국의 아이돌 왕위엔(Roy Wang)과도 협업해 캐릭터 를 제작했고, 2019년엔 게임업체 슈퍼셀과 협업해 모바일게임 브롤스타즈 (Brawl Stars)의 게임캐릭터를 캐릭터 상품에 적합한 형태로 재탄생시켜 라

---

17) 동아일보(2020), 年수입 3600억...브라운-라이언 재주 장난 아니네, https://www.donga.com/news/ Economy/article/all/20200301/99951176/1

18) 중앙일보(2017), 방탄소년단 매력+아티스트 감성 생동감 넘치는 8색 캐릭터 창조, https://news.joins. com/article/22175199

인프렌즈의 새로운 제품군으로 판매하고 있다.

오로라월드

오로라월드(Aurora)는 애니메이션·완구 업체로 애니메이션 〈유후와 친구들〉의 IP를 보유하고 있고, 〈신비아파트〉, 핑크퐁, BT21의 캐릭터 상품을 생산한다. 2019년 기준 매출 1,570억 원 규모를 보이고 있다.

| 오로라월드 매출(2017-2019) |

(단위: 백만 원)

	2017	2018	2019
매출액	143,612	146,822	157,071
영업이익	15,973	13,098	12,597
순이익	13,048	5,953	3,766

자료: 오로라월드 기업자료.

오로라월드는 세계 각지에 있는 법인을 통한 글로벌 유통망을 확보하고 있고, 자체 개발 및 공동투자한 콘텐츠가 인기를 얻으며 글로벌 대상 매출이 증가하고 있다. 오로라월드는 연간 3,000만 개 이상의 캐릭터 완구를 전 세계 80여 개국에 판매하고 있으며 수출 비중이 약 80%에 달한다.[19] 자체 개발 애니메이션인 〈유후와 친구들〉은 2019년 3D로 제작(이탈리아 MondoTV와 공동제작)되어 넷플릭스에서 방영되며 글로벌 시장에 진입했고, 2019년 캐릭터 완구는 누적 8천만 개의 글로벌 판매량을 기록했다. 그

---

19) 김현용, 황현준 (2018), 미디어 한일전, 이베스트투자증권.

리고 CJ ENM와 공동투자한 애니메이션 〈신비아파트〉의 흥행으로 2019년 관련 완구 매출이 200억 원을 돌파한 것으로 추정된다.[20]

2. 해외

미국

디즈니는 오랜 역사 속에서 성장한 캐릭터 자산을 보유하고 있을 뿐 아니라 지난 20여 년간 지속적으로 미디어산업에서의 규모를 키워왔다. 1996년 'ABC방송'(약 190억 달러), 2006년 '픽사'(약 74억 달러), 2009년 '마블 스튜디오'(약 40억 달러), 2012년 '루카스필름'(약 40억 달러), 그리고 최근 2019년 '21세기폭스'(약 713억 달러)까지 오랜 시간 미디어 업체를 인수하며 더욱 막강한 캐릭터 IP를 가졌다. 디즈니는 2018년 캐릭터·라이선스 분야에서 2017년 대비 17억 달러 증가한 547억 달러의 매출을 올렸다.[21]

디즈니가 진행하는 사업은 크게 미디어 네트워크(Media Networks), 테마파크(Parks, Experiences and Products), 스튜디오(Studio Entertainment), 직접 소비자 경험(Direct-to-Consumer & International)으로 나눌 수 있는데, 이 중 캐릭터산업이 중점적으로 관여하는 분야는 테마파크 사업과 디즈

---

20) 김한경(2019), 오로라, 유후가 끌고 신비아파트가 민다!. 이베스트투자증권.
21) 한국콘텐츠진흥원(2020), 2020 한국만화산업백서.

니플러스를 서비스하는 직접 소비자 경험 사업이다. 테마파크는 전 세계 디즈니랜드와 관련 제품 사업을, 직접 소비자 경험은 디즈니플러스, 훌루 등의 서비스 사업을 전개한다. 디즈니는 애니메이션과 만화산업에서 확보한 IP를 캐릭터로 라이선스하여 오랜 기간 동안 사업화해 왔다. 디즈니의 테마파크에서는 입장료만이 아니라 테마파크 숍에서 캐릭터 상품을 팔고 있고, 전 세계를 대상으로 캐릭터 라이선스 사업을 전개하여 꾸준히 수익을 창출하고 있다.

| 디즈니 캐릭터산업 관련 세그먼트 수익 현황(2017–2020) |

(단위: 백만 달러)

구분	2017		2018		2019		2020	
	수익	영업이익	수익	영업이익	수익	영업이익	수익	영업이익
Parks, Experiences and Products	23,024	5,487	24,701	6,095	26,225	6,758	16,502	−81
Direct–to–Consumer & International	3,075	−284	3,414	−738	9,349	−1,814	16,967	−2,806

자료: Disney Annual Report 2019, 2020.

미국의 완구 업체인 하스브로(Hasbro)도 캐릭터 IP를 기반으로 한 완구 및 영상물을 제작해왔다. 하스브로의 대표적인 IP로는 〈트랜스포머〉 시리즈, 디즈니의 〈스타워즈〉, 〈겨울왕국 2〉, 마블의 〈어벤져스〉 시리즈 및 〈스파이더맨〉 시리즈 등이 있어 캐릭터 완구를 사실상 독점해왔다. 하스브로의 2019년 매출은 약 47억2,000만 달러를 기록했고, 하스브로가 한 해 지출하는 라이선싱 비용은 약 4억1,500만 달러로 연간 총 매출의 8.78%를 차지하는 것으로 알려져 있다.[22] 2020년에는 코로나19로 아이들이 집에 머무는 시

---

22) 한국콘텐츠진흥원(2020), 2020 한국캐릭터산업백서

간이 길어짐에 따라 매출 상승을 기대할 수 있을 것으로 보인다.

일본

일본 캐릭터산업은 만화·애니메이션 IP 판매가 큰 부분을 차지하고 있어 애니메이션이나 만화 시장의 영향을 크게 받는다. 만화·애니메이션보다 캐릭터산업에 주력하는 업체로는 반다이 남코(バンダイナムコ)와 산리오(サンリオ)를 들 수 있는데, 이들 업체 역시 만화·애니메이션의 IP를 기반으로 사업을 전개하기도 한다.

반다이 남코는 2018~2019년 일본의 완구 기업 매출 순위 3위를 차지했으며 매출액은 7,323억 엔을 기록했다.[23] 반다이 남코도 애니메이션 〈기동전사 건담〉이라는 인기 IP를 보유하고 관련 완구와 라이선스 상품을 제작하고 있다. 건담 프라모델 시리즈는 마니아층이 탄탄하게 형성되어 있고 구매층 역시 아동보다는 성인층을 타깃으로 하여 높은 품질을 보여준다. 따라서 고령화에 따라 아동 대상 시장이 축소되는 흐름 속에서도 상대적으로 영향을 덜 받는 업체라고 할 수 있을 것이다.

산리오는 헬로키티 IP를 보유하고 있는 업체로 IP를 활용한 콘텐츠 제작보다는 상품 제작에 주력하는 기업이다. 1974년에 탄생한 헬로키티는 2019년 일본 전국 캐릭터 조사에서 15위를 차지하며 오랜 인기를 누리고 있다.[24] 특히 이 조사에서 20위 안에 만화·애니메이션 기반의 캐릭터가 11개 순위

---

23) 한국콘텐츠진흥원(2020), 2020 한국캐릭터산업백서.
24) 한국콘텐츠진흥원(2020), 2020 일본 캐릭터 시장 특집.

를 차지했고, 현재 일본에서 크게 유행하는 지역 캐릭터가 2자리를 차지한 것을 고려하면 캐릭터산업을 주력으로 하는 업체로는 유일하게 순위권 안에 안착했다고 볼 수 있다.

하지만 현재까지도 헬로키티를 이을 히트 캐릭터가 나오지 않아 향후 지속적인 성장을 예측할 수 없다. 산리오의 매출은 전적으로 헬로키티에 의존하는 양상으로 중국의 경우 헬로키티 단일 캐릭터 의존도가 94% 수준이다.[25] 또 일본 내에서도 헬로키티의 인기가 예전만 못하다. 이에 산리오는 2016년 자사의 캐릭터 '어그레시브 레츠코'를 애니메이션화해 TV로 방영했고, 2018년에는 넷플릭스에서 방영해 캐릭터를 기반으로 한 여러 활동 방향을 모색하고 있다.

| 산리오 매출 및 순이익(2013~2017) |

(단위: 백만 엔)

	2013	2014	2015	2016	2017
매출액	74,252	77,013	74,566	72,462	62,682
순이익	12,536	12,802	12,804	9,609	6,475

자료: 김현용, 황현준 (2018), 미디어 한일전, 이베스트 투자증권.

중국

중국 캐릭터산업에서는 최근 IP를 둘러싼 경쟁이 치열하다. 중국의 유명 캐릭터 '시양양(喜羊羊)'의 IP를 보유한 알파엔터테인먼트(奧飛娛樂)는 중

---

25) 김현용, 황현준(2018), 미디어 한일전, 이베스트투자증권.

국 최대의 애니메이션·캐릭터·완구 업체로 캐릭터를 기반으로 한 미디어 제작과 완구 제작을 주요 사업을 전개하고 있다. 2016년 기준 알파엔터테인먼트 매출의 76%가 완구에서 발생했고 25%가 애니메이션에서 발생했다.[26] 중국의 캐릭터 라이선스뿐 아니라 해외 캐릭터 라이선스도 다수 보유하고 있는데, 그중에는 한국의 애니메이션 캐릭터인 '슈퍼윙스'와 '빼꼼'의 라이선스도 포함된다.[27]

이런 IP를 기반으로 알파엔터테인먼트는 자회사를 통해 캐릭터 중심의 다양한 사업 영역에 뛰어들고 있다. 자사의 기존 주력 부문인 완구에서는 소매점 회사인 광주알파완구를 설립해 가치사슬의 마지막 단계까지 참여하고, 애니메이션과 영화 제작 부문을 강화하기 위해 자회사 알파픽쳐스를 설립했다. 또 2015년 알파게임즈를 설립해 게임산업에까지 뛰어들었고, 한국의 RPG게임 리니지 레드나이츠의 중국 배급 계약을 맺었다.[28]

중국의 또 다른 캐릭터 관련 업체로 'GZ 아트랜드(GZ Art−land Holding Company Limited, 광주예주인브랜드관리유한공사)'가 있다. GZ 아트랜드는 20여 개국 150여 개 이상의 라이선스를 보유한 대형 라이선스 기업으로, 미국 애니메이션 기업인 바이어컴 니켈로디언의 〈탐험가 도라(Dora the Explorer)〉, 〈스폰지밥(SpongeBob SquarePants)〉, 한국 라스카랜드의 캐릭터 '뮤(Myoo)', 스마트스터디의 '핑크퐁'의 중국 라이선스 사업권도 보

---

26) 삼성증권(2016), 알파엔터. https://www.samsungpop.com/mobile/invest/poptv.do?cmd=fileDown&FileNm=shen_30_21.html

27) 한국콘텐츠진흥원(2019), 중국 애니메이션&캐릭터 라이선싱 시장 동향.

28) 한국경제(2016), '중국의 디즈니' 알파그룹…리니지, 애니·완구로 확장, http://newslabit.hankyung.com/article/2016100635391

유하고 있다.[29] 이처럼 IP를 중심으로 한 다양한 사업을 전개하는 업체 경쟁이 심화되면서 그 핵심이 되는 캐릭터 IP 확보 경쟁 또한 거세지고 있다.

29) 한국콘텐츠진흥원(2020), 2020 한국캐릭터산업백서.

1. 캐릭터 해외 진출(카카오프렌즈와 라인프렌즈)

국내 캐릭터 시장은 오랫동안 미국과 일본이 주도해왔다. 하지만 최근 카카오와 라인프렌즈가 아시아 및 북미, 유럽 지역에 수출되어 좋은 성과를 내고 있다. 먼저 카카오는 카카오프렌즈를 앞세워 2018년에는 일본, 미국, 중국, 영국, 2019년에는 홍콩에 자회사를 세우고 해외 시장에 진출했다.[30] 카카오는 현지화된 캐릭터 상품을 내세우고 있다. 카카오(당시에는 카카오IX)는 2018년 일본에 진출하며 복숭아 모양 캐릭터 어피치를 일본인 취향에 맞춰 변형하고 한국에서는 출시하지 않은 제품을 출시하여 큰 인기를 끌었다. 이어서 2019년에는 일본에서 인기가 많은 K-pop 아이돌 트와이스가 제작에 참여한 '카카오프렌즈 트와이스 에디션'을 일본 한정판으로 출시하기도 했다.

또한 진출한 각 국가에서 유명한 명소에 팝업스토어를 오픈해 대대적인

---

30) 머니투데이(2019), 물만난 '카카오프렌즈'…日·中 찍고 미국·유럽까지, https://news.mt.co.kr/mtview.php?no=2019062812171142823

홍보전략을 펼친 후 정식 매장을 오픈하고 있다. 일본 최대 라이프스타일 서점인 츠타야의 지점 중 도쿄, 시부야, 오사카 등 유동 인구가 많은 지점에 팝업스토어를 열었고, 그 이후 일본의 패션브랜드 WEGO의 10여 개 매장에 동시에 정식 스토어를 오픈했다.[31] 미국에서도 2019년 백화점 체인인 블루밍데일즈 백화점 네 개 지점에 팝업스토어를 열었고, 2020년 하반기 유명 편집샵 '에이랜드' 미국 2호점에 입점했다. 영국 런던의 중심가인 왕립공원 하이드파크에 팝업스토어를 열었고 정규매장 오픈을 준비하고 있다.[32]

라인프렌즈는 네이버 라인에서 출발한 회사로, 네이버 라인은 국내 메신저 시장의 후발주자였다. 후발주자로서 시장 점유에 실패한 후 네이버 라인은 일본과 동남아시아 시장으로 진출했고, 일본과 태국 등지에서 스마트폰 메신저 점유율 1위를 달성하며 전 세계에서 2억 명이 사용하는 거대 모바일 플랫폼으로 거듭났다.[33] 메신저를 바탕으로 이모티콘을 통해 라인프렌즈의 캐릭터들이 유행하기 시작했고 2019년 기준 전 세계 145개 매장을 오픈하는 등 크게 성장했다. 라인프렌즈 일본 도쿄의 하라주쿠 스토어는 2019년 1년 누적 방문객 수 150만 명을 돌파하며 쇼핑의 중심지인 하라주쿠에서 랜드마크가 되었다.[34]

라인프렌즈의 이런 글로벌한 인기, 특히 북미 지역에서의 인기는 K-pop 아이돌 방탄소년단과 협업한 BT21의 인기가 작용한 것으로 보인다. 캐릭

31) 전자신문(2020), 네이버·카카오 K-캐릭터, 문화 수출 첨병이 되다, https://m.etnews.com/20200410000187
32) 한국콘텐츠진흥원 (2020), 2020 한국캐릭터산업백서
33) 파이낸셜투데이(2019), 해외서 잘나가는 '라인프렌즈', 뒤쫓는 '카카오프렌즈', https://www.ftoday.co.kr/news/articleView.html?idxno=107854
34) 중앙일보(2019), 18조원 일본 시장서 1km 줄서야 살 수 있는 인기 캐릭터는, https://news.joins.com/article/23416278

터 각각이 아이돌 그룹 멤버 각각과 연결성이 있고 멤버들이 직접 제작에 참여하여 협업의 의미를 더하자 방탄소년단의 글로벌 팬덤에게 더욱 매력적인 캐릭터 상품이 되었다.

| 카카오프렌즈, 라인프렌즈 매출 추이(2016~2019) |

(단위: 억 원)

	2016	2017	2018	2019
카카오프렌즈	705	976	1,051	1,451
라인프렌즈	1,010	1,067	1,973	2,075

자료: 전자신문(2020), 네이버 · 카카오 K-캐릭터, 문화 수출 첨병이 되다.

2. EBS 펭수 현상

2019년 올해의 인물 조사에서 방송 · 연예 부문에서 'BTS'를 제치고, EBS 유투브 채널 〈자이언트 펭TV〉의 캐릭터 '펭수'가 20.9%의 득표율로 1위에 선정되었다. 펭수는 화제성 부문에서 56.7%의 득표율로 압도적인 득표율을 보였다.[35] 올해의 인물에 선정될 만큼의 화제성을 뒷받침이라도 하듯 인기 캐릭터로는 처음으로 상업광고 모델에 선정되었다.

EBS의 유투브 채널 〈자이언트 펭TV〉는 2019년 3월에 시작한 남극에서 온 210센티미터 자이언트 펭귄인 펭수가 스타 크리에이터가 되기 위해 노력하는 좌충우돌 성장기로 어린이 교양 예능이다. TV와 모바일, 오프라인과 온라인을 넘나드는 어린이 교양 예능을 표방한 〈자이언트 펭TV〉는 EBS가

---

35) 해럴드경제(2019), "'펭수', 손흥민 · 백종원 · 이재용과 함께 '올해의 인물' 되었다". http://news.heraldc orp.com/view.php?ud=20191204000073

변화하는 미디어 환경과 시장에 대응하여 대중에게 선보이는 첫 콘텐츠였다. 〈자이언트 펭TV〉는 스토리텔링에서 초등학교 3~4학년을 1차 목표 시장으로 설정하고, 20~30대를 2차 목표 시장으로 설정하여 기획되었다.[36]

펭수 캐릭터의 인기가 본격화된 2019년 10월부터 유통 · 식품 · IT · 공공기관 · 지자체 · 방송사 등 다양한 분야에서 펭수 관련 상품을 기획하는 협업 요청이 본격적으로 많아졌다.[37] 이와 같은 현상에 EBS는 〈자이언트 펭TV〉의 펭수와 관련한 10명으로 구성된 전담팀을 새롭게 꾸려 팀을 재정비했다.[38] 이렇게 전담팀을 구성한 사실은 EBS가 펭수의 캐릭터 이미지를 관리하고 펭수를 반짝인기 스타가 아닌 장기적인 EBS의 대표 유튜브 콘텐츠로서의 발전시키려는 노력으로 보인다.

펭수는 다양한 협업을 진행했는데, 2019년 해당 상품들은 품절이나 매진을 기록했다. 패션잡지 《나일론》 12월호는 펭수의 화보를 담아 발간하자마자 품절이 되었고, 에세이 다이어리는 판매 3시간 만에 1만 부가 팔렸다. 펭수 카카오톡 이모티콘은 출시 하루 만에 인기 순위 1위에 올랐다. 이랜드월드가 운영하는 SPA브랜드 스파오는 펭수 캐릭터 의류를 출시했는데, 이 협업 계약에서는 해리포터와 같은 캐릭터 지적재산권에 버금가는 수준으로 계약이 진행되었다고 전해진다.[39]

---

36) YTN star (2019), 자이언트 펭TV PD '펭수, 남녀노소 모두의 친구 되길 바랐죠', https://www.ytn.co.kr /_sn/0117_201910220830063927

37) IT 조선(2019), EBS, 전담 TF 꾸려 '펭수' 특급대우, http://it.chosun.com/site/data/html_dir/2019 /12/04/2019120402439.html

38) 아이뉴스24(2019), 치솟는 펭수 몸값…유통街, 너도나도 섭외 1순위, http://www.inews24.com/view/ 1227672

39) 파이낸셜뉴스(2019), 펭수 가는 곳에 돈 몰린다..마케팅 판도 바꾼 유튜버, http://www.fnnews.com/news /201912041758129924

3. 타깃층의 확장

캐릭터 상품은 주로 아동을 대상으로 하고 캐릭터산업에서 성인 대상 시장은 키덜트 시장으로 프라모델과 같은 상품을 다루며 구분되어 존재해왔다. 그러나 최근 캐릭터산업의 타깃층이 성인층으로 확장되고 있다. 캐릭터와 브랜드 및 제품 협업이 아동 완구나 의류뿐 아니라 20~30대를 대상으로 한 화장품이나 은행 등으로도 확장되었다. 또 패션 시장에서는 구찌(GUCCI), 지지 버리스(Gigi Burris), 케이트 스페이드(Kate Spade) 같은 고가의 브랜드들이 미키 마우스 캐릭터와 협업한 제품을 선보이기도 했다.[40]

| 2018년 캐릭터-브랜드 간 협업 현황 |

캐릭터	브랜드	협업 제품
뽀로로	이디야 커피	이디야 키즈 뽀로로
	동원참치	동원 뽀로로 참치
피카츄	롯데리아	포켓몬 스노우볼 에디션
	KEB하나은행	체크카드, 통장
	이연에프엔씨(한촌설렁탕)	피카츄 인형
짱구	크리스피크림도넛	가습기, 무드등
무민	까페드롭탑	무민 인형
마블캐릭터	시디즈(사무용 의자)	마블 얼티밋 에디션
	팔도라면	비락식혜 캔, 자석
	SC제일은행	체크카드, 통장
스머프	NH농협은행	통장, 컬러북

자료: 한국콘텐츠진흥원 (2019) 2019 캐릭터산업백서.

그리고 캐릭터가 일종의 인격화된 모델로서 사회 캠페인에 등장하여 참

---

40) 한국콘텐츠진흥원(2020), 2020 캐릭터산업백서.

여를 독려하기도 한다. 이런 환경부의 '나우의 모험'은 '나우'라는 캐릭터가 기후변화 대응 및 적응을 위해 필요한 행동과 정보를 참가자들에게 제공하는 게임형 캠페인이었고, 질병관리본부는 마블히어로 캐릭터를 등장시켜 '건강생활 실천 캠페인'을 벌이기도 했다. 또 라인프렌즈는 대표 캐릭터 브라운을 이용해 아마존 플랫폼에서 진행되는 에이즈 퇴치 글로벌 캠페인 '쇼파톤 레드'에 참여했다. 이 캠페인용 상품의 판매 수익금 중 일부가 사하라 사막 이남 아프리카 지역의 HIV 및 에이즈, 결핵, 말라리아 퇴치 활동을 위한 기금으로 기부되었다.[41]

또 캐릭터를 전면에 내세운 서적이 아동서적을 넘어 성인을 대상으로 하는 서적에도 나타났다. 2018년 큰 인기를 끈 캐릭터 에세이 서적은 대중들에게 친숙한 캐릭터가 위로를 전하는 내용이었다. 이런 에세이는 도서의 주요 구매층인 20~30대 여성층을 공략했고, 2018년 연간 종합 도서 베스트셀러 1위에 캐릭터 에세이인 《곰돌이 푸, 행복한 일은 매일 있어》가, 10위에 《곰돌이 푸, 서두르지 않아도 괜찮아》가 이름을 올렸다.[42] 이는 아동용 서적과 구분되는 또 다른 시장이었다. 이런 흐름에 따라 빨강머리 앤, 보노보노, 카카오프렌즈 등 인기 캐릭터를 내세운 캐릭터 에세이가 한동안 서점의 인기 품목으로 자리하기도 했다.

이렇게 캐릭터 시장의 타깃이 확장되는 데에는 캐릭터 상품에 어려서부터 노출된 20~30대의 익숙한 구매가 이어진 것으로 보이며, 이런 20~30대의 구매력을 바탕으로 캐릭터산업 역시 다양한 상품을 실험하고 있다. 특히 카

---

41) Datanet(2018), 라인프렌즈, 아마존 '쇼파톤 레드' 통해 에이즈 퇴치 캠페인 동참. http://www.datanet.co.kr/news/articleView.html?idxno=128578

42) 한국콘텐츠진흥원(2019), 2019 캐릭터산업백서.

카오프렌즈와 라인프렌즈 등 인기 캐릭터 브랜드샵은 강남이나 홍대 등 젊은 층이 많이 다니는 번화가에 위치해 있으며, 캐릭터 팝업스토어 또한 이런 곳에 주로 오픈한다. 이런 팝업스토어는 아동층뿐 아니라 20~30대 젊은 성인층에게도 일종의 체험형 장소로 여겨지며 SNS를 통해 활발하게 공유된다.

그리고 캐릭터 시장의 타깃이 성인층까지 확장되면서 캐릭터산업은 사회적 이슈에 더욱 민감하게 반응했다. 이들 소비자는 사회적 이슈에 민감하게 반응하고 소비를 통해 이를 적극적으로 표현하기 때문이다. 캐릭터산업의 주요 상품군이 확장되며 다양한 브랜드가 캐릭터와 협업해 상품을 제작했는데, 이 과정에서 사회적 이슈에 따라 협업의 양상이 달라지기도 했다. 2019년 한국에 대한 일본의 수출 규제로 시작된 일본 제품 불매운동은 캐릭터와 브랜드 간의 협업에도 영향을 미쳤다.[43]

---

43) 이데일리(2019), '日제품 불매운동' 확산…'반일'에 울고 '애국'에 웃는 기업들, https://www.edaily.co.kr/news/read?newsId=03998326622552880&mediaCodeNo=257&OutLnkChk=Y

11장

미술산업

1. 정의 및 분류

넓은 의미에서의 미술(fine arts)은 시각으로 파악할 수 있는 미적 표현 일체를 뜻하며, 좁은 의미의 미술, 즉 시각적 미술(visual arts)은 관례상 보통 건축 · 회화 · 조각 · 공예 분야를 의미한다.[1] 미술의 종류에는 회화, 조각, 공예, 디자인, 건축 · 정원 · 단청, 사진, 서예 등 매우 다양하다. 이 중에서 판화를 포함한 회화와 조각이 전통적이고 대표적인 미술 장르이지만 현대에 들어와서 그 영역이 한층 넓어져, 물리적인 재료를 특정 장소에 설치하여 미술가의 뜻을 전하고자 하는 설치 예술, 백남준 등 다양한 작가들이 새로운 뉴미디어 매체를 통해 선보이는 비디오 아트, 마르쉘 뒤샹 이후 등장한 개념 자체가 결과물이 되는 개념미술, 특정 풍경이나 장소를 대상으로 하는 장소 특정적 대지미술 등 새로운 분야가 탄생하고 있다.[2] 우리나라에서도 미술이라는 표현보다는 시각예술이라는 표현을 자주 사용하는 편이다. 이 경우 시

---

1) 한국민족문화대백과사전.
2) 위키백과.

각예술이라는 용어는 음악 같은 청각예술, 건축 같은 공간예술과 대별되어 쓰인다.

미술산업은 상업적인 목적으로 미술작품을 창작, 유통, 소비하는 모든 분야를 의미한다. 미술을 산업으로 분류할 것인지에 대한 논란은 많다. 미술은 순수예술로서 상업적인 목적으로 창작하지 않는 경우가 많고 시장의 실패가 일어나는 분야이기 때문에 산업으로서 취급하는 것은 옳지 않다는 의견도 있다. 또한 한국의 미술시장이 규모가 너무 작고, 유통구조가 너무 불투명하기 때문에 산업으로서 적합하지 않다는 의견이다. 그러나 미술작품도 상업적인 목적으로 활발하게 거래되고 있고, 이와 관련된 시장이 존재하기 때문에 산업으로 규정하는 것도 무리는 아니다.

미술산업의 특성을 보면, 첫째, 미술시장은 고가의 원본 거래로 이루어진다.[3] 미술시장의 생산자는 '단일 품종에 의한 제한 생산'을 통해 경제활동을 하고 있다. 미술시장이 상대적으로 소수인 지배계층의 높은 지불 의사에 의해 유지되는 반면, 문화산업은 상대적으로 다수인 대중의 낮은 지불 의사의 합에 의해 유지된다. 문화산업은 대량복제, 재생산을 통해 같은 작품이 많은 채널을 통해 무한 유통되지만, 미술작품은 대량복제나 재생산에 한계가 있어 일반적으로 하나의 작품이 그대로 거래된다. 이런 특성은 산업화의 진척을 매우 어렵게 만드는 중요한 요인이다. 그러나 앤디 워홀과 같은 작가는 실크스크린이라는 기계적 제작방식을 사용해 수많은 복제작품을 제작했고, 제프 쿤스는 100여 명 이상의 직원을 고용하여 스튜디오를 운영하는 등 점차 미술시장은 산업화의 길을 가고 있다.

---

3) 윤태건(2010), 미술시장은 미술산업으로 진화할까① 제작시스템의 변화, 주식회사 예술가!, 《예술경영 웹진》, 460.

둘째, 부익부 빈익빈 현상이 나타난다. 인기 있는 소수의 작가는 높은 작품가격으로 많은 수입을 창출하지만 그렇지 못한 작가들은 낮은 수입으로 연명하고 있다. 미술을 전공하고 미술산업에 뛰어든 사람 중에는 작품활동을 포기하거나 다른 직업을 가지고 생계를 유지하면서 작품활동을 하는 경우도 많다. 전시 등 미술작가나 작품을 활용한 비즈니스의 경우에 이런 흥행성의 특성 때문에 인기 작가를 동원해 흥행을 시키고자 하는 스타시스템이 적용된다. 블록버스터 전시의 경우가 여기에 해당한다.

셋째, 정부와 민간이 동시에 시장에 존재하는 이중적 구조를 가진다. 미술시장은 시장의 실패가 일어나는 분야이므로 정부가 개입하여 미술관을 운영하거나 사립미술관에 대해 지원을 한다. 미술관에서는 소장품 수집, 보관, 전시, 교육의 기능을 하고 거래가 이루어지지 않으나 입장료는 유료이다. 반면, 갤러리나 경매 등의 산업영역에서는 입장료는 무료이지만, 작품의 전시와 거래가 이루어져 일반 문화산업과 유사하다.

2. 가치사슬

가치사슬 구조

미술산업의 가치사슬은 여타 문화산업과 같이 창작(제작), 유통, 소비로 되어 있다. 창작은 작가, 시각예술집단 등으로 나누어 있는데, 작가는 개인이지만, 작가들이 모여 작품활동을 하는 시각예술집단이 있다.

주요 유통영역으로는 화랑 전시를 통하여 미술작품(원화)을 판매하는 곳 (기획 · 상설 · 대관 화랑)과 경매회사 경매를 통하여 미술작품(원화)을 판매 하는 곳(일반 · 온라인 경매회사), 미술작품(원화) 판매를 목적으로 일정 공 간에서 개최되는 대규모 전시행사인 아트페어(화랑 참가 · 작가 참가 아트페 어)로 구분된다. 또한 전시를 진행하기 위해 미술품을 구입하는 미술관과 미 술을 통해 수익을 창출하는 아트프로젝트 형태의 비엔날레가 있다. 소비자 로는 개인과 기업 그리고 아트펀드가 있다. 미술관, 미술은행, 건축물은 공 공영역에 속하고, 갤러리, 경매, 아트페어는 주요 유통영역으로 민간영역에 속한다.

| 미술산업의 가치사슬 |

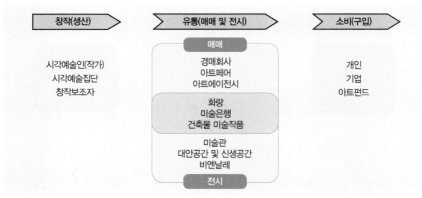

자료: 예술경영지원센터(2019), 〈2019 미술시장실태조사〉 참조.

또한 미술시장의 구조는 크게 1차 시장(Primary Art Market)과 2차 시장 (Secondary Art Market)으로 나뉜다. 미술품이 최초로 시장에 공개되는 시 장을 1차 시장이라고 하며, 화랑, 아트페어 등이 이에 속한다. 1차 시장을 통해 거래되었던 작품이 재판매되는 시장을 2차 시장이라고 한다. 미술시장에서 2차 시장의 주역은 경매이다.

가치사슬별 개념

(1) 갤러리

갤러리(화랑)는 미술작품을 소통을 목적으로 생산 공급자인 작가와 중개자인 기획자, 경영자 그리고 수요자인 소장자, 대중의 만남을 이루고 소통의 장을 제공하는 공간이다.[4] 미술품을 전시 및 판매하는 장소로써 공공성의 역할을 수행해야 하는 미술관과는 구별되는 공간이다. 화랑의 역할은 작가를 발굴하고, 그들이 지속적으로 작품활동을 할 수 있도록 지원하는 한편, 작가들의 작품을 의미 있는 예술작품과 매혹적인 상품으로 가치를 만들어 미술시장에 유통하는 것이다. 갤러리를 운영 형태별로 분류해보면 대관을 위주로 작품전시를 통해 이윤을 추구하는 대관갤러리, 전시장 대관하지 않고 갤러리 성향에 따른 작가들의 전시와 작품 판매에 의해 이윤을 추구하는 기획갤러리, 대관갤러리와 기획갤러리가 혼합된 형태의 기획·대관갤러리와 비영리적으로 운영되며 실험적인 신진작가들의 교류 활동과 교류를 목적으로 하는 대안갤러리, 지역 주민에게 문화공간을 제공하는 목적으로 운영되는 지자체 운영갤러리가 있다.

---

4) 서용모,오치규,김형준(2011), 〈대전지역 갤러리의 현황분석에 대한 실증연구:대전의 원도심권 갤러리를 중심으로〉, 《한국콘텐츠학회논문지》, 11(3).

종류		특징
상업갤러리	대관갤러리	대관을 통한 작가들의 작품 전시를 통한 이윤 추구 형태로 운영
	기획갤러리	대관업무를 하지 않고 작가들의 작품 활동보조, 작품판매를 통한 이윤 추구의 형태로 운영
	기획 · 대관 갤러리	대관갤러리와 기획갤러리의 혼합 형태로 운영
대안갤러리(비영리)		기업이나 개인의 후원에 의해 작가들의 작품 활동을 위해 비영리적으로 운영
지자체운영개럴리		지역주민의 문화공간 제공과 의미로 운영

자료: 서용모, 오치규, 김형준(2011).

기획전시는 갤러리가 주체가 되어 작가를 선정하는 방식으로 이루어진다. 전시 개최 시 드는 비용 일체를 갤러리에서 지불하는 경우가 많으며 판매가 진행된 후 판매금액에서 일정 비율로 작가와 나누는 형태로 수익을 창출한다. 대관갤러리는 작가의 요청이 있으면 공간을 대여해주기도 하고 전시는 갤러리 측에서 진행하는 방식으로 이루어진다. 공간을 마음에 들어 하는 작가나 아티스트가 있다면 대관료를 전시 기간만큼 지불하고 공간을 대여한다. 전시가 진행될 때 드는 홍보나 기타 비용은 공간별로 약간의 차이는 있지만 대부분 작가가 부담한다. 지차체 운영갤러리는 공공의 성격을 띠는 편이며 공간 대관료가 없이 기관에서 선정한 작가나 기획자를 중심으로 전시가 이루어진다. 상업 갤러리와 달리 시민들을 위한 전시를 진행하는 경우가 대부분이므로 해석하기 어렵거나 난해한 미술작품보다는 관람객이 쉽게 이해하고 접근이 용이한 작품을 선정하는 경우가 많다.

(2) 경매

경매는 경매를 통해 미술작품을 판매하는 것으로 일반경매와 온라인경매가 있다. 온라인경매의 활성화와 함께 대중들의 경매 참여 문턱이 낮아지며 국내 미술시장에서 경매가 차지하는 비중이 점점 커지고 있다. 경매를 지칭하는 '옥션(auction)'이란 말의 어원은 라틴어 'augere'에서 유래되었다. 어떤 물품에 대하여 가장 좋은 구입 조건을 제시한 입찰 희망자에게 매각하는 절차인 경매의 뜻을 담고 있는 'augere'는 '점차 늘어난다, 더해진다'를 뜻한다. 한마디로 경매는 입찰자들의 가격 경쟁을 통해 물품을 사고파는 거래를 뜻한다. 대표적인 미술품 경매회사로는 해외에 소더비와 크리스티가 있고, 한국에 서울옥션과 K-옥션이 있다.

경매는 작품의 정보와 추정가만을 제시할 뿐 가격 결정에 개입하지 않는다. 이런 거래방식은 화랑과 개인과 개인 간의 거래에서 발생하는 이중가격, 공급자가 일방적으로 결정하는 호당가격제, 충분하지 못한 작품 정보로 인한 병폐 등을 보완할 수 있다. 이처럼 경매는 자본주의의 시장원리를 잘 반영하는 가장 선진화된 거래방식이라 할 수 있다. 현재 국내에서는 대형 화랑이 경매회사를 차리고, 해외에서는 대형 경매회사가 화랑을 인수하는 식으로 1차 시장과 2차 시장의 경계는 불분명하지만, 화랑이나 개인 간의 거래는 비공개적이고 불투명한 시장인 반면, 경매는 누구에게나 기회가 주어지는 '열린 시장'이라는 점에서 분명한 차이가 있다.

(3) 아트페어(Art Fair)

아트페어는 미술작품을 판매할 목적으로 일정 공간에서 일정 시간 동안 개최되는 대규모 전시행사로서 갤러리, 작가가 직접 참여한다. 다수의 화랑을 모집하여 전시부스를 대여하여 작품매매 시장을 형성하는 것을 주기능으로 삼는다. 갤러리 외에 작가 개인이 직접 참여하는 때도 있지만, 미술품시장의 기능을 활성화하고, 갤러리 사이의 정보교환이나 판매 촉진 또는 시장의 확대를 위해 여러 갤러리가 연합해 개최하는 것이 보통이다. 관람객의 입장에서 보면 많은 작품을 한 자리에서 감상할 수 있는 더없이 좋은 자리이기도 하다.[5]

아트페어는 1967년 Art Cologne 이후 서구의 미술시장에서 본격화되어 갤러리와 경매시장과 함께 3대 축을 이루는 거래방식이다.[6] 이후 급격하게 그 수가 증가하여 현재 아트페어는 세계 미술시장의 흐름을 주도하고 있다고 해도 과언이 아니다. 현대미술에 미치는 영향력 측면에서 가장 대표적인 아트페어는 바젤 아트페어이다.

(4) 미술관

미술관은 비영리기관으로 기본적으로 미술품의 수집, 보존, 전시, 연구, 교육 기능을 수행하며, 국가로부터 각종 지원을 받지만 소장품을 판매하는 것이 불가하다. 미술관에 대한 영문 통칭은 '뮤지엄(Museum)'으로, 이는 박물관을 뜻하는 단어와 동일하다. 미술관과 박물관을 구별하는 기준은 기관이 보유하고 있는 소장품에 의해 결정된다.[7] 미술관은 화랑을 통해 미술계와 시장에 나온 작가들 가운데 미술사적 의미를 지니는 작가나 소장 가치가 있거나 전시할 정도의 비중이 있다고 여겨지는 중요한 작업을 선별해서 기획전시를 개최하거나 이들의 작업을 소장한다.

한국은 2000년도 이후 여러 공립 미술관이 건립되어 본격적인 미술관 운영을 시작하고, 주5일 근무제 등으로 시민들의 여가활동이나 문화활동이 중

---

5) 부산일보(2003), 아트페어란 무엇입니까, http://www.busan.com/view/busan/view.php?code=20030724000536
6) 최병식(2004), 〈한국 Art Fair의 현황과 비전-외국 Art Fair와의 비교를 중심으로〉, 한국예술경영학회, 예술경영연구 제6집, p.44.
7) Burcaw(1997).

요시되는 시대가 되면서 비로소 수요자(관람객, 시민)를 고려하는 미술관 활동이 늘어나기 시작했다.

(5) 미술은행

미술은행은 공공기관이 미술품을 구입하여 정부관 혹은 지방자치단체에 전시하거나 빌려주는 제도이다. 정부가 미술품을 구입하여 정부, 자치단체 공공기관 등의 공공적인 공간에 우선적으로 작품을 전시함으로써 공무원과 많은 국민이 미술문화를 향유할 수 있도록 한 것이 미술은행이다. 현재 문화체육관광부 예술정책과에서 주관하고 국립현대미술관에서 집행 관리하며 매년 추천제, 공모제, 현장구입제 등을 통해 작품을 구입한다.[8] 국내 지방자치단체가 운영하는 미술은행은 총 다섯 개로 시·도 미술은행은 인천미술은행, 남도미술은행(전남), 바람난미술은행(서울), 경기도 미술품거래소이며, 시·군·구는 성남미술은행이 유일하다. 미술은행의 작품은 국내 정부 및 공공기관 환경 조성, 재외공관의 한국미술 홍보, 시·도립 미술관 및 지역 문화 예술회관의 기획전시 등을 위해 대여가 이루어지고 있으며 대여 목적과 대여 개월 수에 따라 대여 요율에 차등을 두고 있다.

(6) 건축물 미술작품

건축물은 건축물 미술작품 제도에 의해 일정한 용도의 건축물 건축비용의 일정 비율에 해당하는 금액을 회화, 조각, 공예 등 미술작품의 설치에 사용하는 것을 말한다. '문화예술진흥법'에서 "대통령령으로 정하는 종류 또

---

8) 최수정(2017), 〈미술은행의 현황과 문제점, 그리고 개선방안〉, 《문화와 융합》, 39(5).

는 규모 이상의 건축물을 건축하려는 자는 건축비용의 일정 비율에 해당하는 금액을 회화 · 조각 · 공예 등 미술작품의 설치에 사용하여야 한다"고 규정하고 있다. 한국의 '건축물 미술작품 제도'는 1972년 문화예술진흥법 제정과 함께 시작되었다. 현재 공공 및 민간 건축물에도 제도가 적용되며 공개된 장소에 설치되어 대중에게 공개되므로 비경합성(Non-Rival)과 비배제성(Non-Excludability)을 가진 공공미술의 하나에 속한다.[9]

건축물 미술작품 설치 과정에서 정부는 각종 통제를 하고 있다. '문화예술진흥법 시행령' 제13조와 제14조에 따라 광역자치단체의 장은 산하에 미술작품 심의위원회를 설치하고 미술작품심의위원회는 건축물의 가격, 예술성, 건축물 및 환경과의 조화, 접근성, 도시 미관에 대한 기여도 등을 심의한다. 만약 심의 결과, 건축물 심의 건이 부결된다면 광역자치단체의 장은 건축물의 허가권자가 건축물의 사용승인을 하지 못하도록 한다. 광역자치단체장은 제15조의 2에 따라 미술작품 관리 대장을 작성하며, 미술작품이 철거되거나 훼손되면 제14조에 따라 건축주에게 원상회복 조치를 요구한다. 건축물 미술작품이 진행된 예산을 살펴보면 2018년 기준 건축물 미술작품의 총 설치 금액은 1,604억 원(910점)이며 장르별로는 조각 · 설치의 형태가 가장 많고 회화, 미디어아트, 벽화, 공예, 기타 등의 순이다.

(7) 아트펀드

아트펀드는 미술품 전문가와 금융 전문가가 미래의 가치 있는 작품에 투자하는 간접 투자 상품이며, 갤러리, 아트페어, 경매시장과 더불어 미술품

---

9) 배관표, 김태연(2017), 〈규제를 통한 공공미술 지원제도의 문제와 과제〉, 《문화정책논총》, 31(2).

거래가 이루어지는 제4의 시장이다.[10] 1990년대 영국에서 시작하여 2000년대 국내에 도입되었고 현재 다양한 분야의 전문가들과의 협업으로 새로운 시장을 개척해가고 있다.

미술품은 주식이나 금 등 다른 투자 상품에 비해 경기의 영향을 덜 받는 경기 민감도가 낮은 상품이며, 대부분의 아트펀드는 모집된 자금으로 매입한 미술품을 매각하여 남긴 수익을 소수의 투자자에게 배분하는 사모펀드(private equityfund)로 운영된다. 펀드의 규모가 크다면 자본력을 통한 시장지배력(market power)을 바탕으로 시장을 뒤흔들 수 있고 펀드가 권위 있는 전문가에 의해 운영된다면 낙인효과(labelling effect) 덕택에 작품가격의 상승을 기대할 수도 있다. 하지만 우리나라는 선진국에 비해 국민소득과 대비해 미술시장 규모가 작다. 그만큼 아트펀드의 시장규모나 형성 비율이 낮은 편이다.

---

10) 양은영(2018), 〈실패 사례로부터 배우는 아트펀드 성공 비결〉, 《경영컨설팅연구》, 18(4).

1. 국내 시장 현황

2019년도 국내 미술시장 규모는 매출 4,147억 원, 거래 작품 37,930점으로 집계되었다.[11] 화랑을 통해서는 총 1,794억 원의 거래금액이 발생했고, 이어 공공영역[12]과 경매회사가 각각 1,161억 원, 1,158억 원을 기록했다. 거래된 작품은 경매회사에서 2만여 점, 화랑에서 1만2천여 점 거래되었다.

| 국내 미술시장 규모(2019) |

(단위: 백만 원, 점)

	화랑	경매회사	아트페어	공공	계
거래금액	179,393	115,820	3,314	116,146	414,673
거래 작품수	11,945	20,248	3,234	2,502	37,930

자료: 예술경영지원센터(2021), 미술시장실태조사 2020.

---

11) 화랑에서 아트페어에 참가하는 경우나 건축물 미술작품을 판매하는 경우, 미술은행이나 미술관 등 공공영역에서 아트페어나 경매회사를 통해 작품을 구매하는 중복 거래는 제외한 수치이다.

12) 건축물 미술작품, 미술관, 미술은행을 통한 작품 구매 시장을 의미한다.

미술시장의 주요 유통영역인 화랑, 경매회사, 아트페어의 규모[13]는 2008년부터 2019년까지 매년 −9.2%의 성장률로 시장이 축소되고 있다. 판매금액을 보면 화랑이 2010년 3,446억 원의 기록으로 정점을 찍고 이후 지속적으로 하락해 2019년에는 1,852억 원의 매출을 보여주었다. 경매는 2008년 이후 1,000억 원 미만의 매출을 보이다가 2016년 1,000억 원을 넘기고 2018년 1,511억 원을 기록한 후 2019년 다시 1,159억 원대로 축소되었다. 아트페어는 비교적 꾸준히 매출이 증가하고 있는데 2008년 411억 원에서 2019년 거의 두 배에 가까운 803억 원의 매출을 기록했다.

| 국내 미술시장 주요 유통영역 추이(2008-2019) |

(단위: 백만 원, 점)

		2008	2009	2010	2011	2012	2013	2014	2015	2016	2017	2018	2019	연평균 증감률
화랑	판매 금액	215,403	258,591	344,596	296,308	275,136	194,504	204,841	240,655	215,825	244,663	195,387	185,161	−5.2
	작품 수	8,332	12,091	13,685	15,167	8,487	9,869	10,045	9,836	12,524	11,311	12,276	12,034	−2.0
경매 회사	판매 금액	133,222	58,456	58,595	78,238	85,274	59,216	77,868	98,472	127,798	149,282	151,147	115,820	−23.4
	작품 수	11,461	11,744	9,898	11,231	8,116	9,922	11,414	13,328	15,411	19,238	19,839	20,248	2.1
아트 페어	판매 금액	41,107	34,434	48,387	46,446	42,021	66,113	62,427	67,388	73,593	63,803	73,290	80,256	9.5
	작품 수	3,871	7,584	5,994	7,119	10,774	15,373	10,028	13,499	11,805	11,224	9,693	9,792	1.0
계		389,732	351,481	451,578	420,992	402,431	319,833	345,136	406,515	417,216	457,749	419,824	381,237	−9.2

자료: 예술경영지원센터(2021), 미술시장실태조사 2020.

---

13) 각 영역에서 중복된 값을 제외하지 않은 수치로 화랑, 경매회사, 아트페어의 단순 규모를 알아볼 수 있다.

2. 해외 시장 현황

Art Basel&UBS의 〈2020 미술시장보고서〉에 따르면 2020년 세계 미술시장 규모는 501억 달러(56.6조 원)로 추정되어 2019년보다 22% 하락했다.[14] 미·중 무역전쟁을 비롯해 전 세계적으로 보호무역주의가 대두하면서 미술시장에도 악영향을 끼쳤다. 특히 경매시장에서는 거래액이 17.6억 달러(20조 원)에 그쳐 2019년보다 30% 하락했다. 다만 경매시장에서도 프라이빗시장은 규모가 커지고 있어 이를 추산할 경우에는 20.8억 달러(23.5조 원) 정도로 예상된다. 화랑을 포함한 딜러시장 역시 2020년 293억 달러(33.1조 원)로 20% 하락한 것으로 나타났다.

| 세계 미술시장 규모(2009~2020) |

(단위: 십억 달러, 백만 건)

	2009	2010	2011	2012	2013	2014	2015	2016	2017	2018	2019	2020	연평균 성장률
거래 총액	39,511	57,025	64,550	56,698	63,287	68,237	63,751	56,948	63,683	67,653	64,350	50,065	1.99
거래량	31	35.1	36.8	35.5	36.5	38.8	38.1	36.1	39	39.8	40.5	31.4	0.11

자료: Art Basel&UBS, The Art Market Report 2021.

세계 미술시장의 1~3위는 미국, 영국, 중국으로 이 세 국가가 2020년 세계 미술시장의 82%를 점유했지만, 시장규모는 모두 전년보다 감소했다. 미국은 전년 대비 5% 하락한 213억 달러(24.8조 원) 규모로 세계 미술시장의 42%를 점하며 1위를 차지했다. 지난 50년간 미술품 무역의 중심지였던 미

---

14) Art Basel & UBS(2021), The Art Market Report 2021.

국은 무역전쟁의 심화로 중국과 유럽에서 수입되는 일부 미술품에 대하여 관세를 조정하기로 해 이것이 미술시장에 악영향을 끼칠 것으로 예상된다. 2019년 2위와 3위는 각각 영국과 중국이었는데, 2020년 순위가 뒤바뀌어 2위는 중국, 3위는 영국 순으로 나타났다. 2위인 중국은 100억 달러(11.3조 원)를 기록해 전년 대비 12% 하락했고, 시장점유율은 20%였다. 중국의 경우, 2020년 하반기부터는 코로나19의 영향에서 벗어나기 시작한 것이 영향을 미친 것으로 보인다. 3위인 영국의 거래총액은 99억 달러(11.2조 원)로 전년 대비 22% 감소해 지난 10년 동안의 기록 중 가장 낮은 기록을 보여주었다. 다만 중국과 영국의 시장규모가 100억 달러 수준이며 점유율 역시 20% 선으로 매우 비슷해 향후 추이를 지켜볼 필요가 있다.

| 세계 미술시장 점유율(2009~2020) |

(단위: %)

	2011	2012	2013	2014	2015	2016	2017	2018	2019	2020
미국	29	36	33	39	43	40	42	44	44	42
영국	22	23	20	22	21	21	20	21	20	20
중국	30	25	24	22	19	20	21	19	18	20
기타	19	16	23	17	17	19	17	16	18	18

자료: Art Basel&UBS, The Art Market Report 2021.

미술산업의 생산, 유통의 주체로서 갤러리, 아트페어, 미술관, 경매 등 네 분야의 주요 영리 및 비영리 업체를 보면, 먼저 갤러리의 경우, 규모가 커 세계 미술시장의 30분의 1을 차지하고 있는 미국의 가고시안 갤러리, 쿠사마 야요이, 제프 쿤스 등과 전속계약을 맺고 있는 데이비드 즈워너 갤러리, 교육에 강점을 가지고 있는 스위스의 하우스&워스 갤러리 등이 있다. 우리나라에서는 2020년 6월 복합 문화공간으로 재개관한 국제갤러리, 1984년 국내 최초 전속작가제를 도입한 가나아트갤러리, 해외지점을 운영하는 갤러리 현대 등이 있다.

| 국내외 주요 갤러리 |

		규모	사업내용	특징
해외	가고시안 갤러리 (Gagosian Gallery, 미국)	전속 아티스트 80명 연매출 약 $1,000M	전 세계 7개국 17개 갤러리 운영 갤러리와 독립된 아트샵 운영	가고시안 효과(Gagosian Effect)[14]라는 신조어 탄생 세계 미술시장의 1/30을 차지
	하우스&워스 갤러리 (Hauser & Wirth Gallery, 스위스)	전속 아티스트 60여 명 연매출 약 $162.11M	전 세계 5개국 13개 갤러리 운영 출판사 'Hauser & Wirth Publishers Headquarters' 운영	교육기관 '하우저&워스 아트 인스티튜 트' 운영 역사적 장소나 건물을 복원해 복합 문 화공간조성
	데이비드 즈워너 갤러리 (David Zwirner Gallery, 미국)	전속 아티스트 58명 연매출 약 $50.5M	전 세계 4개국 6개 갤러리 운영 독립 출판사 'David Zwirner Books' 운영	쿠사마 야요이, 제프 쿤스, 리처드 세라 등과 전속계약을 맺음
국내[15]	가나아트갤러리	연매출 약 200억 원	국내 4개 갤러리 운영 공공미술 & 공간 컨설팅	1984년 국내 최초 전속작가제 도입
	갤러리현대	연매출 약 206억 원	국내 2개 갤러리 운영 갤러리현대 뉴욕 쇼룸 운영	국내 갤러리 중 유일하게 해외 지점 운영
	국제갤러리	연매출 약 500억 원	국내 2개 갤러리 운영 갤러리 아카데미 운영	2020년 6월 복합 문화공간으로 재개관

자료: 각 갤러리 2019년 기준 재무제표 외[17]

　　주요 아트페어로는 1970년에 시작된 세계에서 가장 규모가 큰 아트바젤,
2003년에 시작된 신생 아트페어로서 급격하게 규모가 커진 영국의 프리즈,
프랑스의 피악 등이 있고, 우리나라는 2002년부터 시작된 한국의 대표적인
아트마켓인 한국국제아트페어(KIAF), 화랑협회에서 주최하는 화랑미술제,
이외에 아트부산 등이 대표적이다.

---

15) 가고시안 효과(Gagosian Effect)는 2011년 월스트리트 저널(Wall Street Journal)에서 처음 등장한 말로 가
　　고시안 갤러리에서 전시를 하거나 전속화가가 되면 화가의 브랜드 가치가 급등하는 것을 의미함.

16) 국내 갤러리 규모는 2019년 매출액.

17) Claire S.(2019), Which Mega-Gallery Took on the Most Artists Over the Past Three Years?, 「Artnews」,
　　http://www.artnews.com/2019/05/22/megagalleries-biggest-artist-rosters/; Groejo 홈페이지, https://
　　growjo.com/company/David_Zwirner; dun & bradstreet 홈페이지, https://www.dnb.com/business-
　　directory/company-profiles.hauser__wirth_gallery_limited.d92ba556268913fc97975b99e9422de5.
　　html

		규모(2019년 기준)	사업내용	특징
해외	아트바젤 (Art Basel, 스위스)	홍콩: 36개국 242개 갤러리 참가 8만 8,000명 방문 바젤: 34개국 290개 갤러리 참가 마이애미: 33개국 269개 갤러리 참가 8만 1,000명 방문	바젤, 마이애미(2002~), 홍콩(2013~)에서 개최 '아트 갤러리', '아트 스테이트먼트', '아트 필름', '아티스트 북스', '아트 바젤 컨버세이션' 등으로 구성	1970년에 시작된 세계에서 가장 규모가 큰 아트페어
	프리즈 (Frieze, 영국)	런던: 35개국 163개 갤러리 참가 LA: 70개 갤러리 참가 뉴욕: 180개 갤러리 참가	런던, 뉴욕(2012~), LA(2019)에서 개최 고전 작품이나 20세기 거장의 작품을 다루는 '프리즈 마스터스(Frieze Masters)' 운영	2003년에 시작된 신생 아트페어 영국 정부 산하 테이트갤러리 기금 등 공공 지원을 받음
	피악 (FIAC, 프랑스)	29개국 199개 갤러리 참가	각각의 부스를 선보이는 '제너럴', 신진작가 육성 프로그램 '라파예트', '피악 프로젝트', '갤러리 나이트'로 구성	세계 현대미술의 활성화를 목적으로 프랑스 내 80여 개의 갤러리와 출판사에 의해 1974년부터 시작됨
국내	한국국제아트페어 (KIAF)	310억 판매 8만 2,000명 방문 17개국 175개 갤러리 참가	특별전, 토크프로그램, 키아프 아트 키즈 등으로 구성	2002년부터 시작된 한국의 대표적인 아트마켓
	화랑미술제	약 30억 판매 111개 갤러리 참여 3만 6,000명 방문	작가 발굴 프로그램 '영 아티스트 오픈 콜', '아티스트 토크' 등으로 구성	1979년 시작된 국내 첫 아트페어 화랑협회의 회원만이 참가할 수 있음
	아트부산	6만 3,000명 방문 17개국 164개 갤러리 참가	신진작가 발굴을 위한 'S-부스', 설치작품전 '프로젝트', 강연 등으로 구성	2020년 아트부산&디자인으로 행사명을 바꾸며 디자인 섹션을 강화

주요 미술 경매로는 세계적으로 소더비와 크리스티가 유명한데, 소더비는 1957년 네덜란드 은행가 와인버거의 소장품 경매 이후 미술품 경매로 세계적인 주목을 받고 있고, 크리스티는 설립 초기부터 미술품 경매에 주력한 소더비와 함께 세계 양대 미술 경매 중의 하나이다. 우리나라는 1998년 설립된 국내 최초 미술품 경매회사인 서울옥션과 2005년 설립한 K옥션이 대표적이다.

		규모(2020년 기준)	사업내용	특징
해외	소더비	43억 3,000만 달러	미술품, 골동품, 보석 경매	1957년 네덜란드 은행가 와인버거의 소장품 경매 이후 미술품 경매로 세계적인 주목을 받음
	크리스티	30억 3,000만 달러	예술품, 와인, 보석 경매	설립 초기부터 미술품 경매에 주력
	필립스	5,000만 달러	예술품, 디자인, 보석, 시계, 사진 경매	
국내	서울옥션	434억 원	한국 고미술, 근현대 미술, 콜렉터블 아트, 와인, 보석, 건축 경매 평창동 본사, 강남센터, 홍콩 전시장(SA+) 운영	1998년 설립된 국내 최초 미술품 경매회사
	K옥션	517억 4,000만 원	한국 근현대미술, 해외 유명작가 작품, 한국화 및 고미술 경매 K옥션 아카데미 운영	2005년 설립
	마이아트옥션	76억 원	고미술품 경매	2010년 설립된 고미술 전문 경매회사

출처: ArtTactic(2021), RawFacts AUCTION REVIEW 2020; (사)한국미술시가감정협회 · 아트프라이스(2020), 2020년 국내 미술품 경매시장의 연말결산.[19]

　미술관은 거래가 이루어지지는 않고, 공공적인 목적을 위해 전시활동 등이 활발하게 진행되는데, 각국마다 유명한 미술관들이 존재하고 이들 중에는 공공에서 운영하는 경우가 많다. 미국의 메트로폴리탄미술관은 민간 주도로 운영되고, 영국의 내셔널갤러리, 프랑스의 오르세미술관 등 유럽 등 선진국에는 유명 미술관이 많다. 한국에는 과천, 서울, 덕수궁, 청주 4관 체계로 운영되는 국립현대미술관, 서울시에서 운영하는 서울시립미술관, 삼성에서 운영하는 리움미술관 등이 있다.

---

18) 해외 경매시장 규모는 퍼블릭 옥션에 의한 매출액, 국내 경매시장 규모는 낙찰총액을 기준으로 했다.

19) (사)한국미술시가감정협회 · 아트프라이스(2020), 2020년 국내 미술품 경매시장의 연말결산, http://kartprice.net/view/?id=NISX20201230_0001288153&cid=10728

		규모(2019년 기준)	사업내용	특징
해외	메트로폴리탄 미술관(미국)	관람객 6,770,000명	상설전시, 특별전시, 아시아 지역 미술품관 운영, 장애인을 위한 다양한 프로그램 운영, #MetKids 운영	민간 주도로 설립 고대 이집트 유물부터 현대미술에 이르기까지 200만 점에 이르는 다양한 예술품을 소장 1998년 한국관 개관
	내셔널 갤러리(영국)	관람객 6,011,000명	상설전시, 갤러리 장학금 운영, 큐레이터와의 대화, 다양한 주제의 투어 프로그램 운영	영국 국립미술관 초기 르네상스에서 20세기 초반에 이르는 유럽 회화 2,300여 점 소장
	오르세 미술관(프랑스)	관람객 3,651,616명	상설전시, 음악 콘서트 운영, 영화 상영, 정기강좌 프로그램 운영	오르세역을 개조한 국립 미술관 19세기 작품을 주로 전시
국내	국립현대미술관	8,553점 2,742,871명[19]	소장품 전시, 기획전시, 연구지 발간, 국내 미술관 지원, 미술은행 운영, 레지던시 운영 등	우리나라 근·현대미술과 외국의 현대미술을 소장 전시하고 있는 국내 유일의 국립미술관 과천, 서울, 덕수궁, 청주 4관 체계로 운영
	서울시립미술관	5,173점 (2020년 3월 기준) 2,039,508명	소장품 전시, 기획전시, 신진 미술인 지원, 서울시립미술관 소직지 발간, 문화행사 개최 등	서소문본관, 북서울미술관, 남서울미술관, 난지미술창작스튜디오, SeMA 창고, 백남준기념관, SeMA벙커 운영
	리움미술관	–	상설 전시(고미술품, 현대미술품)과 특별전시 운영	삼성문화재단에 설립한 사립 미술관

자료: AECOM · TEA(2019), Global Attraction Attendance Report; 국립현대미술관(2020), 2019 미술관 연보; 서울시립미술관(2020.04), 서울시립미술관 주요업무보고.

---

20) 국립현대미술관 관람객은 2019년 과천관, 서울관, 덕수궁, 청주관 유·무료 관람객의 합.

1. 기술과 접목

영어로 art란 단어는 미술이라는 의미도 있지만 기술이라는 의미도 있다. 르네상스 이전에는 미술과 기술은 구분 없이 사용되다가 이후 점차 서로 멀어져 갔다. 그러나 현대에 들어서는 예술과 기술은 다시 가까워지고 있다. 특히 제4차 산업혁명을 맞이하여 블록체인, 인공지능, 드론, 증강현실 등의 첨단기술은 미술과 밀접하게 관련되었다.

먼저 블록체인은 제3자나 중개기관이 아닌 모든 참가자가 공동으로 거래를 검증하여 기록하는 분산장부기술이라고 할 수 있으며, 애초에는 온라인에서 안전하게 가상화폐를 생성하고 거래할 수 있도록 하는 기술로 개발되었다. 하지만 최근에는 비트코인과 같은 암호화폐뿐 아니라 미술시장을 비롯한 다양한 영역에서 그 중요성이 급격하게 커지고 있다.[21]

---

21) 문성림, 안형준(2018), 미술시장에서의 블록체인 기술 응용에 대한 연구, 예술경영연구, 제47집, p.66.

블록체인[22]에서 미술이 연관된 예시들은 크게 저작권 보호, 위작 방지, 프로비넌스(provenance), 아트펀드, 아트코인 등의 유형으로 구분할 수 있는데 국내에서는 아직까지 모든 유형이 도입되지는 않았고 아트펀드에 주로 활용되고 있다.

VR(Virtual Reality)이 미술에 활용되는 경우를 보면, 미술관의 VR을 통한 온라인 전시, VR을 활용한 미술교육 등 다양하다. VR을 시각예술 콘텐츠로 활용한 예 중 가장 유명한 것은 바로 구글아트앤컬쳐(Google Arts & Culture)라고 할 수 있다. 구글아트앤컬쳐는 순수예술을 다루는 문화예술콘텐츠 플랫폼이며 시공간과 물리적 제약 없이 사용할 수 있어 무한한 잠재력이 있다고 평가된다. 또한 특정 시간과 공간에서만 관람할 수 있었던 전시의 물리적 한계를 뛰어넘는 시도로서, 전시 그 자체를 아카이빙하여 디지털로 콘텐츠화한 사례이다. 국내의 경우 VR을 통한 언택트 전시 관람은 이전부터 꾸준히 진행되어 오던 서비스 콘텐츠였지만, 작품의 실제 관람이 주는 원작의 매력에 밀려 크게 주목받지 못했다. 그러나 코로나 팬데믹은 문화예술계의 많은 타격을 주고 있고 이를 극복하고자 시도하는 방법 중 VR이 재주목받고 있다.

---

22) 국내 최초 온라인 미술품 공동구매 플랫폼 '아트앤가이드'는 공동구매 방식으로 소유권을 나눠 갖게 된다. 이 부분을 투명하게 관리하기 위해 데이터 위변조가 불가능한 블록체인을 이용한다. 공동소유권자들의 소유권 번호와 정보를 기입해 모든 사람이 확인할 수 있도록 했고 소유권을 양도하거나 매각하는 경우도 모두 기록된다. 모든 데이터를 기록했다고 해서 법적 효력이 생기는 건 아니지만 누구나 쉽게 소유권을 확인할 수 있다는 게 장점이다. (중앙시사매거진(2020), 김익환이 만난 혁신 기업가(15) 김재욱 열매컴퍼니 대표, https://jmagazine.joins.com/forbes/view/329769)

| 위:사비나 미술관 VR전시 전경, 아래: 국립현대미술관 서울관 VR전시 전경 |

출처: 사비나미술관, 국립현대미술관 홈페이지.

　인공지능이 미술에 활용된 예로 미국 IT 기업 마이크로소프트와 네델란드공과대학교, 렘브란트미술관에서 2014년부터 공동으로 진행해 온 '넥스트 렘브란트(The Next Rembrandt)'는 인공지능으로 렘브란트의 그림을 재현하기 위한 프로젝트로, 데이터를 딥러닝 하는 방식으로 2년에 걸쳐 분석하여 렘브란트 풍의 새로운 작품을 창조했다. 또한 구글 인공지능 프로그램 '딥드림'의 작품으로 전시회가 개최되어 총 29점의 작품이 판매되었다. 이 외에도 '아론(Aron)'은 화가이자 예일대학교 교수인 헤럴드 코헨이 1973년에 공개한 것으로 시간이 지날수록 발전하여 스스로 그림을 그리면서 1980년대에는 3D 공간에 물체나 사람을 배치했고 1990년대에는 직접 그림을 그렸다.

미술 분야에 있어서 홀로그램을 살펴보면 1960년대 후반부터 아트작가의 활동이 활발해지고 홀로그램 전시를 위한 갤러리들이 설립되었다. 초기에는 홀로그램이 지닌 입체성만을 강조한 것이 주를 이루었으나 최근 가상과 현실의 경계가 무너지면서 예술과 기술의 다양한 접목을 시도 중이다. 많은 아티스트가 작품에 직접 홀로그램을 이용하여 작가마다 다양한 느낌으로 작품화하기도 하며 파리 아틀리에 르미에르 미술관처럼 고흐의 작품을 홀로그램 및 다양한 기술과 접목하여 사람들에게 선보이는 새로운 미술 전시 형태도 있다.

홀로그램은 스마트폰과 인터넷의 발달과 함께 기존 콘텐츠의 발전 가능성을 증폭시켰는데 특히 사물인터넷 기술[23]과 홀로그래피 기술이 연결되어 현장에서 인식된 홀로그램을 사물인터넷을 통해 원격으로 전송이 가능하다면 다양한 미술작품을 작가가 직접 제작할 수도 있고 사진 이후 디지털아트처럼 보다 발전된 성격을 가진 홀로그램 사물인터넷 작품이 탄생할 수도 있을 것이다.

---

23) 각종 사물에 센서와 통신기능을 내장하여 인터넷에 연결하는 기술, 즉 무선통신을 통해 각종 사물을 상호 연결하는 기술의 의미한다. 박민철(2018), 소통과 융합의 기술로 새로워지는 문화예술콘텐츠-홀로그램 기술을 중심으로,(N content), 9, 한국콘텐츠진흥원.

2. 온라인 미술시장의 부상

온라인 미술시장은 갤러리가 운영하는 온라인샵(예: gagosian.com, saatchiart.com)과 온라인 유통만 담당하는 마켓(예: amazon.com, ebay. com, 1stdibs.com, etsy.com), 전통적인 옥션하우스(예: Christies.com, Sotheby.com, HeritageAuctions.com), 온라인으로만 진행하는 옥션 사이트(예: Artnet.com, Paddle8.com), 그리고 여러 갤러리와 옥션 등에게 플랫폼을 제공하는 사이트(예: Artsy.net, Invaluable, Liveauctioneers.com)로 나눌 수 있다.

온라인 미술시장의 매출총액은 주로 크리스티, 소더비 같은 기존 오프라인 경매회사들이 주도하고 있다. 기존 오프라인 경매회사들이 신규 고객 확보와 매출 증가 목적으로 온라인 미술품거래(온라인경매와 온라인 거래 포함)에 주력하고 있다. 또 인스타그램 같은 소셜미디어가 미술품, 예술가에 대한 신뢰를 창출하고 미술품거래를 창출하는 데 중요한 수단이 되고 있다. 박물관, 경매, 갤러리, 미술품 박람회의 팔로워 증가세는 전년 대비 둔화된 반면에 Banksy, KAWS, JR 같은 작가의 팔로어 수는 급격하게 증가한 것으로 보아 특히 소셜미디어가 예술가와 작품을 홍보하는 데 유용한 플랫폼이 되고 있음을 보여준다.

비트코인이 새로운 화폐로 관심을 집중되는 가운데, 미술시장에서는 NFT가 관심을 받고 있다. NFT란 Non-Fungible Token의 약자로 기존의 가상자산과는 달리 디지털자산에 별도의 고유한 인식값을 부여하고 있어 상호교환이 불가능한 가상자산을 말한다. 블록체인을 활용한 일종의 디지털 인증

서로서 예술품, 토지, 전세 계약, 한정판 신발 등 대체 불가능한 자산을 디지털로 만들어 유통하는 것이다. NFT는 블록체인의 투명성과 신뢰성에 기반하여 진품 여부를 쉽게 입증할 수 있고 디지털이므로 관람자가 원할 때 언제 어디서든지 자유롭게 작품을 체험하는 형태로 감상할 수 있다. 미술품 원본은 하나뿐이지만 미술품의 형태가 컴퓨터 파일로 바뀌면서 쉽게 똑같은 작품을 재생산할 수 있어, 다수의 복사본을 파는 것이 가능하다.

| 비플의 Everydays: The First 5000 Days |

NFT는 2014년 P2P 금융서비스 업체에 의해 처음 상용화되어 2016년부터 확산되기 시작했는데, 지금은 다양한 디지털콘텐츠에 사용된다. 최근에는 미술 분야에서 큰 주목을 받고 있다. '비플'이라는 디지털아티스트가 만든 10초짜리 비디오 클립인 〈매일 첫 5000일(Everydays: The First 5000 Days)〉은 2020년 10월 한 미술품 수집가에게 6만7,000달러(7,500만 원)에

팔렸는데, 4개월 만에 100배 오른 가격인 660만 달러(74억 원)에 다시 팔렸다. 2020년 3월까지 거래된 NFT 미술품은 약 10만여 점으로 2,220억 원에 이른다고 한다. NFT가 사기이고 거품이라는 평가도 많지만, 이런 형태의 미술품 및 미술품 거래가 미래 미술시장에 판도를 바꿀 만한 변수로 등장하고 있는 것은 사실이다.

인격적으로 점잖은 무게 '드레'
드레북스는 가치를 존중하고 책의 품격을 생각합니다